# Vorwort



Liebe Kollegin, lieber Kollege,

Rondo 3 ist ein Musikbuch, das ganz für den praktischen Unterricht ausgerichtet ist.

Schon ein erster Blick in das Inhaltsverzeichnis zeigt Ihnen, wie ungewöhnlich groß das Angebot an Unterrichtseinheiten ist. Diese sind zur Auswahl gedacht und sollen Ihren persönlichen Wünschen und den Bedürfnissen Ihrer Schüler entgegenkommen.

Durch dieses große Angebot wird auch vermieden, dass alljährlich immer wieder die gleichen Lieder und Hörbeispiele in der Schule behandelt werden müssen. Für Abwechslung und Motivation in Ihrem Unterricht ist also gesorgt.

Gleichzeitig sind durch das umfangreiche Angebot auch die Anforderungen der Lehrpläne der verschiedenen Bundesländer berücksichtigt worden. Es wurde darauf geachtet, alle wichtigen Inhalte der verschiedenen Lehrpläne aufzunehmen.

Beim Durchblättern wird Ihnen auch auffallen, dass Rondo 3 ein recht anspruchsvolles Musikbuch ist. Und das hat seinen Grund. Die heutigen Drittklässler verfügen bereits über musikalische Erfahrungen und Kenntnisse, die durch die musikalische Früherziehung, den Kindergarten, den Anfangsunterricht, durch die vielfältigen Einflüsse der Medien grundgelegt und geprägt sind. Diesen Lern- und Arbeitsvoraussetzungen wird in Rondo 3 durch die erweiterten Anforderungen Rechnung getragen.

Zusammen mit den Hörbeispielen, den Vorschlägen zur Erarbeitung der einzelnen Einheiten, dem Stoffverteilungsplan, den Kopiervorlagen und Transparentfolien sowie dem Arbeitsheft ist mit Rondo 3 rundum ein lebendiger Musikunterricht möglich.

Wir wünschen Ihnen damit viel Freude.

Die Autoren

# RONDO 3

## Handbuch

von
Angelika Bußmann
Karl-Heinz Keller
Jürgen Kerger
Othmar Kist

Mildenberger Verlag GmbH
Offenburg

# Inhalt



## Zum Lehrgang gehören

| | |
|---|---|
| Schülerbuch, 84 S., vierfarbig, Br | Bestell-Nr. 3701-20 |
| Arbeitsheft, 48 S., Gh | Bestell-Nr. 3701-27 |
| Handbuch, Ringbuch | Bestell-Nr. 3701-23 |
| 151 Hörbeispiele, 3 CD | Bestell-Nr. 3701-26 |
| 151 Hörbeispiele, 3 MC, alternativ zu 3701-26 | Bestell-Nr. 3701-21 |
| 36 Transparentfolien, vierfarbig, Ringbuch | Bestell-Nr. 3701-25 |

2. Auflage 1999.
Bestell-Nr. 3701-23 (ISBN 3-619-37123-7)



Ausgabe in neuer Rechtschreibung.
Gedruckt auf umweltfreundlichen Papieren.

Neue Rechtschreibung

# 1. Inhalt und Konzeption von Rondo 3

## 1.1 Inhalt der Unterrichtseinheiten

Rondo 3 enthält 62 Unterrichtseinheiten mit insgesamt 45 Liedern und Texten, 64 Musikbeispielen und Hörausschnitten. Das Inhaltsverzeichnis zeigt, dass die Unterrichtseinheiten in Themenbereiche gegliedert sind. Dadurch wird es Ihnen leichter gemacht, bestimmte Inhalte schnell aufzufinden und auszuwählen.

Die Lieder bilden auch in Rondo 3 einen besonderen Schwerpunkt. Der Bereich „Miteinander – Füreinander“ enthält gemeinschaftsbildende Lieder, wie sie vor allem in den ersten Schultagen und Schulwochen gebraucht werden. Sie können ganz nach Belieben unter den insgesamt sechs Liedern dieses Bereiches auswählen. Es ist möglich, ein besonderes Lied auszusuchen und ein anderes wiederum auch im Laufe des Schuljahrs einzuüben und zu singen.

Auch für den Tages- und Jahreskreis finden Sie viele Lieder. Diese orientieren sich an den Erlebnis- und Interessensbereichen der Drittklässler, wie beispielsweise die Bereiche „Morgen und Abend“ oder auch „Weihnachten“ zeigen.

Die Anzahl der Spiel- und Tanzlieder ist ebenfalls sehr umfangreich. Diese Lieder entsprechen besonders der Spiel- und Bewegungsfreude Ihrer Schüler. Hierzu zählen neben den Liedern aus dem Bereich „Miteinander – Füreinander“ vor allem die verschiedenen Singtänze, wie „Kommt zusammen“ oder auch die Tänze zu den Kanons. Neben einigen Tierliedern enthält Rondo 3 auch Lieder mit Inhalten aus anderen Fächern. Im Sinne der Fächerübergreifung wurden zum Beispiel in den Bereichen „Wasser“ oder „Umwelt“ entsprechende Lieder aufgenommen. Ebenso finden Sie auch Lieder anderer Völker. Kanons und auch aktuelle Lieder vervollständigen das umfangreiche Liedangebot.

Fast zu allen Liedern gibt es eine Begleitung für Orff-Instrumente. Hierbei wurde vor allem auf eine einfache Ausführung Wert gelegt, die von Drittklässlern bewältigt werden kann. Die Begleitungen eignen sich darüber hinaus auch für rhythmische und stimmbildnerische Übungen oder auch zum Kennenlernen von Notennamen und Notenwerten.

Für das Spielen auf Instrumenten bieten sich vielerlei Möglichkeiten. Für klangmalerische Gestaltungen sind zum Beispiel die Bereiche „Im Frühling“ und „Wasser“ oder auch „Gewittermusik“ vorgesehen.

Vielfältig sind auch die Anregungen zum Bewegen und Tanzen. Hierfür eignen sich viele Lieder und auch die meisten Kanons. Darüber hinaus reicht das Angebot zum Tanzen von tradierten Kindertänzen bis zu einem einfachen Rock'n'Roll.

Wo immer möglich, werden die Kinder beim Musizieren und Hören von Musikbeispielen mit Instrumenten bekannt gemacht. Die zwei Bereiche „Musikinstrumente“ bieten eine ausführliche Beschäftigung mit den Blechblasinstrumenten und den Holzblasinstrumenten. Auch der Bau von einfachen Instrumenten wird angeregt und beschrieben und soll vor allem zum besseren Verständnis der Klangerzeugung bei den Orchesterinstrumenten beitragen.

Das Angebot an Hörbeispielen von traditioneller wie auch neuzeitlicher Musik ist in Rondo 3 sehr umfangreich. Einheiten, wie „Abend auf dem Lande“ oder „Die Moldau“ zeigen wie Musik durch aktives Hören erschlossen werden kann. Dies geschieht unter anderem durch Bewegen, Malen oder auch grafisches Notieren. Drittklässler sind in der Lage, Formverläufe von Musik, Hörauffälligkeiten und musikalische Gestaltungsmittel zu erkennen. Sie sollen über Musik nachdenken und sprechen. Der Einsatz von Arbeitskärtchen bei verschiedenen Unterrichtseinheiten ermöglicht eine eingehende Beschäftigung mit den Musikbeispielen.

Auch das Kennenlernen von Komponisten wird, auf kindgemäße Art, durch Hörbeispiele, Bilder und Geschichten zur Biographie ermöglicht. Neben einer ausführlicheren Beschäftigung mit Georg Friedrich Händel und Joseph Haydn wird in Verbindung mit den Hörbeispielen auch mit anderen Komponisten bekannt gemacht.

Auch die fachlichen Sachaspekte sind in Rondo 3 ausführlich berücksichtigt. Im handelnden Umgang mit Musik werden Notenwerte und Notennamen, Pausenwerte und ihre Zeichen, Taktarten und dynamische Zeichen kennen gelernt. Einheiten, wie „Notenwerte und Pausenwerte“ oder „Taktarten“ thematisieren die Sachaspekte eingehend.

Verknüpfen Sie, wo immer es sich anbietet, das Singen und Musizieren, das Hören, das Bewegen und Tanzen, das Malen und Reflektieren miteinander. Rondo 3 bietet hierzu viele Gelegenheiten und ermöglicht so einen abwechslungsreichen und interessanten Musikunterricht.

## 1.2 Auswahl von Unterrichtseinheiten

Die 62 Unterrichtseinheiten von Rondo 3 können Sie selbstverständlich nicht vollständig in einem Schuljahr behandeln. Das große Angebot ist zur Auswahl gedacht.

Die einzelnen Unterrichtseinheiten sind jeweils vielschichtig angelegt. Daher können auch bei einer freien Auswahl die in den Lehrplänen geforderten Ziele erreicht werden. Sie können einzelne Unterrichtseinheiten vollständig und ausführlich behandeln oder auch aus den Unterrichtseinheiten verschiedene Inhalte auswählen.

Beispiel für eine Monatsplanung mit allen Inhalten der Unterrichtseinheit „Tanz der Rohrflöten":

**1. und 2. Woche**
- Das Ballett „Der Nussknacker" kennen lernen
- Den „Tanz der Rohrflöten" hören und darüber sprechen
- Die Hörmerkmale der einzelnen Teile der Musik erkennen

**3. und 4. Woche**
- Zur Musik mit Triangel und Trommel mitspielen
- Zur Musik mit Bänderstäben Bewegungen gestalten
- Den Komponisten Pjotr Iljitsch Tschaikowsky kennen lernen

Beispiel einer Monatsplanung mit ausgewählten Inhalten aus den Unterrichtseinheiten „Tanz der Rohrflöten" und „Wenn es schneit":

**1. und 2. Woche**
- Den „Tanz der Rohrflöten" hören und darüber sprechen
- Die Hörmerkmale der einzelnen Teile der Musik erkennen
- Zur Musik mit Bänderstäben Bewegungen gestalten

**3. und 4. Woche**
- Das Lied „Wenn es schneit" lernen
- Die Musik „Der Winter" hören
- Zur Musik malen

Die Unterrichtseinheiten, auf die Sie nicht verzichten sollten, sind in der Übersicht zur Jahresplanung durch Unterstreichung besonders gekennzeichnet. Es ist sinnvoll, diese während des Schuljahres mehrfach zu behandeln und zu vertiefen.

## 1.3 Funktion der Schülerbuchseiten

Im Schülerbuch Rondo 3 sind auf Einzelseiten und Doppelseiten die musikalischen Inhalte und Handlungsweisen einer Unterrichtseinheit übersichtlich dargestellt.

Die einzelnen Elemente einer solchen Einheit sind miteinander verbunden und stehen nach methodisch-didaktischen Gesichtspunkten in gegenseitiger Wechselbeziehung.

Den inhaltlichen Schwerpunkt bildet bei vielen Unterrichtseinheiten das Lied, dessen Titel zugleich auch die Überschrift der Seiten bildet. Die Akkordbezeichnungen bei den Liedern sind in erster Linie für Sie gedacht. Meist handelt es sich hierbei um die Akkorde der 1. und 4. sowie der 5. Stufe der betreffenden Tonart. Die Begleitung mit Gitarre, Klavier oder anderen Instrumenten ist deshalb leicht auszuführen. Einige Lieder wurden absichtlich höher notiert, um dem natürlichen Tonraum der Kinder zu entsprechen.

Die Begleitungen zu den Liedern haben auf der Schülerbuchseite einen eigenen Platz. Sie komplizieren hierdurch nicht das eigentliche Notenbild des Liedes durch zusätzliche Spuren oder andere Darstellungsformen. Die Begleitung ist ebenfalls in herkömmlicher Notenschrift geschrieben, zumal die Zeichen für die Noten und Pausen durch die Unterrichtseinheiten „Notenwerte" und „Pausenwerte" bekannt sind. Bei der Begleitung können Sie auch auf Kinder zurückgreifen, die bereits eine entsprechende musikalische Vorbildung haben. Es ist auch möglich, die oftmals zweistimmige Begleitung auf zwei Kinder zu verteilen. Manchmal werden auch Sie die Begleitung übernehmen müssen. Von Fall zu Fall können Sie die vorgesehene Begleitung noch mehr vereinfachen. Es ist auch nicht zwingend, jedes Lied zu begleiten. Zur Ausführung der Begleitungen vor allem hinsichtlich der Wiederholungen siehe auch Kapitel 1.7 Musizieren.

Einen wichtigen Zugang zu den musikalischen Inhalten stellen die Fotos und Zeichnungen auf den Schülerbuchseiten dar. Sie regen zum Entdecken und Handeln an, vermitteln oft ohne zusätzliche Anweisungen wichtige Informationen. Zuordnungen sind durch farblich gestaltete Buchstaben oder Ziffern gekennzeichnet und erleichtern so die Ausführung. Dies ist sowohl öfters bei Begleitungen als auch Bewegungen und Tänzen der Fall. Auch Musikstücke und deren Gestaltung bekommen durch bildliche Darstellungen einen kindgemäßen Zugang.

Nahezu alle Unterrichtseinheiten enthalten am Schluss ein eingerahmtes Feld mit Arbeitsaufträgen. Sie zeigen Ihnen und Ihren Schülern auf einen Blick die wesentlichen Aufgaben der Unterrichtseinheit und regen die Schüler zum selbstständigen Arbeiten und entdeckenden Lernen an.

## 1.4 Musikalische Handlungsweisen

Der Musikunterricht soll die Freude an der Musik fördern sowie die musikalische Erlebnis-und Ausdrucksfähigkeit der Kinder entwickeln. Dies gelingt Ihnen am besten, wenn Sie an die Bedürfnisse und Interessen der Kinder anknüpfen und den Musikunterricht handlungsorientiert gestalten.

Rondo 3 ermöglicht Ihnen einen Musikunterricht mit verschiedenen Handlungsweisen, wie Singen, Musizieren, Hören, Bewegen, Tanzen, Malen, Notieren und Reflektieren.

Das Singen nimmt in Rondo 3 einen breiten Raum ein. Dabei sollten Sie das Singen nicht nur auf den Musikunterricht beschränken, sondern auch fächerübergreifend das Leben der Klasse und Schule mitgestalten. Zugleich eignen sich die Kinder durch regelmäßiges Singen auch leichter ein Liedrepertoire an.

Kinder singen gerne. Deshalb kann das Singen einen wichtigen Zugang zur Musik ermöglichen. Eingebettet in das Singen ist auch die Entwicklung der Stimme durch eine kindgemäße, spielerische Stimmpflege.

Für das Musizieren mit Instrumenten bieten sich in Rondo 3 viele Möglichkeiten an. Der Umgang mit Körperinstrumenten, rhythmischen Kleininstrumenten und Stabspielen macht mit Klängen vertraut. Die Begleitung von Liedern und Texten mit Instrumenten wie auch spielerische Klanggestaltungen wecken Freude an musikalischer Tätigkeit.

Eine wichtige Rolle spielt auch das Hören von Musik. Zahlreiche Musikstücke sind zur Beschäftigung mit musikalischen Formen und Gestaltungsmitteln sowie zum Kennenlernen von Instrumenten gedacht. Wiederum andere lassen erfahren, dass Musik etwas erzählen kann, dass sie Stimmungen und Gefühle ausdrücken kann.

In Verbindung mit Singen, Musizieren und Hören kommt dem Bewegen und Tanzen, dem Spielen und Malen besondere Bedeutung zu. Zu vielen Liedern gibt es Bewegungsspiele und Bewegungsgestaltungen. Vorschläge zur szenischen Gestaltung von Musikstücken sind ebenso enthalten wie Anregungen zum Malen zur Musik.

Da sich klangliche Eindrücke mit einfachen Zeichen festhalten und auch umsetzen lassen, geschieht das Notieren von Musik in Rondo 3 auf mancherlei Weise. Der Umgang mit der Notation ist zwar nicht vordringliches oder gar selbstständiges Ziel, soll aber durch verschiedene Notationsweisen das Singen, Musizieren und Hören begleiten und unterstützen. Hierfür kann man grafische Zeichen sowie einfache herkömmliche Notenzeichen verwenden.

Kinder dieser Alterstufe wollen auch schon über Musik reflektieren und sprechen. Durch Benennen und Beschreiben, Zuordnen und Vergleichen lassen sich altersgemäße musikalische Erkenntnisse gewinnen. Bilder, Fotos und andere Darstellungen des Schülerbuches haben vielfältigen Aufforderungscharakter und motivieren zum Nachdenken und Beschäftigen.

## 1.5 Liedvermittlung und Liedgestaltung

Das Singen und Ausgestalten von Liedern steht auch in der dritten Klasse nach wie vor im Mittelpunkt. Kinder singen gerne, weil ihnen Melodie und Rhythmus gefallen und sie den Inhalt eines Liedes spielen und darstellen können.

Das Singen hat eine musikalische und auch eine pädagogische Bedeutung. Diese liegt in der Förderung des Hörens, des Musikgedächtnisses und der Singfähigkeit. Schon von Anfang an sollten Sie deshalb auf ein tonhöhengemäßes Singen Wert legen. Ebenso sollten Sie auf eine deutliche Aussprache des Textes achten. Atem- und Lautspiele tragen hierzu bei. Das Singen muss stets mit der Freude an der Musik verbunden sein. Vermeiden Sie deshalb ein „Einpauken" von Liedern. Es würde sowohl Ihren Schülern als auch dem Lied nur schaden. Zur Liedeinführung sollten Sie das Lied auf diesbezügliche Möglichkeiten hin untersuchen. Manchmal eignet sich hierfür eine Erzählung oder der Liedtext. Anlass hierzu kann aber auch einmal eine Melodiestelle oder der Rhythmus sein. Auch Fotos und bildliche Darstellungen im Schülerbuch bieten sich zur Einstimmung in ein Lied an.

Die Lieder lassen sich auf verschiedene Weise vermitteln. Versuchen Sie dabei immer wieder je nach Lied wechselnde Verfahrensweisen zu finden. Nach dem Grundsatz, dass vor dem Singen das Hören steht, sollten die Kinder das Lied zunächst mehrfach hören. Allerdings hat das zu häufige Vorsingen und anschließende Nachsingen auch seine Grenzen. Beim Einüben etwas schwieriger Liedstellen werden Sie aber nicht darauf verzichten können. Die etwas kürzeren Lieder lassen sich auf diese Art besonders schnell erlernen.

Beziehen Sie bei der Erarbeitung von Liedern die Kinder möglichst gleich mit ein. Dies kann bei vielen Liedern durch leises Mitklatschen, Mitsummen oder auch spontanes Bewegen geschehen. Wichtig ist auch, dass Sie von Anfang an musikalische Zusammenhänge, Singzeilen oder Strophenteile nachsingen lassen. Mögliche Schwierigkeiten müssen aufgegriffen und gesondert geübt werden. Abwechslungsreicher wird das Einüben auch, indem nach Gruppen gesungen wird. Hilfen mittels Handzeichen und Luftschrift erleichtern die

Erarbeitung von Liedern. Ebenso kann durch die Begleitung auf einer Gitarre, einem Klavier oder einem anderen Instrument eine Liedvermittlung lebendiger gestaltet werden.

Günstig ist es, wenn Sie selbst ein Instrument beherrschen. Auf diese Weise kann eine Melodie vorgespielt und durch Mitsummen oder Mitsingen auf Tonsilben erarbeitet werden.Oft sind aber Kinder auch schon fähig, die Melodie auf einer Blockflöte zu spielen. Es besteht auch die Möglichkeit, die Lieder mit Hilfe des Hörbeispiels zu erlernen. Alle Lieder von Rondo 3 sind auf Kompaktschallplatten und auch Musikkassetten eingespielt.

Wichtig ist, dass die Lieder immer wieder einmal gesungen und vertieft werden. Nur dann werden sich auch Melodie und Text einprägen und zum Besitz der Kinder werden. Eine rein mechanische Wiederholung ist jedoch nicht zu empfehlen. Vielmehr muss auch beim wiederholenden Singen eine vielfältige Ausgestaltung durch Bewegung, Spiel oder Tanz hinzukommen, um Ihre Schüler zu motivieren.

Zur Liedvermittlung gehört auch die Liedgestaltung. Die Lieder sind nicht einfach zum „Absingen“, sondern zum Spielen und Bewegen, zum Begleiten und klanglichen Gestalten gedacht. Zu vielen Liedern lassen sich einfache Bewegungsspiele ausdenken oder sie eignen sich für einen szenischen Handlungsablauf. Zu manchen Liedern kann man tanzen oder auch malen. Mit Körperinstrumenten, rhythmischen Kleininstrumenten oder auch Stabspielen lassen sich fast alle Lieder durch eine einfache Begleitung zusätzlich ausgestalten.

## 1.6 Stimmbildung

Singen und Sprechen fördern die Entwicklung der Kinderstimme. Der richtige Umgang mit der Kinderstimme setzt aber grundlegende stimmbildnerische Kenntnisse voraus, die Sie sich aus der einschlägigen Literatur aneignen sollten. Die folgenden Erläuterungen und Hinweise wollen als Hilfen im Umgang mit der Stimme verstanden werden.

In kindgemäßer und spielerischer Form sollen die Kinder den richtigen Gebrauch ihrer Atmung und Stimmbänder lernen sowie die Wirkung der Resonanzräume erfahren. Grundlegende Voraussetzung hierfür ist die Lockerung und Entspannung des Körpers. Gähnen und Lächeln entspannen die Gesichtsmuskulatur und weiten zugleich die Resonanzräume. Deshalb sind in Rondo 3 viele Lockerungsübungen eingebunden in das Singen und Sprechen, wie beispielsweise die Unterrichtseinheit „Einen Wecker hat Christine“ exemplarisch zeigt. Es verweisen auch die Vorschläge zur Erarbeitung der Unterrichtseinheiten jeweils auf die Weiterführung der Übungen in den anderen Unterrichtseinheiten.

Atemspiele schulen die Atemspannung und somit das richtige Atmen. Die schon bei Kindern dieser Alterstufe zu beobachtende Hochatmung, die am Hochheben der Schultern deutlich zu erkennen ist, sollte unbedingt vermieden werden.

Spielerische Übungen mit Vokalen und Konsonanten zur Lockerung und Öffnung der Resonanzräume enthalten beispielsweise die Unterrichtseinheiten „Ich bin ein kleiner Tropfen“ oder „In der Küche tickt die Uhr“. Auch hier wird bei der Beschreibung zur Erarbeitung der Unterrichtseinheiten näher darauf eingegangen.

Viele Kinder haben noch die natürliche Fähigkeit, durch die Randschwingungen ihrer Stimmbänder einen leichten Ton mit Kopfresonanz zu erzeugen. Diese Fähigkeit sollte erhalten und gefördert werden. Deshalb ist es auch notwendig, dass die Lieder möglichst hoch angestimmt werden. In Rondo 3 sind aus diesem Grunde die Lieder teilweise auch etwas höher als üblicherweise notiert.

In diesem Zusammenhang muss auch auf das Problem der sogenannten „Brummer“ eingegangen werden. Diese Kinder haben Schwierigkeiten mit der Koordination von Hörvorstellung und Stimmbandfunktion. Dies äußert sich in einer Art Sprechgesang mit kaum erkennbaren Tonschritten. In den meisten Fällen sind gezielte Hilfen und Übungen erforderlich. So können Sie beispielsweise den „falschen“ Ton des Kindes mitsingen und ihn nach oben heben oder nach unten senken. Unterstützen lässt sich dieser Vorgang durch entsprechende Bewegungen mit der Hand oder mit dem Körper. Auch die „Sirenenübung“ bietet sich hierfür an, wobei das Kind von einem Ton aus wie eine Sirene nach oben oder nach unten „heult“. Zur Behebung des Problems gibt es allerdings nicht in allen Fällen eine Lösung. Wichtig ist, dass man diese Kinder sehr behutsam behandelt und auch mitsingen lässt.

## 1.7 Musizieren

Kinder spielen mit Vorliebe auf allen möglichen Musikinstrumenten. Stimme, Hände und Füße können als sogenannte Körperinstrumente eine Vielfalt von Geräuschen und Klängen hervorbringen. Klangmaterialien, wie Gläser, Dosen, Hölzer usw. erzeugen ebenso wie selbst gebastelte Instrumente eine Fülle interessanter Musik. Auch im dritten Schuljahr wird das Erproben von Klangmaterialien fortgesetzt. Mit rhythmischen Kleininstrumenten, wie Handtrommel, Triangel oder Klanghölzer musizieren die Kinder ebenfalls gerne. Die Stabspiele des Orff-Instrumentariums, wie Glockenspiel, Metallophon oder Xylophon sollten in jeder Schule in genügender Anzahl vorhanden sein, um schon von Anfang an spielerisch musizieren zu können.

Das Erproben von Instrumenten und Entdecken von Klängen entfaltet die kreative Fähigkeit der Kinder und vermittelt darüber hinaus dem Unterricht in der Grundschule eine kindgemäße Umgangsweise mit Musik.

Klangerprobungen und Klangerzeugungen lassen die verschiedenen Klangmöglichkeiten von Instrumenten erfahren. In der Unterrichtseinheit „Das Bächlein“ probieren die Kinder Instrumente aus und erfinden eine Wassermusik. Klänge werden in der Unterrichtseinheit „Der Zug“ zur Gestaltung eingesetzt.

Das Musizieren von Begleitungen ist in Rondo 3 für fast alle Lieder vorgesehen. Es sind einfache rhythmische oder auch melodische Begleitungen in Bausteinform. Neben der Absicht des Musizierens dienen sie vor allem auch der musikalischen Ausgestaltung der Lieder. Nicht alle Kinder werden die vorgegebenen Begleitungen ausführen können (siehe hierzu auch Kapitel 1.3 Funktion der Schülerbuchseiten).

Die nachfolgende Darstellung zeigt Ihnen, welche Instrumente im Schülerbuch für die Begleitung vorgesehen und abgebildet sind.

Ebenso können Sie ersehen, wie die Notation der Begleitung auszuführen ist.

**Instrumente zur Begleitung:**
Zur melodischen Begleitung der Lieder sind Metallophon und Xylophon vorgesehen.

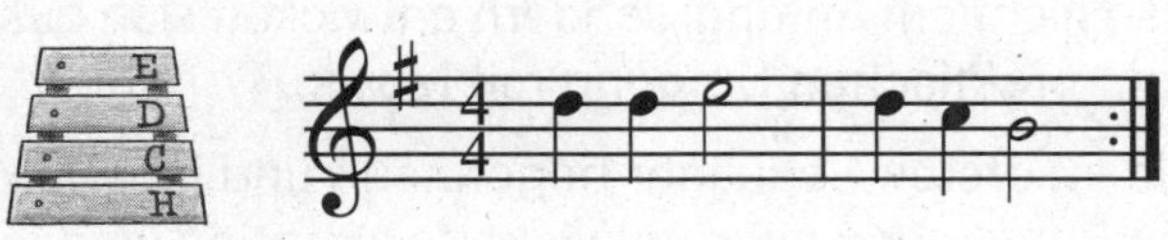


Metallophon mit den Klangstäben, die für die Begleitung benötigt werden

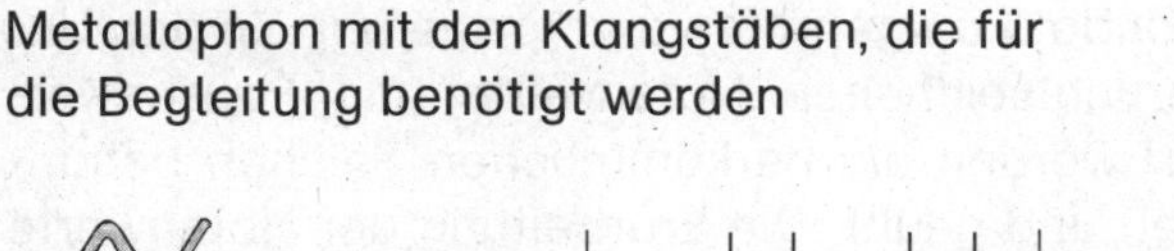

Triangel für die rhythmische Begleitung

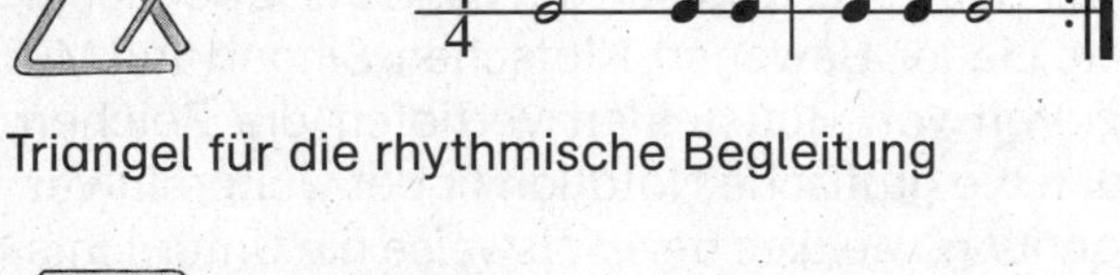


Xylophon mit den Klangstäben, die für die Begleitung benötigt werden

Klanghölzer für die rhythmische Begleitung

**Ausführung der Begleitung:**

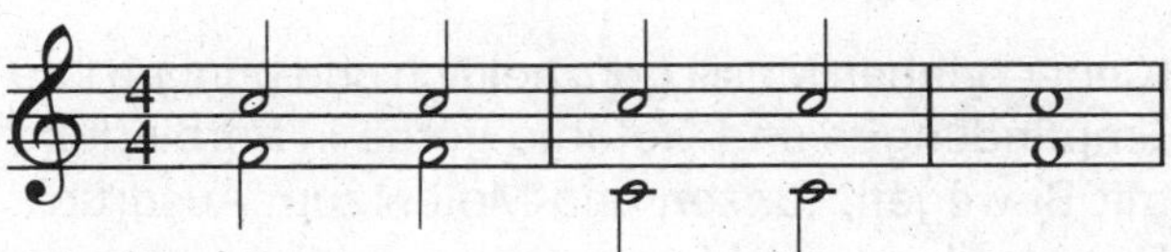

1-mal spielen

2-mal spielen

Mehrmals hintereinander spielen bis Lied oder Liedteil endet

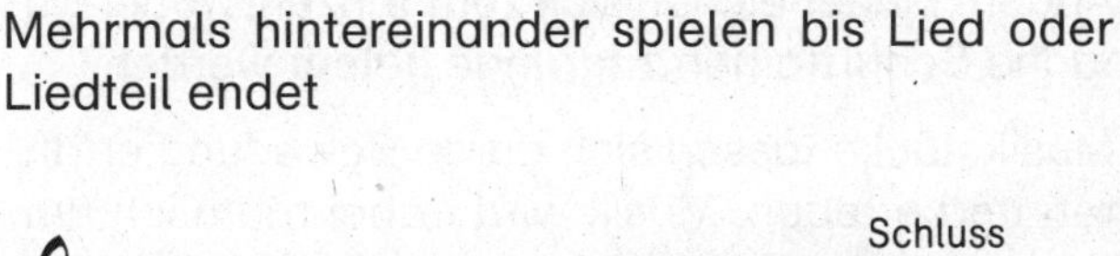


Wie zuvor, jedoch beim letzten Takt den Schluss spielen

Ein weiterer Aspekt des Musizierens ist das Mitspielen zu Musikstücken auf einfachen Instrumenten. Die Kinder empfinden die Verbindung von Musikhören und Mitmusizieren als ein besonderes Erlebnis, das ihnen musikalische Inhalte erfahrbar macht. Für das Mitspielen eignen sich verschiedene Musikbeispiele in Rondo 3, wie z. B. „La Réjouissance" oder „Sinfonie mit dem Paukenschlag".

Das Musizieren sollten Sie auch mit dem Kennenlernen von Musikinstrumenten verknüpfen. Dabei wird man in aller Regel auf die Hörbeispiele zurückgreifen müssen. Auch die Bilder im Schülerbuch sind hierfür eine Hilfe. Wenn sich allerdings die Möglichkeit bietet, ein Instrument direkt vorzustellen, dann sollte man davon Gebrauch machen. Neben den Unterrichtseinheiten „Blechblasinstrumente" und „Holzblasinstrumente" machen verschiedene andere Unterrichtseinheiten ebenfalls mit Instrumenten bekannt.

Der Umgang mit Instrumenten wie auch das Musizieren selbst müssen nach verabredeten Spielregeln erfolgen. Hierin liegt auch der pädagogische Wert des Musikunterrichts. Achten Sie darauf, dass die Kinder gegenseitig Rücksicht nehmen. Es ist notwendig, dass sie aufeinander hören, nur dann kann gemeinsames Musizieren Freude bereiten.

## 1.8 Bewegen, Tanzen, Malen

Kinder erleben Musik ganzheitlich und bringen ihre Empfindungen und Gefühle gerne in Verbindung mit Bewegen, Tanzen und Malen zum Ausdruck. Der Musikunterricht muss diese Fähigkeiten und Möglichkeiten aufgreifen und den natürlichen Zusammenhang von Musik und Bewegung in den Bereichen des Singens, Musizierens und Hörens nützen. So kann die kindliche Bewegungsfreude ganz im Dienste der Musik stehen und zugleich das Wahrnehmungsgefühl und das Ausdrucksvermögen der Kinder gefördert werden.

Rondo 3 bietet hierzu in vielen Unterrichtseinheiten verschiedene Möglichkeiten an. Bei der Gestaltung von Liedern lassen sich die Inhalte durch Gesten, Bewegung und Spiel in Szene setzen. Andere Lieder eignen sich zum Tanzen, wobei einfache Schrittfolgen zugrunde gelegt werden.

Musikstücke lassen sich durch Bewegung erfahren und erleben. Musik wird dabei räumlich umgesetzt und deren Gliederung und Inhalt sichtbar gemacht. Die Kinder gehen, laufen oder hüpfen zu den einzelnen Teilen der Musik und stellen diese dar.

Rondo 3 enthält neben den Tänzen zu Liedern und Kanons zwei spezielle Bereiche „Tanzen". Neben mehr tradierten Kindertänzen entspricht besonders der „Letkiss" und der „Rock'n'Roll" der Bewegungsfreude der Drittklässler.

Die musikalischen Abläufe und Inhalte lassen sich auch durch Malen zur Musik ausdrücken und darstellen. Mit Farben und Linien können Hörmerkmale, wie laut und leise, schnell und langsam, kurz und lang oder hoch und tief verdeutlicht werden. Auch hierfür gibt es in Rondo 3 Möglichkeiten, wie zum Beispiel in der Unterrichtseinheit „Pacific 231".

Manchmal gelingen auch schon ganze Gefühlsbilder, welche die Stimmung der Musik widerspiegeln. Auch kann man zu vielen Liedern Bilder malen, die den Inhalt darstellen. Hierzu bieten sich die Unterrichtseinheiten „Kleine weiße Friedenstaube" oder auch „Wenn es schneit" an.

## 1.9 Notation

Die Kenntnis musikalischer Begriffe und Zeichen ist für das Verständnis und die Darstellung von Musik eine unverzichtbare Hilfe. Mit Zeichen kann man klangliche Eindrücke festhalten und wieder zum Erklingen bringen. Man kann damit Musik aufschreiben und umsetzen.

Die Notation ist zwar nicht vordringliches oder gar selbstständiges Ziel, soll aber das Singen, Musizieren und Hören durch das ganze Schuljahr hindurch begleiten und ergänzen. Notieren steht also nicht am Anfang, sondern entwickelt sich aus dem praktischen Umgang mit Musik.

Die im ersten Schuljahr begonnene und im zweiten Schuljahr weiter entwickelte Notation wird in Rondo 3 aufgegriffen und fortgeführt. In den Unterrichtseinheiten „Notenwerte" und „Pausenwerte" werden die herkömmlichen Zeichen behandelt und geübt. Die Erarbeitung der Notenwerte und Pausenwerte geschieht zunächst über geeignete Lieder. Bewegen, Klatschen, Singen und Musizieren von Bausteinen vertiefen die Zeichen. Auch die grafische Notation findet weiterhin Verwendung, wie dies beispielsweise die Unterrichtseinheiten „Pacific 231" oder „Das Bächlein" zeigen.

Eine Weiterführung der Notation ist in der Unterrichtseinheit „Taktarten" und dann auch im Bereich „Tonhöhen" gegeben. Die Möglichkeit der Darstellung von Tonhöhen durch Noten soll den Kindern immer mehr bewusst werden, zumal sie schon von Anfang an durch das Notenbild der Lieder im Schülerbuch damit in Berührung kommen.

Die Notation, dies sei nochmals betont, hat in der Grundschule keinen Selbstzweck. Sie dient lediglich dazu, sich beim Singen, Musizieren und Hören am Notenbild orientieren zu können. Eine andere Bedeutung hat die Notation für die Instrumentalisten. Diese steht hier jedoch nicht zur Diskussion.

Zur Notation zählen auch die Wiederholungszeichen und Atemzeichen. Die Wiederholungszeichen werden durch einen Doppelstrich und Doppelpunkt, die Atemzeichen bei den Liedern durch ein rotes Dreieck dargestellt.

Für die Darstellung von Tänzen ist eine Notationsweise ebenfalls sehr hilfreich. Aufstellungen in Kreis oder Reihe, Raumwege und Bewegungsformen kann man durch Zeichen angeben. Bildliche Darstellungen ergänzen die Tanznotation und erleichtern so die Ausführung der Tänze.

## 1.10 Hören von Musikstücken

Die Bildung des Gehörs ist eine wichtige Voraussetzung für das Musikhören und das Musikverstehen. Der Gehörbildung kommt deshalb eine große Bedeutung zu. Gerade in einer Zeit, in der Geräusche und Lärm in oft „ohrenbetäubender" Lautstärke auf Kinder niederprasseln, werden konzentriertes Hören und differenziertes Zuhören immer schwieriger.

Für den Musikunterricht in der Grundschule ergibt sich hieraus die notwendige Aufgabe, zur Stille zu erziehen, die Aufmerksamkeit zu fördern und die Wahrnehmungsfähigkeit zu schulen.

So umfasst die Gehörbildung vor allem die Schulung des „inneren Ohrs", die Bereitschaft und Fähigkeit zum mitfühlenden und mitdenkenden Hören. Gehörbildung spielt deshalb in allen Bereichen und in jeder Phase des Musikunterrichts eine grundlegende Rolle. Sie reicht vom kontrollierten Hören des eigenen Singens und Musizierens bis zum strukturellen Hören von Musikstücken.

Zu den einzelnen Musikstücken in Rondo 3 finden Sie jeweils bei den Vorbemerkungen zu den entsprechenden Unterrichtseinheiten wichtige Sachinformationen. Die Vorschläge zur Erarbeitung der Musikstücke beschreiben eingehend eine mögliche Unterrichtsgestaltung.

Bei den Musikstücken wurde darauf geachtet, dass die Kinder neben traditioneller auch mit neuerer Musik bekannt gemacht werden. Die Auswahl wurde vor allem aber auch nach den Gesichtspunkten der Auffassungskraft der Kinder und des musikalischen Inhalts der Musikstücke getroffen. Ausschlaggebend war hierbei, inwieweit die Kinder der dritten Klasse durch die Musik zum Zuhören und zu Eigeninitiativen angeregt werden können. Es eignen sich Musikstücke, die prägnant und überschaubar sind, sich im handelnden Umgang durch Bewegung, Spiel und Malen inhaltlich erschließen lassen und Freude bereiten.

Hierfür bieten sich verschiedene Arten von Musik an. Manche Musikstücke können etwas erzählen. Hierzu gehören beispielsweise die Unterrichtseinheiten „Abend auf dem Lande" oder „Die Moldau" und auch „Temporale". Wieder andere zeichnen sich mehr durch ihren formalen Aufbau aus, wie zum Beispiel „Tanz der Rohrflöten" oder „La Réjouissance".

Bei den Musikstücken geht es um das Erfahren musikalischer Gestaltungsmittel, wie Lautstärke und Tempo, Klangfarbe und Instrumentation, melodische und rhythmische Strukturen und Verläufe.

Neben dem handelnden Umgang mit Musikstücken wird in Rondo 3 zunehmend eine verstärkte Reflexion angebahnt, wobei Eindrücke und Erkenntnisse beim Hören von Musik auch sprachlich formuliert und festgehalten werden. Der Einsatz von entsprechenden Arbeitskärtchen hat sich in der Unterrichtspraxis bewährt. Sie ermöglichen eine altersgemäße Beschäftigung mit den Musikbeispielen, wie dies auch in den Lehrplänen gefordert wird.

In Verbindung mit dem Hören von Musikstücken werden auch Instrumente kennen gelernt. Hierzu sind jeweils Instrumente abgebildet. Anhand dieser Darstellungen kann über das Aussehen der Instrumente gesprochen und durch die Hörbeispiele auf ihren Klang eingegangen werden. Wo immer möglich, sollten Instrumente direkt vorgestellt werden.

# Teil 2:
# Stoffverteilung und Jahresplanung

# 2. Stoffverteilung und Jahresplanung

## 2.1 Vorschlag einer Jahresplanung

Die nachfolgende Verteilung der Unterrichtseinheiten auf die einzelnen Monate des Schuljahres soll Ihnen die Jahresplanung erleichtern helfen (siehe hierzu auch 1.2 Auswahl von Unterrichtseinheiten).

| Monat | Unterrichtseinheiten zur Auswahl | Buchseite | Empfohlene Zeit |
|---|---|---|---|
| August/ September | **Miteinander – Füreinander** | | |
| | 1. Wir wollen miteinander gehn | 4 | 2 Unterrichtsstunden |
| | 2. Heut ist ein Tag | 5 | 2 Unterrichtsstunden |
| | 3. Ich bin ich und du bist du | 6 | 2 Unterrichtsstunden |
| | 4. Hallo, du im Nachbarhaus | 7 | 2 Unterrichtsstunden |
| | 5. Im Land der Blaukarierten | 8 | 2 Unterrichtsstunden |
| | 6. Kleine weiße Friedenstaube | 9 | 2 Unterrichtsstunden |
| | **Morgen und Abend** | | |
| | 7. Bruder Jakob | 10, 11 | 3 Unterrichtsstunden |
| | 8. Guten Morgen, liebe Sonne | 12 | 3 Unterrichtsstunden |
| | 9. Einen Wecker hat Christine | 13 | 2 Unterrichtsstunden |
| | 10. Abend auf dem Lande | 14, 15 | 2 bis 3 Unterrichtsstunden |
| Oktober | **Notenwerte und Pausenwerte** | | |
| | 11. Große Uhren schlagen ding dong | 16 | 2 bis 3 Unterrichtsstunden |
| | 12. Notenwerte | 17 | 2 Unterrichtsstunden |
| | 13. Oho, hallo – Das unendliche Pausenlied | 18 | 1 bis 2 Unterrichtsstunden |
| | 14. Pausenwerte | 19 | 2 Unterrichtsstunden |
| | **Zum Geburtstag** | | |
| | 15. Wir kommen all und gratulieren | 20 | 2 Unterrichtsstunden |
| | 16. Ich schenk dir einen Regenbogen | 21 | 2 Unterrichtsstunden |
| | **Im Herbst** | | |
| | 17. Hejo, spann den Wagen an | 22 | 2 Unterrichtsstunden |
| | 18. Leer sind die Felder | 23 | 2 bis 3 Unterrichtsstunden |
| | **Tanzen** | | |
| | 19. Kommt zusammen | 24 | 2 Unterrichtsstunden |
| | 20. Tumba | 25 | 2 bis 3 Unterrichtsstunden |
| November | **Von der Angst** | | |
| | 21. In der Küche tickt die Uhr | 26 | 2 Unterrichtsstunden |
| | 22. Schwarze Schatten und Gespenster | 27 | 3 Unterrichtsstunden |
| | **Musikinstrumente** | | |
| | 23. Blechblasinstrumente | 28, 29 | 3 Unterrichtsstunden |
| | **Begegnung mit einem Komponisten** | | |
| | 24. Georg Friedrich Händel | 30, 31 | 3 Unterrichtsstunden |
| | **Sankt Martin und Advent** | | |
| | 25. Sankt Martin | 32 | 2 Unterrichtsstunden |
| Dezember | 26. Das Licht einer Kerze | 33 | 2 Unterrichtsstunden |
| | 27. Wir haben einen Stern | 34, 35 | 2 bis 3 Unterrichtsstunden |
| | **Weihnachten** | | |
| | 28. Stern über Bethlehem | 36, 37 | 2 bis 3 Unterrichtsstunden |
| | 29. Tanz der Rohrflöten | 38, 39 | 3 bis 4 Unterrichtsstunden |
| Januar | **Im Winter** | | |
| | 30. Wenn es schneit | 40 | 2 Unterrichtsstunden |
| | 31. Jingle Bells | 41 | 1 bis 2 Unterrichtsstunden |
| | 32. Taktarten | 42, 43 | 2 bis 3 Unterrichtsstunden |

| Monat | Unterrichtseinheiten zur Auswahl | Buchseite | Empfohlene Zeit |
|---|---|---|---|
| Februar | **Eisenbahnmusik** | | |
| | 33. Der Zug | 44 | 2 bis 3 Unterrichtsstunden |
| | 34. Pacific 231 | 45 | 3 Unterrichtsstunden |
| | **Tanzen** | | |
| | 35. Letkiss | 46 | 2 Unterrichtsstunden |
| | 36. Rock'n'Roll | 47 | 2 Unterrichtsstunden |
| März | **Im Frühling** | | |
| | 37. Frühling | 48 | 2 Unterrichtsstunden |
| | 38. Der Winter ist vorüber | 49 | 2 Unterrichtsstunden |
| | **Tonhöhen** | | |
| | 39. Tonhöhen unterscheiden und aufschreiben | 50 | 2 Unterrichtsstunden |
| | 40. Die Tonleiter | 51 | 2 Unterrichtsstunden |
| | 41. Tonschritte und Tonsprünge | 52 | 2 Unterrichtsstunden |
| | 42. Melodien erfinden | 53 | 2 Unterrichtsstunden |
| April | **Wasser** | | |
| | 43. Ich bin ein kleiner Tropfen | 54 | 2 Unterrichtsstunden |
| | 44. Das Bächlein | 55 | 2 Unterrichtsstunden |
| | 45. Die Moldau | 56 bis 59 | 4 Unterrichtsstunden |
| | **Lustige Tierlieder** | | |
| | 46. Im Urwald, Forschern unbekannt | 60 | 2 Unterrichtsstunden |
| | 47. Wenn der Elefant in die Disco geht | 61 | 2 Unterrichtsstunden |
| Mai | **Musikinstrumente** | | |
| | 48. Holzblasinstrumente | 62, 63 | 3 Unterrichtsstunden |
| | 49. Kleine Kammermusik für 5 Bläser | 64 | 1 bis 2 Unterrichtsstunden |
| | 50. Instrumente bauen | 65 | 2 Unterrichtsstunden |
| | **Begegnung mit einem Komponisten** | | |
| | 51. Joseph Haydn | 66, 67 | 3 Unterrichtsstunden |
| | 52. Die Schöpfung | 68, 69 | 2 bis 3 Unterrichtsstunden |
| Juni | **Lieder anderer Völker** | | |
| | 53. Bitte, gib mir doch ein Zuckerstückchen | 70 | 2 bis 3 Unterrichtsstunden |
| | 54. Unter Eukalyptusblüten | 71 | 2 Unterrichtsstunden |
| | **Umwelt** | | |
| | 55. Ein Rekorder ohne Kabel | 72 | 2 Unterrichtsstunden |
| | 56. Vom Leben willst du uns erzählen | 73 | 2 Unterrichtsstunden |
| | **Gewittermusik** | | |
| | 57. Das Gewitter | 74 | 2 Unterrichtsstunden |
| | 58. Gewittermusik | 75 | 2 Unterrichtsstunden |
| Juli | **Im Sommer** | | |
| | 59. Wir tragen den Sommerbaum | 76 | 2 Unterrichtsstunden |
| | 60. Wir reisen ins Sommerland | 77 | 2 Unterrichtsstunden |
| | **Heimat- und Mundartlieder** | | |
| | 61. Un jetz isch us | 78 | 1 Unterrichtsstunde |
| | 62. Am Necker | 79 | 1 Unterrichtsstunde |

# Teil 3: Unterrichtsgestaltung

# RONDO 3

Musiklehrgang für die Grundschule

Herausgeber:
Karl-Heinz Keller

Autoren:
Angelika Bußmann, Freiburg
Karl-Heinz Keller, Titisee-Neustadt
Jürgen Kerger, Titisee-Neustadt
Othmar Kist, Bühl

Illustrationen und Layout: Assen Münning
Fotos: Fotodesign Kolster
Titelfoto: Fotodesign Kolster
unter Mitwirkung von Bettina Malenski

Figuren auf der Titelseite:
Freiburger Puppenbühne
Karin und Johannes Minuth

Mildenberger

# Inhalt

# Wir wollen miteinander gehn

A 1

2. Wir wollen miteinander gehn und willst du bei mir sein,
dann bleibe nicht am Rande stehn und du bist nicht allein.
Und komm …

3. Ich bitte dich, wenn ich dich seh, bleib ganz nah neben mir,
damit ich nicht alleine geh und dich ein bisschen spür.
Und komm …

Text: Rolf Krenzer Melodie: Ludger Edelkötter

Gestaltet zu dem Lied ein Spiel.
Einige Kinder bilden einen Kreis und singen zunächst die erste Strophe. Bei der zweiten Strophe kommen die anderen Kinder hinzu. Zur dritten Strophe gehen alle gemeinsam an den Händen gefasst im Kreis.

# 1. Unterrichtseinheit zu Seite 4

## Inhalt

- Den Text des Liedes rhythmisch sprechen
- Die Melodie auf Tonsilben singen
- Das Lied lernen
- Ein Bewegungsspiel zum Lied gestalten
- Das Gemeinschaftsgefühl fördern

## Organisation

- Platz für das Bewegungsspiel
- Trommel, Triangel
- CD A 1
- Schülerbuch

*Zeit: etwa 2 Unterrichtsstunden*

## Möglicher Unterrichtsverlauf

### Vorbemerkung

Das Lied „Wir wollen miteinander gehn" soll wie auch die anderen Lieder des Themenkreises „Miteinander – Füreinander" dazu beitragen, die Klassengemeinschaft und das Zusammenleben in der Schule zu fördern.

Diese Lieder können Sie vor allem in den ersten Schultagen und Schulwochen mit den Schülern erarbeiten. Sie sollten aber auch im Laufe des Schuljahrs immer wieder einmal gesungen werden.

### 1. Hinführung zum Lied

a) Wir sprechen über das Zusammenleben in der Klasse, in der Schule, in der Familie und in anderen Gemeinschaften.

b) Wir betrachten das Bild auf Seite 4 des Schülerbuches und besprechen die Darstellung des Bewegungsspiels. Vielleicht können die Schüler auch schon den Inhalt des Liedes erraten.

### 2. Das Lied lernen

a) Die Schüler lesen den Text des Liedes und sprechen darüber.

b) Lesen Sie den Text der ersten Strophe abschnittsweise im Rhythmus der Liednotation vor, die Schüler sprechen jeweils nach. Das rhythmische Sprechen kann durch leichtes Klatschen unterstützt oder auch mit der Trommel begleitet werden (siehe Notenbeispiel).

c) Singen Sie das Lied vor oder setzen Sie das Hörbeispiel A 1 ein.

e) Wir lernen die zweite und dritte Strophe. Die Schüler sollen auch hier den Text deutlich sprechen. Achten Sie auch auf entspanntes und tonhöhengemäßes Singen.

### 3. Ein Spiel zum Lied gestalten

a) Spielablauf A (siehe Aufgabe und Bild):
Eine größere Gruppe bildet einen Kreis und singt zunächst die erste Strophe. Ein Kind kann dazu mit der Trommel, ein anderes mit dem Triangel begleiten. Eine andere Gruppe geht bei der zweiten Strophe auf die singende Gruppe zu und reiht sich in den Kreis ein. Zur dritten Strophe gehen alle Schüler an den Händen gefasst im Kreis.

b) Spielform B (Erweiterung):
Alle Schüler stellen sich im Paarkreis auf. Bei der ersten Strophe steht der Außenkreis, der Innenkreis geht in eine Richtung und singt. Bei der zweiten Strophe steht der Innenkreis, der Außenkreis geht in die andere Richtung und singt. Bei der dritten Strophe fassen sich die Schüler des Innenkreises mit den Schülern des Außenkreises an den Händen. Alle gehen in die gleiche Richtung und singen gemeinsam.

c) Singen Sie nun die erste Strophe abschnittsweise vor, die Schüler singen jeweils nach. Die roten Dreieckszeichen am Schluss der Zeilen geben an, wo geatmet werden soll.

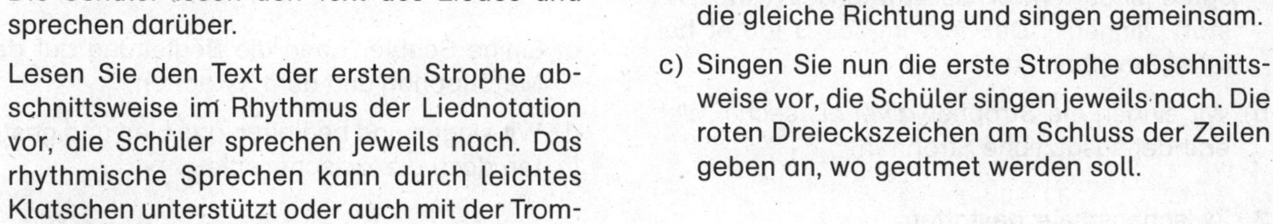

## Inhalt

- Den Text des Liedes rhythmisch sprechen
- Das Lied tonhöhengemäß singen
- Atem- und Lockerungsübungen durchführen
- Zum Lied lustige Zwischenspiele gestalten

## Organisation

- Platz für das Bewegungsspiel
- Metallophon, Xylophon, Triangel, Klanghölzer
- CD A 2
- Schülerbuch

*Zeit: etwa 2 Unterrichtsstunden*

## Möglicher Unterrichtsverlauf

**1. Die erste Liedstrophe lernen**

a) Lesen Sie die erste Strophe zeilenweise rhythmisch vor. Achten Sie dabei besonders auf die rhythmischen Unterschiede der Takte zwei und vier. Die Schüler sprechen zeilenweise nach.

b) Wir begleiten das rhythmische Sprechen mit Instrumenten. Ein Schüler spielt auf der Trommel Viertelnoten (Grundschlag), ein anderer spielt auf dem Triangel den Rhythmus der Liednotation.

c) Singen Sie die erste Strophe vor oder setzen Sie das Hörbeispiel A 2 ein. Die Schüler können das Lied auf Seite 5 im Schülerbuch verfolgen und mitsingen.

d) Singen Sie nun die erste Strophe abschnittsweise vor, die Schüler singen jeweils nach. Wir üben besonders die Tonsprünge im ersten Takt und achten auch auf eine deutliche Aussprache.

**2. Die Strophen zwei bis sechs lernen**

a) Wir lesen die Strophen zwei bis sechs. Dabei ist im Teil A des Liedes nur jeweils das entsprechende Tunwort auszuwechseln („lachen“ statt „singen“). Der Text im Teil B lautet bei allen Strophen gleich.

b) Wir singen die Strophen zwei bis sechs. Wer erfindet zusätzliche Strophen?

**3. Zwischenspiele gestalten**

a) Wir ahmen den Teil A jeder Strophe nach (singen „lo, lo, lo …“, lachen „ha, ha, ha …“, schnarchen „hrrr, hrrr, hrrr …“, rennen am Platz, klatschen in die Hände, flöten „dülidü …“. Wir ahmen auch mit unterschiedlichen Lautstärken nach.

b) Wir gestalten zu dem Lied ein Spiel. Zum Teil A gehen wir an den Händen gefasst im Kreis in eine Richtung und zum Teil B in die andere Richtung. Einige Schüler machen innerhalb des Kreises jeweils die entsprechenden Zwischenspiele.

**4. Die Begleitung erarbeiten**

a) Wir singen die Begleitbausteine für Metallophon und Xylophon auf Tonsilben, wie „no“, „mi“ … (Stimmbildung).

b) Wir klatschen die Begleitbausteine für Trommel und Triangel (rhythmische Übung).

c) Einige Schüler üben die Begleitung auf dem Metallophon und dem Xylophon.

d) Wir singen und begleiten das Lied und gestalten dazu die Zwischenspiele.

# Heut ist ein Tag

A 2

1. singen
2. lachen
3. schnarchen
4. rennen
5. klatschen
6. flöten

Text: Lore Kleikamp Melodie: Detlev Jöcker

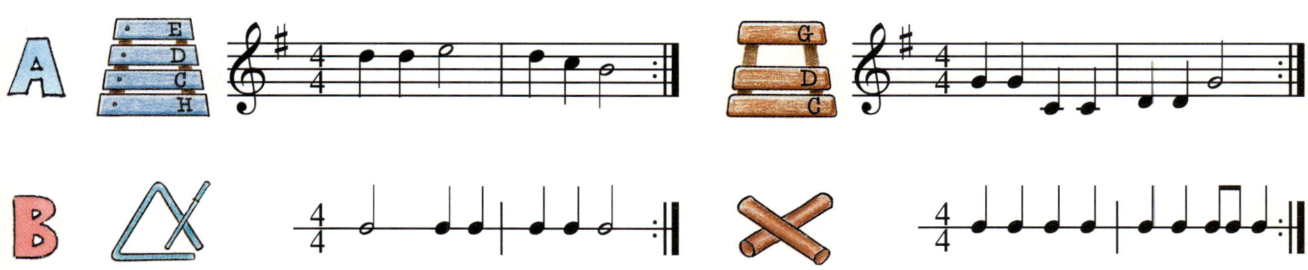

Bei diesem Lied könnt ihr nach jeder Strophe ein lustiges Zwischenspiel gestalten, indem ihr das Singen, Lachen, Schnarchen … jeweils nachahmt.

# Ich bin ich und du bist du

A 3

Text (geändert): Irmela Brender Melodie: unbekannt

## Begleitung

① Teilt euch in drei Gruppen auf. Eine größere Gruppe singt das Lied. Zwei Kinder begleiten auf dem Metallophon und dem Xylophon.
Einige Kinder stellen jeweils die Liedstrophen pantomimisch dar.

② Übt die Begleitung auch durch Klatschen und durch Singen auf Tonsilben.

## Inhalt

- Den Text des Liedes rhythmisch sprechen
- Den besonderen Rhythmus des Liedes üben
- Das Lied auf Metallophon und Xylophon begleiten
- Das Lied pantomimisch darstellen

## Organisation

- Metallophon, Xylophon
- CD A 3
- Schülerbuch

*Zeit: etwa 2 Unterrichtsstunden*

## Möglicher Unterrichtsverlauf

**1. Hinführung zum Lied**

a) An der Tafel steht jeweils getrennt die erste und zweite Hälfte der Sätze des Liedes in ungeordneter Reihenfolge. Z. B.:

| | |
|---|---|
| Wenn du fällst | dann bin ich still. |
| Und du fängst mich, | helf ich dir auf. |
| Wenn du sprichst, | und du bist du. |
| Ich bin ich, | steh ich im Tor. |
| Wenn du kickst, | hörst du zu. |
| Wenn ich rede, | wenn ich lauf. |
| usw. | |

b) Die Schüler sollen nun die Halbsätze passend zusammenfügen (siehe Liedtext).

c) Dieses Sprachspiel können Sie auch mit halbierten Satzstreifen durchführen, die Sie an die Schüler verteilen. Ein Schüler mit der ersten Hälfte eines Satzes liest jeweils vor. Der Schüler mit der passenden zweiten Hälfte geht zu dem ersten Schüler. Beide hängen ihre Streifen an die Tafel.

d) Die richtige Reihenfolge der einzelnen Sätze finden die Schüler auf Seite 6 des Schülerbuches.

**2. Das Lied lernen**

a) Wir lesen zunächst den Liedtext und sprechen darüber. Was will der Text uns sagen? (Gemeinsam geht es besser, ist es schöner, macht es mehr Spaß ...)

b) Sprechen Sie den Text von jeweils zwei Takten rhythmisch vor, die Schüler sprechen nach (den synkopischen Rhythmus – Betonung von unbetonten Noten – üben, z. B. „du bist du", rhythmisches Sprechen durch leichtes Klatschen unterstützen).

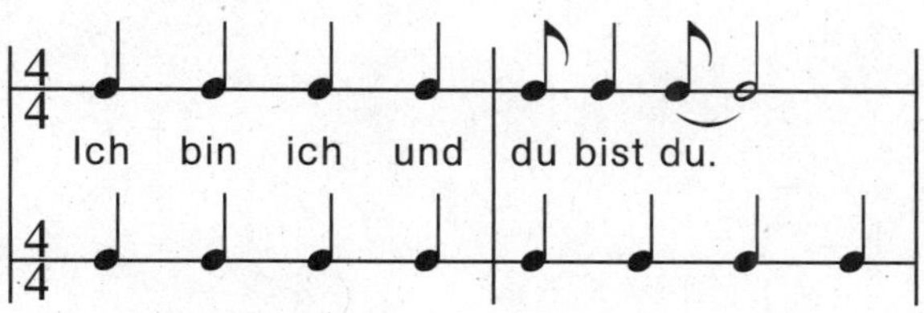


c) Singen Sie die erste Strophe vor oder verwenden Sie das Hörbeispiel A 3. Zur besonderen Hervorhebung der Synkopen können Sie jeweils bei den Takten die erste Note durch Klatschen betonen.

d) Die Schüler lernen die erste Strophe durch Vor- und Nachsingen (zusammengebundene Achtelnote und Halbe Note aushalten, tonhöhengemäßes Singen beachten).

e) Die zweite und dritte Strophe kann wie die erste Strophe erarbeitet werden.

f) Die Schüler lernen die vierte Strophe. Dabei ist auf die andere Melodieführung zu achten (Halbe Noten und Ganze Note am Schluss des Liedes genügend lang aushalten).

**3. Das Lied mit Instrumenten begleiten**

a) Begleitung einzeln und in der Gruppe üben:
   - Klatschen der Notenwerte
   - Singen auf Tonsilben
   - Obere Stimme auf Tonsilben singen, untere Stimme klatschen ...

b) Zwei Schüler spielen die Begleitung auf dem Metallophon und dem Xylophon.

c) Wir singen das Lied und begleiten dazu.

**4. Pantomimisches Spiel zum Lied**

a) Zu den Strophen Mimiken oder Bewegungen ausdenken:
   - Zur ersten Zeile der ersten Strophe mit dem Finger aufeinander zeigen, mit dem Mund das Reden nachahmen, die Hand als Muschel an das Ohr halten
   - Weitere Möglichkeiten ausprobieren

b) Aufführung des Liedes mit drei Gruppen:
   - Eine größere Gruppe singt das Lied
   - Einige Schüler stellen die Strophen pantomimisch dar
   - Zwei Kinder begleiten auf dem Metallophon und Xylophon

# 4. Unterrichtseinheit zu Seite 7

## Inhalt

- Das Lied auswendig singen
- Wiederholungszeichen kennen lernen
- Zum Lied ein Bewegungsspiel ausführen

## Organisation

- Platz für das Bewegungsspiel
- Zwei Stuhlreihen
- CD A 4
- Schülerbuch

*Zeit: etwa 2 Unterrichtsstunden*

## Möglicher Unterrichtsverlauf

**Vorbemerkung**

Das Lied „Hallo, du im Nachbarhaus" motiviert zum Singen und Spielen. Der Schwerpunkt liegt hauptsächlich auf dem gemeinsamen Miteinander, bei dem festgelegte Spielregeln zu beachten sind.

**1. Das Lied lernen**

a) Singen Sie das Lied vor oder führen Sie es mit Hilfe des Hörbeispiels A 4 ein.

b) Sprechen Sie nun den Text der ersten Strophe abschnittsweise rhythmisch vor, die Schüler sprechen Ihnen jeweils nach (der Text kann im Schülerbuch auf Seite 7 mitgelesen werden).

c) Singen Sie die erste Strophe abschnittsweise vor, die Schüler singen jeweils nach (der Melodieverlauf kann im Schülerbuch mitgezeigt werden).

**2. Wiederholungszeichen kennen lernen**

a) Die Schüler zeigen im Lied auf Seite 7 des Schülerbuches die roten Wiederholungszeichen (Doppelstriche und Doppelpunkte). Wer kennt diese Zeichen? Was bedeuten sie?

b) Die Wiederholungszeichen werden besprochen und der Ablauf des Liedes erläutert (jede Liedzeile wird zweimal gesungen, bei der Wiederholung singt man statt der 1. Klammer die 2. Klammer).

**3. Bewegungen zum Lied ausführen**

a) Die Schüler wiederholen die erste Strophe und ahmen zum Teil B des Liedes „Wir springen jetzt so ..." am Platz das Springen nach (genügend Platz beachten).

b) Zu den Strophen zwei bis sechs werden ebenfalls passende Bewegungen zum Teil B ausgeführt (anstelle von „springen" jeweils das entsprechende Tunwort „klatschen", „wandern", „stampfen" ...).

**4. Ein Spiel zum Lied gestalten**

a) Aufgabe 2 auf Seite 7 im Schülerbuch enthält einen Spielvorschlag zum Lied. Die Schüler lesen und besprechen den Vorschlag (dazu Bild einbeziehen).

b) Spielverlauf

Zu Beginn sucht sich jeder Schüler einen Partner aus, dem er gegenüber sitzen möchte. Dann setzen sich die Schüler jeweils in einem Abstand von etwa zwei Metern auf zwei Stuhlreihen gegegenüber. Zur ersten Zeile „Hallo ... heraus" stehen die Schüler der einen Stuhlreihe auf und bewegen sich auf die andere Stuhlreihe zu. Bei „komm zu mir heraus" stehen die Schüler der anderen Stuhlreihe auf. Zum Teil B des Liedes „Wir springen jetzt so ..." ahmen alle Schüler am Platz das Springen nach. Danach gehen sie wieder zurück zu ihrem Stuhl. Jeder Schüler rückt dann auf seiner Stuhlreihe einen Platz nach rechts weiter. Wer am Ende einer Stuhlreihe angekommen ist, läuft zum freien Platz am Anfang. Jeder Schüler sitzt nun einem neuen Partner gegenüber. Das Bewegungsspiel beginnt bei der zweiten Strophe wie bei der ersten Strophe. Zur Abwechslung stehen jetzt aber zuerst die Schüler der anderen Stuhlreihe auf.

# Hallo, du im Nachbarhaus

A 4

1. Wir springen …
2. Wir klatschen …
3. Wir wandern …
4. Wir kitzeln …
5. Wir stampfen …
6. Wir mögen uns …

Text: Marina Palmen Melodie: Ludger Edelkötter

① Wenn Noten wiederholt werden sollen, verwendet man Wiederholungszeichen. Zeigt sie und sprecht über den Ablauf des Liedes.

② Setzt euch zum Teil A des Liedes auf zwei Stuhlreihen gegenüber. Steht beim Teil B auf und macht entsprechende Bewegungen. Rückt nach jeder Strophe um einen Platz nach rechts weiter. Wer am Ende einer Stuhlreihe angekommen ist, läuft wieder zum freien Platz am Anfang.

# Im Land der Blaukarierten

A 5

2. Im Land der Rotgefleckten
sind alle rot gefleckt.
Doch wird ein Grüngestreifter
in diesem Land entdeckt,
dann rufen Rotgefleckte:
„Der passt zu uns doch nicht!
Er soll von hier verschwinden,
der grün gestreifte Wicht!“

3. Im Land der Grüngestreiften
sind alle grün gestreift.
Doch wenn ein Blaukarierter
so etwas nicht begreift,
dann rufen Grüngestreifte:
„Der passt zu uns doch nicht!
Der soll von hier verschwinden,
der blau karierte Wicht!“

4. Im Land der Buntgemischten
sind alle bunt gemischt.
Und wenn ein Gelbgetupfter
das bunte Land auffrischt,
dann rufen Buntgemischte:
„Willkommen hier im Land!
Hier kannst du mit uns leben,
wir reichen dir die Hand!“

Text und Melodie: Klaus W. Hoffmann

① Die Abbildungen zeigen euch, mit welchen Instrumenten ihr die einzelnen Liedzeilen begleiten könnt.

② Stellt blau karierte, rot gefleckte, grün gestreifte, bunt gemischte und gelb getupfte Umhänge aus Papier her und gestaltet zum Lied ein Spiel.

## Inhalt

- Das Lied singen
- Die Teile des Liedes kennen lernen
- Das Lied mit unterschiedlichen Instrumenten begleiten
- Zum Lied ein Spiel gestalten
- Verständnis für andere Menschen wecken

## Organisation

- Platz für das Spiel
- Trommel, Triangel, Klanghölzer, Schellenkranz, Holzblocktrommel
- Papier, Farben, Schnüre
- CD A 5
- Transparentfolie 1
- Arbeitsheft S. 2 (Lösungen S. 150)
- Schülerbuch

*Zeit: etwa 2 Unterrichtsstunden*

## Möglicher Unterrichtsverlauf

### Vorbemerkung

Das Lied soll bei den Schülern Verständnis wecken für Menschen unterschiedlicher Herkunft und andersartigem Aussehen sowie die gegenseitige Achtung und das gemeinsame Miteinander fördern.

### 1. Hinführung zum Lied

a) Die Schüler betrachten die Bilder auf Seite 8 des Schülerbuches und erzählen darüber (unterschiedliches Aussehen der dargestellten Kinder, Kennzeichnung durch unterschiedliche Umhänge).

b) Tragen Sie den Text des Liedes vor bis „dann rufen Buntgemischte“. Die Schüler sollen die Fortsetzung erraten.

c) Die Schüler berichten über Erfahrungen von Ausgrenzungen anderer Menschen (Ausländer, Farbige ...).

### 2. Das Lied lernen

a) Die Schüler lesen den Text und sprechen darüber.

b) Singen Sie die erste Strophe vor. Sie können auch das Hörbeispiel A 5 einsetzen.

c) Singen Sie nun zeilenweise die erste Strophe vor, die Schüler singen jeweils nach (erste, zweite und vierte Liedzeile sind melodisch gleich, dritte Liedzeile gesondert üben).

d) Wir singen die Strophen zwei bis vier
   - Den Text auf Seite 8 des Schülerbuches lesen
   - Hörbeispiel A 5 zur Unterstützung einsetzen

### 3. Das Lied mit rhythmischen Instrumenten begleiten

a) Erste Strophe singen und die einzelnen Liedzeilen mit Trommel und Triangel begleiten:
   - Trommel begleitet erste, dritte und vierte Liedzeile.
   - Triangel begleitet zweite Liedzeile.

b) Strophen zwei bis vier singen und die einzelnen Zeilen mit den entsprechenden Instrumenten begleiten (siehe Zuordnung der Instrumente auf den Bildern im Schülerbuch auf Seite 8):
   - Zu Strophe zwei = Triangel und Klanghölzer
   - Zu Strophe drei = Klanghölzer und Trommel
   - Zu Strophe vier = Schellenkranz und Holzblocktrommel

### 4. Ein Spiel zum Lied gestalten

a) Umhänge aus Papier und Schnüren herstellen (siehe Aufgabe 2 und Bilder im Schülerbuch auf Seite 8)

b) Spielvorschlag
Alle Schüler bilden einen großen Kreis. Dazu gehören auch die Schüler mit den Umhängen und die Schüler mit den Instrumenten. Zu Beginn der ersten Strophe stellt sich ein Schüler mit einem blau karierten Umhang in die Kreismitte. Bei der zweiten Liedzeile tritt ein Schüler mit dem rot gefleckten Umhang in die Kreismitte und geht am Ende der ersten Strophe wieder in den Kreis zurück.

c) Die Strophen zwei bis vier verlaufen entsprechend.

## Inhalt

- Das Lied singen
- Ein Vor-, Zwischen- und Nachspiel musizieren
- Ein Bewegungsspiel zum Lied gestalten
- Ein Bild zum Thema Streit und Frieden malen

## Organisation

- Platz für das Bewegungsspiel
- Flöte, Metallophon, Triangel
- CD A 6
- Arbeitsheft S. 3
- Schülerbuch

*Zeit: etwa 2 Unterrichtsstunden*

## Möglicher Unterrichtsverlauf

### 1. Hinführung zum Lied

a) Als Einstieg bieten sich verschiedene Möglichkeiten an:
- Aktuelle Anlässe, wie Streit in der Klasse, Schule …
- Fernsehberichte und Nachrichten über Kriege in der Welt

b) Sie können auch von dem Bild auf Seite 9 des Schülerbuches ausgehen (Taube als Symbol für den Frieden).

### 2. Das Lied lernen

a) Die Schüler lesen den Liedtext und sprechen darüber.

b) Singen Sie das Lied vor, Sie können auch das Hörbeispiel A 6 einsetzen.

c) Die Schüler lernen die erste Strophe abschnittsweise durch Vor- und Nachsingen. Achten Sie dabei vor allem auf eine deutliche Aussprache und korrekte Ausführung der Tonschritte und Tonsprünge.

d) Die Strophen zwei bis vier können ebenso erarbeitet werden (Vor- und Nachsprechen des Textes, auch rhythmisch, Vor- und Nachsingen der Melodie, auch auf Tonsilben).

### 3. Einüben des Vor-, Zwischen- und Nachspiels

a) Ein Schüler (oder Sie) spielt die Melodie auf der Flöte oder einem anderen Instrument vor.

b) Die Begleitbausteine für das Metallophon und den Triangel üben:
- Die Begleitung auf dem Metallophon spielt ein Schüler.
- Die Begleitung kann auch auf zwei Schüler verteilt werden.
- Der Begleitbaustein wird dreimal gespielt, bevor dann der Schluss folgt.
- Ein Schüler spielt den Begleitbaustein für den Triangel und die anderen Schüler klatschen die Ganze Note leise mit.
- Zusammenspiel von Flöte und Metallophon, von Flöte und Triangel, von Metallophon und Triangel, von allen Instrumenten.

### 4. Ein Spiel zum Lied gestalten

a) Das Lied kann nun mit dem Vor-, Zwischen- und Nachspiel aufgeführt werden.

b) Die Schüler gehen zu den Strophen an den Händen gefasst im Kreis. Zum Vor-, Zwischen- und Nachspiel führen sie passende Bewegungen aus:
- Flugbewegungen mit den Armen
- Pantomimische Darstellung der einzelnen Strophen

### 5. Streit und Frieden in einem Bild darstellen

a) Möglichkeiten zur Darstellung von Streit und Frieden besprechen:
- Bildliche Darstellung
- Darstellung durch Farbflächen

b) Die Schüler sollen passende Farben zur Darstellung von Streit und Frieden auswählen (z. B. für Streit dunkle Farben, für Frieden helle Farben).

c) Malen eines „Streit – Frieden"-Bildes:
- Papier, Malfarben
- Arbeitsheft Seite 3

# Kleine weiße Friedenstaube

A 6

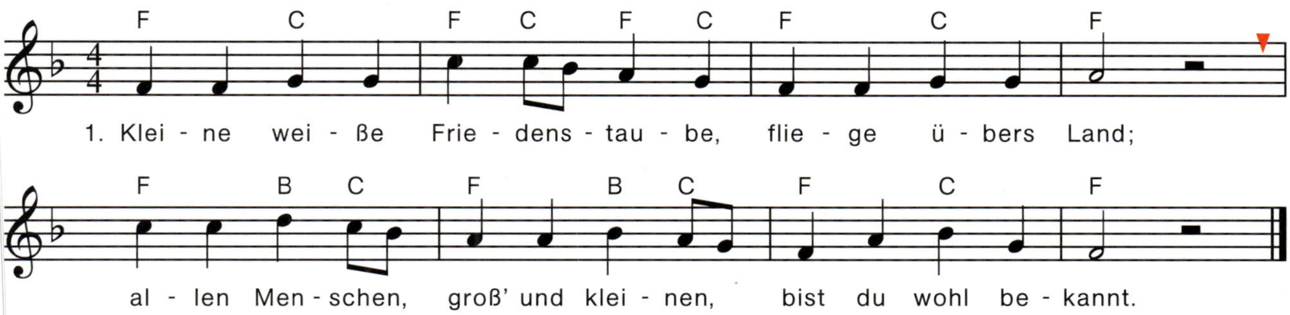


2. Du sollst fliegen, Friedenstaube, allen sag es hier,
dass nie wieder Krieg wir wollen, Frieden wollen wir.

3. Fliege übers große Wasser, über Berg und Tal;
bringe allen Menschen Frieden, grüß sie tausendmal.

4. Und wir wünschen für die Reise Freude und viel Glück;
kleine weiße Friedenstaube, komm recht bald zurück.

Text und Melodie: Erika Mertke

## Vor-, Zwischen- und Nachspiel

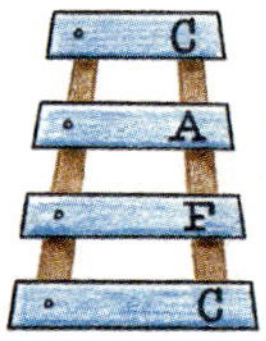


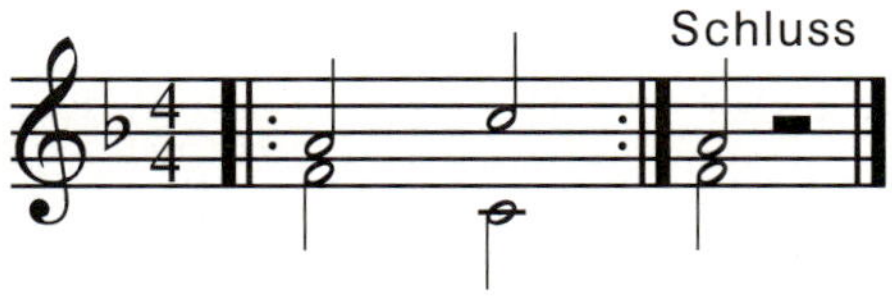

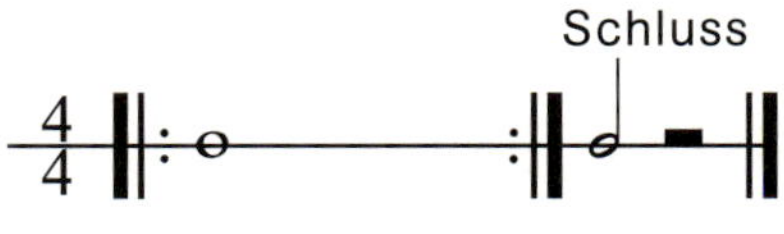


(1) Gestaltet zu dem Lied ein Spiel.
Geht zu den Strophen an den Händen gefasst im Kreis.
Macht beim Zwischen- und Nachspiel mit den Armen passende Bewegungen.

(2) Stellt in einem Bild Streit und Frieden durch Farben dar.

# Bruder Jakob

A 7 bis 12

Text und Melodie: aus Frankreich

**Frankreich:**
Frère Jacques, Frère Jacques,
dormez-vous, dormez-vous?
Sonnez les matines, sonnez les matines.
Ding, dang, dong, ding, dang, dong.

**England:**
Are you sleeping, are you sleeping,
Brother John, Brother John?
Morning bells are ringing,
morning bells are ringing.
Ding, dang, dong, ding, dang, dong.

**Holland:**
Broeder Jakob, Broeder Jakob,
slaapt u nog, slaapt u nog?
Alle klokken luiden, alle klokken luiden.
Ding, dang, dong, ding, dang, dong.

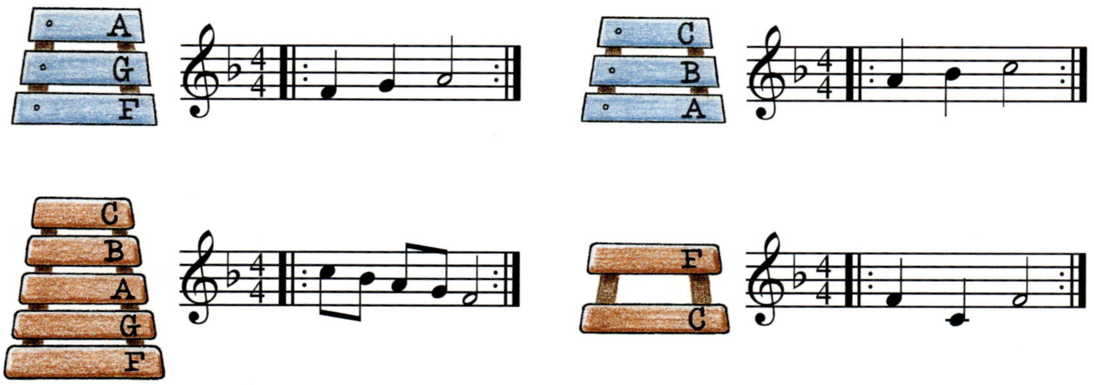

## Inhalt

- Das Lied „Bruder Jakob“ in verschiedenen Sprachen singen
- Das mehrstimmige Singen durch den Sprechkanon vorbereiten
- Das Lied „Bruder Jakob“ im Kanon singen
- Den Kanon mit Instrumenten begleiten
- Zum Kanon einen Tanz gestalten

## Organisation

- Platz für den Tanz
- Metallophone oder Xylophone, Glockenspiel oder Xylophon, Bass-Xylophon oder Bass-Klangbausteine C und F
- CD A 7 bis 12
- Transparentfolie 2 und 3
- Arbeitsheft S. 4 (Lösungen S. 151)
- Schülerbuch

*Zeit: etwa 3 Unterrichtsstunden*

## Möglicher Unterrichtsverlauf

**Vorbemerkung**

„Bruder Jakob“ ist für die Einführung in das Kanonsingen gedacht. Die bekannte Melodie ist einfach. Jeder Takt wird jeweils direkt wiederholt. Dies erleichtert das Singen. Sprechkanons können das Kanonsingen vorbereiten. Instrumente wie Flöte und Stabspiele unterstützen die einzelnen Stimmen. Neben der Einführung in das einfache mehrstimmige Singen eignet sich „Bruder Jakob“ durch das Tanzen zur Darstellung der musikalischen Form und des Ablaufes eines Kanons.

**1. Das Lied in verschiedenen Sprachen singen**

a) Summen Sie die Melodie vor, die Schüler werden sicherlich gleich mitsummen. Wir summen einige Mal ohne Unterbrechung hintereinander durch.

b) Singen Sie nun die Melodie zeilenweise auf Tonsilben vor, die Schüler singen nach. Singen Sie jeweils die Vokale kurz und die „ng“ klangvoll mit Kopfresonanz (Kiefer locker lassen). Diese Übung können Sie immer wieder zur Stimmbildung verwenden:

c) Jetzt können Sie das Lied zusammenhängend vorsingen. Die Schüler können aber auch die Aufnahme 7 hören und dazu mitsingen.

d) Wir lernen das Lied in französischer Sprache. Singen Sie mit deutlicher Aussprache vor oder verwenden Sie das Hörbeispiel A 8. Lassen Sie den Text mehrmals rhythmisch nachsprechen und das Lied abschnittsweise nachsingen.

e) Auf ähnliche Art lernen wir das Lied auch in englischer und holländischer Sprache.

**2. Das Lied mit Instrumenten begleiten**

a) Die Begleitbausteine der Instrumente können wir zunächst wieder auf Tonsilben singen (ding, dang, dong).

b) Vier Schüler spielen die Begleitung auf den Instrumenten zunächst einzeln. Dann spielen zwei, danach drei und schließlich vier Instrumente zusammen.

c) Wir singen das Lied einstimmig in den verschiedenen Sprachen und begleiten dazu auf den Instrumenten.

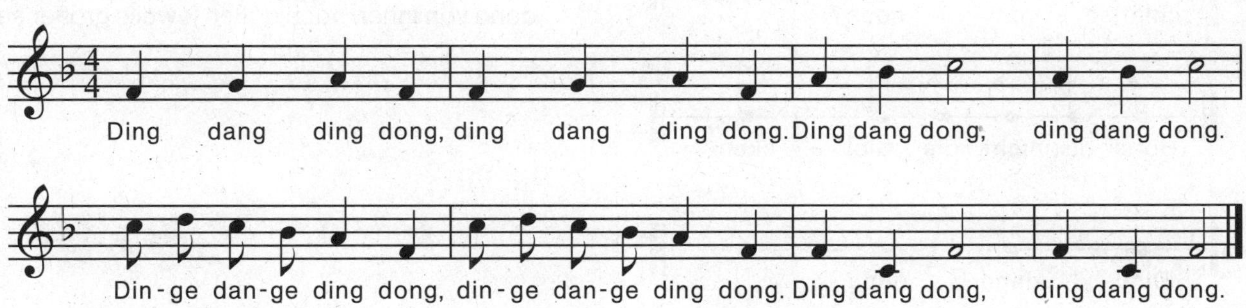

**3. Sprechkanon gestalten**

a) Wir sprechen den Text des Kanons im Rhythmus der Notation und beachten dabei besonders die Dauer der Viertelnoten, Achtelnoten und Halben Noten.

b) Wir bilden vier Gruppen und gestalten einen Sprechkanon. Zuerst üben die erste und die zweite Gruppe ihren Teil jeweils alleine.

Erste Gruppe:

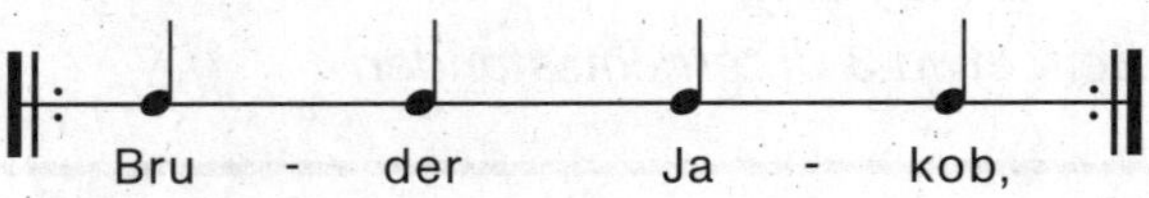


Zweite Gruppe:

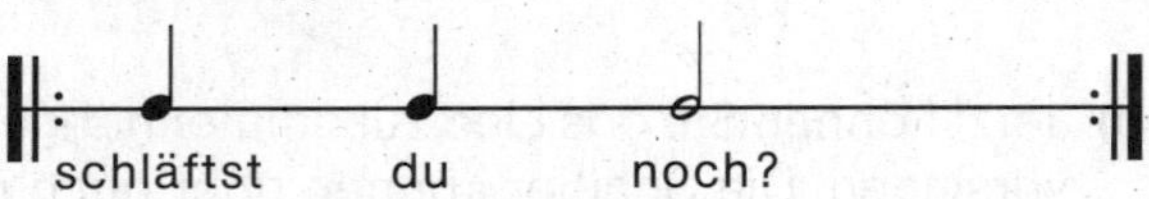


Dann sprechen die erste und die zweite Gruppe zusammen.
Nun üben die dritte und die vierte Gruppe ihren Teil jeweils alleine.

Dritte Gruppe:

Vierte Gruppe:

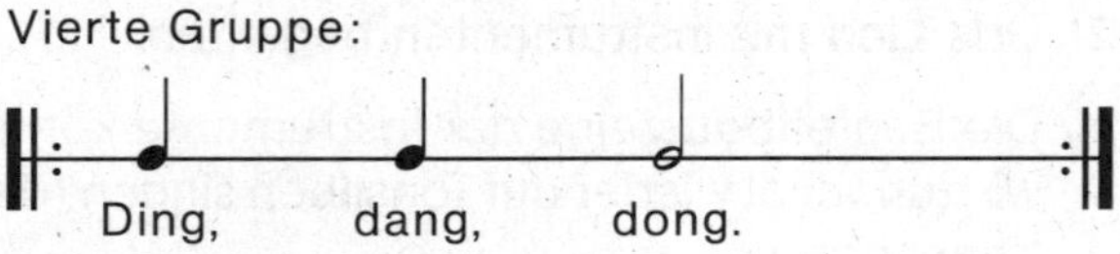


Nachdem die dritte und die vierte Gruppe zusammen gesprochen haben, sprechen alle vier Gruppen zusammen:

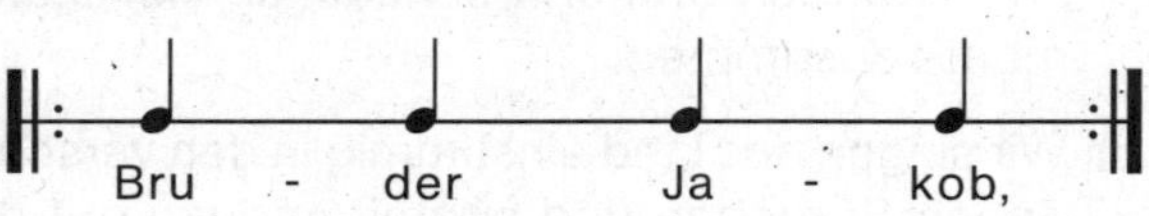


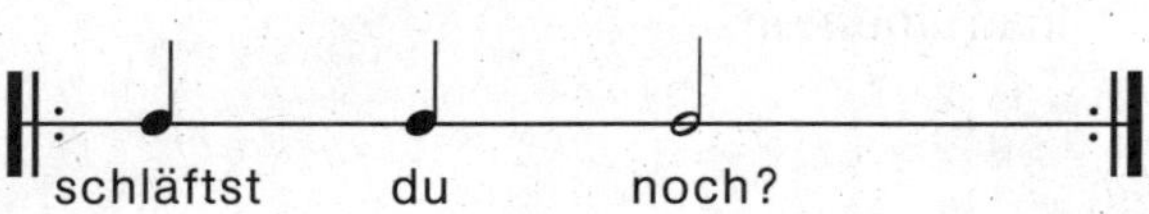

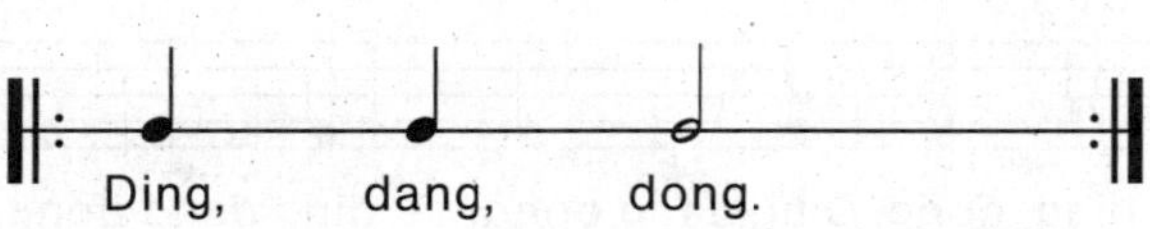


**4. Den Kanon mehrstimmig singen**

a) Wir singen den Kanon in zwei Gruppen zweistimmig. Die zweite Gruppe setzt nach zwei Takten ein (siehe Zahlen über den Notenlinien).

b) Wir singen den Kanon in drei Gruppen dreistimmig und schließlich in vier Gruppen vierstimmig. Die Einsätze können wir anhand der Notation auf Seite 11 im Schülerbuch ablesen.

c) Möglichkeiten zur Ausführung des Kanons:
- Jede Gruppe wiederholt den Kanon so oft wie vereinbart und hört dann auf (Auslaufkanon).
- Alle Gruppen singen beliebig oft den Kanon und enden auf ein Zeichen gemeinsam bei der Fermate (gemeinsamer Schluss).

d) Die Gesetzmäßigkeit des Kanons lässt sich auf Seite 4 des Arbeitsheftes darstellen. Die Schüler färben die Bausteine, wie angegeben. Sie können dann nach jedem Baustein senkrechte Verbindungsstriche ziehen (siehe Teil 5 Lösungen auf S. 151). Jeder so entstandene Abschnitt enthält einen roten, grünen, blauen und gelben Baustein. Sie klingen in jeder Mischung zusammen.

**5. Zum Kanon tanzen**

a) Wir bilden einen großen Kreis. Wir singen den Kanon einstimmig und tanzen dazu, wie es die vier Bilder auf Seite 11 im Schülerbuch zeigen.

b) Wir bilden zwei, drei oder vier Kreise, singen alle den Kanon zunächst einmal einstimmig und tanzen dazu. Anschließend setzen wir nacheinander ein und tanzen dazu (nach Belieben auslaufender Kanon oder gemeinsamer Schluss).

c) Den Kanon kann man auch in konzentrischen Kreisen tanzen. Die Anzahl der Schüler muss dann von innen nach außen jeweils größer sein.

## Kanon

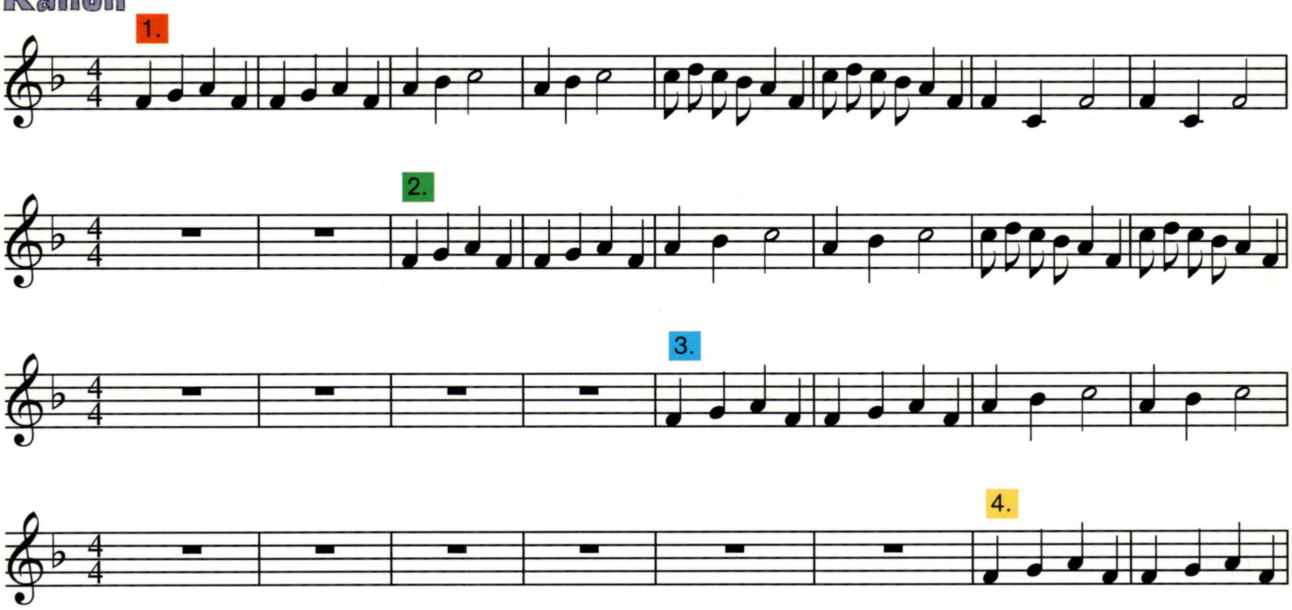


## Tanz

Takt 1 und 2

Im Kreis nach links gehen

Takt 3 und 4

Stehen und „anklopfen“

Takt 5 und 6

Im Kreis nach rechts gehen

Takt 7 und 8

Stehen und „Glocken läuten“

① Singt das Lied „Bruder Jakob“ in zwei, drei oder vier Gruppen als Kanon.
Die Zahlen über den Notenlinien geben an, wann die einzelnen Gruppen beginnen müssen.
Den Kanon könnt ihr auf zwei Arten beenden:
a) Jede Gruppe wiederholt das Lied so oft wie vereinbart und hört dann auf.
b) Alle hören gemeinsam bei der Fermate (𝄐) auf.

② Bildet zwei, drei oder vier Kreise. Singt das Lied zunächst einmal einstimmig und tanzt dazu, wie es die Bilder zeigen.
Setzt dann nacheinander ein und singt und tanzt im Kanon.

# Guten Morgen, liebe Sonne

A 13 bis 15

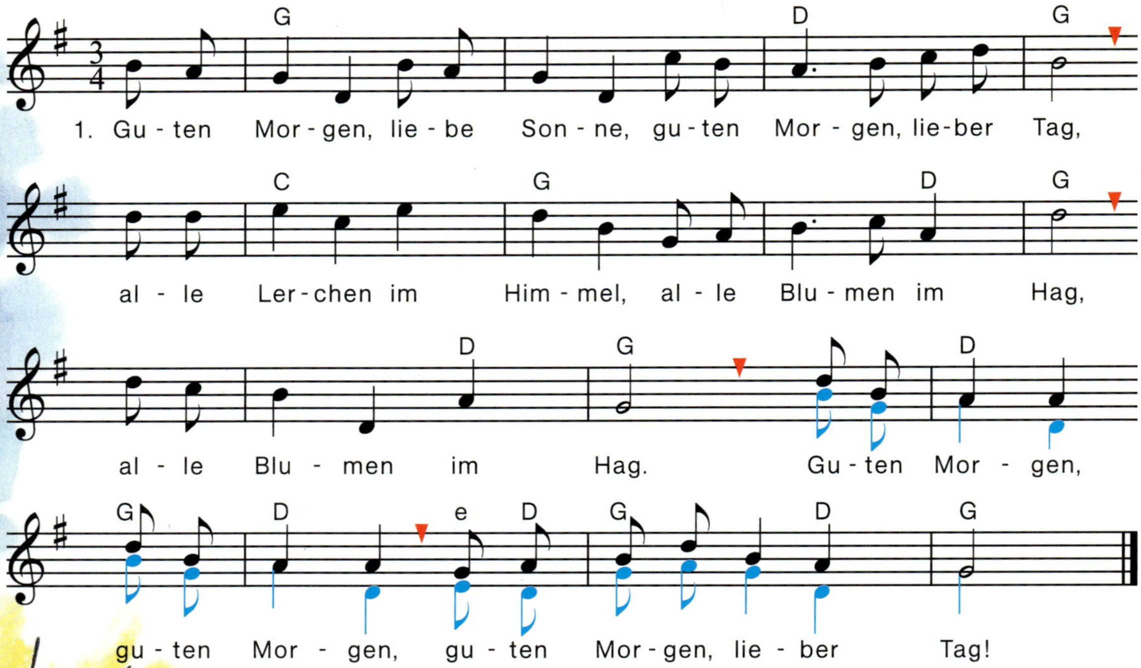

2. Alle Blumen, alle Vögel, alle Kinder sind schon wach,
alle singenden Lerchen und der Spatz unterm Dach,
und der Spatz unterm Dach.
Guten Morgen, guten Morgen, guten Morgen, lieber Tag!

3. Bring uns Freude, so viel Freude, wie es Blumen gibt im Feld,
und ein Lied auch am Abend, das dem Herrgott gefällt,
das dem Herrgott gefällt.
Guten Morgen, guten Morgen, guten Morgen, schöne Welt!

Text: Erich Colberg Melodie: Hans Poser

## Vor-, Zwischen- und Nachspiel

① Der Schlussteil des Liedes enthält eine zweite Stimme.
Einige Kinder können versuchen diese zur Melodiestimme mitzusingen.
Das gelingt leichter, wenn ein Kind die zweite Stimme auf der Flöte mitspielt.

② Auch Joseph Haydn beschreibt in seinen Musikwerken „Die Jahreszeiten“ und „Die Schöpfung“ den Aufgang der Sonne.
Hört euch die Ausschnitte an und findet heraus, wie es dem Komponisten gelingt den Sonnenaufgang mit musikalischen Mitteln darzustellen.



A14: Rezitativ „In vollem Glanze“ aus „Die Schöpfung“ von Joseph Haydn
A15: Terzett und Chor „Sie steigt herauf“ aus „Die Jahreszeiten“ von Joseph Haydn

# 8. Unterrichtseinheit zu Seite 12

## Inhalt

- Text und Melodie des Liedes lernen
- Zum Schlussteil der Strophen eine zweite Stimme singen
- Atem- und Lockerungsübungen durchführen
- Vor- und Zwischenspiel zum Lied musizieren
- Musik hören, die den Sonnenaufgang darstellt

## Organisation

- Flöte, Metallophon, Becken oder Triangel
- CD A 13 bis 15
- Arbeitsheft S. 5 (Lösungen S. 152)
- Schülerbuch

*Zeit: etwa 3 Unterrichtsstunden*

## Möglicher Unterrichtsverlauf

### Vorbemerkung

Das Lied bildet zusammen mit den Hörbeispielen eine zusammenhängende Einheit zum Thema „Morgen". Ausgangspunkt können das Lied, die Hörbeispiele oder auch spielerische Atem- und Lockerungsübungen sein.

### 1. Atem- und Lockerungsübungen durchführen

a) Die Übungen sollen in spielerischer Form durchgeführt werden.

b) Möglichkeiten spielerischer Übungen:
   - Gähnen, recken und strecken wie beim Aufstehen am Morgen
   - Bei offenem Fenster frische Luft durch den leicht geöffneten Mund ein- und ausatmen.
   - Das Frühstücksgetränk durch die Nase schnüffeln
   - Das Frühstücksbrot kauen und mit der Zunge die Zähne reinigen

### 2. Das Lied lernen

a) Möglichkeiten zur Hinführung:
   - Ein Bild vom Sonnenaufgang malen
   - Ein Bild vom Sonnenaufgang betrachten
   - Melodische Guten-Morgen-Rufe erfinden
   - Die Illustration auf Seite 12 im Schülerbuch besprechen
   - Den Text des Liedes vorlesen

b) Singen Sie das Lied vor, Sie können auch das Hörbeispiel A 13 einsetzen.

c) Singen Sie jetzt die erste Strophe abschnittsweise vor, die Schüler singen jeweils nach (auf deutliche Artikulation und tonhöhengemäßes Singen achten).

d) Die zweite Stimme im Schlussteil des Liedes singen (auf tonsichere Schüler zurückgreifen, evtl. eine Flöte mitspielen lassen).

e) Zweite und dritte Strophe lernen:
   - Den Text laut, leise, mit verschiedenem Ausdruck sprechen
   - Vor- und Nachsingen der Liedabschnitte
   - Aufnahme A 13 hören und dazu mitsingen

f) Das Vor- und Zwischenspiel zum Lied musizieren.

### 3. Musik kennen lernen, die den Sonnenaufgang darstellt

a) Den Sonnenaufgang durch Bewegung und Instrumente darstellen:
   - Auf den Boden kauern, sich langsam erheben, die Hände nach oben strecken
   - Mit dem Triangel leise beginnen und immer lauter werden
   - Auf dem Metallophon langsam die einzelnen Töne von unten nach oben spielen

b) Die Schüler hören zunächst das ganze Musikbeispiel A 14 „In vollem Glanze" aus „Die Schöpfung" von Joseph Haydn und schildern ihre Eindrücke.

c) Sie hören mehrmals das instrumentale Vorspiel zum Rezitativ und achten dabei auf die musikalischen Gestaltungsmittel zur Darstellung des Sonnenaufgangs:
   - Aufsteigende Melodie
   - Zunehmende Lautstärke
   - Immer mehr Instrumente, Pauken und Trompeten

d) Die Schüler hören das Rezitativ und äußern sich dazu (Gesang des Uriel, auf den Text eingehen, Hinweis auf die 52. Unterrichtseinheit „Die Schöpfung").

e) Als weiteres Beispiel können die Schüler das Terzett und den Chor „Sie steigt herauf" aus „Die Jahreszeiten" von Joseph Haydn hören und über die musikalischen Gestaltungsmittel sprechen:
   - Steigerung der Musik durch immer höhere Töne, durch zunehmende Lautstärke, durch immer mehr Instrumente und Sänger
   - Instrumente beginnen, Sopran, Tenor, Bass, Chor folgen nacheinander, Höhepunkt mit Chor, Pauken und Trompeten

### Inhalt

- Lockerungs- und Atemübungen durchführen
- Laut- und Stimmspiele gestalten
- Das Lied lernen
- Einen Trimm-dich-Pfad einrichten

### Organisation

- Platz für die Übungen
- Schilder für den Trimm-dich-Pfad
- Triangel oder Becken
- CD A 16
- Transparentfolie 4
- Schülerbuch

*Zeit: etwa 2 Unterrichtsstunden*

## Möglicher Unterrichtsverlauf

**Vorbemerkung**

Die Unterrichtseinheit „Einen Wecker hat Christine" soll exemplarisch aufzeigen, wie in der Grundschule auf spielerische Art „Stimmbildung" betrieben werden kann. Die Lockerungs- und Atemübungen, die Laut- und Stimmspiele sollten auch in Verbindung mit anderen Liedern immer wieder durchgeführt werden.

**1. Lockerungs- und Atemübungen**

a) Lockerung des Körpers zur Resonanzfähigkeit und zur Aktivierung des Zwerchfells:
   - Wir legen uns auf den Rücken und „schlafen" völlig entspannt (ruhiges und gleichmäßiges Ein- und Ausatmen).
   - Wir stehen und wiegen uns kreisförmig wie ein Baum im Wind (beide Beine gleichmäßig belasten).
   - Wir kreisen beide Schultern vorwärts – aufwärts und atmen ein, kreisen die Schultern rückwärts – abwärts und atmen aus.
   - Wir drehen den Kopf im Nacken zur linken Schulter und atmen ein, wir drehen zur rechten Schulter und atmen aus.
   - Wir schütteln unser Gesicht hin und her.

b) Gleichmäßige Atemführung und Stärkung der Atemmuskulatur
   - Wir blasen eine Kerze aus auf „fff" (ausblasen – Atempause – durch die Nase einatmen).
   - Wir saugen Luft durch die Nase ein (abwechselnd linkes und rechtes Nasenloch).
   - Wir hauchen beschlagene Fensterscheiben an.
   - Wir hecheln wie ein Hund (langsam beginnen und schneller werden).
   - Wir summen wie eine Biene (auf- und abwärts).
   - Wir legen uns auf den Rücken, ziehen mit den Händen beide Knie zur Brust und atmen ein ohne vom Boden abzuheben, mit dem Ausatmen die Knie wieder von der Brust wegführen und Beine auf den Boden legen.

**2. Das Lied lernen**

a) Die Schüler lesen den Liedtext auf Seite 13 des Schülerbuches einzeln oder in Gruppen mit deutlicher Aussprache.

b) Wir hören die Aufnahme A 16 und versuchen das Lied anhand der Noten mitzusingen. Der Melodieverlauf ist einfach und kann von den Schülern rasch aufgefasst werden.

**3. Laut- und Stimmspiele zum Lied**

a) Wir führen Lockerungs- und Atemübungen durch (siehe Aufgabe 1 auf Seite 13 des Schülerbuches, ebenso auch „Lockerungs- und Atemübungen" unter 1.).

b) Lustige Lautspiele zu den Liedstrophen gestalten (siehe Aufgabe 2 auf Seite 13 des Schülerbuches).

**4. Training auf dem Trimm-dich-Pfad**

a) Die sechs Stationen des Trimm-dich-Pfades werden erläutert.

b) Den Text der Stationen kann man auf Karton oder Zeichenpapier schreiben und im Klassenzimmer verteilt aufhängen.

c) Zirkeltraining:
   - Die Schüler verteilen sich auf die einzelnen Stationen.
   - Sie wechseln jeweils nach der Übung die Station.
   - Den Trimm-dich-Pfad während des ganzen Schuljahres im Klassenzimmer belassen (Schüler immer wieder zur Benützung motivieren)

# Einen Wecker hat Christine

A 16

2. Morgens jodelt er und wiehert
oder brummt wie ein Motor,
will Christine weiterschlafen,
zwickt er sie ins rechte Ohr.

3. War das alles völlig sinnlos,
ruft er: „Jetzt ist aber Schluss!"
Und dann streichelt er das Mädchen,
gibt ihr einen Aufwachkuss.

Text und Melodie: Klaus W. Hoffmann

① Reckt und streckt euch wie nach dem Aufwachen. Gähnt herzhaft mit weit geöffnetem Mund. Atmet die Luft bei offenem Fenster ein und aus.

② Das Lied „Einen Wecker hat Christine" regt zu lustigen Lautspielen an. Klingelt wie ein Wecker, meckert wie eine Ziege, bellt wie ein Hund, jodelt, wiehert, brummt …

③ Richtet einen Trimm-dich-Pfad ein. An den verschiedenen Stationen könnt ihr den Körper lockern, die Atmung und die Stimme trainieren.

1. Station: 10-mal Knie beugen
2. Station: 5-mal Schultern kreisen
3. Station: 10 Kaubewegungen
4. Station: Lokomotive spielen
5. Station: Glocken nachahmen
6. Station: Seifenblasen machen

# Abend auf dem Lande

**A**

**B**

A17: „Abend auf dem Lande“ aus „Bilder aus Ungarn“ von Béla Bartók

## Inhalt

- Das Musikstück „Abend auf dem Lande“ hören und darüber sprechen
- Die Gliederung, die Art der Musik, das Tempo und die Instrumente kennen lernen
- Sich zur Musik bewegen
- Den Komponisten Béla Bartók kennen lernen

## Organisation

- 24 Karten, etwa 10x25 cm, Farbe siehe Schülerbuch:
  3 Karten „Melodie A“, 2 Karten „Melodie B“
  3 Karten „ruhig“, 2 Karten „lebhaft“
  3 Karten „langsam“, 2 Karten „schnell“
  je 1 Karte „Oboe“, „Klarinette“, „Pikkoloflöte“, „Flöte“
  3 Karten „streichen“, 2 Karten „zupfen“
- CD A 17
- Kopiervorlage 1 oder Arbeitsheft S. 6 sowie Arbeitsheft S. 7 (Lösungen S. 153 und 154)
- Transparentfolie 5 und 6
- Schülerbuch

*Zeit: etwa 2 bis 3 Unterrichtsstunden*

## Möglicher Unterrichtsverlauf

### Vorbemerkung

„Abend auf dem Lande“ entstammt ursprünglich einem Klavierzyklus von Béla Bartók. Erst später instrumentierte Bartók die Musik zusammen mit vier weiteren Klavierstücken für eine Orchestersuite mit dem Titel „Bilder aus Ungarn“. Der erste Satz „Abend auf dem Lande“ ist ein musikalisches Stimmungsbild.

Das Musikstück ist in fünf Teile gegliedert. Sie unterscheiden sich in der Melodie, in der Art der Musik, im Tempo und in der Besetzung der Instrumente. Die Gesamtdauer beträgt etwa drei Minuten.

Die Tabelle stellt die Gliederung und Inhalte der Musik übersichtlich dar.

| | Teil 1 | Teil 2 | Teil 3 | Teil 4 | Teil 5 |
|---|---|---|---|---|---|
| Melodie A oder B | A | B | A | B | A |
| Art der Musik | ruhig | lebhaft | ruhig | lebhaft | ruhig |
| Tempo | langsam | schnell | langsam | schnell | langsam |
| hervortretendes Instrument | Klarinette | Flöte | Oboe | Pikkoloflöte | (Holzblasinstrumente, dann Flöte und Klarinette) |
| Streicher: zupfen oder streichen | streichen | zupfen | streichen | zupfen | streichen |

**1. Das Musikstück hören**

a) Wir hören das Musikstück A 17 „Abend auf dem Lande“ mehrmals. Den Musiktitel können Sie vorweg nennen oder auch nach dem Hören von den Schülern erraten lassen. Hierbei ergeben sich oft interessante Vermutungen, auf die Sie eingehen sollten.

b) Ermuntern Sie die Schüler, zu der Musik unterschiedliche Bewegungen zu gestalten. Zu den langsamen Teilen können sie beispielsweise die Hände leicht schwingen und zu den schnellen Teilen am Platz hüpfen.

c) Die Schüler sollen spontan beschreiben, was ihnen an der Musik besonders aufgefallen ist. Lenken Sie das Gespräch vor allem auf die Melodie, das Tempo, die Art der Musik und die Instrumente. Es ist sinnvoll, gleich die Begriffe, die auf den Kärtchen stehen, zu entwickeln (Melodie A, Melodie B; langsam, schnell; ruhig, lebhaft; Flöte, Pikkoloflöte, Oboe, Klarinette; streichen, zupfen).

**2. Das Musikstück näher kennen lernen**

a) Entwerfen Sie nach dem Muster auf Seite 15 im Schülerbuch eine Tabelle an der Tafel. Die Maße richten sich nach der Größe der Karten. Hängen Sie dann ungeordnet die 24 Karten mit den Aufschriften daneben (Magnetband auf der Rückseite der Karten).

b) Zwei Schüler stehen an der Tafel, um beim Hören jeweils die passenden Karten in die Tabelle einzuordnen. Bei den einzelnen Hördurchgängen können die Schüler jeweils wechseln.

c) Wir tragen jeweils nach einem Hördurchgang die Ergebnisse in unser Arbeitsblatt ein (Kopiervorlage 1). Die Reihenfolge in der ersten Spalte der Tabelle kann beliebig festgelegt werden. Man kann mit den Melodien, mit dem Tempo oder anderem beginnen.

d) Wir konzentrieren uns nun beim Hören auf die unterschiedlichen Melodien der Teile 1 bis 5. Haben wir die entsprechenden Melodien erkannt, geben wir ein vereinbartes Handzeichen.

e) An der Tafel ordnen die beiden Schüler die Karten „Melodie A“ und die Karten „Melodie B“ in die Tabelle ein. Wir überprüfen die Ergebnisse und tragen sie in die Arbeitsblätter ein.

f) Wir erarbeiten ebenso die Art der Musik, das Tempo, die hervortretenden Instrumente und versuchen zu erkennen, ob in den einzelnen Teilen die Streichinstrumente gezupft oder gestrichen werden.

g) Lassen Sie die Schüler selbst herausfinden, weshalb im Teil 5 bei „hervortretendes Instrument“ kein Instrumentenkärtchen vorgesehen ist (kein hervortretendes Instrument, siehe Tabelle auf der Seite zuvor).

**3. Zur Musik einen Tanz gestalten**

a) Wir gehen zu den langsamen Teilen an den Händen gefasst ganz leise im Kreis. Zu den schnellen Teilen können wir am Platz hüpfen.

b) Motivieren Sie die Schüler zu eigenen Bewegungsformen. Die Erfahrung hat gezeigt, dass oft reizvolle Tanzgestaltungen erfunden werden.

**4. Den Komponisten Béla Bartók kennen lernen**

a) Wir lesen den Text auf Seite 15 im Schülerbuch und betrachten das Foto.

b) Informieren Sie sich in einem Musiklexikon eingehender über Béla Bartók. Vermitteln Sie den Schülern, wie sehr gerade die Volksmusik seine Kompositionen beeinflusst hat.

c) Regen Sie die Schüler an, auch andere Kompositionen von Bartók zu hören (z. B. „Für Kinder“, siehe Arbeitsheft Seite 7).

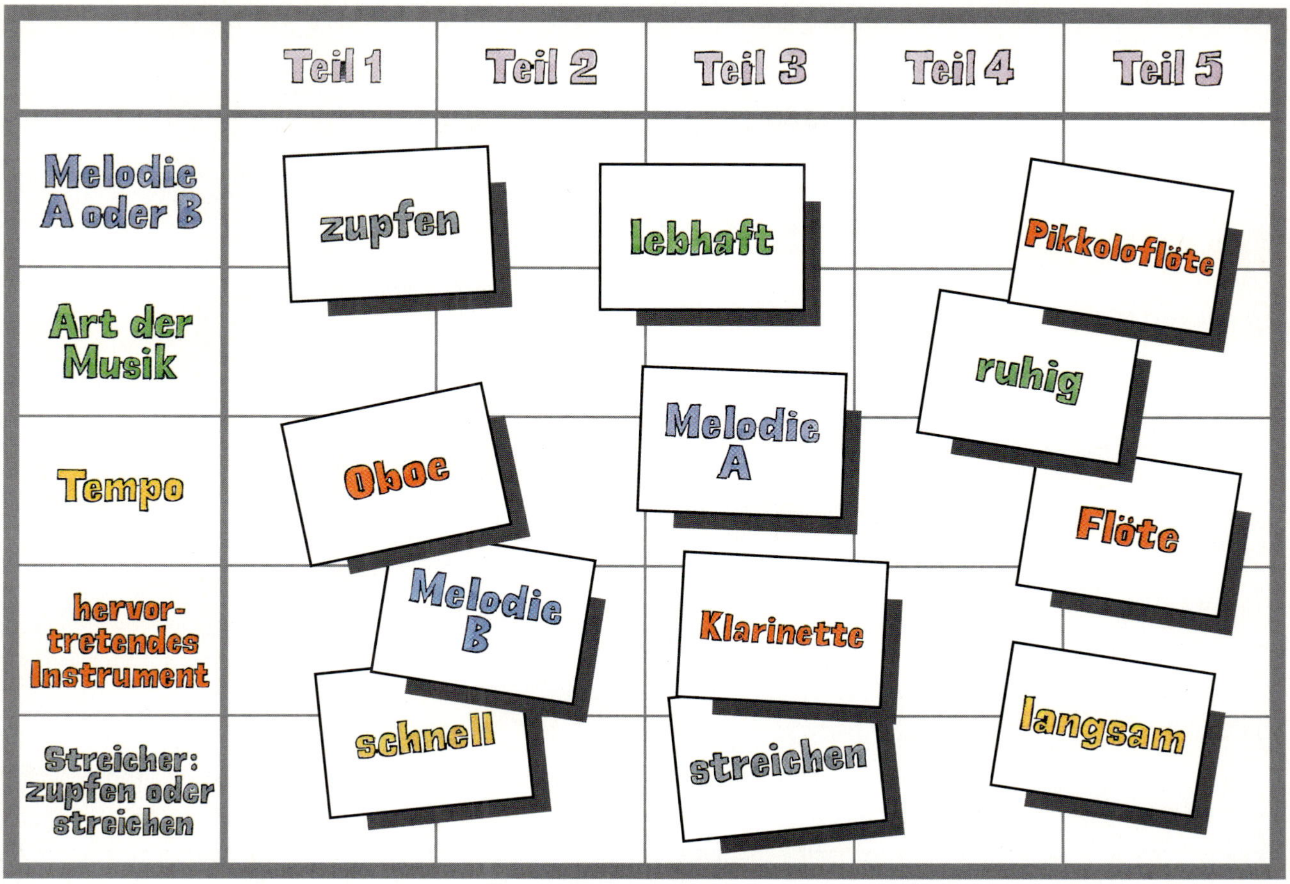


Béla Bartók wurde 1881 in Ungarn geboren. Sein Vater begeisterte ihn schon sehr früh für die Musik. Leider starb der Vater, als Béla erst acht Jahre alt war. Von seiner Mutter erhielt er den ersten Klavierunterricht. Der begabte Junge komponierte schon mit acht Jahren kleine Musikstücke. Im Alter von zehn Jahren gab er bereits sein erstes Konzert auf dem Klavier. Als Béla 18 Jahre alt war, begann er in der Hauptstadt Budapest Musik zu studieren.
Viele Jahre reiste Béla Bartók durch Ungarn, Rumänien und andere Länder, um bei den Bauern Volkslieder und Tänze zu sammeln. Diese schrieb er auf oder benützte ein einfaches Aufnahmegerät. 1940 verließ Béla Bartók seine Heimat und lebte in Amerika. Dort starb er 1945 arm und verlassen in einem New Yorker Krankenhaus.

1. Béla Bartók schrieb eine Orchestermusik mit dem Namen „Bilder aus Ungarn“. Hört den ersten Teil dieser Musik mit dem Titel „Abend auf dem Lande“ und schildert eure Eindrücke.
2. Lernt das Musikstück mit Hilfe der Tabelle und der Kärtchen näher kennen.
3. Erfindet zu der Musik passende Bewegungen. Ihr könnt auch einen Tanz gestalten.

# Große Uhren schlagen ding dong

A 18, 19

Text: Heidi Köhler Melodie: Karl Karow

## Begleitung

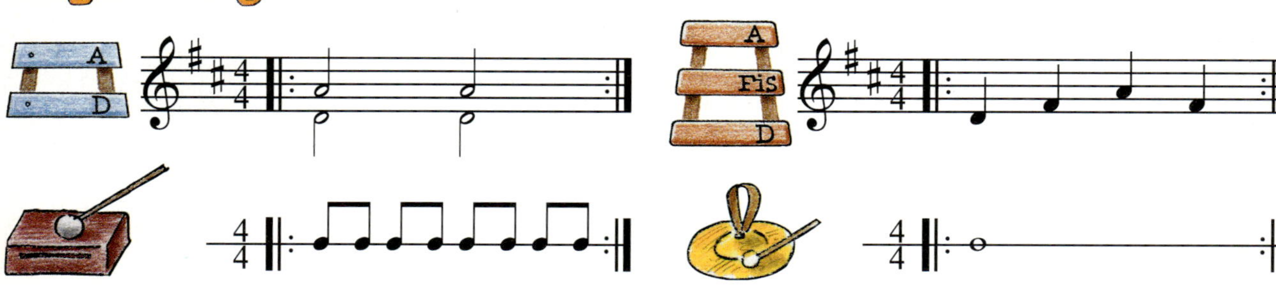


1. Die Uhren schlagen in unterschiedlichem Tempo. Ahmt sie mit der Stimme und mit Instrumenten nach.
2. Versucht verschiedene Uhren gleichzeitig nachzuahmen.
3. Singt das Lied in drei Gruppen als Kanon.
4. Von Joseph Haydn gibt es eine Sinfonie mit dem Namen „Die Uhr“. Hört den Anfang des zweiten Satzes und überlegt euch, warum die Sinfonie diesen Namen bekommen hat. Zu dieser Musik könnt ihr einen schönen Tanz gestalten.



A 19: „Sinfonie Nr. 101, Die Uhr“ von Joseph Haydn

## Inhalt

- Das Ticken und Schlagen der Uhren mit der Stimme und mit Instrumenten nachahmen
- Den Kanon singen
- Einen Ausschnitt aus der Sinfonie „Die Uhr" von Joseph Haydn hören
- Einen Tanz zur Musik gestalten

## Organisation

- Platz für den Tanz
- Metallophon, Xylophon, Holzblocktrommel, Becken
- CD A 18 und 19
- Transparentfolie 7
- Schülerbuch

*Zeit: etwa 2 bis 3 Unterrichtsstunden*

## Möglicher Unterrichtsverlauf

**1. Die Uhren ticken und schlagen unterschiedlich**

a) Die Schüler erzählen von großen und kleinen Uhren. Einige Uhren schlagen laut, andere leise, einige schlagen schnell, andere langsam.

b) Wir besprechen die abgebildeten Uhren auf Seite 16 im Schülerbuch. Die Länge der einzelnen Uhrenschläge ist bei jeder Uhr durch Notenzeichen angegeben.

c) Wir schwingen die Arme wie ein Pendel entsprechend der verschieden langen Uhrenschläge hin und her. Wir ahmen mit der Stimme die Uhrenschläge nach.

d) Wir spielen die Uhrenschläge auf Instrumenten. Welche Instrumente passen am besten zu den verschiedenen Uhren?

e) Wir bilden Gruppen und versuchen verschiedene Uhren gleichzeitig nachzuahmen (mit Pendelbewegungen, Stimme, Instrumenten). Eine Gruppe beginnt, die anderen kommen nacheinander hinzu. Gleichmäßiges Tempo beachten.

**2. Den Kanon lernen**

a) Wir sprechen den Liedtext im Rhythmus der Notation.

b) Wir versuchen den Text in zwei, wenn möglich auch in drei Gruppen als Kanon zu sprechen. Begleiten Sie oder ein Schüler auf der Trommel mit Viertelnoten (Grundschlag) den Sprechkanon (siehe hierzu 7. Unterrichtseinheit, Ziffer 3).

c) Singen Sie nun das Lied vor oder setzen Sie das Hörbeispiel A 18 ein. Wir lernen abschnittsweise durch Vor- und Nachsingen das Lied.

d) Wir singen das Lied in drei Gruppen als Kanon. Die Zahlen über den Notenlinien geben die Einsätze an.

**3. Einen Ausschnitt der Sinfonie „Die Uhr" von Joseph Haydn hören**

a) Die Sinfonie Nr. 101 hat wegen der gleichmäßigen Achtelbewegung der Fagotte und tiefen Streichinstrumente, die den Eindruck des Tickens einer Uhr erwecken, den Beinamen „Die Uhr" erhalten.

b) Wir hören das Musikbeispiel A 19 und sprechen darüber. Was fällt euch auf? Welche Instrumente könnt ihr hören? Findet heraus, weshalb diese Musik den Beinamen „Die Uhr" hat.

**4. Zur Musik „Die Uhr" einen Tanz gestalten**

a) Der Hörausschnitt dauert 2.11 Minuten. Er gliedert sich in drei Teile, die wir jeweils tänzerisch gestalten. Die Schüler können einen eigenen Tanz finden.

b) Vorschlag einer Tanzgestaltung (Aufstellung im Kreis an den Händen gefasst)

Erster Teil:
- Zu den vier ersten Achtelnoten der Fagotte und Streicher am Platz gehen, dann im Kreis im Uhrzeigersinn gehen

Zweiter Teil:
- Pendelbewegungen mit den Armen am Platz (insgesamt 20)
- Vier kurze Schritte zur Kreismitte und wieder vier Schritte rückwärts zum Platz
- Auf dem Platz acht Schritte rechts herum
- Wieder vier Schritte zur Kreismitte und zurück
- Wieder acht Schritte am Platz links herum

Dritter Teil:
- Zu den vier Achtelnoten der Fagotte und Streicher am Platz gehen und wie beim ersten Teil im Uhrzeigersinn im Kreis gehen (keine Wiederholung).

# 12. Unterrichtseinheit

## Inhalt

- Notenwerte und ihre Zeichen kennen lernen
- Notenwerte in einer Übersicht darstellen
- Notenwerte mit Hilfe von rhythmischen Bausteinen üben
- Rhythmische Bausteine zu kleinen Musikstücken zusammenstellen

## Organisation

- Becken, Triangel, Trommel, Holzblocktrommel
- CD A 20 bis 25
- Kopiervorlage 2 bis 4 oder Arbeitsheft S. 8 bis 10 (Lösungen S. 155 bis 157)
- Transparentfolie 8
- Schülerbuch

*Zeit: etwa 2 Unterrichtsstunden*
*Vertiefung während des Schuljahrs bei Liedern und Begleitungen möglich*

## Möglicher Unterrichtsverlauf

**1. Notenwerte und ihre Zeichen kennen lernen**

a) Um die Notenwerte in einer Übersicht, wie auf Seite 17 im Schülerbuch aufzuschreiben, greifen wir auf die Darstellung der Uhrenschläge in der vorangegangenen Unterrichtseinheit zurück:
- Wir beginnen mit der kleinen Uhr:

- Wir schwingen wieder die Arme wie ein Pendel zu jeder Viertelnote und sprechen dazu gleichmäßig „din-ge, don-ge".
- Wir gehen zu den Viertelnoten und sprechen dazu „Schritt, Schritt, Schritt, Schritt".
- Wir spielen die Viertelnoten auf der Trommel und zählen „1 – 2 – 3 – 4".

b) Schreiben Sie oder ein Schüler die 4 Viertelnoten wie auf Seite 17 im Schülerbuch an die Tafel. Achten Sie dabei auf die gleichmäßigen Abstände der Noten und Zahlen.

c) Wir gehen bei den anderen Notenwerten ebenso vor wie bei den Viertelnoten. Wir spielen die unterschiedlichen Noten jeweils mit den abgebildeten Instrumenten.

d) In einer Übersicht (siehe Schülerbuch Seite 17 oben) ordnen wir die Notenwerte nach dem Prinzip der Halbierung (Ganze Note, Halbe Note, Viertelnote, Achtelnote). In dieser Darstellung werden die Relationen der Notenwerte zueinander sichtbar gemacht. Die farbigen Balken zeigen zusätzlich die zeitliche Dauer der Notenwerte an.

**2. Die Notenwerte mit Hilfe rhythmischer Bausteine üben**

a) Wir üben die Bausteine A bis F durch Klatschen, Zählen, Musizieren und Singen auf Tonsilben. Zunächst können die Übungen von zwei Schülern vorgemacht werden. Anschließend üben alle Schüler in zwei Gruppen die einzelnen Bausteine.

Beispiel für die Übung von Baustein A:

1. Gruppe
Tonsilben

2. Gruppe
Triangel

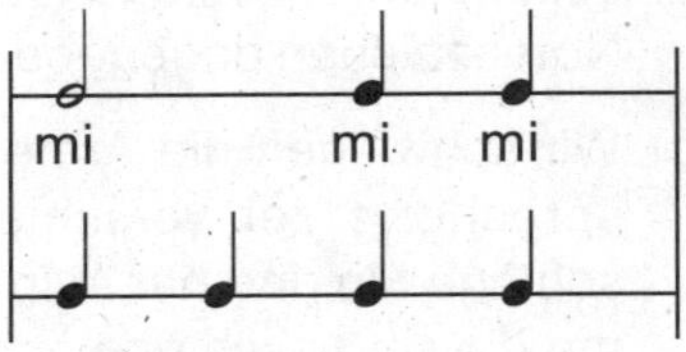


b) Die Schüler hören die Beispiele A 20 bis 25 und nennen den entsprechenden Baustein. Jeder Baustein von A bis F auf Seite 17 des Schülerbuches erklingt viermal hintereinander für Flöte und Klanghölzer.

c) Wir versuchen einige Bausteine beim Hören auch aufzuschreiben (einfachere Beispiele, wie A, C, F wählen).

d) Weitere Übungsmöglichkeiten bieten die Kopiervorlagen 2 bis 4 oder das Arbeitsheft auf Seite 8 bis 10.

**3. Rhythmische Bausteine zusammenstellen und musizieren**

a) Wir wählen unter den Bausteinen A bis F zwei Bausteine aus und spielen sie auf Instrumenten.
Beispiel (Baustein A, C):

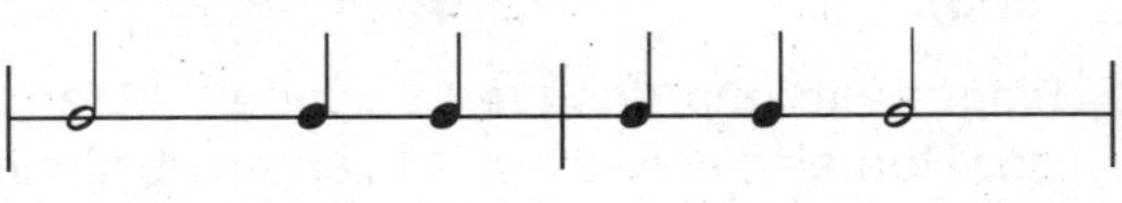

b) Wir wählen mehrere Bausteine aus und spielen sie auf Instrumenten.

# Notenwerte

A 20 bis 25

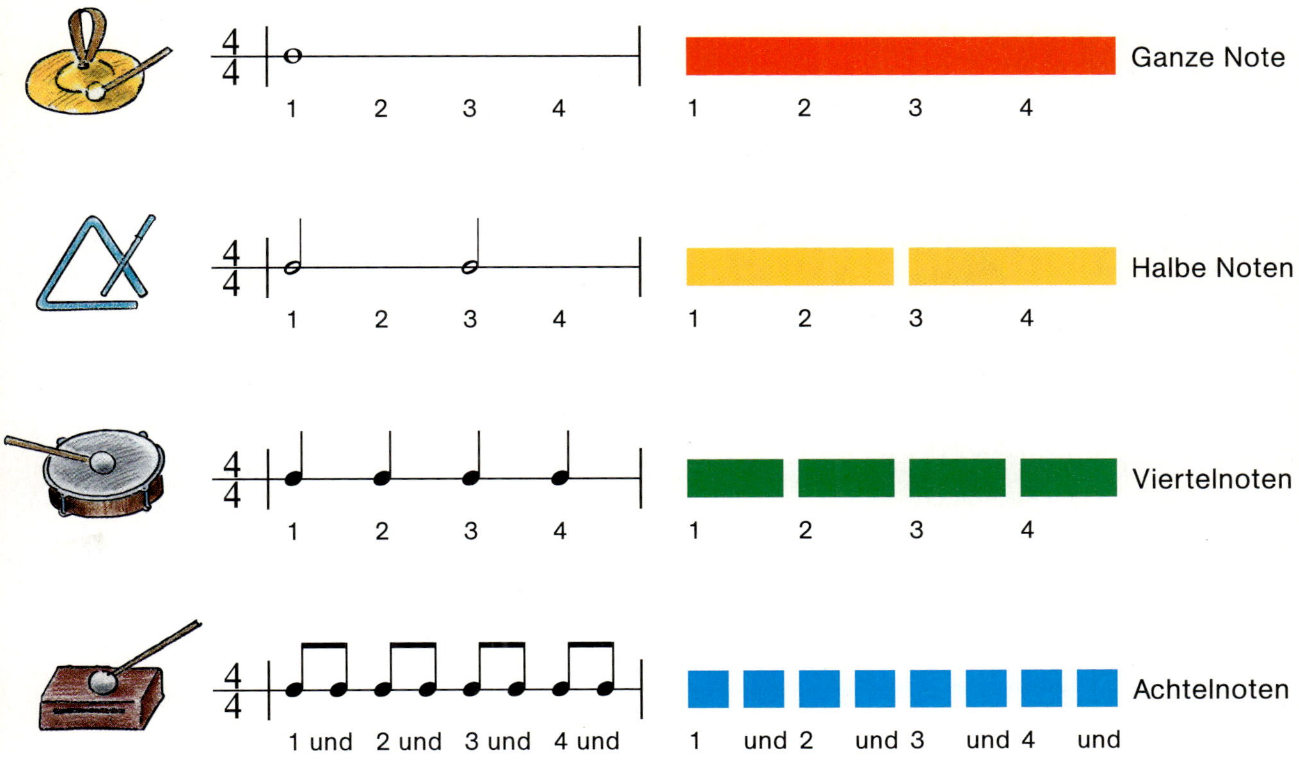


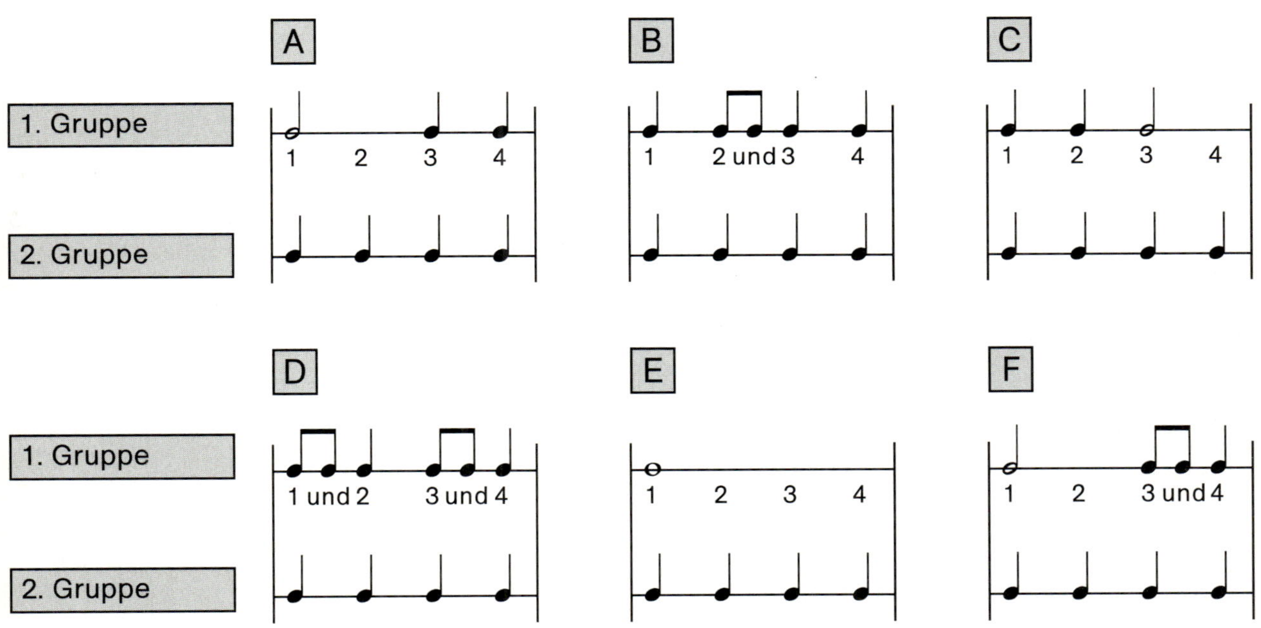


① Lernt die unterschiedlichen Notenwerte kennen.
Spielt die Noten auf den Instrumenten und zählt dazu wie unter den Noten angegeben.

② Bildet zwei Gruppen und übt die Bausteine A bis F durch Klatschen, Zählen, Musizieren, Singen auf Tonsilben, Hören und Aufschreiben.

③ Stellt mehrere der Bausteine A bis F zu kleinen Musikstücken zusammen.

# Oho, hallo – Das unendliche Pausenlied

A 26

Text und Melodie: Christa Zeuch

① Das Pausenlied könnt ihr bis zum Wiederholungszeichen beliebig oft singen. Bei der letzten Wiederholung singt ihr dann statt der 4. Zeile den Schluss.

② Klatscht zu dem Lied und hebt die Viertelpausen durch Klanghölzer besonders hervor.

## Inhalt

- Pausen bewusst erleben
- Das unendliche Pausenlied lernen
- In dem Lied die Pausen besonders hervorheben

## Organisation

- Klanghölzer
- CD A 26
- Kopiervorlage 5 oder Arbeitsheft S. 11 (Lösungen S. 158)
- Transparentfolie 9
- Schülerbuch

*Zeit: etwa 1 bis 2 Unterrichtsstunden*

## Möglicher Unterrichtsverlauf

**Vorbemerkung**

Die Schüler kennen bereits Pausen als Ruhepunkte in Liedern und Musikstücken. Die Drittklässler sollen die Pausen nun bewusster erfahren. Ausgangspunkt für das Erfassen von Pausen können Bewegungsspiele, rhythmisches Sprechen von Sätzen und Liedern mit häufigen Pausen sein. Die Pausen werden dabei durch Handbewegungen angezeigt oder mit rhythmischen Instrumenten besonders markiert.

**1. Spielerische Übungen zur Erfahrung von Pausen**

a) Die Schüler gehen zum Metrum (Viertelnoten) einer Trommel im Raum umher. Wenn die Trommel aufhört zu spielen, bleiben die Schüler stehen und klatschen leise im gleichen Metrum in die Hände. Beginnt die Trommel wieder zu spielen, gehen die Schüler weiter.

b) Schreiben Sie rhythmische Bausteine mit Pausenlücken und z. B. folgendem Text an die Tafel.

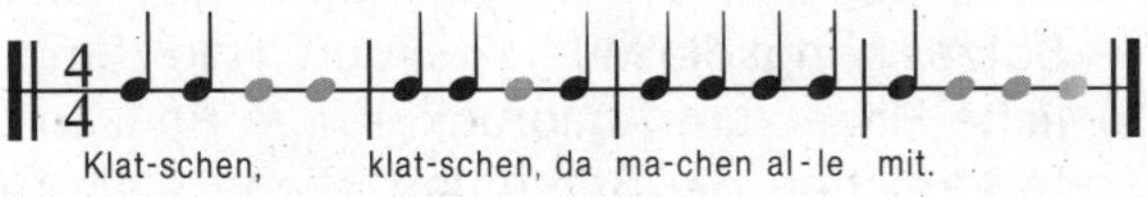


c) Nachdem die Schüler in der vorhergegangenen Unterrichtseinheit die Notenwerte kennen gelernt haben, wird ihnen auffallen, dass diese Bausteine unvollständig sind. Was könnte fehlen?

d) Wir markieren die Pausen durch ein besonderes Zeichen, das Pausenzeichen (siehe Notenbeispiel unten).

**2. Den Text des Liedes rhythmisch sprechen**

a) Das Pausenlied „Oho – hallo" eignet sich besonders zur Einführung von Pausen. Das Lied ist Ausgangspunkt für die Viertelpause, die sich ebenfalls wie die Viertelnote über den Grundschlag gut darstellen lässt.

b) Lesen Sie zunächst den Text im Rhythmus der Notation unter besonderer Beachtung der Pausen vor. Die Schüler lesen auf Seite 17 im Schülerbuch mit.

c) Sprechen Sie nun jeweils zwei Zeilen rhythmisch vor, die Schüler sprechen nach. Dabei klatschen wir zu den Viertelnoten in die Hände, zu den Viertelpausen machen wir eine Handbewegung in die Luft.

**3. Das Lied singen und dabei die Pausen hervorheben**

a) Wir hören mehrmals die Aufnahme A 26 und singen dazu mit, indem wir das Schülerbuch auf Seite 18 zu Hilfe nehmen.

b) Die Schüler klatschen zu dem Lied. Ein Schüler (oder einige Schüler) hebt die Viertelpause durch Klanghölzer besonders hervor. Dabei ist auf die Gleichmäßigkeit der Grundschläge zu achten.

c) Wir tragen auf dem Arbeitsblatt (Kopiervorlage 5, Arbeitsheft Seite 11) die Zeichen für die Viertelpausen ein.

# 14. Unterrichtseinheit — zu Seite 19

## Inhalt

- Pausenwerte und ihre Zeichen kennen lernen
- Pausenwerte mit Hilfe rhythmischer Bausteine üben
- Rhythmische Bausteine zu kleinen Musikstücken zusammenstellen
- Den Anfang des Konzertes „Der Sommer“ von Antonio Vivaldi hören und dazu ein Spiel erfinden

## Organisation

- Platz für das Spiel
- Rhythmische Instrumente zum Musizieren der Bausteine A bis F
- CD A 27 bis 33
- Kopiervorlage 5 und 6 oder Arbeitsheft S. 11 und 12 sowie Arbeitsheft S. 13 (Lösungen S. 158 und 159)
- Transparentfolie 10
- Schülerbuch

*Zeit: etwa 2 Unterrichtsstunden*

## Möglicher Unterrichtsverlauf

**1. Pausenwerte und ihre Zeichen kennen lernen**

a) Wir üben die Pausenwerte in Verbindung mit den Notenwerten. Ein Schüler spielt auf dem Becken beispielsweise die Ganze Note und zählt dazu „1 – 2 – 3 – 4“. Im gleichen Metrum (Grundschlag) schließt sich eine Ganze Pause an, die ein anderer Schüler in die Luft klatscht und dazu leise „1 – 2 – 3 – 4“ mitzählt. Dieses Spiel können die Schüler ebenso mit anderen Noten- und Pausenwerten durchführen.

b) Wir ordnen mit Hilfe der Übersicht auf Seite 17 und 19 die Pausenwerte den Notenwerten zu (Kopiervorlage 6 oder Arbeitsheft Seite 12). Die Schüler sollen dabei erkennen, dass es für jedes Notenzeichen ein entsprechendes Pausenzeichen gibt.

**2. Die Pausenwerte mit Hilfe der Bausteine A bis F üben**

a) Wir üben die Bausteine durch Klatschen, Zählen, Musizieren und Singen auf Tonsilben. Zunächst können die Übungen jeweils von zwei Schülern vorgemacht werden. Anschließend üben alle Schüler in zwei Gruppen die einzelnen Bausteine.

Beispiel für Übung von Baustein A:

1. Gruppe
Tonsilben

2. Gruppe
Trommel

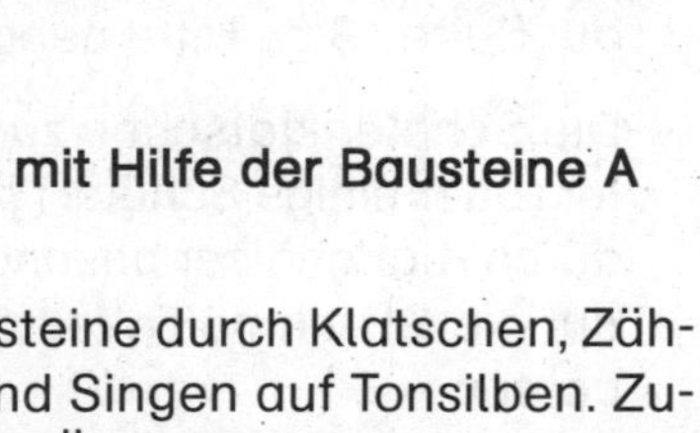


b) Wir üben die Bausteine durch Hören und Aufschreiben. Die Schüler hören die Aufnahmen A 27 bis 32. Die Bausteine werden jeweils viermal von der Holzblocktrommel (1. Gruppe) und von der Handtrommel (2. Gruppe) gespielt. Die Schüler nennen auf Seite 17 im Schülerbuch den entsprechenden Baustein. Geübte Schüler können die Bausteine beim Hören auch aufschreiben.

c) Zusätzliche Übungen: Kopiervorlage 5 oder Arbeitsheft S. 11

**3. „Der Sommer“ aus „Die vier Jahreszeiten“ von Antonio Vivaldi**

Das Konzert „Der Sommer“ für Solovioline, Streicher und Basso continuo umfasst drei Sätze. Dem ersten Satz hat der Komponist den Text vorangestellt: „Unter der lastenden Hitze der Sonne dürsten Mensch und Herde und versengt die Pinie“. Die Musik zu Beginn dieses Satzes bringt die Müdigkeit durch die sommerliche Hitze zum Ausdruck. Kurze Pausen unterstreichen die Stimmung. Siehe hierzu die Notation im Arbeitsheft Seite 13.

a) Wir hören den Anfang des ersten Satzes „Allegro non molto“ und sprechen darüber. Regen Sie die Schüler an, auf die Art der Musik und vor allem auf die Pausen zu achten.

b) Die Schüler sollen ein Spiel erfinden, das zur Musik passt. Sie können beispielsweise mit müden Schritten im Raum umhergehen und bei den kurzen Pausen anhalten und eine schweißwischende Bewegung machen.

c) Arbeitsheft Seite 13 einsetzen.

# Pausenwerte

A 27 bis 33

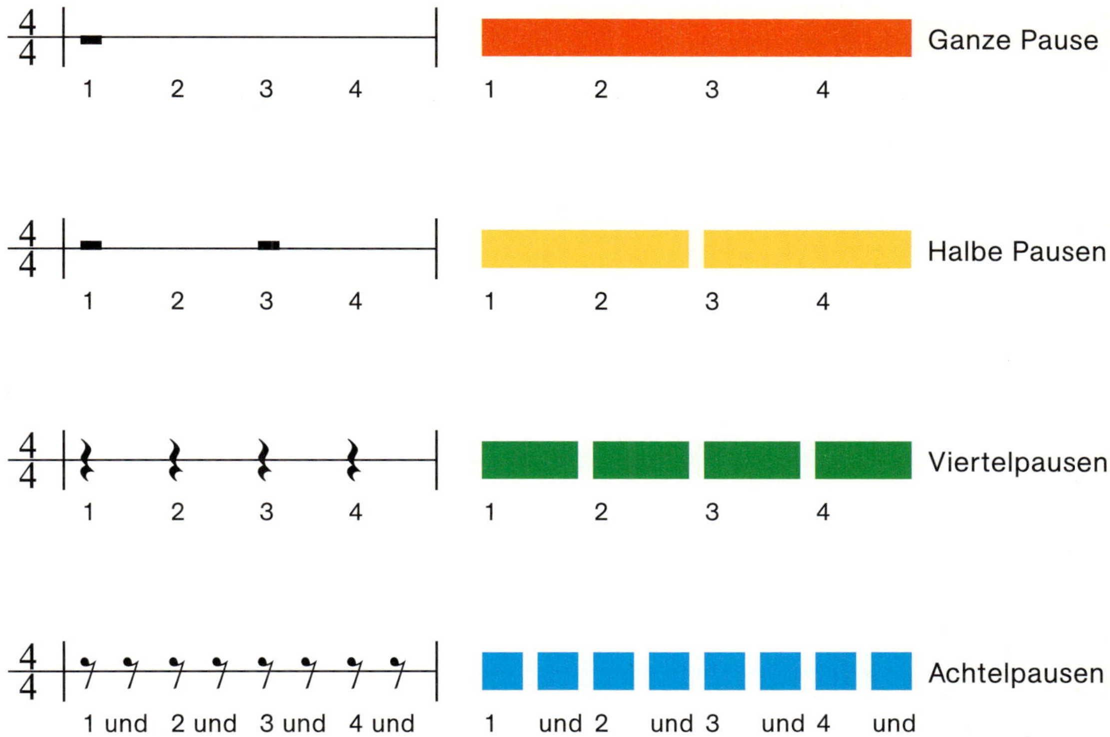


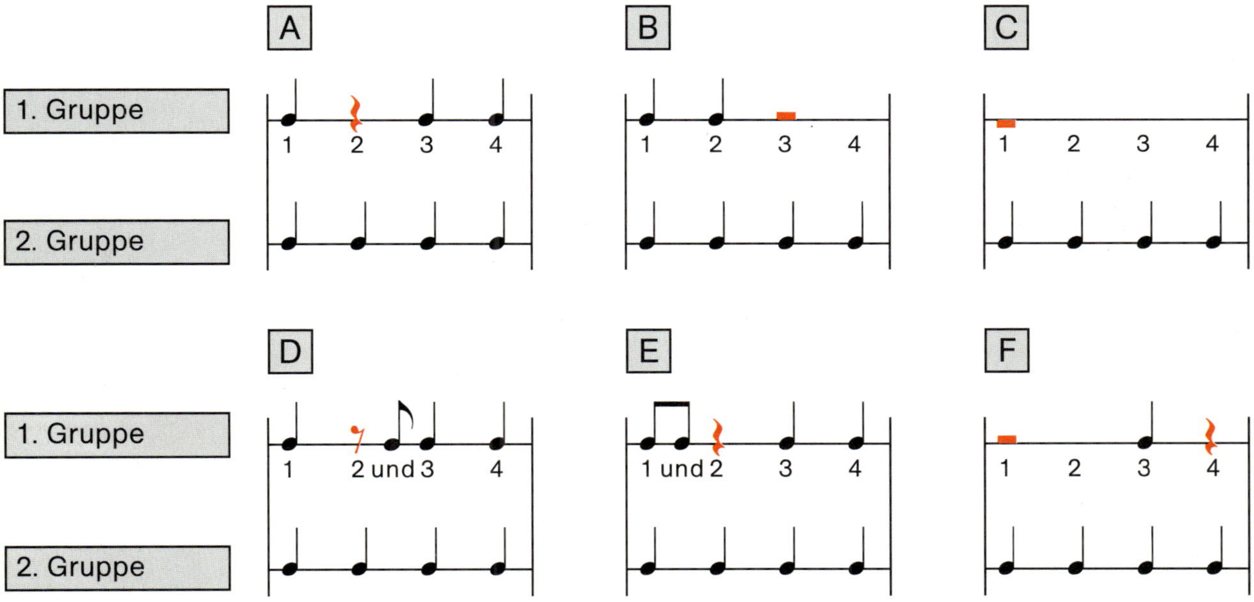

1. Für jeden Notenwert gibt es einen Pausenwert.
   Vergleicht die Notenzeichen mit den Pausenzeichen.
2. Bildet zwei Gruppen und übt die Bausteine A bis F durch Klatschen, Zählen, Musizieren, Singen auf Tonsilben, Hören und Aufschreiben.
3. Stellt mehrere der Bausteine A bis F zu kleinen Musikstücken zusammen.
4. Hört von Antonio Vivaldi den Anfang des Konzertes „Der Sommer“.
   Erfindet zur Musik ein Spiel und achtet dabei besonders auf die Pausen.

A33: „Der Sommer“ aus „Die vier Jahreszeiten“ von Antonio Vivaldi

# Wir kommen all und gratulieren

A 34

## Kanon

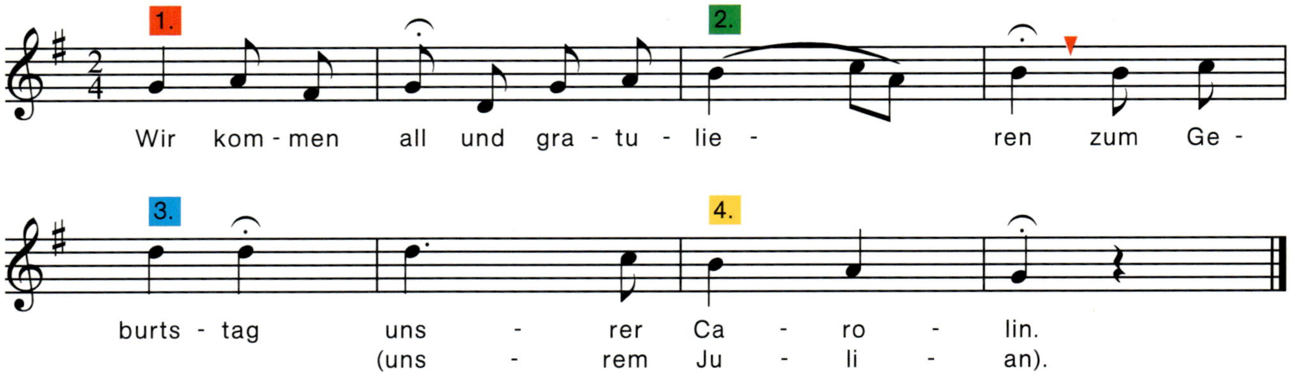


Text und Melodie: Moritz Hauptmann

## Begleitung

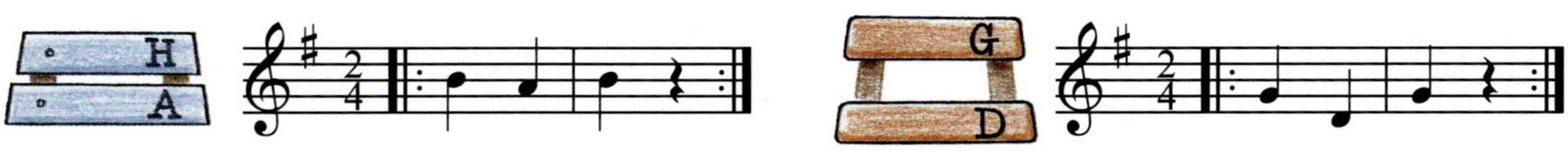


## Tanz

| Takt 1 und 2 | Takt 3 und 4 | Takt 5 und 6 | Takt 7 und 8 |
|---|---|---|---|
|  |  |  |  |
| Drei Schritte und ein Nachstellschritt vorwärts | Stehen und dreimal klatschen | Drei Schritte und ein Nachstellschritt rückwärts | Dreimal am Platz stampfen |

① Ihr könnt dem Geburtstagskind eine besondere Freude bereiten, wenn ihr ihm einen Tanz vorführt. Stellt euch im Kreis um das Geburtstagskind auf und tanzt, wie es die Bilder zeigen.

② Teilt den Kreis in vier Gruppen ein.
Zunächst singen alle gemeinsam das Lied und tanzen dazu.
Danach beginnen die einzelnen Gruppen nacheinander im Kanon zu singen und zu tanzen.

# 15. Unterrichtseinheit zu Seite 20

## Inhalt

- Einen Geburtstagskanon lernen
- Den Kanon mit Instrumenten begleiten
- Zum Kanon tanzen

## Organisation

- Platz für den Tanz
- Metallophon, Xylophon
- CD A 34
- Schülerbuch

*Zeit: etwa 2 Unterrichtsstunden*
*Wiederholung und Vertiefung bei Geburtstagsanlässen während des Schuljahres*

## Möglicher Unterrichtsverlauf

**Vorbemerkung**

Für die Kinder ist der Geburtstag ein großer Tag. An diesem Tag werden sie von den anderen Menschen, den Eltern, Großeltern, Verwandten, Freunden und Bekannten besonders beachtet. Die Anerkennung und Glückwünsche stärken das Selbstwertgefühl und bewirken Freude über das Dasein. Auch die Schule sollte den Geburtstag eines Kindes zum Anlass nehmen, mit Liedern und Gedichten zu gratulieren. Zum einen erfährt das Geburtstagskind das Gefühl der Gemeinschaft, zum anderen werden dadurch die Geburtstagslieder zum festen Bestandteil in der Klasse.

**1. Den Text des Kanons rhythmisch sprechen**

a) Bei dem Kanon „Wir kommen all und gratulieren" ist im dritten Takt auf „lie-" die Dauer einer Halben Note und im sechsten Takt die punktierte Viertelnote auf „uns" zu beachten.

b) Wir üben zunächst den Text und sprechen diesen im Rhythmus der Liednotation. Eine Trommel begleitet dazu mit dem Grundschlag (Viertelnote).

c) Wir versuchen den Kanon in zwei Gruppen rhythmisch zu sprechen. Die zweite Gruppe setzt bei „lie-" im dritten Takt ein. Jede Gruppe wird von einem Instrument mit Grundschlägen begleitet (1. Gruppe z. B. mit Klanghölzern).

**2. Den Kanon singen**

a) Wir hören zunächst das Beispiel A 34 und achten dabei auf den Melodieverlauf (aufsteigende und wieder absteigende Melodiekurve).

b) Wir singen zum Hörbeispiel C 34 mit und nehmen das Schülerbuch auf Seite 20 zu Hilfe.

c) Singen Sie zur Festigung der Melodie den Kanon abschnittsweise vor, die Schüler singen nach.

d) Jetzt probieren wir den Kanon zunächst in zwei, und wenn möglich auch in drei oder sogar vier Gruppen zu singen (die Zahlen über den Notenzeilen geben jeweils die Einsätze an). Diese Steigerung kann man auch auf die nächsten Tage verteilen.

**3. Den Kanon mit Instrumenten begleiten**

a) Wir üben die beiden Begleitbausteine auf Tonsilben und zeigen die Tonhöhen mit der Hand mit.

b) Ein Schüler musiziert die Begleitung für das Metallophon, ein anderer Schüler die Begleitung für das Xylophon. Die übrigen Schüler singen den Kanon einstimmig dazu.

**4. Zum Kanon einen Tanz gestalten**

a) Wir tanzen zum Kanon, wie es die Bilder auf Seite 20 im Schülerbuch zeigen. Einige Schüler können die Tanzformen vormachen, die anderen machen sie nach.

b) Wir stellen uns im Kreis auf und teilen ihn in vier gleich große Gruppen (Kreisausschnitte) auf.

c) Zunächst singen alle Schüler den Kanon einstimmig und tanzen dazu. Danach beginnt jede Gruppe nacheinander und singt und tanzt den Kanon zweimal, dann hört jede Gruppe wieder nacheinander auf (Auslaufkanon).

d) Sollte eine Aufteilung in vier Gruppen nicht möglich sein, weil die Ausführung für Ihre Schüler zu schwierig ist, kann man den Kanon auch in zwei (oder drei) Gruppen singen und tanzen.

## Inhalt

- Das Lied singen
- Punktierte Viertelnoten üben
- Das Lied mit Instrumenten begleiten
- Ein Geburtstagsständchen musizieren

## Organisation

- Metallophon, Xylophon
- CD A 35 und 36
- Schülerbuch

*Zeit: etwa 2 Unterrichtsstunden*

## Möglicher Unterrichtsverlauf

**1. Das Lied lernen**

a) Schreiben Sie den Rhythmus des Liedes entsprechend der Notation mit dem Text an die Tafel. Sprechen Sie den Text rhythmisch vor, die Schüler sprechen nach. Beim Sprechen ist besonders auf die punktierte Viertelnote zu achten. Diese muss entsprechend lang ausgehalten werden (der Punkt hinter der Note verlängert deren Wert um die Hälfte).

b) Wir üben die punktierte Viertelnote anhand der rhythmischen Bausteine des Liedes. Z. B.:

1. Gruppe (sprechen)

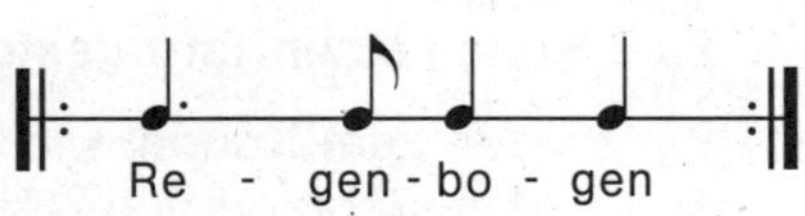


2. Gruppe (Trommel)

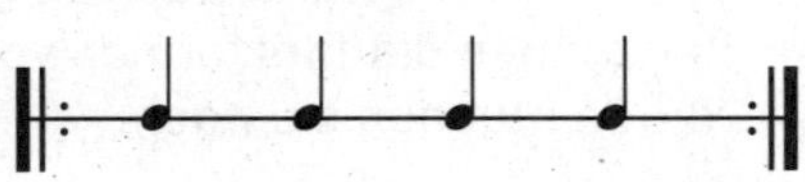

1. Gruppe (zählen)

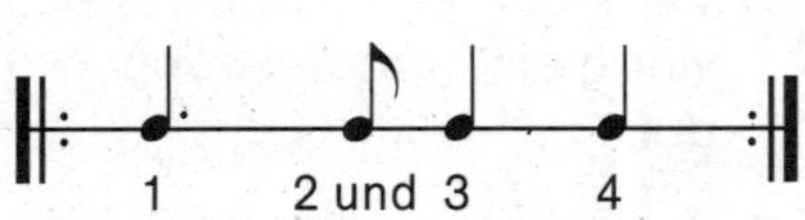


2. Gruppe (Triangel)

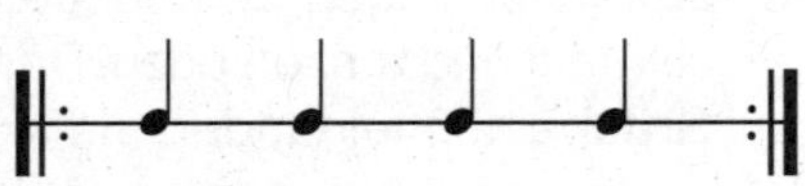

c) Singen Sie die erste Strophe des Liedes vor oder setzen Sie das Hörbeispiel A 35 ein.

d) Singen Sie die erste Strophe abschnittsweise vor und die Schüler wiederholen jeweils. Singen Sie auch die Takte mit den punktierten Viertelnoten mehrmals vor bis die Schüler den Rhythmus richtig erfasst haben.

e) Wir singen die restlichen Strophen und achten dabei besonders wieder auf die punktierten Viertelnoten.

**2. Das Ständchen musizieren**

a) Ein Schüler spielt die Melodie auf der Flöte oder einem anderen Instrument (evtl. Hausaufgabe).

b) Ein Schüler begleitet auf dem Metallophon, ein anderer auf dem Xylophon.

c) Wir können das „Ständchen" auch als Vor- und Nachspiel zum Lied verwenden.

**3. Das Lied kann man mit Instrumenten begleiten**

Met.

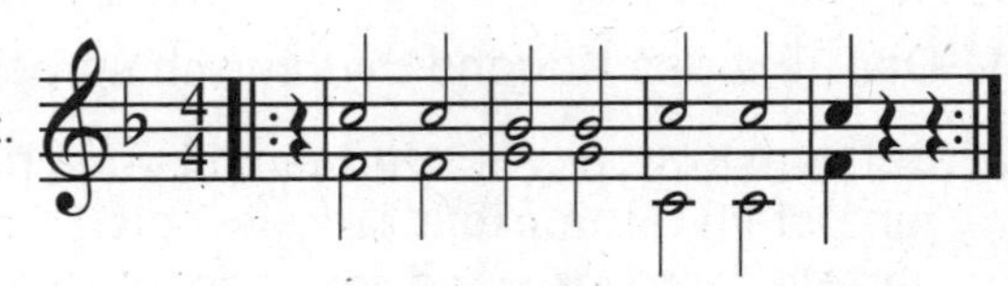

Xyl.

 A 35, 36

## Lied

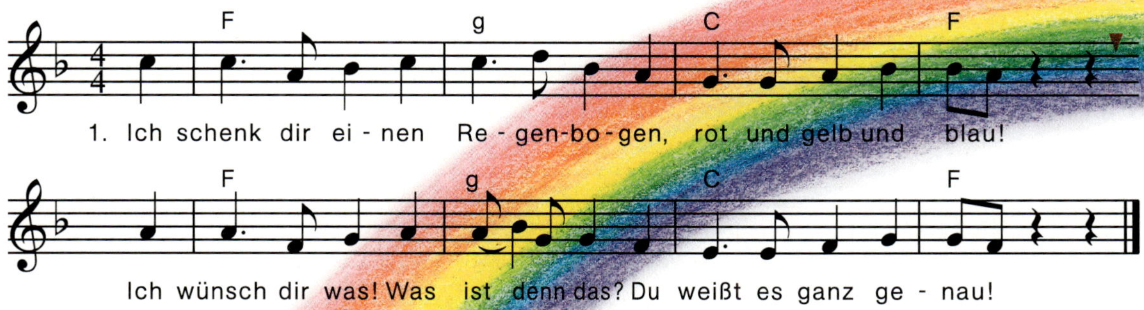


2. Ich schenk dir hundert Seifenblasen,
sie spiegeln mein Gesicht.
Ich wünsch dir was!
Was ist denn das?
Nein – Ich verrat's dir nicht!

3. Ich schenk dir eine weiße Wolke
hoch am Himmel dort.
Ich wünsch dir was!
Was ist denn das?
Es ist ein Zauberwort.

4. Ich schenk dir einen Kieselstein,
den ich am Wege fand.
Ich wünsch dir was!
Was ist denn das?
Ich schreib's in deine Hand.

5. Ich schenk dir einen Luftballon,
er schwebt ganz leicht empor.
Ich wünsch dir was!
Was ist denn das?
Ich sag's dir leis ins Ohr!

6. Ich schenke dir ein Kuchenherz
drauf steht: „Ich mag dich so!"
Ich wünsch dir was!
Was ist denn das?
Jetzt weißt du's sowieso!

Text und Melodie: Dorothée Kreusch-Jacob

## Ständchen

Sucht in dem Lied die Viertelnoten mit einem Punkt dahinter.
Sie heißen punktierte Viertelnoten und dauern so lange wie eine Viertelnote und eine Achtelnote zusammen.
Achtet beim Singen darauf, dass ihr sie entsprechend lang aushaltet.

A36: „Ständchen" von Othmar Kist

# Hejo, spann den Wagen an

A 37

## Kanon

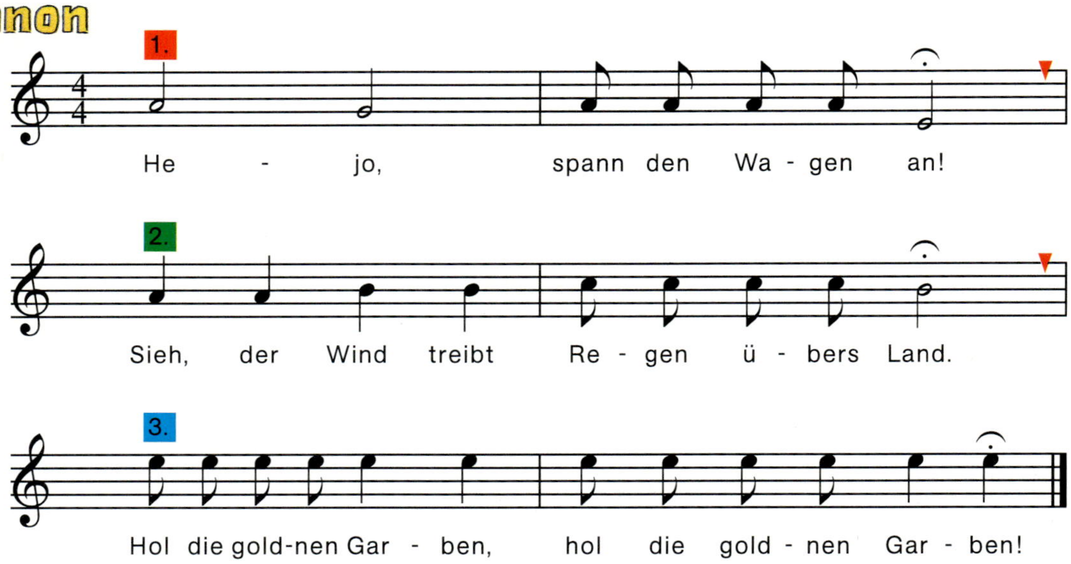


Text: volkstümlich    Musik: aus England

## Begleitung

## Tanz

Takt 1 und 2

Im Kreis nach rechts gehen

Takt 3 und 4

Im Kreis nach links gehen

Takt 5 und 6

Stehen und klatschen

① Singt das Lied in zwei oder drei Gruppen als Kanon.
Die Zahlen über den Notenlinien geben an, wann die einzelnen Gruppen mit dem Lied beginnen müssen.
Jede Gruppe singt das Lied so oft wie vereinbart.
Ihr könnt aber auch gemeinsam bei der Fermate (𝄐) aufhören.

② Bildet zwei oder drei Kreise.
Singt das Lied zunächst einmal einstimmig und tanzt dazu, wie es die Bilder zeigen.
Setzt dann nacheinander ein und singt und tanzt im Kanon.

# 17. Unterrichtseinheit zu Seite 22

## Inhalt

- Den Kanon singen
- Den Kanon mit Instrumenten begleiten
- Zum Kanon tanzen

## Organisation

- Platz zum Tanzen
- Xylophon, Metallophon
- CD A 37
- Transparentfolie 11
- Schülerbuch

*Zeit: etwa 2 Unterrichtsstunden*

## Möglicher Unterrichtsverlauf

### 1. Den Kanon lernen

a) Wir sprechen den Text des Kanons deutlich artikuliert nach dem Rhythmus der Notation und achten dabei besonders auf die unterschiedlichen Notenwerte.

b) Wir gestalten einen Sprechkanon. Eine Gruppe spricht mehrmals hintereinander die erste Zeile, eine zweite Gruppe dazu die zweite Zeile und eine dritte Gruppe dazu die dritte Zeile. Die einzelnen Gruppen beginnen hintereinander (Kanoneinsatz):

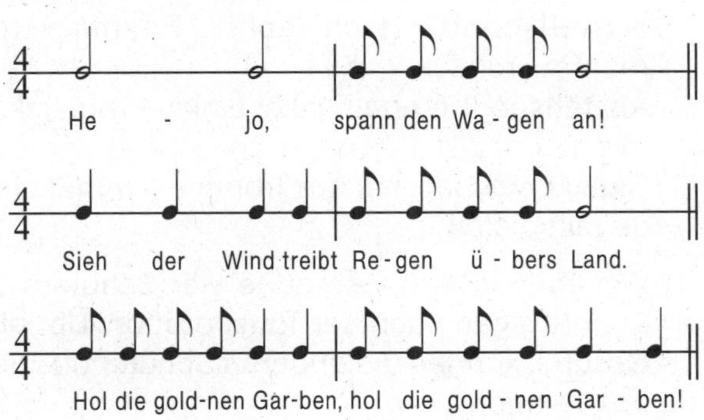


c) Singen Sie den Kanon vor, die Schüler können auf Seite 22 im Schülerbuch mitsingen.

d) Wir lernen abschnittsweise durch Vor- und Nachsingen den Kanon. Achten Sie vor allem in der dritten Zeile auf eine gleichmäßige Intonation.

e) Wir singen den Kanon in zwei oder drei Gruppen. Zunächst singen alle Gruppen den Kanon einmal einstimmig. Danach beginnt jede Gruppe nacheinander zu singen. Die Zahlen über den Noten geben an, wann die einzelnen Gruppen einsetzen müssen. Jede Gruppe singt den Kanon so oft wie vereinbart und hört dann auf oder alle Gruppen enden gemeinsam bei der Fermate.

### 2. Den Kanon mit Instrumenten begleiten

a) Wir singen die Begleitung für das Xylophon auf Tonsilben und achten dabei auf eine gleichbleibende Mundstellung. Ein Schüler spielt dazu die Begleitung auf dem Xylophon oder einem anderen Instrument mit.

b) Die Begleitung für das Metallophon können sich zwei Schüler teilen.

### 3. Den Kanon tanzen

a) Wir bilden drei Kreise und singen zunächst einmal einstimmig und tanzen dazu, wie es die Bilder auf Seite 22 im Schülerbuch zeigen. Wir setzen dann nacheinander ein und singen und tanzen im Kanon, wie in Aufgabe 1 beschrieben.

b) Wir können auch zum Hörbeispiel A 37 mitsingen und tanzen. Wir bilden hierzu drei Kreise und singen zunächst einmal einstimmig und tanzen dazu. Jede Gruppe singt und tanzt dann hintereinander nochmals dreimal und hört dann jeweils auf (Auslaufkanon).

## Inhalt

- Das Lied singen
- Das Lied mit Instrumenten begleiten
- Eine Tanznotation lesen und danach tanzen

## Organisation

- Platz für den „Erntetanz“
- Metallophon, Triangel, Holzblocktrommel
- CD A 38 und 39
- Transparentfolie 12
- Schülerbuch

*Zeit: etwa 2 bis 3 Unterrichtsstunden*

## Möglicher Unterrichtsverlauf

**1. Das Lied einführen**

a) Erzählen Sie den Schülern von den Erntearbeiten in den früheren Jahren. Lassen Sie auch die Schüler berichten, was sie darüber wissen.

b) Die Schüler lesen den Text des Liedes. Begriffe und Wörter, die unklar sind, werden geklärt.

**2. Das Lied lernen**

a) Sprechen Sie abschnittsweise den Text des Liedes im Rhythmus der Notation vor, die Schüler sprechen mit Hilfe des Schülerbuches auf Seite 23 jeweils nach.

b) Wir begleiten das rhythmische Sprechen zeilenweise mit den angegebenen Instrumenten. Ein Schüler kann zusätzlich auf der Trommel den Grundschlag (Viertelnote) mitspielen.

c) Singen Sie nun das Lied vor oder verwenden Sie das Hörbeispiel A 38. Die Schüler können auf Seite 23 im Schülerbuch mitsingen.

d) Wir lernen das Lied abschnittsweise durch Vor- und Nachsingen (einige – alle).

e) Zwei Schüler begleiten das Lied mit dem Triangel und der Holzblocktrommel (siehe Seite 23 im Schülerbuch).

**3. Das Lied mit Instrumenten begleiten**

a) Das Lied kann man auf zwei Metallophonen begleiten. Die Begleitung von Teil B weicht gegenüber Teil A nur geringfügig ab (zweite Stimme im zweiten und dritten Takt). Ein Schüler spielt die erste Stimme, ein anderer die zweite Stimme.

b) Wir klatschen zunächst den Rhythmus der Begleitung.

c) Zwei Schüler begleiten das Lied auf dem Metallophon. Zwei andere Schüler begleiten zeilenweise abwechselnd mit dem Triangel und der Holzblocktrommel.

**4. Wir tanzen zum Lied den „Erntetanz“**

a) Der „Erntetanz“ mit der Melodie von „Leer sind die Felder“ hat folgenden Ablauf:
Vorspiel – Instrumentalspiel – Gesang mit Instrumenten – Instrumentalspiel.

b) Wir lesen die Tanznotation auf Seite 23 im Schülerbuch und besprechen den Tanzablauf.

c) Die Anstellschritte nach rechts und nach links sollten gesondert geübt werden. Wir stellen uns dazu einzeln und dann auch in Reihen nebeneinander auf.
Anstellschritte nach rechts: Rechts – ran, rechts – ran ...
Anstellschritte nach links: Links – ran, links – ran ...
(dazu sprechen, mit der Trommel Grundschläge mitspielen).

d) Wir üben in Gruppen zu je vier Schülern die Schrittfolgen nach der Tanznotation. Übt eine Gruppe, können die anderen Schüler das Lied dazu singen.

e) Wir tanzen zum Hörbeispiel A 39 den „Erntetanz“.

# Leer sind die Felder

A 38, 39

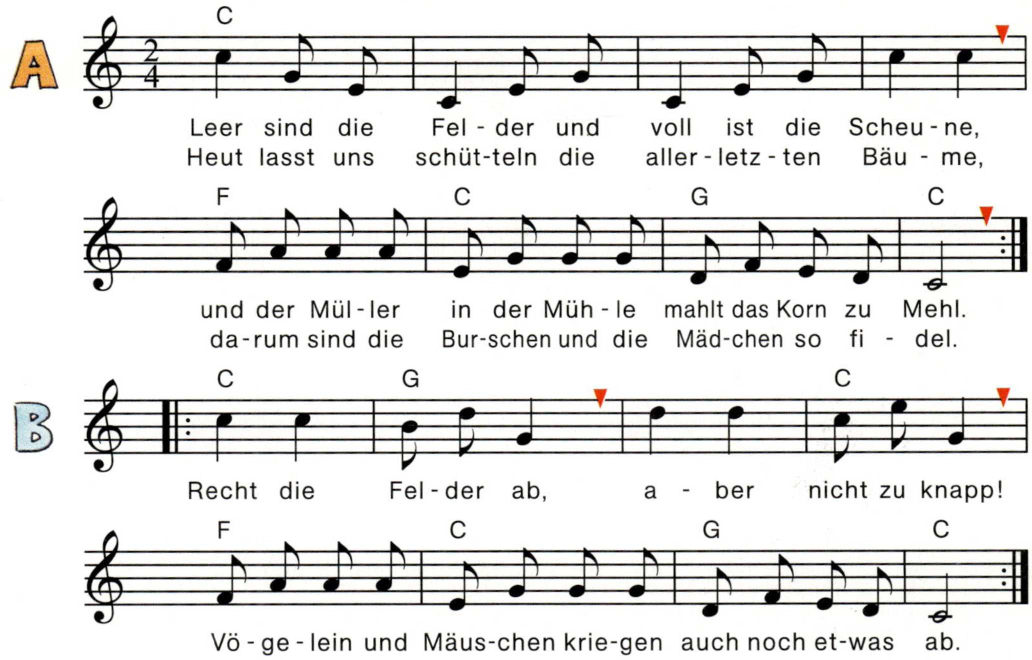


Text: Gerhard Bünemann Melodie: aus Dänemark

## Tanz

**A**

| Takt 1 bis 4 (1. Liedzeile) | Takt 5 bis 8 (2. Liedzeile) |
| --- | --- |
| 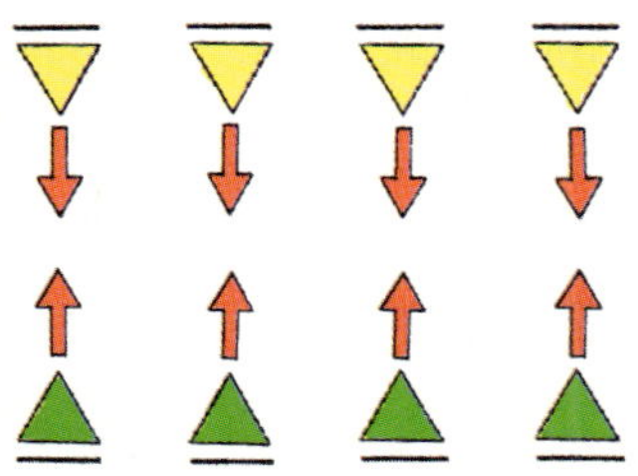 4 Schritte vorwärts, 4 Schritte rückwärts | 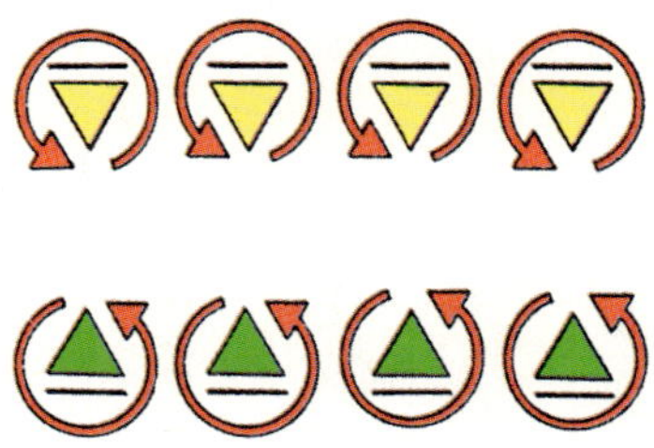 Sich am Platz drehen |

**B**

| Takt 9 bis 12 (3. Liedzeile) | Takt 13 bis 16 (4. Liedzeile) |
| --- | --- |
| 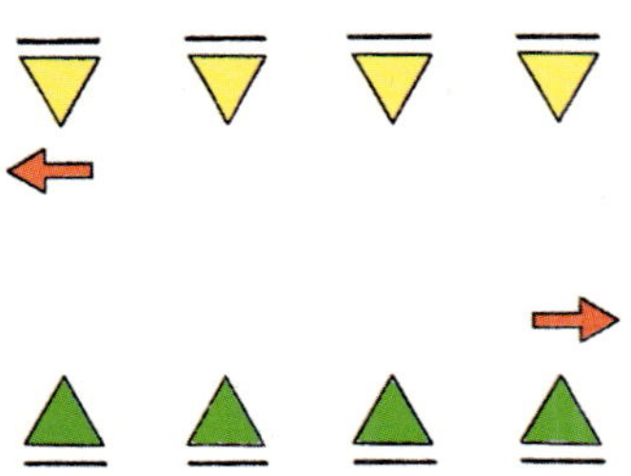 2 Anstellschritte nach rechts,<br>2 Anstellschritte nach links | 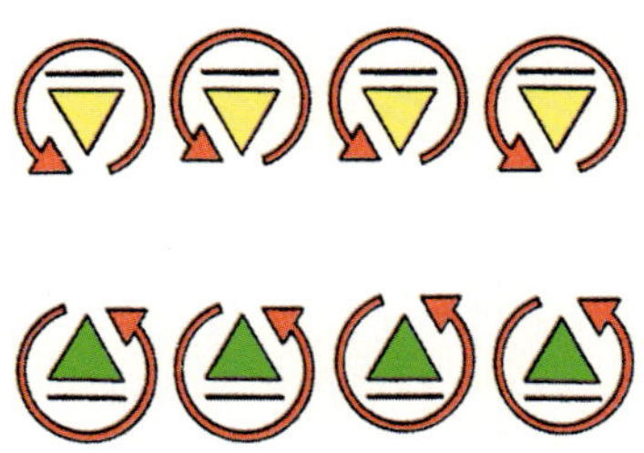 Sich am Platz drehen |

## Begleitung

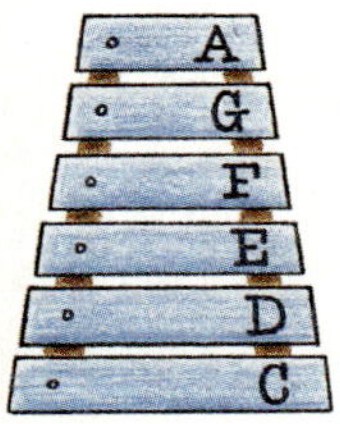

A 39: „Erntetanz“

# Kommt zusammen

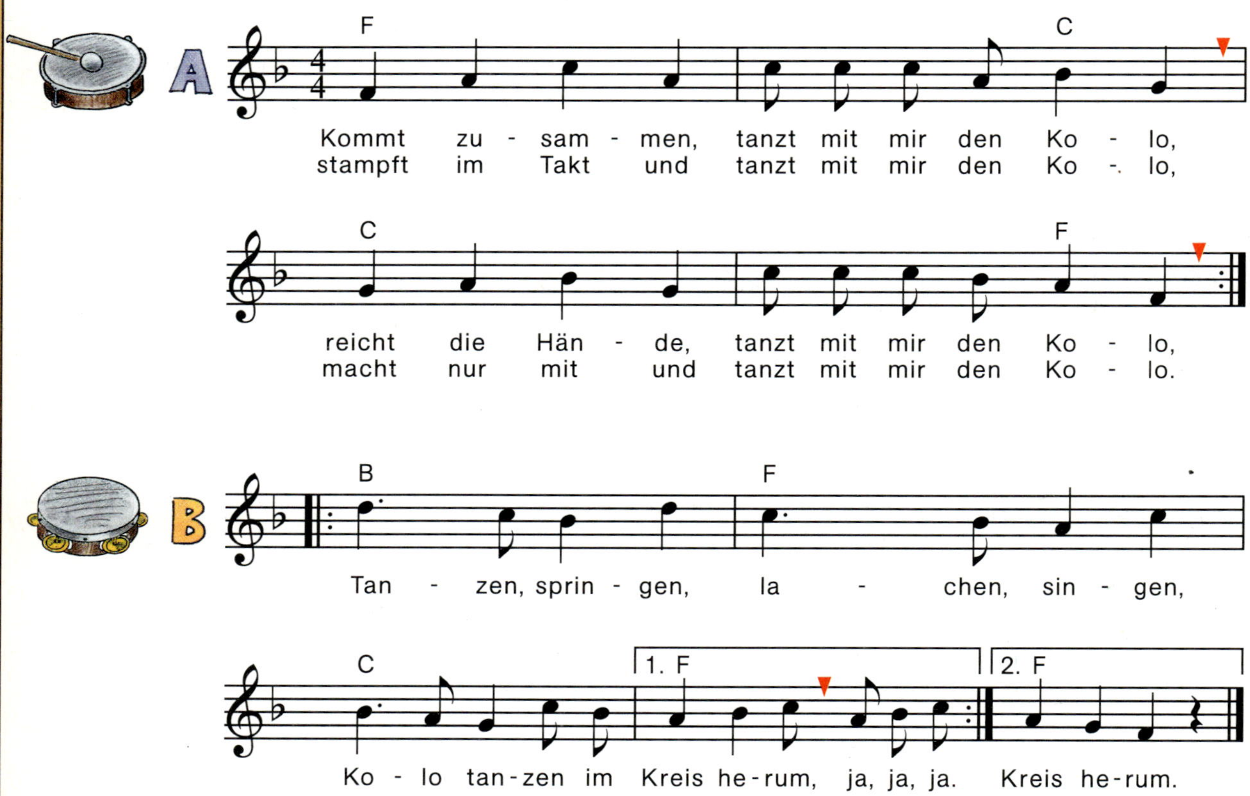


Text (geändert): Walter Kern  Melodie: aus dem ehemaligen Jugoslawien

Stellt euch in Reihen oder im Kreis an den Händen gefasst auf und versucht einen einfachen Kolo zu tanzen.
Teil A: Anstellschritte nach links, bei der Wiederholung nach rechts
Teil B: Seitgalopp nach links, bei der Wiederholung nach rechts

## Inhalt

- Ein Tanzlied aus dem ehemaligen Jugoslawien singen
- Das Lied mit Instrumenten begleiten
- Anstellschritte und Seitgalopp üben
- Zum Lied einen einfachen Kolo tanzen

## Organisation

- Platz für den Tanz
- Trommel, Schellenkranz
- CD A 40
- Schülerbuch

*Zeit: etwa 2 Unterrichtsstunden*

## Möglicher Unterrichtsverlauf

**Vorbemerkung**

Musik aus anderen Ländern und Kulturen interessiert die Schüler. Sollten in der Klasse Schüler aus dem ehemaligen Jugoslawien sein, denen die Musik vielleicht bekannt ist, dann wird die Unterrichtseinheit noch interessanter werden. Kolos sind Tänze mit abwechselnden lebhaften und ruhigeren Teilen. Sie werden meist in einer Kette getanzt, an die sich immer mehr Tänzerinnen und Tänzer anschließen können.

**1. Tanzschritte üben**

Nachfolgende Tanzschritte können Sie auch in der Sportstunde üben. Damit diese Übungen nicht langweilig werden oder gar ausarten, sollten Sie diese in spielerische Bewegungsformen einbinden. Begleiten Sie die Schritte auf einer Trommel mit Viertelnoten (Grundschlag).

a) Anstellschritt (oder Nachstellschritt)
Man setzt den Fuß zur Seite und stellt den anderen heran, Anstellschritte nach rechts: Rechts – ran, rechts – ran ..., Anstellschritte nach links: Links – ran, links – ran ...

b) Seitglopp
Der Seitgalopp ist ein schneller Anstellschritt. Aus dem seitlichen Schritt wird ein kleiner seitlicher Hüpfer.

**2. Das Tanzlied lernen**

a) Wir betrachten das Bild auf Seite 24 im Schülerbuch. Es kann hinführen zum Lied und dem Kolo. Sind in der Klasse Schüler aus dem ehemaligen Jugoslawien, können sie möglicherweise vom Brauchtum des Landes berichten. Ansonsten sollten Sie darüber erzählen (Volkslieder, Volkstänze, Kleidung ...).

b) Wir hören das Hörbeispiel A 40 und singen dazu mit. Text und Noten verfolgen wir auf Seite 24 im Schülerbuch.

c) Singen Sie nun das Lied abschnittsweise vor, die Schüler singen jeweils nach.

d) Wir begleiten den Teil A mit der Trommel, den Teil B mit dem Schellenkranz.

**3. Zum Lied und zur Musik tanzen**

a) Wir singen das Lied und tanzen dazu, wie auf Seite 24 im Schülerbuch beschrieben.

b) Wir tanzen zum Hörbeispiel A 40.

c) Die Schüler können auch eine eigene Tanzform erfinden, indem sie auf bekannte Schrittfolgen zurückgreifen (siehe bisherige Kanon- und Liedtänze).

d) Der Kolo kann auch in einer Kreisform getanzt werden. Dazu stellen sich die Schüler im Kreis, an den Händen gefasst, auf. Zum Teil A des Liedes gehen sie im Gehschritt gegen den Uhrzeigersinn im Kreis. Zum Teil B lösen sie die Handfassung und hüpfen im Hüpfschritt im Uhrzeigersinn im Kreis. (Der Hüpfschritt entsteht, wenn man mit dem Fuß, den man gerade aufgesetzt hat, nochmals hüpft: „rechts – hüpf, links – hüpf".)

# 20. Unterrichtseinheit



## Inhalt

- Laut- und Stimmspiele zur Öffnung der Resonanzräume gestalten
- Den Text des Kanons flüstern
- Den Kanon singen
- Den Kanon mit Instrumenten begleiten
- Zum Kanon tanzen

## Organisation

- Platz zum Tanzen
- Metallophon, Xylophon, Trommel, Triangel, Holzblocktrommel
- CD A 41 und 42
- Transparentfolie 13
- Schülerbuch

*Zeit: etwa 2 bis 3 Unterrichtsstunden*

## Möglicher Unterrichtsverlauf

### Vorbemerkung

Der Kanon „Tumba" eignet sich für phonetische und stimmbildnerische Übungen. Die Textsilben des Liedes regen zu Laut- und Stimmspielen an.

- *Tumba:* Deutliche Artikulation des „t" zur Aktivierung des Zwerchfells; das „m" klingen lassen; den Mund bei „ba" weit öffnen
- *Diridon:* Nicht mit breitem Mund, sondern mit Schnutenform sprechen und singen; Mundstellung durch Übungen von „i" zum „ü" formen; das „don" klingen lassen
- *Tralalalala:* Mundstellung wieder in Schnutenform; das „r" rollen lassen

### 1. Text und Rhythmus des Kanons erarbeiten

a) Schreiben Sie den Text mit Trennungszeichen, aber ohne Noten in drei Zeilen untereinander an die Tafel. Die Schüler sollen den Text still lesen und dann sprechen. Das gibt ein Durcheinander!

b) Schreiben Sie nun über die Textsilben die entsprechenden Notenwerte und sprechen Sie zeilenweise den Text rhythmisch vor. Die Schüler sprechen jeweils mit deutlicher Artikulation (siehe Vorbemerkung) nach.

c) Wir flüstern den Text als Sprechkanon. Eine Gruppe spricht mehrmals nacheinander die erste Zeile, eine zweite Gruppe dazu die zweite Zeile und eine dritte Gruppe die dritte Zeile. Dazu begleiten wir rhythmisch mit Trommel, Triangel und Holzblocktrommel, wie bei den Liedzeilen angegeben.

d) Drei Schüler (oder drei Gruppen) können auch ein rhythmisches Kanonspiel auf Instrumenten musizieren:
   - Die Trommel spielt fortlaufend den Rhythmus der ersten Liedzeile, der Triangel die zweite und die Holzblocktrommel die dritte Liedzeile.

### 2. Melodie des Liedes erarbeiten

a) Singen Sie das Lied vor oder verwenden Sie das Hörbeispiel A 41, die Schüler verfolgen das Lied auf Seite 25 im Schülerbuch und versuchen mitzusingen.

b) Wir lernen das Lied abschnittsweise durch Vor- und Nachsingen. Takt 7 mit dem Spitzenton „e" besonders üben (durch tieferen Beginn chromatisch nach oben führen). Auch den tiefsten Ton „h" im dritten Takt üben (durch höheren Beginn nach unten führen).

c) Zwei Schüler spielen zum Lied die einfache Begleitung für Metallophon und Xylophon.

### 3. Den Kanon singen

a) Wir singen den Kanon in drei Gruppen. Jede Gruppe kann von einem Rhythmusinstrument begleitet werden (siehe Liedzeilen).

b) Wir singen den Kanon in drei Gruppen und begleiten dazu auf dem Metallophon und dem Xylophon.

### 4. Zum Kanon tanzen

a) Wir singen den Kanon und tanzen dazu, wie auf Seite 25 im Schülerbuch bei Aufgabe 1 beschrieben.

b) Wir singen und tanzen zum Hörbeispiel A 42, wie bei Aufgabe 2 beschrieben. Die drei konzentrischen Kreise sind auf Seite 25 durch Dreiecke grafisch dargestellt.

# Tumba

Text und Melodie: aus den Niederlanden

## Begleitung

## Tanz

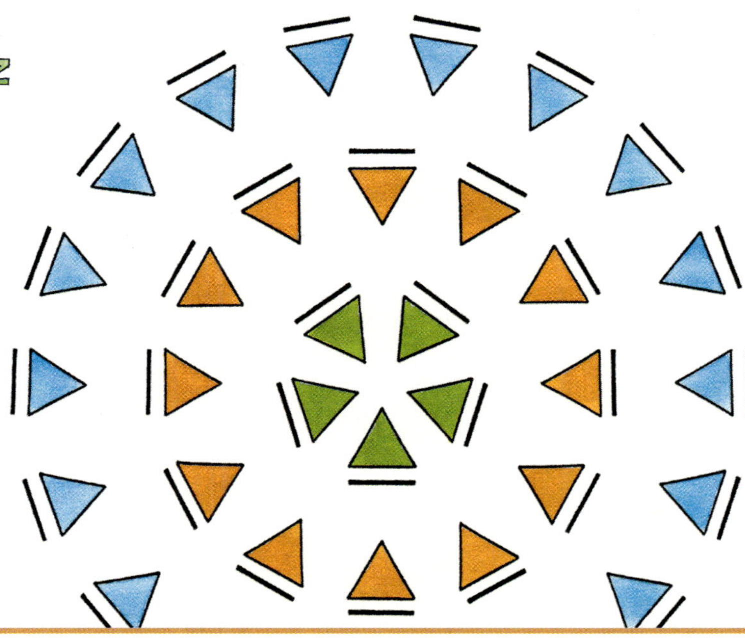

① Bildet einen Kreis und tanzt zu dem Lied.

| | |
|---|---|
| Takt 1 bis 4: | Gehschritte am Platz, sich langsam beugen und wieder aufrichten, dazu die Hände abwechselnd nach unten drücken |
| Takt 5 bis 8: | An den Händen gefasst im Kreis nach links gehen |
| Takt 9 bis 12: | Seitgalopp nach rechts, am Schluss hoch springen und über dem Kopf in die Hände klatschen |

② Besonders schön wirkt der Tanz mit drei ineinander stehenden Kreisen. Zunächst singen alle das Lied dreimal einstimmig und tanzen dazu. Danach beginnen die einzelnen Kreise von innen nach außen und singen und tanzen jeweils dreimal im Kanon.

# In der Küche tickt die Uhr

A 43

2. An der Wand, ganz nah bei mir
schnauft ein schwarzes Schattentier.
Schnell die Leselampe an,
dass es mich nicht fressen kann.

3. Ob mein Wecker richtig geht?
Ist es wirklich schon so spät?
Hunger hab ich und auch Durst,
mag ein Brot mit Leberwurst.

4. Doch ich trau mich nicht hinaus,
denn jetzt knackt was durch das Haus!
Schlüssel klappern hell und blank –
Mama, Papa, Gott sei Dank!

Text und Melodie: Christa Zeuch

## Vor-, Zwischenspiel und Begleitung

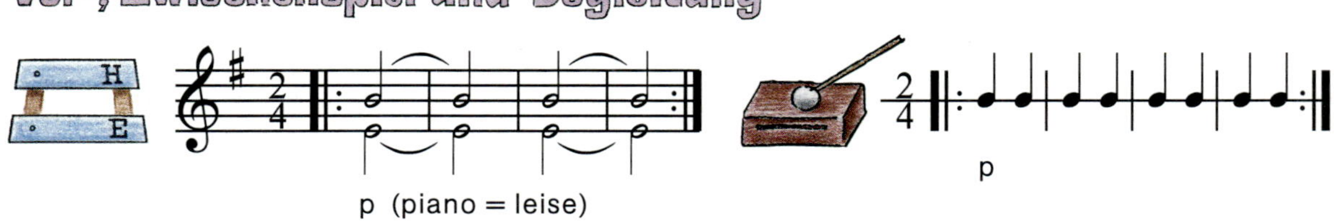


① Tragt den Text des Liedes langsam und geheimnisvoll vor.

② In jeder Strophe kommen Geräusche vor.
Macht diese Geräusche mit der Stimme und mit Gegenständen jeweils während des Zwischenspiels nach.

# 21. Unterrichtseinheit zu Seite 26

## Inhalt

- Den Text des Liedes geheimnisvoll sprechen
- Geräusche nachahmen, die in den Liedstrophen vorkommen
- Das Lied lernen
- Das Lied mit Instrumenten begleiten
- Das Vor- und Zwischenspiel musizieren

## Organisation

- Metallophon, Holzblocktrommel
- CD A 43
- Schülerbuch

*Zeit: etwa 2 Unterrichtsstunden*

## Möglicher Unterrichtsverlauf

**Vorbemerkung**

Kinder (und Erwachsene) haben in vielen Situationen Angst. Man hat Angst vor Fremdem, vor Ungewohntem, vor Unheimlichem. Angst ist ein ganz natürliches Gefühl. Angst kann man aber auch überwinden. Das Lied „In der Küche tickt die Uhr" kann hierzu beitragen.

**1. Hinführung zum Lied**

a) Die Schüler erzählen, wie sie einmal Angst hatten (in der Dunkelheit, im Wald, auf der Straße, in der Schule, allein zu Hause ...). Sie sollen auch darüber berichten, wie sie Angst überwunden haben.

b) Das Lied ist in einer für die Schüler weniger gewohnten Tonart (e-Moll) geschrieben. Wir üben deshalb zuerst die Tonschritte dieser Tonart und führen damit gleichzeitig in das Lied ein.

c) Ein Schüler spielt auf dem Metallophon die Borduntöne E und H:

d) Ein Schüler spielt dazu auf der Flöte oder auf dem Xylophon die Tonfolge E – G – H – G – E:

e) Wir singen auf die Tonsilben „hu" die Fünftonreihe in e-Moll:

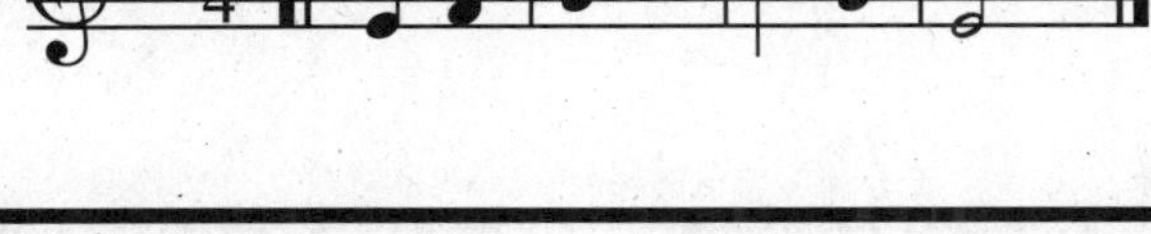

**2. Erarbeiten des Liedes**

a) Wir lesen zunächst still den Text des Liedes auf Seite 26 im Schülerbuch.

b) Wir sprechen den Text in verschiedenen Lautstärken langsam und geheimnisvoll.

c) Wir lesen den Text der ersten Strophe im Rhythmus der Liednotation. Begleiten Sie auf der Holzblocktrommel in Viertelnoten.

d) Wir summen die Melodie. Ein Schüler spielt dazu auf einem Instrument (z. B. Flöte) mit, ein anderer begleitet dazu auf dem Metallophon.

e) Wir hören mehrmals die Aufnahme A 43 und singen dazu jeweils mit.

**3. Geräusche nachahmen**

a) Wir ahmen die Geräusche, die in jeder Strophe vorkommen, mit der Stimme und mit Gegenständen nach.

| | |
|---|---|
| 1. Strophe: | Uhrenticken, Schritte |
| 2. Strophe: | Schnaufen |
| 3. Strophe: | Weckerticken |
| 4. Strophe: | Knacken, Schlüsselklappern |

b) Wir setzen diese Geräusche nach jeder Strophe während des Zwischenspiels ein.

# 22. Unterrichtseinheit zu Seite 27

## Inhalt

- Lautspiele mit Vokalen und Konsonanten gestalten
- Den Text des Liedes ausdrucksvoll sprechen
- Das Lied singen
- Das Klavierstück „Fürchtenmachen“ hören und die Eindrücke schildern

## Organisation

- Weiße Tücher (Gespenster), Holzstäbe, Papier
- Flöte, Becken, Metallophon, Xylophon
- Notenbeilage Seite 87 und 88
- CD A 44 und 45
- Schülerbuch

*Zeit: etwa 3 Unterrichtsstunden*

## Möglicher Unterrichtsverlauf

### 1. Gespensterstunde

a) Wir verkleiden uns als Gespenster mit weißen Tüchern und spielen Gespensterstunde wie folgt:
   - 12 Schläge auf ein Becken (Gong)
   - Geheimnisvoll flüstern „Schwarze Schatten und Gespenster“
   - Knacken und Rascheln mit Holz und Papier
   - Gespensterlaute „uuhhh, uiii, uaahh, hihihiii, sch, sch
   - Melodiebausteine aus dem Lied auf Instrumenten spielen (z. B. Takt 1 und 2 mit Schluss „e“, Takt 3 und 4)
   - Den zweiten Teil des Liedes auf einer Flöte spielen

b) Zum Abschluss der „Gespensterstunde“ hören wir die Aufnahme A 44 „Schwarze Schatten und Gespenster“.

### 2. Das Lied singen

a) Wir lesen den Text des Liedes auf Seite 27 im Schülerbuch.

b) Summen Sie einzelne Melodiebausteine des Liedes vor, die Schüler summen nach.

c) Singen Sie das Lied abschnittsweise vor und die Schüler singen jeweils nach.

d) Wir singen zum Hörbeispiel A 44 das Lied mit und nehmen das Schülerbuch auf Seite 27 zu Hilfe.

### 3. Das Klavierstück „Fürchtenmachen“ hören

**Vorbemerkung**

Robert Schumann schrieb mehrere Klavierstücke, die er „Kinderszenen“ nannte. Die nachträglich hinzugefügten Überschriften, wie „Haschemann“, „Bittendes Kind“ oder auch „Fürchtenmachen“ sollen Verständnishilfen für den Hörer sein (siehe auch Aufgabenfeld Seite 27 im Schülerbuch).

a) Der Komponist Robert Schumann hat ein Klavierstück geschrieben, das er „Fürchtenmachen“ nannte. Wir hören das Klavierstück (Hörbeispiel A 45).

b) Warum nannte der Komponist dieses Klavierstück „Fürchtenmachen“? Habt ihr in der Musik etwas vom Fürchten gespürt? Die Schüler beschreiben, was sie beim Hören empfunden haben.

c) Wir lesen den Text im umrahmten Aufgabenfeld auf Seite 27 im Schülerbuch und hören nochmals die Aufnahme A 45. Wir achten dabei besonders auf die unterschiedlichen Teile der Musik.

d) Wir entwerfen einen Plan, der uns die Gliederung und den Verlauf der Musik zeigt (siehe unten).

e) Wir hören nochmals die Klaviermusik. Wir spielen mit passenden Instrumenten leise mit (z. B.: A = Triangel, B = Holzblocktrommel, C = Klanghölzer).

**Verlaufsplan „Fürchtenmachen“** (siehe Notenbeilage Seite 87 und 88)

| | | | | | | |
|---|---|---|---|---|---|---|
| ‖: A :‖ | ‖: B :‖ | A | C | A | ‖: B :‖ | A ‖ |

2. Dort spielt jetzt vielleicht ein Mädchen mit dem Ball und rennt und lacht,
und wenn du am Morgen aufstehst, ist bei diesem Mädchen Nacht.
Dann liegt sie vielleicht und zittert und du lachst im Licht und singst,
möglich, dass sie dann an dich denkt, wie du hier so fröhlich springst.

Text: Dagmar Scherf Melodie: Ingeborg Becker

Der Komponist Robert Schumann hat vor etwa 160 Jahren kleine Klavierstücke geschrieben, die er „Kinderszenen" nannte.
Eines davon heißt „Fürchtenmachen".
Die Musik hat unterschiedliche Teile, die mehrmals wiederholt werden. Man könnte sich vorstellen, dass einige Teile das „Angst haben", andere das „Angst machen" ausdrücken.
Achtet beim Hören darauf und beschreibt, was ihr empfindet.

A 45: „Fürchtenmachen" aus „Kinderszenen" von Robert Schumann

# Blechblasinstrumente

A

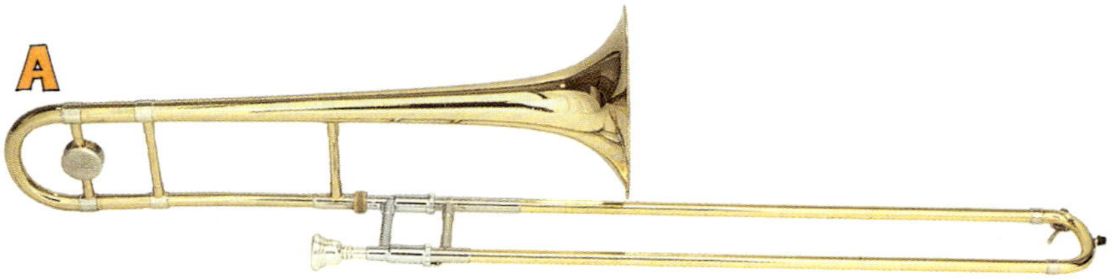

B

C

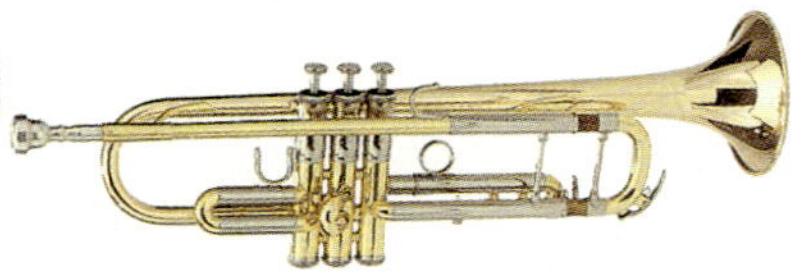

D

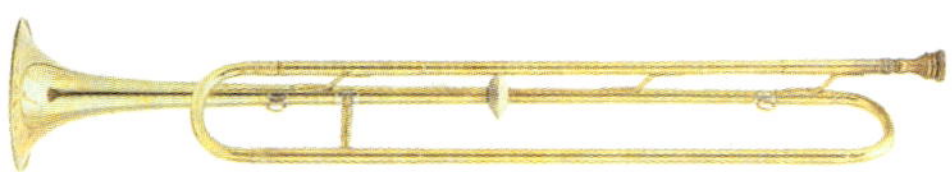

E

F

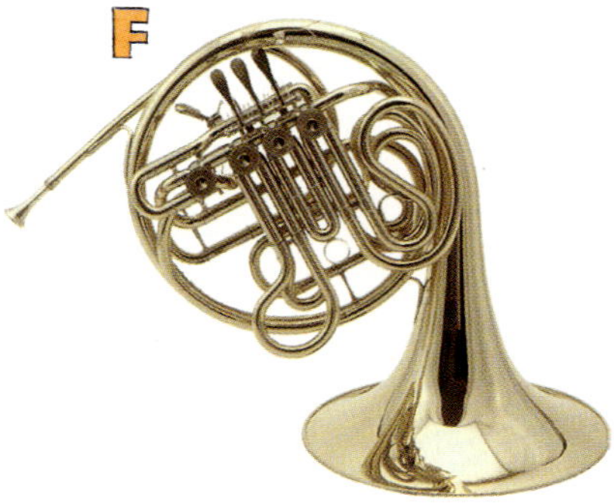

Fanfare, Horn, Jagdhorn, Posaune, Trompete und Tuba nennt man Blechblasinstrumente, weil sie aus dünnem Metall hergestellt werden.
Alle haben ein abnehmbares **Mundstück**, eine lange **Schallröhre** und einen **Schallbecher**.

Die Länge der Schallröhren ist schwer zu erkennen, weil sie auf verschiedene Arten **gebogen** und **aufgewickelt** sind.
Die Röhre der Trompete ist etwa 1,30 m, die Röhre der Tuba über 4 m lang.
Von der Länge der Schallröhre ist die **Tonhöhe** abhängig.
Je länger die Röhre, umso tiefer der Ton.

Die meisten der heutigen Blechblasinstrumente haben Ventile, mit deren Hilfe sich die Länge des Schallrohres verändern lässt.
Die Posaune hat statt der Ventile einen Zug.
Fanfare und Jagdhorn haben keine Ventile, auf ihnen kann man deshalb nur wenige Töne spielen.
Wenn man auf einem Blechblasinstrument einen Ton erzeugen will, muss man durch die **gespannten Lippen** Luft in das Mundstück pressen. Die schwingenden Lippen bringen **die Luft** in der Röhre zum **Schwingen**, es entsteht ein **Ton.**

G

H

I

K

## Inhalt

- Durch Versuche mit Schläuchen, Gießkannen und Flaschen die Tonerzeugung bei Blechblasinstrumenten erfahren
- Mundstück, Schallröhre und Ventile als wichtige Teile zur Tonerzeugung kennen lernen
- Blechblasinstrumente am Aussehen und Klang erkennen

## Organisation

- Schläuche, Haushaltstrichter, Gießkannen, Flaschen
- Blechblasinstrumente (sofern vorhanden)
- Trompetenmundstück
- CD A 46 bis 49
- Kopiervorlage 7 und 8 oder Arbeitsheft S. 14 und 15 (Lösungen S. 160 und 161)
- Transparentfolie 14 und 15
- Schülerbuch

*Zeit: etwa 3 Unterrichtsstunden*

## Möglicher Unterrichtsverlauf

### Vorbemerkung

Im Umgang mit Musikbeispielen haben die Schüler bereits im 1. und 2. Schuljahr einige Blechblasinstrumente kennen gelernt. Im 3. Schuljahr sollen sie nun über den Bau, die Funktion und Spielweise der Instrumente mehr erfahren. Versuche mit Schlauchtrompeten und Flaschen können zum besseren Verständnis der Instrumente beitragen.

Die **Trompete** ist wegen ihres strahlenden Klanges eines der wichtigsten Blechblasinstrumente. Schon vor 3 000 Jahren gab es Trompeteninstrumente. Sie wurden aus Silber oder Bronze gefertigt und waren bis zu 2 m lang. Erst vor etwa 500 Jahren wurde es möglich, Röhren zu biegen, sodass die heutige Form entstand. Bis vor etwa 200 Jahren konnte man auf den Trompeten nur die sogenannten Naturtöne spielen. Diese Naturtrompeten hatten keinerlei Klappen und die Töne mussten alle durch den „Ansatz“ mit Lippenspannung erzeugt werden. Die heutige Fanfare ist eine solche Trompete ohne Ventile.

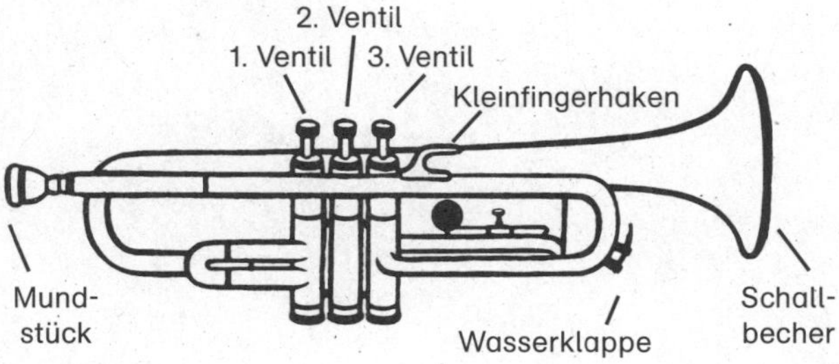


Im Jahre 1815 wurde durch die Erfindung des Ventils die moderne Trompete geboren. Die heutige Trompete hat drei Ventile. Durch sie kann der Bläser die Länge der Röhre und somit die Länge der schwingenden Luftsäule verändern. Jetzt konnte man viele verschieden hohe Töne blasen.

Alle Ventile geschlossen

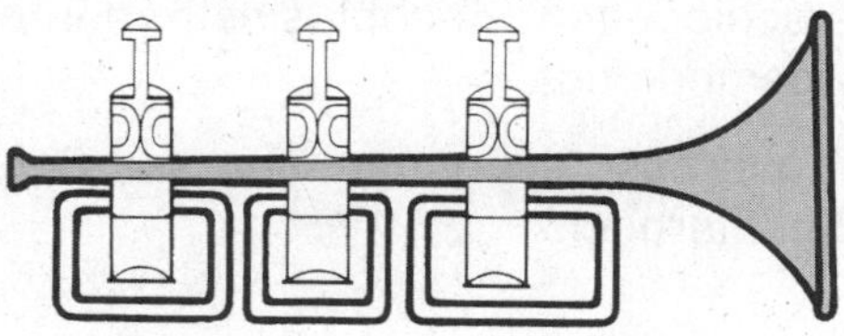

Erstes Ventil geöffnet

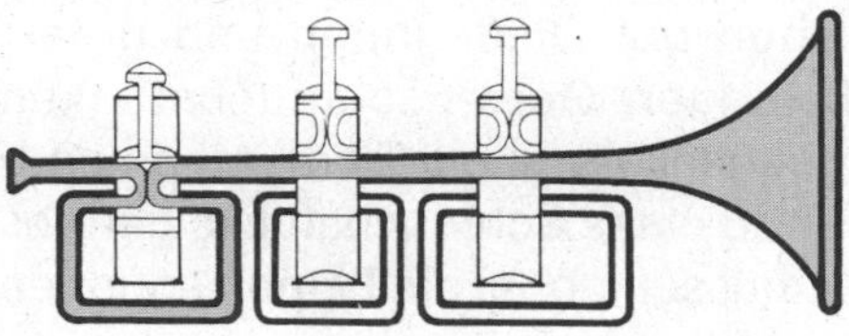

Die **Posaune** (Zugposaune) entstand um 1550 aus der Zugtrompete. Form und Spielweise des Instruments sind bis heute gleich geblieben. Die Posaune hat statt der Ventile einen Zug. Dadurch kann der Bläser die Länge der Röhre verändern.

Auch der Posaunist kann durch unterschiedliche Lippenspannung Naturtöne blasen, ohne den Zug zu bewegen. Die exakte Handhabung des Zugs ist schwierig und erfordert sehr viel Übung.

Das **Horn** in der heutigen Form gibt es erst seit etwa 180 Jahren. Durch den Einbau von Ventilen wurde es möglich, die Länge der schwingenden Luftsäule im Rohr zu verändern und verschieden hohe Töne zu erzeugen. Vor tausenden von Jahren benutzten die Menschen schon Tierhörner als einfache Signalinstrumnte. Später gab es Hörner aus Holz und Bronze. Die Namen „Waldhorn“ und „Jagdhorn“ weisen auf ihre Verwendung hin.

Die **Tuba** ist hervorgegangen aus dem um 1800 entwickelten Basshorn.Tuba heißt so viel wie Röhre und war ursprünglich ein Musikinstrument der Römer. Die heutige Tuba mit vier Ventilen gibt es seit dem Jahre 1835.

**1. Die Blechblasinstrumente am Aussehen kennen lernen**

a) Geben Sie den Schülern möglichst wenig vor. Sie sollen mit Hilfe der Abbildungen, Beschreibungen und Aufgabenstellungen auf Seite 28 und 29 des Schülerbuches selbst vieles über die Blechblasinstrumente erarbeiten.

b) Wir betrachten auf Seite 28 die abgebildeten Instrumente, nennen und beschreiben sie. Wer kennt diese Instrumente? Wer weiß, wie sie heißen? Erzählt, was ihr darüber wisst.

c) Die Namen der abgebildeten Instrumente heißen: A = Posaune, B = Tuba, C = Trompete, D = Fanfare, E = Jagdhorn, F = Horn. Wir tragen die Namen in das Arbeitsblatt (Kopiervorlage 7, Arbeitsheft Seite 14) ein.

d) Erzählen Sie den Schülern über die Geschichte der verschiedenen Blechblasinstrumente (siehe Vorbemerkung).

e) Wir lesen und besprechen den Text auf Seite 28 im Schülerbuch.

**2. Versuche mit Schläuchen, Gießkannen und Flaschen**

a) Wir versuchen auf Gießkannen und unterschiedlich langen Gartenschlauchstücken Töne zu erzeugen. Mit einem Trompetenmundstück am Ende eines Schlauchstücks geht es besser. Wir müssen dabei die Lippen spannen und sie zum Vibrieren bringen.

b) Gelingt keine Tonerzeugung, könnte ein Blasmusiker die Schlauchtrompete vorführen.

c) Wir halten fest, dass die vibrierenden Lippen die Luft im Schlauch (Rohr) zum Schwingen bringen und dadurch ein Ton entsteht.

d) Wir besorgen vier unterschiedlich große leere Flaschen (0,33 l; 0,5 l; 0,7 l; 1 l). Wir blasen gleichmäßig über die Kante der Öffnung. Was stellen wir fest?

e) Wir halten wieder fest:
- Je größer die leere Flasche, umso tiefer klingt der Ton.
- Je länger also die Röhre eines Instrumentes, umso tiefer der Ton; je kürzer die Röhre, umso höher der Ton. Die Tonhöhe hängt von der Länge der schwingenden Luftsäule ab.

**3. Den Klang von Blechblasinstrumenten kennen lernen**

a) Lenken Sie das Interesse der Schüler vor allem auf den Klang der Instrumente. Die Hörbeispiele A 46 bis 49 sind hierfür besonders geeignet. Nicht die „Melodie“ oder der „Charakter“ der Musik spielen eine Rolle, sondern der Klang des Blechblasinstrumentes, das jeweils zusammen mit dem Klavier erklingt.

b) Wenn Sie Wandbilder von den Blechblasinstrumenten haben, hängen Sie diese an die Tafel. Ansonsten verwenden Sie die Transparentfolie mit den Instrumenten auf Seite 28 im Schülerbuch.

c) Wir hören jeweils die Musikbeispiele A 46 bis 49 in unterschiedlicher Reihenfolge. Wenn wir das Instrument am Klang erkannt haben, zeigen wir die entsprechende Abbildung.

d) Wir versuchen, den Klang der Instrumente zu beschreiben
- Trompete: strahlend, hell ...
- Horn: weich, rund ...
- Posaune: kräftig, durchdringend ...
- Tuba: tief, dunkel ...

**4. Steckbriefe der Blechblasinstrumente**

a) Wir lesen und besprechen die vier Steckbriefe auf Seite 29 im Schülerbuch.

b) Wir ergänzen die Steckbriefe auf dem Arbeitsblatt (Kopiervorlage 8, Arbeitsheft Seite 15) mit den entsprechenden Namen und Buchstaben.

A 46 bis 49

Name:

Foto: Bild mit Spieler:

- Röhre zum Teil kreisrund gewunden, etwa 3,50 m lang
- Der große Schallbecher zeigt beim Spielen nach hinten.
- 3 bis 5 Ventile
- Eine einfache Form ohne Ventile wird heute noch bei der Jagd verwendet.

Name:

Foto: Bild mit Spieler:

- Kleinstes Instrument
- Röhre zweimal gebogen, etwa 1,30 m lang
- Kleiner Schallbecher
- Spielt die höchsten Töne
- 3 Ventile
- Vor Erfindung der Ventile sah das Instrument wie eine Fanfare aus.

Name:

Foto: Bild mit Spieler:

- Größtes und schwerstes Instrument
- Röhre mehrfach gebogen, über 4 m lang
- Der große Schallbecher zeigt beim Spielen nach oben.
- Spielt die tiefsten Töne
- 3 bis 5 Ventile
- Bassinstrument in Blaskapellen

Name:

Foto: Bild mit Spieler:

- Langgestrecktes Instrument
- Röhre zweimal gebogen, etwa 3 m lang
- Kleiner Schallbecher
- Das Instrument hat statt der Ventile einen Zug.
  Durch Herausziehen oder Einschieben kann die Länge der Röhre verändert werden.

① Versucht auf kleinen und großen Gießkannen, auf kurzen und langen Schläuchen Töne zu erzeugen.
Lasst euch von einem Spieler eines Blechblasinstrumentes den richtigen „Ansatz“ zeigen.

② Das Blasen auf Flaschen ist wesentlich einfacher als auf „Schlauchtrompeten“.
Erzeugt auf vier oder fünf unterschiedlich großen Flaschen Töne.
Was stellt ihr fest?

③ Findet heraus, welches Instrument und welche Bilder jeweils zu den vier Steckbriefen gehören. Ergänzt auf dem Arbeitsblatt die Steckbriefe mit den entsprechenden Namen und Buchstaben.

④ Mit Hilfe der vier Hörbeispiele könnt ihr den Klang der wichtigsten Blechblasinstrumente kennen lernen.

A 46 bis 49: „Sonate für Trompete und Klavier“, „Sonate für Horn und Klavier“,
„Sonate für Posaune und Klavier“, „Sonate für Tuba und Klavier“ von Paul Hindemith

# Georg Friedrich Händel



Über 300 Jahre sind es her, dass Georg Friedrich Händel in Halle, einer Stadt in Sachsen, geboren wurde. Schon zu Lebzeiten war er ein berühmter Komponist. Auch heute noch werden seine Werke auf der ganzen Welt gespielt und gehört.

Wäre es nach seinem Vater gegangen, hätte der begabte Sohn niemals Musiker werden dürfen. Dieser Beruf war damals ungeachtet und zudem schlecht bezahlt. Deshalb verbot er ihm nicht nur ein Instrument zu erlernen, sondern sich überhaupt mit Musik zu beschäftigen.

Aber irgendwie gelang es dem kleinen Händel unter dem Dach ein Clavichord aufzustellen, auf dem er nachts heimlich übte. Das Bild eines Malers zeigt, wie ihn seine Eltern einmal dabei überraschten.

Georg Friedrich Händel

Eines Tages hörte der Herzog von Sachsen-Weißenfels, bei dem der Vater als Leibarzt angestellt war, den jungen Händel auf der Orgel spielen. Er überredete den Vater, seinen Sohn nicht mehr von der Musik abzuhalten. Der achtjährige Georg Friedrich lernte daraufhin bei dem Organisten Zachow drei Jahre lang Orgel, Cembalo, Geige und das Komponieren.

Im Alter von 21 Jahren ging Händel nach Italien. Dort lernte er die italienische Musik kennen und kam mit bedeutenden Musikern und Fürsten zusammen. Den größten Erfolg hatte Händel in Neapel mit einer Oper, die 26 mal hintereinander wiederholt werden musste. Die Zuhörer waren so begeistert, dass sie in den Pausen schrien: „Es lebe der Sachse!“

Den größten Teil seines Lebens verbrachte Händel aber in England. Dorthin zog er mit 27 Jahren. In England schrieb er auch seine bekanntesten Werke, wie die „Feuerwerksmusik“ oder das Oratorium „Der Messias“. Die großen Erfolge machten es Händel möglich ein angenehmes Leben zu führen.

Als er im Alter von 74 Jahren starb, wurde er in der Westminsterabtei in London inmitten englischer Könige begraben. Über 3000 Menschen nahmen an seinem Begräbnis teil und erwiesen ihm so ihre große Verehrung. Wenn das sein Vater geahnt hätte!

## Inhalt

- Den Komponisten Georg Friedrich Händel kennen lernen
- Aus Texten und Bildern etwas über sein Leben erfahren
- Musikbeispiele von Georg Friedrich Händel hören
- Die Musik als Ausdruck ihrer Zeit verstehen

## Organisation

- Rhythmische Instrumente zum Mitspielen
- CD B 1 bis 3
- Kopiervorlage 9 oder Arbeitsheft S.16 sowie Arbeitsheft S. 17 (Lösungen S. 162 und 163)
- Schülerbuch

*Zeit: etwa 3 Unterrichtsstunden*

## Möglicher Unterrichtsverlauf

**Vorbemerkung**

Kinder interessieren sich für Komponisten. Sie fragen nach seinem Leben. Was hat er als Kind gemacht? Was hat er komponiert? Greifen Sie dieses Interesse auf und verbinden es mit der Musik, die der Komponist geschrieben hat. Durch die Beschäftigung mit dem Leben und den Werken des Komponisten entwickelt sich das Verständnis der Schüler für die Geschichte und für die Musik als Ausdruck ihrer Zeit.

Dabei geht es nicht um eine vollständige Biographie, sondern vielmehr um das Kennenlernen einiger Stationen aus dem Leben des Komponisten.

Führen Sie die Schüler mit Hilfe der Bilder und kurzen Texte zur Begegnung mit dem Komponisten und zeigen Sie anhand bedeutender und einprägsamer Musikbeispiele sein Schaffen auf.

**„La Paix" (Der Friede), B 1:**

Der Satz aus der 1749 komponierten Orchestersuite „Feuerwerksmusik" dauert 3.46 Minuten.

Händel schrieb die „Feuerwerksmusik" auf Wunsch des englischen Königs Georg II. nach Beendigung des Österreichischen Erbfolgekrieges, der am 7. Oktober 1748 mit dem Utrechter Frieden seinen Abschluss fand. Dieser Friedensschluss sollte mit einem großen Feuerwerk und einer festlichen Musik in London gefeiert werden.

Händel bringt in „La Paix" seine Huldigung an den Frieden durch ein ländliches Pastorale innig zum Ausdruck.

**„La Réjouissance" (Die Freude), CD B 2:**

Die brillante „Réjouissance" für Trompeten, Hörner, Pauken und Streicher, die durch Oboen und Fagotte verstärkt werden, schließt sich an „La Paix" an. Dieser drittletzte Satz der „Feuerwerksmusik" mit den Teilen A und B dauert 3.41 Minuten. Die „Réjouissance" wird in unterschiedlichen Besetzungen mehrmals gespielt.

Das Hörbeispiel B 2 hat folgende Besetzung:

1. Durchgang = Streichinstrumente
2. Durchgang = Blasinstrumente (Oboen, Hörner, Fagott)
3. Durchgang = Streichinstrumente, Blasinstrumente mit Trompeten und kleiner Trommel

**„Der Messias", B 3:**

Händel schrieb das Oratorium im Alter von 56 Jahren. Über 30 Jahre lang hatte er zuvor mit seinen Opern das englische Musikleben beherrscht. Mit dem Oratorium schuf Händel eine neue musikalische Form, in der er die Dramaturgie biblischer Handlungen mit der weitreichenden Verwendung von Gesangssolisten und Chor verband.

Die drei Teile des Oratoriums behandeln Christi Geburt, Passion und Auferstehung mit den prophetischen Texten aus dem Alten Testament. Geschaffen hat der Komponist dieses etwa 150 Minuten dauernde Werk in drei Wochen. Eine fast übermenschliche Leistung, selbst wenn man bedenkt, dass Händel ältere Arbeiten einbezogen hat. Zwischen der Erstaufführung im Jahre 1742 bis zu seinem Tod im Jahre 1759 sind insgesamt 68 Aufführungen in England nachgewiesen. Heute noch erheben sich in England die Zuhörer von den Sitzen, wenn am Ende des zweiten Teils das mächtige „Halleluja" für Chor und Orchester erklingt:

„Halleluja, denn Gott, der Herr, regieret allmächtig. Das Königreich der Welt ist fortan das Königreich des Herrn und seines Christs, und er regiert auf immer und ewig. Herr der Herrn, der Welten Gott, und er regiert auf immer und ewig. Halleluja!"

### 1. Hinführung zu Georg Friedrich Händel

a) Zur Einführung in die Unterrichtseinheit bieten sich verschiedene Möglichkeiten an:
- Ein Musikbeispiel hören. Wer kennt es? Von wem ist die Musik?
- Ein Bild des Komponisten betrachten. Wer ist es? Was wisst ihr über ihn?
- Eine Geschichte zur Biographie (siehe Schülerbuch Seite 30, 31) vorlesen

b) Wir hören als Einstieg in das Thema Georg Friedrich Händel zum Beispiel die Musik B 2 „La Réjouissance“ aus der „Feuerwerksmusik“.

c) Wir sprechen über die Musik, ihre Gliederung und ihre Besetzung, den Wechsel der Instrumente und die Lautstärke (siehe Erläuterungen).

d) Mit den Schülern können Sie auch einen Verlaufsplan zur Musik erstellen (siehe unten).

e) Wir spielen zur Musik mit rhythmischen Instrumenten mit.

1. Durchgang mit Triangel

2. Durchgang mit Trommel

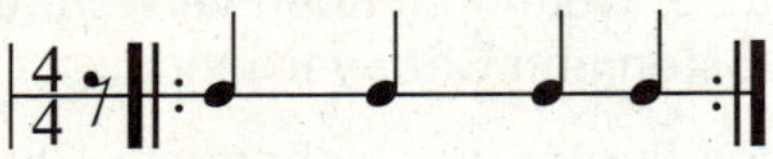

3. Durchgang mit Triangel und Trommel

### 2. Aus dem Leben von Georg Friedrich Händel

a) Wir lesen den Text auf Seite 30, 31 im Schülerbuch und besprechen die Bilder:
- Der Text kann auszugsweise oder auch ganz gelesen werden.
- Den ganzen Text auf mehrere Tage verteilen (auch Deutschunterricht)
- Den Text mit verteilten Rollen lesen
- Zum Text die jeweils entsprechende Musik hören

b) Wir ergänzen das Arbeitsblatt (Kopiervorlage 9) mit Hilfe des Textes und der Bilder auf Seite 30, 31 im Schülerbuch. Der Lückentext ist auch im Arbeitsheft Seite 16 enthalten.

### 3. Musikbeispiele von Georg Friedrich Händel hören

a) Die Dauer der Hörbeispiele können Sie selbst festlegen.

b) Wir hören „La Paix“ (B 1) und sprechen über die Musik (siehe Erläuterungen).

c) Die Schüler können zur Musik ihre Eindrücke malen.

d) Wir hören das „Halleluja“ aus „Der Messias“ (siehe Erläuterungen). (Wenn möglich, ganzes Stück hören, Zusammensetzung des Chors besprechen: Sopran, Alt, Tenor, Bass)

e) Setzen Sie zur Vertiefung von „La Paix“ und „La Réjouissance“ das Arbeitsheft Seite 17 ein.

**Verlaufsplan „La Réjouissance“:**

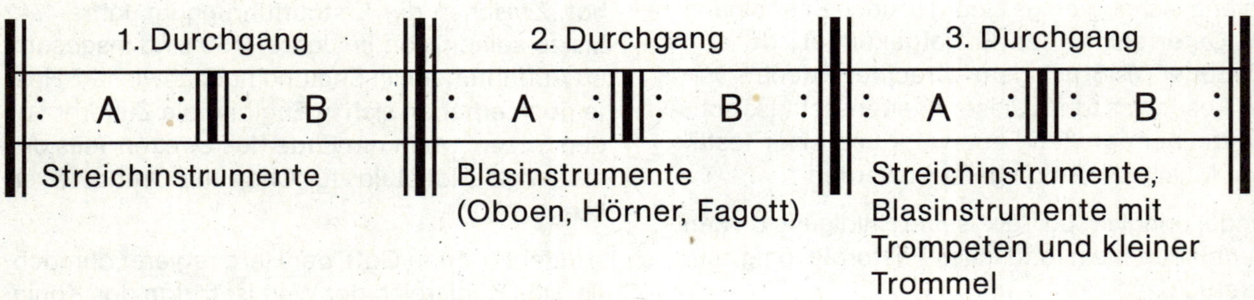

Die „Feuerwerksmusik“ zählt zu Händels bekanntesten Orchesterwerken. Anlass für diese Komposition war die Beendigung eines langen Krieges im Jahre 1748. Der englische König plante aus Freude über den Frieden ein Fest mit einem großen Feuerwerk. Er gab Händel den Auftrag eine festliche Musik zu schreiben.

Als die „Feuerwerksmusik“ in London aufgeführt wurde, musizierten insgesamt 100 Bläser und Streicher.

Regen und technische Pannen ließen das Feuerwerk zu einem Misserfolg werden, die Musik aber blieb unvergessen.

An den Anlass des Festes erinnern die Überschriften einiger Stücke, wie „La paix“ (Der Friede) oder „La réjouissance“ (Die Freude).

Hört euch diese beiden Musikstücke an und vergleicht sie miteinander. Achtet bei dem Stück „La réjouissance“ auf den Wechsel der Instrumente, auf die Lautstärke und die Gliederung.

Das berühmteste Werk von Georg Friedrich Händel ist das Oratorium „Der Messias“. Es besteht aus über 50 Teilen für Orchester, Cembalo, Orgel, Chor und Solostimmen. Die Texte stammen aus der Bibel und schildern die Geburt Christi, seine Leiden und seine Auferstehung. In nur 24 Tagen hat Händel dieses große Werk, dessen Aufführung etwa zweieinhalb Stunden dauert, geschrieben. „Ich glaubte den Himmel offen und den Schöpfer aller Dinge selbst gesehen zu haben“, soll er während der Arbeit ausgerufen haben.

Das bekannteste Stück aus diesem Oratorium ist der Halleluja-Chor. Heute noch stehen die Zuhörer in England auf, wenn dieser machtvolle Chor gesungen wird. Sie wollen dadurch ihre Verehrung für den Komponisten zum Ausdruck bringen.

Aufführung des „Messias“ in der Westminsterabtei

# Sankt Martin

B 4

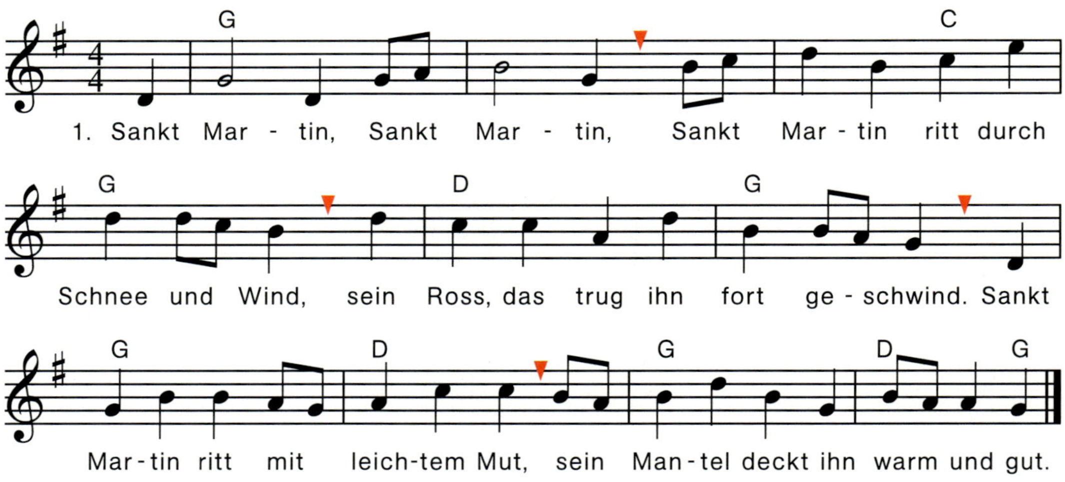


2. Im Schnee saß, im Schnee saß,
im Schnee, da saß ein armer Mann,
hat Kleider nicht, hat Lumpen an.
„O helft mir doch in meiner Not,
sonst ist der bittre Frost mein Tod!“

3. Sankt Martin, Sankt Martin,
Sankt Martin zieht die Zügel an,
das Ross steht still beim armen Mann.
Sankt Martin mit dem Schwerte teilt
den warmen Mantel unverweilt.

4. Sankt Martin, Sankt Martin,
Sankt Martin gibt den halben still,
der Bettler rasch ihm danken will.
Sankt Martin aber ritt in Eil
hinweg mit seinem Mantelteil.

Text und Melodie: volkstümlich

## Sprechspiel

1. Kind: „Wie kannst du einem Hungernden helfen?“
2. Kind: „Ich teile mein Pausenbrot mit ihm und schenke ihm einen Apfel.“

3. Kind: „Wie kannst du einem Kranken helfen?“
4. Kind: „Ich besuche ihn und mache ihm eine Freude mit Blumen.“

5. Kind: „Wie kannst du einem alten Menschen helfen?“
6. Kind: „Ich gehe mit ihm zum Einkaufen und trage den Einkaufskorb.“

7. Kind: „Wie kannst du einem traurigen Kind helfen?“
8. Kind: „Ich bin freundlich und gut zu ihm, damit es wieder fröhlich wird und lacht.“

## Inhalt

- Aus dem Leben von Sankt Martin erzählen
- Über das Brauchtum zum Martinstag sprechen
- Das Lied „Sankt Martin“ singen
- Ein Sprechspiel gestalten

## Organisation

- Trommel,Triangel
- CD B 4
- Schülerbuch

*Zeit: etwa 2 Unterrichtsstunden*

## Möglicher Unterrichtsverlauf

### Vorbemerkung

Das Lied „Sankt Martin“ gehört zu den bekanntesten Martinsliedern. Alljährlich wird es am Martinstag (11. November) bei den Laternenumzügen gesungen.

Das Lied beinhaltet die Geschichte von der Mantelteilung des heiligen Martin. Nach dieser Legende begegnete Martin im Jahre 334 vor dem Stadttor von Amiens auf seinem Pferd einem Bettler. Martin hatte mit dem Armen Mitleid, teilte mit dem Schwert seinen Mantel und gab eine Hälfte dem Bettler.

Aus seinem Leben weiß man, dass Martin um 315 in Ungarn geboren wurde. Sein Vater war römischer Offizier. Gegen den Willen seiner Eltern interessierte sich Martin schon im Alter von zwölf Jahren für die christliche Religion. Auf Wunsch seines Vaters musste Martin mit 15 Jahren zum römischen Militär und wurde später ebenfalls wie sein Vater Offizier. Mit 20 Jahren verließ er den Militärdienst und wurde Schüler von Bischof Hilarius in der französischen Stadt Poitiers. Im Jahre 371 wurde er Bischof von Tours. Auch als Bischof lebte er einfach und bescheiden. Er kümmerte sich besonders um die Armen und Bedrängten. Am 8. November 397 starb er und wurde am 11. November in Tours begraben.

Die Martinsverehrung geht bis in das frühe Mittelalter zurück. Nach Sankt Martin sind viele Kirchen und Kapellen benannt. Sein Festtag wurde mit Lichterprozessionen gefeiert.

Das Brauchtum um die Martinsverehrung hat sich bis heute weit verbreitet. Die Kinder freuen sich auf den Martinsumzug am 11. November, der oft von einem Reiter hoch zu Ross angeführt wird und an dem sie mit brennenden Laternen teilnehmen. Meist gibt es zum Abschluss der Martinsfeier für die Kinder das Martinshörnchen zum essen.

### 1. Aus dem Leben von Sankt Martin erzählen

a) Die Schüler erzählen, was sie von Sankt Martin wissen. Sie berichten über das Brauchtum zum Martinstag. In manchen Gegenden gibt es neben dem Martinsumzug noch verschiedene andere Bräuche (z. B. Martinsgans, Martinswein).

b) Ergänzen sie die Äußerungen Ihrer Schüler durch historische Daten und die Legenden (siehe Vorbemerkung).

c) Wir wiederholen Martinslieder, die wir bereits gelernt haben (siehe auch Rondo 1 und 2).

### 2. Den Text des Liedes erarbeiten

a) Wenn auch das Lied schon bekannt ist und öfters gesungen wurde, braucht die Erarbeitung des Textes genügend Zeit. Um es beim Martinsumzug singen zu können, sollte es auswendig beherrscht werden.

b) Wir sprechen den Text der ersten Strophe im Rhythmus der Liednotation und begleiten dazu auf der Trommel mit dem Grundschlag (Viertelnote).

c) Interessanter lässt sich der Text des Liedes erarbeiten, wenn zu den einzelnen Strophen ein kleines szenisches Spiel oder eine Pantomime gestaltet wird. Auf diese Weise prägt sich der Text schneller ein.

### 3. Das Lied singen

a) Die Schüler hören die Aufnahme B 4 und singen dazu.

b) Zur Festigung der Melodie können Sie das Lied abschnittsweise vorsingen und bestimmte Tonschritte und Tonsprünge besonders hervorheben. Die Schüler singen jeweils nach.

c) Einige Schüler können zur Ausgestaltung des Liedes auf der Trommel und dem Triangel mitspielen.

# 26. Unterrichtseinheit

zu Seite 33

## Inhalt

- Das Adventslied lernen
- Das Vor-, Zwischen- und Nachspiel musizieren
- Lieder für eine Adventsfeier singen

## Organisation

- Metallophone, Triangel
- Flöte
- CD B 5
- Schülerbuch

*Zeit: etwa 2 Unterrichtsstunden*

## Möglicher Unterrichtsverlauf

### Vorbemerkung

Adventliche Lieder durchziehen die ganze Zeit vor Weihnachten. In den Geschäften, auf den Straßen und Plätzen, im Radio und Fernsehen erklingen Advents- und Weihnachtslieder oft missbraucht und fast bis zum Überdruss. Die Schule hat die Aufgabe auch in Verbindung mit dem Musikunterricht die eigentliche Bedeutung von Advent und Weihnachten in den Mittelpunkt zu stellen: Die Ankunft und Geburt des Gottessohnes, der Licht in die dunkle Welt bringt. Dies kann mit Musik, Liedern und Texten im Unterricht geschehen, begleitet vom Malen und Basteln.

### 1. Advent – Bedeutung und Brauchtum

a) Wir bereiten den Advent vor:
   - Adventskränze binden
   - Adventskalender basteln
   - Kerzen aufstellen

b) Die Schüler erzählen, was sie vom Brauchtum im Advent wissen (in der Schule, Familie, Kirche ...).

### 2. Adventslieder singen

a) Wenn die Schüler das Adventslied „Tragt in die Welt nun ein Licht“ (Rondo 2, Seite 30) im zweiten Schuljahr gelernt haben, sollten sie dieses wiederholen.

b) Andere Adventslieder, z. B. „Wir sagen euch an den lieben Advent“ können gleichfalls mit einbezogen werden.

### 3. Das Lied lernen

a) Das Lied können Sie für die ganze Adventszeit einplanen und zu jedem Adventssonntag eine Strophe lernen.

b) Wir lesen alle vier Strophen in Stillarbeit.

c) Lesen Sie die erste Strophe abschnittsweise im Rhythmus der Liednotation vor, die Schüler sprechen jeweils nach.

d) Singen Sie die erste Strophe abschnittsweise vor, die Schüler singen jeweils nach.

e) Sie können auch das Hörbeispiel B 5 für die Einführung des Liedes verwenden, die Schüler singen dazu auf Seite 33 im Schülerbuch mit.

f) In der zweiten Strophe ist auf „Lasst uns ...“ jeweils eine Viertelnote zu singen. In der dritten Strophe muss ebenso „Lasst“ auf eine Viertelnote gesungen werden.

### 4. Vor-, Zwischen- und Nachspiel zum Lied musizieren

a) Spielen Sie oder ein Schüler die Melodie des Vor-, Zwischen- und Nachspiels auf der Flöte oder einem anderen Instrument.

b) Zwei Schüler spielen jeweils auf einem Metallophon die Begleitung. Zunächst übt jeder seine Begleitstimme (Halbe Noten beachten, jeden Begleitbaustein zweimal zur Flötenmelodie spielen).

c) Die Schüler singen das Lied. Dazu wird das Vor-, Zwischen- und Nachspiel musiziert.

### 5. Malen und Basteln zum Advent

a) Wohl zu keiner anderen Zeit wird in den Schulen und auch in den Familien so viel gebastelt wie gerade im Advent. Nutzen Sie diese Gelegenheit.

b) Die Schüler malen Adventskränze mit aufgesteckten Kerzen.

c) Wir basteln in Gruppenarbeit Adventskalender. Hierfür gibt es in Büchern und auch Zeitschriften Anregungen und Anleitungen.

# Das Licht einer Kerze

B 5

2. Wir zünden zwei Kerzen
jetzt am Adventskranz an.
Und die beiden Kerzen
sagen's allen an:
Lasst uns alle hoffen
hier und überall,
hoffen voll Vertrauen
auf das Kind im Stall.

3. Es leuchten drei Kerzen
so hell in ihrem Licht.
Gott hält sein Versprechen:
Er vergisst uns nicht.
Lasst uns all vertrauen
hier und überall,
Zeichen seiner Liebe
ist das Kind im Stall.

4. Vier Kerzen hell strahlen
durch alle Dunkelheit.
Gott schenkt uns den Frieden.
Macht euch jetzt bereit:
Gott ist immer bei uns,
hier und überall.
Darum lasst uns loben
unsern Herrn im Stall!

Text: Rolf Krenzer Melodie: Peter Janssens

## Vor-, Zwischen- und Nachspiel

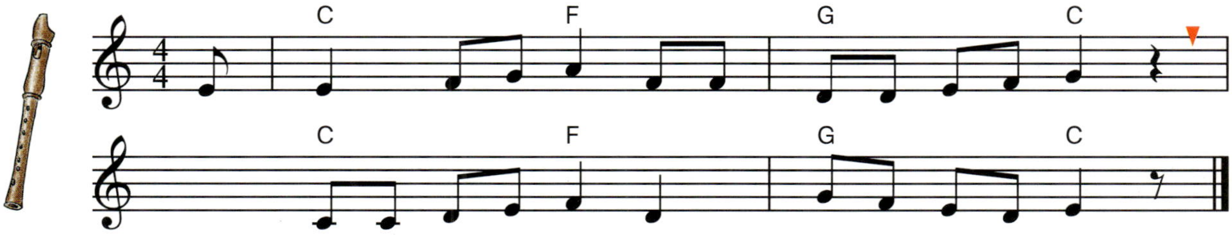

# Wir haben einen Stern



## Vor- und Zwischenspiel

## Lied

2. Der Stern in unsrer Hand zieht mit von Tür zu Tür;
der Stern in unsrer Hand, er leuchtet dir und mir.
3. Wir warten auf das Heil, es ist Herr Jesus Christ;
wir warten auf das Heil, das unsre Rettung ist.

Text und Melodie: Helmut Maschke

## Begleitung

## Inhalt

- Das Lied „Wir haben einen Stern" singen
- Ein Vor- und Zwischenspiel zum Lied musizieren
- Das Lied auf Instrumenten begleiten
- Einen Sternentanz zum Lied gestalten

## Organisation

- Metallophone, Xylophone, Triangel, Trommel, Flöte
- Stern auf einem Holzstab
- CD B 6
- Schülerbuch

*Zeit: etwa 2 bis 3 Unterrichtsstunden*

## Möglicher Unterrichtsverlauf

### Vorbemerkung

Das Lied „Wir haben einen Stern" können Sie auch in die nächste Unterrichtseinheit „Stern über Bethlehem" einbeziehen. Beide Unterrichtseinheiten lassen sich zu einer adventlich-weihnachtlichen Einheit verbinden, die sich für eine vorweihnachtliche Klassen- oder Schulfeier eignet.

Der Stern gilt nach der christlichen Tradition als Symbol des Heils. Das Licht eines Sterns erhellt die Dunkelheit, zeigt den Weg und führt zum Ziel.

### 1. Das Lied lernen

a) Die am Anfang der zweiten Liedzeile leicht geänderte Melodie (Viertelnote statt Halbe Note) von Helmut Maschke ist leicht zu erlernen. Der zweite Teil der Melodie ist bis auf den Schlusston gleich wie der erste Teil. Achten Sie aber auf die Halbe Note als Metrum der Melodie.

b) Wir sprechen den Text der ersten Strophe im Rhythmus der Liednotation (Vor- und Nachsprechen).

c) Wir begleiten im Rhythmus von Halben Noten (Grundschlag des Liedes) das Sprechen des Textes durch Klatschen, mit der Trommel, mit dem Triangel …

d) Singen Sie die erste Strophe abschnittsweise vor, die Schüler singen jeweils nach. Sie können auch das Hörbeispiel B 6 verwenden, um das Lied einzuüben.

e) Wir singen die zweite und dritte Strophe.

### 2. Das Lied begleiten

a) Die Liedbegleitung mit den beiden Metallophonen üben wir zunächst rhythmisch durch Klatschen und dann auch durch Singen auf Tonsilben (z. B mi, lu …).

b) Zwei Schüler spielen die Begleitung auf Metallophonen. Zwei andere Schüler begleiten jeweils auf dem Triangel und der Trommel.

### 3. Das Vor- und Zwischenspiel musizieren

a) Wie beim Lied und der Begleitung ist auch hier die Taktart 2/2 zu beachten, um den Fluss des Vor- und Zwischenspiels einzuhalten.

b) Schüler, die Flöte spielen, können die beiden Flötenstimmen als Hausaufgabe erarbeiten.

c) Wir klatschen zunächst wieder den Rhythmus der Begleitung.

d) Zum Spiel der Flöten begleiten zwei Schüler auf den Xylophonen.

### 4. Die Ausgestaltung des Liedes

a) Wir hören die Aufnahme B 6 und vergleichen diese mit unserem Singen und Musizieren.

b) Wir singen und begleiten das Lied und musizieren dazu das Vor- und Zwischenspiel.

**5. Der Sternentanz**

Für den Sternentanz benötigen wir Sterne, die am Ende eines Holzstabes befestigt werden. Die Sterne kann man aus Karton ausschneiden und mit Goldpapier überkleben oder auch gelb anmalen. Die Sterne werden dann auf den Holzstab genagelt.

**Tanzform A**

Aufstellung: Die Schüler stellen sich im Kreis mit dem Blick zur Mitte auf. In der Hand tragen sie einen Stab mit einem Stern an der Spitze.

Vorspiel: Die Schüler drehen sich mit acht langsamen Schritten um die eigene Achse. Man kann zum Vorspiel aber auch am Platz stehen bleiben.

Strophe 1: Den Stern zur ersten Liedzeile langsam in die Höhe führen. Zur zweiten Liedzeile wieder langsam abwärts führen

Zwischenspiel: Mit acht langsamen Schritten am Platz sich um die eigene Achse drehen

Strophe 2: Die Schüler gehen mit hochgehaltenem Stern hintereinander im Kreis.

Zwischenspiel: Sich wieder am Platz drehen

Strophe 3: Die Schüler gehen zum Takt 1 und 2 mit vier Schritten zur Kreismitte, zum Takt 3 und 4 verbeugen sie sich und senken dabei den Stern. Zum Takt 5 und 6 heben sie den Stern hoch und gehen zum Takt 7 und 8 mit vier Schritten rückwärts auf den Platz.

**Tanzform B**

Aufstellung: Die Schüler stellen sich im Kreis mit dem Blick zur Mitte auf. In der Hand tragen sie einen Stab mit einem Stern an der Spitze.

Vorspiel: Mit vier Schritten (links beginnend) zur Mitte, beim vierten Schritt (als Anstellschritt) mit Verbeugung, mit vier Schritten wieder auf den Platz zurück, vierter Schritt wiederum als Anstellschritt

Strophe 1: *Takt 1 – 4:* Hochheben des Stabes am Platz
*Takt 5 – 8:* Senken des Stabes

Zwischenspiel: Wie beim Vorspiel

Strophe 2: *Takt 1 – 4:* Auf der Kreisbahn nach links mit acht Schritten (links beginnend) beim achten Schritt Drehung
*Takt 5 – 8:* In die Gegenrichtung mit acht Schritten, der achte Schritt als Anstellschritt

Zwischenspiel: Wie beim Vorspiel

Strophe 3: *Takt 1 – 4:* Drehung um die eigene Achse links herum mit acht Schritten (der achte Schritt als Anstellschritt)
*Takt 5 – 8:* Drehung um die eigene Achse rechts herum mit acht Schritten

**Tanzform C**

Aufstellung: Die Schüler stehen sich in zwei Reihen gegenüber. In der Hand tragen sie einen Stern, der an der Spitze eines Stabes befestigt ist.

Vorspiel: Drehung um die eigene Achse (links herum) mit acht Schritten

Strophe 1: Hochheben des Sternes; dabei stehen bleiben

Zwischenspiel: Siehe Vorspiel

Strophe 2: *Takt 1 – 4:* Die Reihen gehen mit acht Schritten aufeinander zu, gegenseitige Verbeugung
*Takt 5 – 8:* Mit acht Schritten rückwärts auf den Platz, Verbeugung

Zwischenspiel: Wie Vorspiel

Strophe 3: Wie Strophe 1

Zu dem Lied „Wir haben einen Stern“ könnt ihr einen Sternentanz gestalten, wie es die Bilder zeigen:

1. Aufstellung im Kreis mit einem Stern
2. Zum Vor- und Zwischenspiel sich am Platz drehen
3. Zur ersten Strophe Stern in die Höhe halten
4. Zur zweiten Strophe im Kreis gehen
5. Zur dritten Strophe in die Mitte gehen und sich verbeugen

# Stern über Bethlehem

## Lied

2. Stern über Bethlehem, bleibe nicht stehn.
   Du sollst den steilen Pfad vor uns her gehn!
   Führ uns zum Stall und zu Esel und Rind,
   Stern über Bethlehem, führ uns zum Kind!

3. Stern über Bethlehem, nun bleibst du stehn
   und lässt uns alle das Wunder hier sehn,
   das da geschehen, was niemand gedacht,
   Stern über Bethlehem in dieser Nacht.

4. Stern über Bethlehem, wir sind am Ziel,
   denn dieser arme Stall birgt doch so viel!
   Du hast uns hergeführt, wir danken dir.
   Stern über Bethlehem, wir bleiben hier!

Text und Melodie: Alfred Hans Zoller

## Begleitung

# 28. Unterrichtseinheit — zu den Seiten 36, 37

## Inhalt

- Das Lied „Stern über Bethlehem“ lernen
- Den besonderen Rhythmus des Liedes erarbeiten
- Das Lied begleiten
- Das Gedicht deutlich sprechen
- Zum Lied einen Tanz gestalten
- Lied, Gedicht und Tanz zu einem weihnachtlichen Spiel zusammenstellen

## Organisation

- Platz für den Tanz
- Metallophon, Triangel
- Karton, Goldpapier oder gelbe Farbe, Holzstab für den Stern
- CD B 7
- Schülerbuch

*Zeit: etwa 2 bis 3 Unterrichtsstunden*

## Möglicher Unterrichtsverlauf

### Vorbemerkung

Das Lied mit der Begleitung, das Gedicht und der Tanz bieten sich für eine kleine Weihnachtskantate an. Die einzelnen Elemente dieser Unterrichtseinheit können Sie beliebig zusammenstellen. Vorschläge hierzu finden Sie auch in dem Aufgabenfeld auf Seite 37 des Schülerbuches.

### 1. Das Lied lernen

a) Dieses Weihnachtslied zeichnet sich durch die frische Melodie und den besonderen Rhythmus am Ende jeder Liedzeile aus. Der Einstieg in das Lied könnte deshalb durch eine diesbezügliche Vorübung erfolgen:
   - Einige Kinder spielen auf Rhythmusinstrumenten gleichmäßige Folgen von Viertelnoten. Singen Sie dazu mehrmals die erste Liedzeile auf Tonsilben (z. B. „na“ oder „dü“). Die Schüler singen jeweils nach.

   - Singen Sie nun zu den rhythmischen Folgen zunächst die erste Liedzeile mit dem Text „Stern über Bethlehem zeig uns den Weg“. Die Schüler singen dazu mit.

b) Sie können nun das ganze Lied vorsingen oder auch das Hörbeispiel B 7 verwenden. Achten Sie aber darauf, dass wieder rhythmisch exakt gesungen und der vorweggenommene Schwerpunkt (Synkope) am Ende jeder Liedzeile genau betont wird. Eine Trommel oder auch leises Klatschen im Rhythmus von Viertelnoten kann das Singen unterstützen.

c) Die Schüler lesen den Liedtext auf Seite 36 des Schülerbuches und singen dann anschließend die einzelnen Strophen. Es kann auch das Hörbeispiel B 7 hinzugezogen werden. Hierzu empfiehlt sich wieder ein leises Mitklatschen, um den exakten Rhythmus einzuhalten.

### 2. Die Begleitung zum Lied erarbeiten

a) Für die Begleitung können Sie drei Schüler vorsehen. Zwei Schüler spielen die beiden Begleitstimmen auf dem Metallophon, ein Schüler begleitet mit dem Triangel.

b) Die Begleitung besteht aus Melodiebausteinen, welche die Schüler zunächst einzeln üben. Die Buchstaben A, B, C zeigen die Zuordnung der Begleitung zu den Liedteilen.

### 3. Das Gedicht sprechen

**Vorbemerkung**

Das Gedicht stammt aus dem Sprechspiel „Sage, wo ist Bethlehem“ von Rudolf Otto Wiener. Es ist im Deutschen Theaterverlag Weinheim/Bergstraße erhältlich. Es ist möglich auch das ganze Sprechstück, das als Frage- oder Litaneispiel gedacht ist, zusammen mit dem Lied und auch dem Tanz für eine weihnachtliche Feier in der Schule oder Kirche einzusetzen. Das Gedicht soll die Schüler zum Nachdenken anregen, dass Bethlehem nicht allein geographisch oder geschichtlich zu verstehen ist. Bethlehem ist vielmehr überall und jederzeit mitten unter uns.

a) Die Schüler lesen zunächst das Gedicht auf Seite 37 des Schülerbuches in Stillarbeit und sprechen dann über den Inhalt (siehe auch obige Vorbemerkung).

b) Die Schüler lesen einzeln oder in Gruppen das Gedicht deutlich und betont vor. Sie sollten unbedingt darauf achten, dass der Text nicht geleiert wird. Die Schüler überlegen sich, wie die Sprechrollen verteilt werden könnten.

c) Ein Schüler spricht die Fragen, eine Sprechgruppe die Antwort. Es können für jede Strophe andere Schüler vorgesehen werden.

d) Sie können die Schüler auch anregen zu dem gesprochenen Text eine klangliche Untermalung mit Instrumenten zu finden. Auch kleine Zwischenspiele sind möglich.

### 4. Einen Tanz gestalten

a) Die Schüler betrachten das Bild auf Seite 37 des Schülerbuches. Es zeigt eine mögliche Tanzgestaltung, bei der die Schüler in einem Kreis um ein Kind mit einem Stern gehen. Dies kann zu den einzelnen Liedstrophen oder auch zu einer von Ihnen ausgesuchten Musik geschehen.

b) Das Bild soll zu weiteren Tanzgestaltungen anregen. Lassen Sie die Schüler überlegen und ausprobieren, was zu dem Lied (oder zur Musik) passt. Bereits bekannte Schrittfolgen und Tanzformen können hierfür verwendet werden.

c) Vorschlag eines Tanzablaufs:
- Kreisaufstellung mit Handfassung, ein Schüler steht mit dem Stern in der Mitte des Kreises
- Vor- und Zwischenspiel (Flöte spielt erste und letzte Zeile des Liedes, Metallophone spielen dazu die Begleitbausteine A und C)
- Die Schüler singen und gehen an den Händen gefasst zum Teil A des Liedes im Kreis in eine Richtung und zum Teil B und C in die andere Richtung.
- Zwischenspiel wie Vorspiel, Schüler lösen die Handfassung
- Schüler singen die zweite Strophe, Schüler mit dem Stern geht innerhalb des Kreises umher.
- Zwischenspiel
- Schüler singen die dritte Strophe und gehen wieder wie bei der ersten Strophe im Kreis, Schüler mit dem Stern bleibt in der Kreismitte stehen.
- Zwischenspiel
- Schüler singen die vierte Strophe, sie können sich dazu auf den Boden knien.

## Gedicht

1. Sage, wo ist Bethlehem?
   Wo die Krippe? Wo der Stall?
   Musst nur gehen,
   musst nur sehen –
   Bethlehem ist überall.

2. Sage, wo ist Bethlehem?
   Komm doch mit, ich zeig es dir!
   Musst nur gehen,
   musst nur sehen –
   Bethlehem ist jetzt und hier.

3. Sage, wo ist Bethlehem?
   Liegt es tausend Jahre weit?
   Musst nur gehen,
   musst nur sehen –
   Bethlehem ist jederzeit.

4. Sage, wo ist Bethlehem?
   Wo die Krippe? Wo der Stall?
   Musst nur gehen,
   musst nur sehen –
   Bethlehem ist überall.

Rudolf Otto Wiemer

## Tanz

Überlegt euch, wie ihr Lied, Gedicht und Tanz zu einem weihnachtlichen Spiel zusammenstellen könnt.
Die Liedmelodie mit Begleitung eignet sich für ein Vor-, Zwischen- und Nachspiel und auch für den Tanz.
Die einzelnen Liedstrophen können mit den Gedichtstrophen abwechseln, dazwischen lässt sich auch der Tanz mehrmals einfügen.

# Tanz der Rohrflöten

B 8

Pjotr Iljitsch Tschaikowsky komponierte die Musik zu dem Ballett „Der Nussknacker“ nach dem Märchen „Der Nussknacker und der Mäusekönig“.

An einem Weihnachtsabend bekommt ein Mädchen einen Nussknacker geschenkt. Dieser wird in der Nacht lebendig und muss gegen den Mäusekönig und seine Mäuseschar kämpfen. Als der Nussknacker den Kampf zu verlieren droht, hilft ihm das Mädchen und rettet ihn vor den Mäusen. Zum Dank führt der Nussknacker das Mädchen in das Reich der Süßigkeiten, wo sie von der Zuckerfee empfangen werden. Zu Ehren der Gäste findet ein großes Fest statt, bei dem verschiedene Tänze aufgeführt werden. Einer davon heißt „Tanz der Rohrflöten“.

In dem Ballett wird der Inhalt des Märchens durch kunstvolle Tanzbewegungen zum Ausdruck gebracht.

B 8: „Tanz der Rohrflöten“ aus „Der Nussknacker“ von Pjotr Iljitsch Tschaikowsky

## Inhalt

- Das Ballett „Der Nussknacker“ kennen lernen
- Den „Tanz der Rohrflöten“ hören und darüber sprechen
- Die Hörmerkmale der einzelnen Teile der Musik erkennen
- Zur Musik mit Triangel und Trommel mitspielen
- Zur Musik mit Bänderstäben Bewegungen gestalten
- Den Komponisten Pjotr Iljitsch Tschaikowsky kennen lernen

## Organisation

- Platz für die Bewegungsgestaltung
- Bänderstäbe (siehe Aufgabe 3)
- CD B 8
- Kopiervorlage 10 oder Arbeitsheft S. 18 (Lösungen S. 164)
- Transparentfolie 16
- Schülerbuch

*Zeit: etwa 3 bis 4 Unterrichtsstunden*

## Möglicher Unterrichtsverlauf

### Vorbemerkung

Dem Ballett „Der Nussknacker“ liegt die Geschichte vom „Nussknacker und der Mausekönig“ von E. T. A. Hoffmann zu Grunde. In dieser Novelle wird ein Weihnachtsabend geschildert. Klara bekommt von ihrem Onkel einen Nussknacker geschenkt. Um Mitternacht hört Klara Geräusche im Salon. Sie schleicht hinab und sieht ihren Nussknacker zusammen mit einer Kompanie Zinnsoldaten gegen den Mäusekönig und seine Mäuseschar kämpfen. Klara wirft ihren Pantoffel auf den Mäusekönig und rettet so den Nussknacker, der sich nun in einen Prinzen verwandelt. Zum Dank für die Hilfe führt der Prinz das Mädchen in das Reich der Süßigkeiten. Dort findet ein Fest statt, bei dem verschiedene Tänze aufgeführt werden.

Die Musik zu dem Ballett wurde von Tschaikowsky im Jahre 1892 komponiert und im Dezember des gleichen Jahres in St. Petersburg aufgeführt. Im Ballett wird der Handlungsverlauf durch kunstvolle Bewegungen tänzerisch dargestellt.

Bereits einige Monate vor der Ballettpremiere kam die „Nussknacker-Suite“, eine instrumentale Kurzfassung der Ballettmusik, mit großem Erfolg zur Aufführung. Die Sätze der Suite lauten:

1. Miniatur-Ouvertüre
2. Marsch
3. Tanz der Zuckerfee
4. Russischer Tanz Trepak
5. Arabischer Tanz
6. Chinesischer Tanz
7. Tanz der Mirlitons
8. Blumenwalzer

Der „Tanz der Rohrflöten“ besteht aus folgenden Teilen (in Klammer hervortretende Instrumente):

1. Vorspiel
2. Teil A mit Wiederholung (Flöten)
3. Zwischenspiel
4. Teil A mit Wiederholung (Flöten, Streichinstrumente)
5. Teil B (Blechblasinstrumente, Becken), Wiederholung Teil B (Blechblasinstrumente, Streichinstrumente, Klarinette)
6. Zwischenspiel
7. Teil A mit Wiederholung (Flöten, Streichinstrumente)

### 1. Das Ballett „Der Nussknacker“ kennen lernen

a) Möglicherweise haben einige Schüler schon einmal im Theater oder im Fernsehen eine Ballettaufführung erlebt. Lassen Sie die Schüler darüber berichten (Theater, Zuschauerraum, Bühne, Bühnenbild, Tänzerinnen und Tänzer, Bewegungen …).

b) Die Schüler betrachten das Bild auf Seite 38 im Schülerbuch und sprechen darüber (Personen, Nussknacker, Figuren, Weihnachtsbaum, Geschenke …)

c) Die Schüler lesen den Text auf Seite 38 im Schülerbuch und erfahren so in kurzer Form die Handlung des Balletts. Den Inhalt des Balletts können Sie den Schülern auch etwas ausführlicher erzählen (siehe Vorbemerkung).

**2. Die Musik „Tanz der Rohrflöten" hören**

a) Die Schüler hören die Musik „Tanz der Rohrflöten" (B 8) und äußern sich zunächst spontan dazu. Vielleicht entdecken Sie bereits unterschiedliche Musikteile, Melodien und Instrumente. Schreiben Sie die Ergebnisse an die Tafel.

b) Die Schüler hören nochmals die Musik mit dem Auftrag auf die verschiedenen Teile zu achten. Diese lassen sich durch den Wechsel der Klangfarben gut unterscheiden. Entsprechende Bewegungen können die unterschiedlichen Teile verdeutlichen. Es wäre dann folgender Verlauf festzuhalten:

Vorspiel – Teil A mit Wiederholung – Zwischenspiel – Teil A mit Wiederholung – Teil B mit Wiederholung – Zwischenspiel – Teil A mit Wiederholung.

c) In einem weiteren Durchgang sollen die Schüler die beiden unterschiedlichen Melodien heraushören und beschreiben. Dazu können sie den Tonhöhenverlauf anhand der Noten auf Seite 38 im Schülerbuch mitverfolgen und gleichzeitig die Lautstärkebezeichnungen „p = piano = leise" und „mf = mezzoforte = mittelstark" kennen lernen (Melodie A: zart, leicht, aufwärts und dann abwärts gehende Tonbewegung; Melodie B: rhythmisch akzentuiert, Tonwiederholungen).

d) Die Schüler achten beim Hören auf die verschiedenen Instrumente der Teile A und B (siehe Vorbemerkung) und versuchen sie zu nennen.

e) Die Schüler ordnen schließlich die vier Instrumentenkärtchen dem entsprechenden Teil A und B richtig zu (siehe Aufgabe 2 auf Seite 39 im Schülerbuch). Hierzu können Sie die Kopiervorlage 10 oder das Arbeitsheft Seite 18 verwenden. Außerdem benötigen Sie jeweils das erste Ausschneideblatt.

**3. Mit Bänderstäben Bewegungen gestalten**

Für die Bänderstäbe brauchen wir Rundstäbe von etwa 40 bis 50 cm Länge, der Durchmesser kann etwa 1,5 cm sein. Die Stoffbänder können etwa 5 cm breit sein und sollten aus festem, glänzendem Stoff bestehen, der sich gut schwingen lässt. Die Länge der Bänder kann etwa 1,50 m betragen. Wählen Sie für die Bänder zwei gegensätzliche Farben (z. B. rot und blau). Das Stoffband wird an einem Ende des Stabes befestigt (Kerbe in den Stab schneiden, Stoffband verknoten).

a) Die Schüler überlegen sich, welche farbigen Bänder jeweils am besten zu den Musikteilen A und B passen. Anregungen geben hierzu auch die beiden Bilder auf Seite 39 im Schülerbuch.

b) Die Schüler probieren verschiedene Bewegungen zu Teil A und B. Passend sind für Teil A weiche Auf- und Abwärtsbewegungen, für Teil B kräftigere auf- und abwärts gehende Links- und Rechtsbewegungen, die den Tonverlauf nach oben und dann unten verdeutlichen (siehe Bilder zu A und B auf Seite 39 im Schülerbuch).

c) Regen Sie die Schüler an eine Bewegungsgestaltung in Form eines Tanzes zu erfinden.

d) Mögliche Tanzform:
Zwei gegenüberstehende Reihen mit blauen Bänderstäben und zwei gegenüberstehende Reihen mit roten Bänderstäben

Teil A : Blaue Bänderstäbe auf- und abwärts bewegen und mit 8 kleinen Schritten aufeinander zugehen und wieder mit 8 kleinen Schritten zurückgehen, zur Wiederholung mit den blauen Bänderstäben am Platz 8 Schritte links herum gehen und dann 8 Schritte rechts herum gehen, dazu die blauen Bänderstäbe bewegen

Teil B : Mit den roten Bänderstäben zwischen den Reihen der blauen Bänderstäbe herumgehen, dazu freie Bewegungen mit den roten Bänderstäben. Bei den Zwischenspielen bleiben alle stehen und halten die Bänderstäbe etwas hoch.

**4. Den Komponisten Pjotr Iljitsch Tschaikowsky kennen lernen**

a) Die Schüler lesen den Text auf Seite 39 des Schülerbuches und betrachten das Bild des Komponisten.

b) Die Schüler tragen in das Arbeitsblatt (Kopiervorlage 10, Arbeitsheft Seite 18) den passenden Text in die Lücken ein.

| Vorspiel | Teil A | Wiederholung | Zwischenspiel | Teil A | Wiederholung |
|---|---|---|---|---|---|
| | | | | | |

| Teil B | Wiederholung | Zwischenspiel | Teil A | Wiederholung |
|---|---|---|---|---|
| | | | | |

Pjotr Iljitsch Tschaikowsky wurde 1840 in Russland geboren. Schon mit 4 Jahren begann er Klavier zu spielen. Die Musik übte auf ihn eine ungewöhnlich starke Wirkung aus. Aber erst im Alter von 22 Jahren entschied er sich, die Musik zu seinem Beruf zu machen und studierte an der Musikhochschule in Sankt Petersburg. Als Musiker hatte Tschaikowsky große Erfolge. Trotzdem war er oft sehr unglücklich. Er starb im Alter von 53 Jahren in Sankt Petersburg. Neun Tage vor seinem Tode leitete er noch die Uraufführung seines letzten Werkes, der 6. Sinfonie.

Tschaikowsky komponierte Sinfonien, Opern und viele andere Musikwerke. Einige seiner Werke wurden weltberühmt. Dazu gehören auch die Ballette „Schwanensee“, „Dornröschen“ und „Der Nussknacker“. Auf vielen Theaterbühnen der Welt wird „Der Nussknacker“ besonders in der Weihnachtszeit aufgeführt.

① Hört den „Tanz der Rohrflöten“ aus der Ballettmusik „Der Nussknacker“. An den unterschiedlichen Melodien und Instrumenten könnt ihr die einzelnen Teile erkennen.

② Ordnet die vier Instrumentenkärtchen jeweils dem entsprechenden Teil A und B richtig zu.

③ Macht mit Bändern zum Teil A und B unterschiedliche Bewegungen. Stellt hierzu aus etwa 50 Zentimeter langen Holzstäben und etwa 1,50 Meter langen Stoffbändern Bänderstäbe in zwei verschiedenen Farben her.

# Wenn es schneit

B 9, 10

2. Hier könnt ihr unsern Schlitten sehn.
   Die Schlittenfahrt ist wunderschön.
   Da hält es keinen …

3. Und weil der Schnee so lustig macht,
   gibt es jetzt eine Schneeballschlacht.
   Da hält es keinen …

4. In unserm Garten hinterm Zaun,
   dort wolln wir einen Schneemann baun.
   Da hält es keinen …

Text: Rolf Krenzer Melodie: Inge Lotz

Antonio Vivaldi komponierte vier Konzerte mit dem Namen „Die vier Jahreszeiten“. In dem Konzert „Der Winter“ beschreibt er, wie draußen der Regen gegen die Fensterscheiben klopft und drinnen die Menschen am warmen Kamin sitzen. Achtet beim Hören auf das Zupfen der Streicher und die Melodie der Violine. Malt zur Musik ein Bild.



B10: „Der Winter“ aus „Die vier Jahreszeiten“ von Antonio Vivaldi

## Inhalt

- Das Lied lernen
- Die Musik „Der Winter“ von Antonio Vivaldi hören
- Die musikalischen Mittel erfahren, mit denen der Komponist die beiden Winterstimmungen „Drinnen“ und „Draußen“ beschreibt
- Zur Musik malen

## Organisation

- Zeichenpapier, Malstifte oder Malfarben
- CD B 9 und 10
- Kopiervorlage 11 oder Arbeitsheft S. 19 (Lösungen S. 165)
- Schülerbuch

*Zeit: etwa 2 Unterrichtsstunden*

## Möglicher Unterrichtsverlauf

**1. Das Lied lernen**

a) Das Lied können Sie vorsingen oder mit Hilfe des Hörbeispiels B 9 vorstellen.

b) Üben Sie nun mit den Schülern zunächst die ersten beiden Liedzeilen und achten Sie dabei vor allem auf die punktierten Achtelnoten. Diese müssen rhythmisch exakt gesungen werden.

c) Singen Sie mit den Schülern die erste Liedstrophe. Zu den Viertelpausen klatschen die Schüler in die Hände.

**2. „Der Winter“ ( 2. Satz) hören, B 10**

**Vorbemerkung**

Die Schüler hören aus „Der Winter“ den zweiten Satz „Largo“. Dieser Musik hat Vivaldi den Text vorangestellt: „Glücklich und zufrieden verbringt man den Tag drinnen am Kamin, während draußen der Regen unablässig gegen das Fenster schlägt“. Das „Drinnen“ kommt in der Melodie der Solo-Violine zum Ausdruck, welche die Wärme und Zufriedenheit verdeutlicht. Das „Draußen“ wird von gezupften Violinen dargestellt, welche die Regentropfen an die Fensterscheiben assoziieren. Diese beiden gegensätzlichen Stimmen erklingen zusammen über den begleitenden Celli, Kontrabässen und dem Basso continuo.

a) Verschiedene Möglichkeiten als Einstieg:
   - Wir machen Regenmusik (mit Fingerspitzen auf Holz trommeln, mit Klanghölzern spielen; leise, lauter werdend, laut; langsam, schnell).
   - Komponisten beschreiben Regen mit Musik (von Vivaldi berichten, über das Winterwetter in Italien erzählen, den Text des Sonetts von Vivaldi vortragen).

b) Möglichkeiten zur Erarbeitung:
   - Musik hören und darüber sprechen (Solovioline spielt eine Melodie, Streicher zupfen, Cello und Kontrabässe spielen tiefe Töne; Solovioline beschreibt das „Drinnen“, gezupfte Streicher beschreiben das „Draußen“)
   - Zur Musik die Melodie der Solovioline in die Luft „zeichnen“, die gezupften Streichinstrumente nachahmen

**3. Zur Musik malen**

a) Möglichkeiten:
   - Malen, was zur Musik spontan einfällt
   - Melodie der Solo-Violine mit Wellenlinien, Zupfen der Streicher mit Punkten grafisch darstellen
   - Gegenständliche Darstellung (Winterbild, Kamin, Feuer, Fenster, Regentropfen …)

b) Kopiervorlage 11, Arbeitsheft Seite 19 einsetzen.

Solo-Violine

1. Violine, gezupft

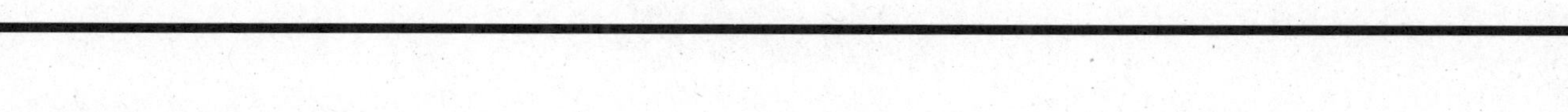

| **Inhalt** | **Organisation** |
|---|---|
| – Zu „Jingle Bells“ tanzen<br>– Eigene Tanzformen erfinden<br>– Den Refrain des Liedes singen | – Platz zum Tanzen<br>– Schellenbänder<br>– CD B 11<br>– Schülerbuch<br>*Zeit: etwa 1 bis 2 Unterrichtsstunden* |

## Möglicher Unterrichtsverlauf

**Vorbemerkung**

Es spricht nichts dagegen, tradierte Tanzformen kindgemäß zu vereinfachen und entsprechend der Tanzfähigkeit Ihrer Schüler einzurichten. Eine kreative und imitative Arbeitsweise hat sich bei der Vermittlung von Kindertänzen in der Grundschule besonders bewährt. Das Erlernen von vorgegebenen Schrittfolgen und Tanzformen muss nicht von übertriebener Perfektion geprägt sein. Vorrang muss die Freude am Tanzen haben.

In der Regel sollten die Schüler die Tanzmusik zunächst einmal anhören. Sie lernen so die auffallenden Hörmerkmale hinsichtlich Formverlauf und Gliederung kennen. Schon bei diesem ersten Hören können die Schüler spontane Bewegungen zur Musik probieren. Diese dienen oft für die beabsichtigte Tanzform.

„Jingle Bells“ ist ein Schlittenlied aus Amerika mit den Musikteilen A und B.

**1. Die Gliederung der Tanzmusik kennen lernen**

a) Die Schüler sitzen auf dem Boden und hören die Musik „Jingle Bells“ (B 11). Dabei sollen sie die zweiteilige Form des Liedes erfahren.

b) Regen Sie die Schüler an – sofern es nicht von selbst geschieht – zu den einzelnen Teilen der Musik unterschiedliche Klanggesten oder Bewegungen zu machen (Teil A = z. B mit der Faust auf den Boden trommeln, Teil B = z. B. in die Hände klatschen).

**2. Eine Tanzform zu „Jingle Bells“ entwickeln**

a) Die Schüler sollen sich zum Teil A und B unterschiedliche Bewegungsformen ausdenken und diese ausprobieren. Geben Sie hierfür Anregungen, indem Sie z. B. auf den Textinhalt des Liedes hinweisen oder selbst einfache Schrittfolgen vorschlagen. Man kann dann bestimmte Formen vereinbaren.

b) Eine vereinfachte Tanzform können die Schüler mit Hilfe der Bilder auf Seite 41 des Schülerbuches ausführen. Zum Teil A gehen oder hüpfen sie in Kreuzhandfassung, wie es die beiden oberen Bilder zeigen. Zum Teil B (Refrain) klatschen sie zu den ersten zwei Takten in die Hände, zu den nächsten zwei Takten hüpfen sie eingehängt am Platz.

c) Zum Teil B kann man auch folgendermaßen klatschen: dreimal in die eigenen Hände klatschen (♪♪♪𝄾), dann dreimal in die Hände des Partners klatschen (♪♪♪𝄾) und danach fünfmal in die eigenen Hände klatschen (♪♪♪♪♪𝄾).

d) Die Schüler können zum Teil B den Refrain auf Englisch oder Deutsch mitsingen.

# Jingle Bells

B 11

Teil A (Strophe)

Im Kreis nach links hüpfen, sich am Schluss nach innen drehen ohne die Hände zu lösen

Wiederholung

Im Kreis nach rechts hüpfen, sich am Schluss nach innen drehen und gegenüber stehen

Teil B (Refrain)

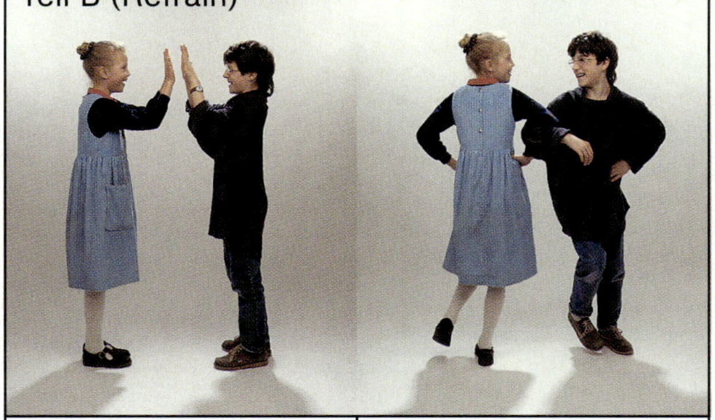

In die Hände klatschen | Rechts einhängen und rund herum gehen

Wiederholung

In die Hände klatschen | Links einhängen und rund herum gehen

Text und Melodie: aus den USA   Deutscher Text: Heinz Cammin

① Tanzt zu dem amerikanischen Schlittenlied „Jingle Bells", wie es die Bilder zeigen. Besonders fröhlich wirkt der Tanz, wenn ihr an Arm- und Fußgelenken kleine Glöckchen befestigt.

② Den Refrain könnt ihr zur Musik auf Englisch oder auf Deutsch mitsingen.

# Taktarten

## Zweiertakt

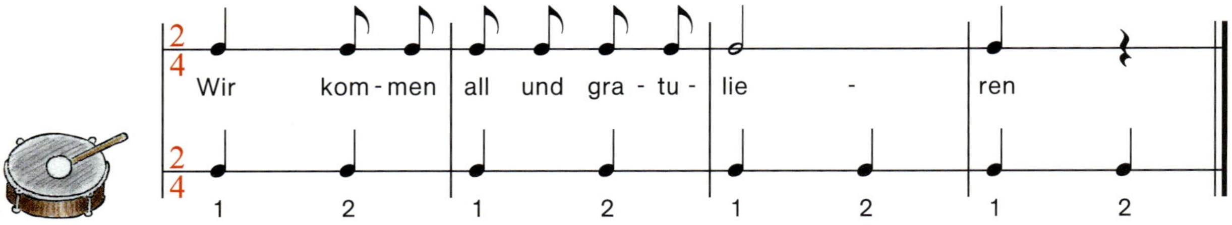


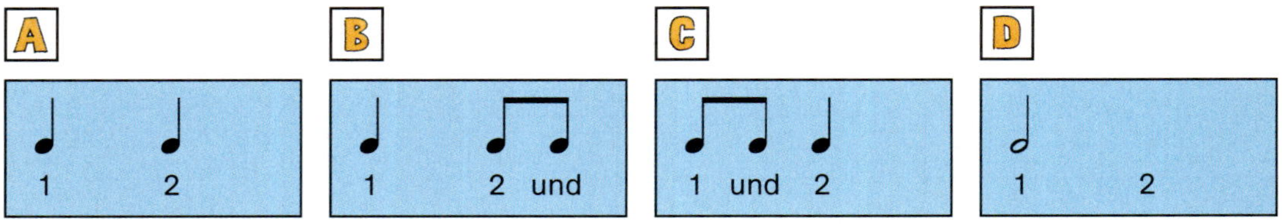


## Vierertakt

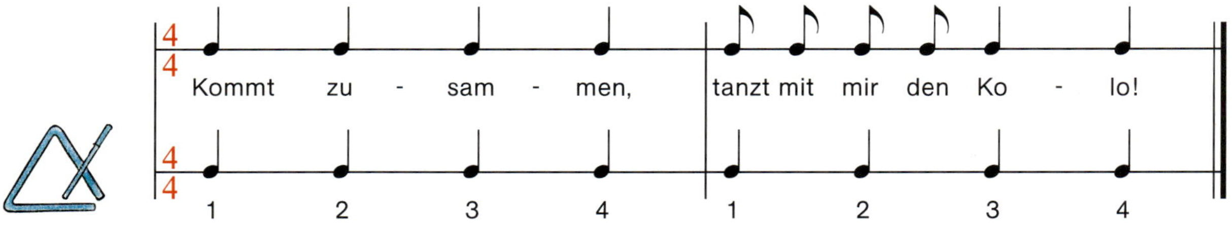


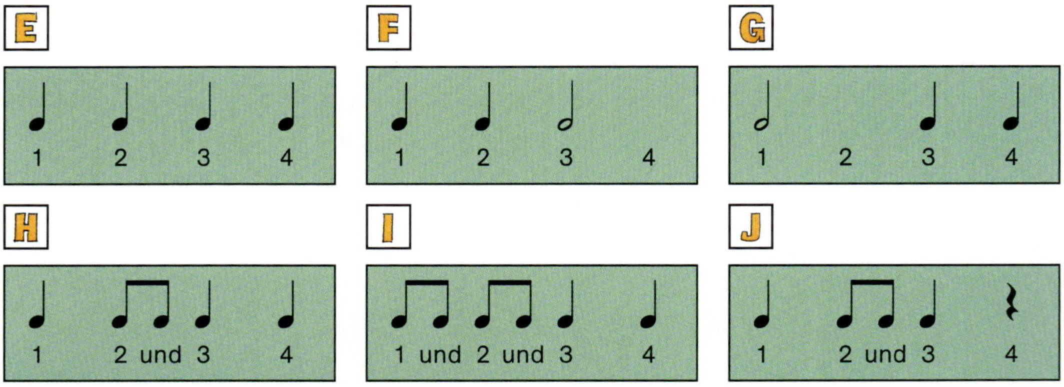

# 32. Unterrichtseinheit zu den Seiten 42, 43

## Inhalt

- Grundschlag und Takt im Sprechreim erfahren
- Den Zweier-, Vierer- und Dreiertakt kennen lernen
- Rhythmische Bausteine der Taktarten üben
- Rhythmische Spielstücke musizieren

## Organisation

- Trommel, Triangel, Klanghölzer, Becken, Holzblocktrommel
- CD B 12
- Kopiervorlage 12 und 13 oder Arbeitsheft S. 20 und 21 (Lösungen S. 166 und 167)
- Transparentfolie 17 und 18
- Schülerbuch

*Zeit: etwa 2 bis 3 Unterrichtsstunden*

## Möglicher Unterrichtsverlauf

### Vorbemerkung

Wenn Sie nachfolgende Tonreihe singen oder spielen, wird Ihnen auffallen, dass Sie die Töne durch Betonungen in Einheiten gruppieren können. Dabei ergeben sich mehrere Einteilungsmöglichkeiten. Die Tonfolgen kann man durch senkrechte Taktstriche in Takte einteilen:

Die Taktart ergibt sich aus der Anzahl der Grundschläge (meist Viertelnote, manchmal auch Halbe Note oder Achtelnote). Die gebräuchlichsten Taktarten sind der Zweiertakt (2/4-Takt), der Vierertakt (4/4-Takt) und der Dreiertakt (3/4-Takt). Daneben gibt es auch den 2/2-Takt.

Es können gleiche oder verschiedene Notenwerte in einem Takt enthalten sein. Die Summe der Notenwerte ist in jedem Takt einer Taktart immer gleich.

Der erste Notenwert eines Taktes wird jeweils etwas stärker betont. Beim Vierertakt bekommt auch der dritte Grundschlag eine leichte Betonung (der Vierertakt ist ein doppelter Zweiertakt).

Die Taktangabe erfolgt zu Anfang eines Liedes oder Musikstücks in Form eines mathematischen Bruchs. Der Nenner zeigt den Wert der Grundschläge (Viertelnote, Halbe Note, Achtelnote), der Zähler die Anzahl der Grundschläge innerhalb eines Taktes an.

### 1. Grundschlag und Takt im Reim erfahren

a) Bei der Einführung der Taktarten können Sie von einem geeigneten Sprechvers ausgehen. Die Schüler sprechen den Abzählreim auf Seite 42 des Schülerbuches. Dann sollen sie dem Text „Ene mene mente, locum tocum tente, carabuti, carabuti, witsch, watsch, ab" die passenden rhythmischen Bausteine zuordnen (Kopiervorlage 12, Arbeitsheft Seite 20).

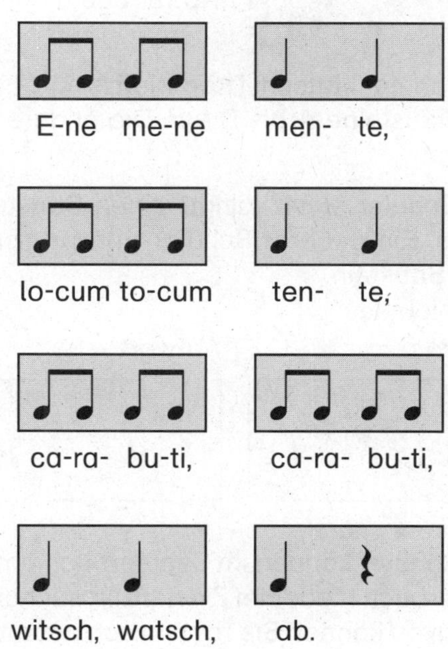


b) Verwenden Sie nach Belieben auch andere Reime und Texte und verfahren Sie wie oben (siehe auch Kopiervorlage und Arbeitsheft).

**2. Wir lernen den Zweiertakt kennen**

a) Die Schüler wiederholen den Kanon „Wir kommen all und gratulieren". Notieren Sie den rhythmischen Verlauf des Kanonanfangs zunächst ohne Taktstriche an die Tafel. Die Schüler sprechen und/oder klatschen im Rhythmus der Notation. Dazu spielt die Trommel die Grundschläge in Viertelnoten. Dabei wird die erste, dritte, fünfte und siebte Viertelnote stärker betont. Wir setzen vor jede betonte Viertelnote einen Taktstrich. Wie viele Grundschläge hat jeder Takt? Wie muss also die Taktart heißen? Schreiben Sie nun die Taktart 2/4 an den Anfang der Notation (siehe Seite 42 im Schülerbuch).

b) Die Schüler üben die rhythmischen Bausteine A bis D durch Singen auf Tonsilben, Klatschen und Zählen. Die Trommel spielt dazu die Grundschläge (Viertelnote).
Beispiel B:

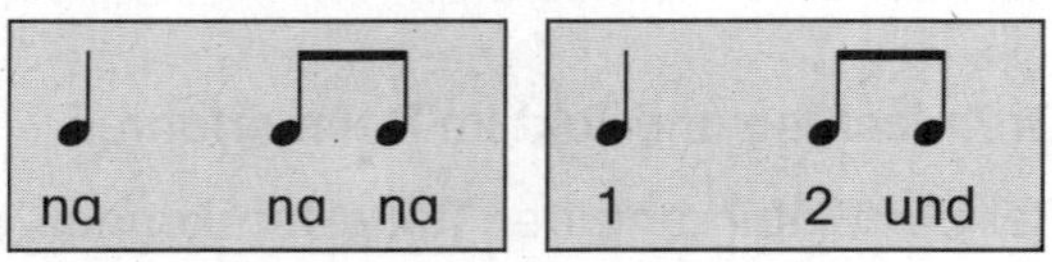


c) Wer findet zu den Bausteinen A bis D passende Namen und Wörter?
Beispiel C:

Mo-ni-ka,
Jo-na-than,
Ap-fel-baum

d) Ein Schüler klatscht (trommelt, singt ...) einen der Bausteine A bis D vor. Die anderen erraten ihn.

e) Ein Schüler spielt (singt) einen Baustein als Frage. Ein anderer Schüler antwortet mit einem Baustein.
Beispiel:

Frage

Antwort

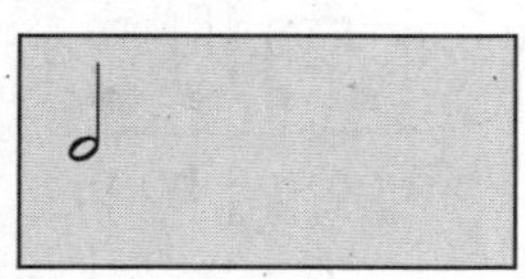

f) Die Schüler können im Schülerbuch und/oder Liederbuch Lieder im Zweiertakt suchen. Einige davon können Sie rhythmisch notieren und wie oben üben.

**3. Den Vierertakt kennen lernen**

a) Ähnlich wie beim Zweiertakt können Sie nun auch beim Vierertakt vorgehen. Auf Seite 42 des Schülerbuches ist der Vierertakt dargestellt. Lassen Sie beim Üben der rhythmischen Bausteine E bis J diese jeweils mit Viertelnoten (Grundschlag) auf Instrumenten oder durch Klatschen begleiten.

b) Die Bausteine E bis J können Sie auch zu kleinen rhythmischen Spielstücken zusammenstellen. Dabei wirkt ein Wechsel von Instrumenten bei jedem Takt recht reizvoll.

**4. Einführung des Dreiertaktes**

a) Die Schüler singen das Lied „Lasst uns beginnen" (später auch als Kanon). Sie sollen dabei die erste Note nach jedem Taktstrich durch Klatschen hervorheben.

b) Wir schreiben den Rhythmus und den Text des Liedes auf (siehe Seite 43 des Schülerbuches).

c) Die Vertiefung und Übung des Dreiertaktes können Sie nun wie beim Zweier- und Vierertakt vornehmen.

**5. Rhythmische Spielstücke musizieren**

a) Die rhythmischen Spielstücke auf Seite 43 des Schülerbuches können die Schüler zunächst für jedes vorgesehene Instrument getrennt üben. Bilden Sie hierfür entsprechende Gruppen.

b) Kombinieren Sie beim ersten Spielstück jeweils zwei Stimmen untereinander. Wenn alle Stimmen beherrscht werden, können diese zusammen gespielt werden.

Anmerkung: Die Kopiervorlagen 13 und das Arbeitsheft Seite 21 können Sie je nach Bedarf im Verlauf der Unterrichtseinheit oder als Zusammenfassung bei den einzelnen Taktarten und auch zum Abschluss der Unterrichtseinheit einsetzen.

**6. Takt-Spiele**

a) Die Schüler sitzen im Kreis, Schüler 1 klatscht, danach patscht Schüler 2, im Metrum fortlaufend 1 – 2, 1 – 2 ... (Zweiertakt)

b) Schüler 1 stampft, Schüler 2 patscht, Schüler 3 klatscht, Schüler 4 schnipst ... (Vierertakt)

c) Schüler 1 klatscht, Schüler 2 patscht, Schüler 3 schnipst ... (Dreiertakt)

# Dreiertakt

Text und Melodie: Fritz Metzger

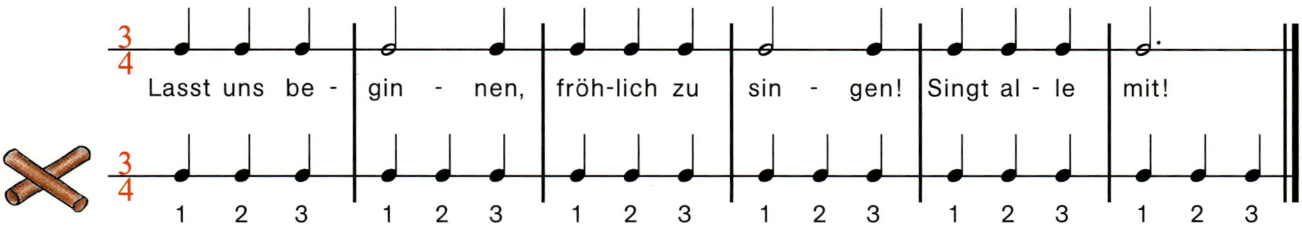


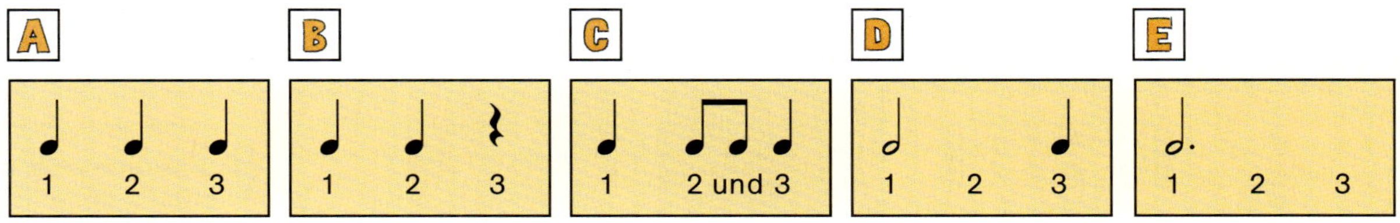


# Rhythmische Spielstücke

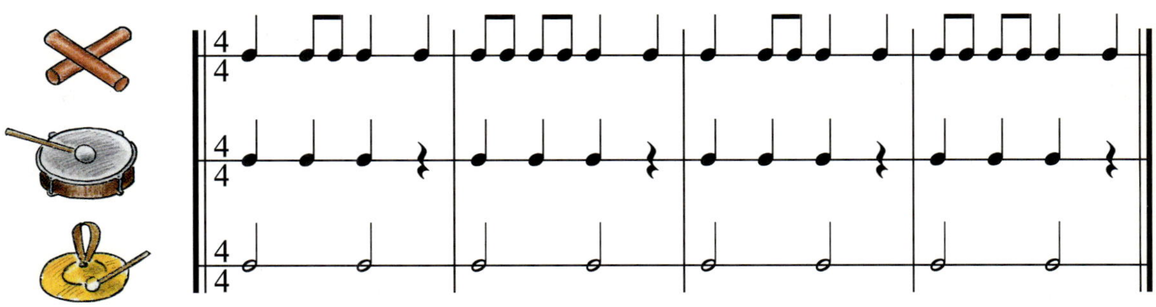

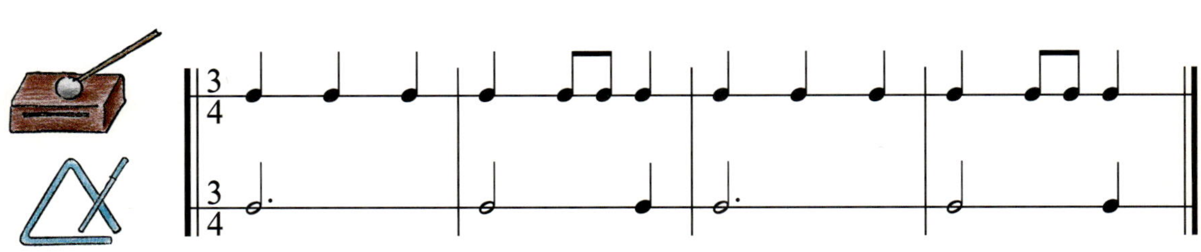

① Übt die rhythmischen Bausteine durch Sprechen, Singen auf Tonsilben, Klatschen und Zählen.

② Begleitet jeden Baustein mit Viertelnoten auf Instrumenten.

③ Lieder und Musikstücke sind durch senkrechte Striche in Takte gegliedert. Ein Zweiertakt hat 2 Grundschläge, ein Vierertakt 4 Grundschläge und ein Dreiertakt 3 Grundschläge.
Betont jeweils die erste Note eines Taktes etwas stärker.

# Der Zug

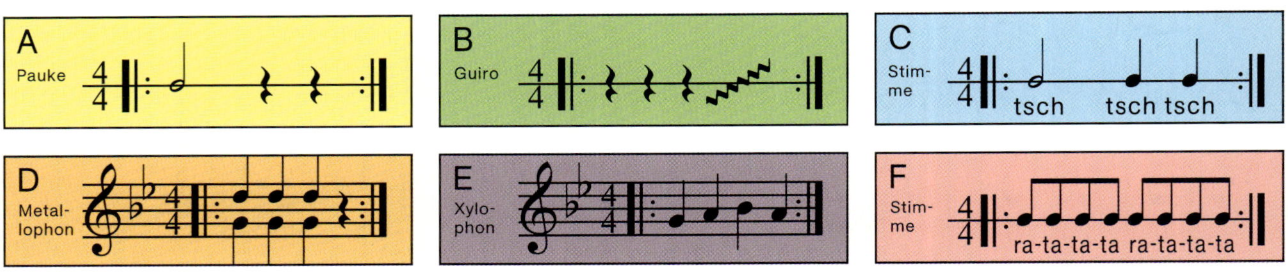

Text: James Krüss Melodie: unbekannt

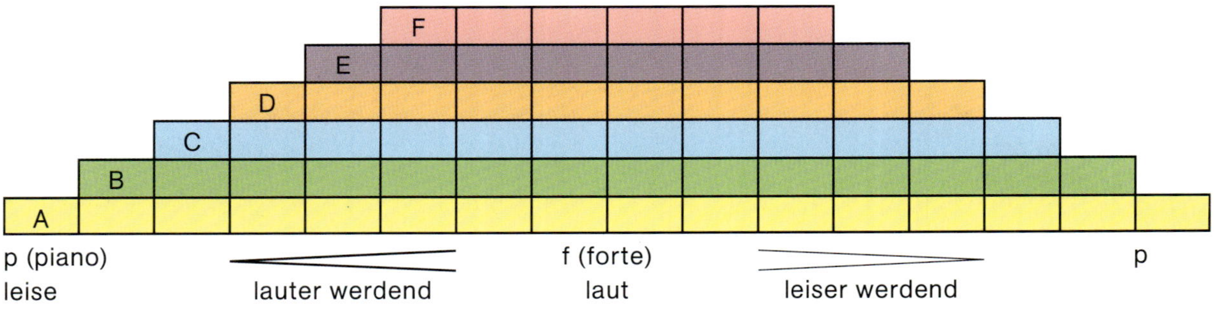


① Ihr habt in Filmen sicher schon Dampflokomotiven gesehen. In manchen Gegenden fahren zur Erinnerung an frühere Zeiten heute noch solche Lokomotiven.
Berichtet über ihr Aussehen und beschreibt die Geräusche, die sie erzeugen.

② Ahmt die Fahrt einer Dampflokomotive nach. Verwendet dazu die Bausteine A bis F. Die erste Gruppe beginnt langsam und leise mit Baustein A. Die anderen Bausteine fügt ihr nach und nach hinzu. Von Baustein D an soll die Musik immer schneller und lauter werden. Wenn sich der Zug in voller Fahrt befindet, setzt ihr mit dem Lied ein. Danach bringt ihr den Zug wieder zum Stehen, indem eine Gruppe nach der anderen mit ihrem Baustein aufhört.

③ Der Plan zeigt euch den Verlauf des Klangspiels. Beachtet die Zeichen für die Lautstärke.

## Inhalt

- Das Lied „Tschu, tschu, tschu“ lernen
- Atem- und Stimmspiele gestalten
- Die Fahrt einer Lokomotive mit Instrumenten und Stimme nachahmen
- Steigerung und Abschwächung mit Instrumenten musizieren
- Zeichen für die Lautstärke kennen lernen

## Organisation

- Pauke, Guiro, Metallophon, Xylophon
- CD B 13
- Transparentfolie 19
- Schülerbuch

*Zeit: etwa 2 bis 3 Unterrichtsstunden*

## Möglicher Unterrichtsverlauf

**Vorbemerkung**

Die Schüler interessieren sich auch im Zeitalter elektrisch betriebener Züge für die Dampflokomotive. In Filmen und Vorführungen sind sie noch zu sehen. Im Unterrichtsgespräch kann das Interesse aufgegriffen und über Dampflokomotiven erzählt werden (Aussehen, Kohle, Feuer, Rauch, Wasser, Geräusche ...).

**1. Atem- und Stimmspiele gestalten**

a) Die Schüler machen die Geräusche einer Lokomotive nach:
   - Langsam auf „f“ einatmen und wieder langsam auf „sch“ ausatmen (bewusst auf die Atemführung achten)
   - Langsam einatmen und mit kurzen Zwischenpausen auf „sch“ ausatmen (sch – sch – sch ...)
   - Einatmen und stoßweise auf „tsch“ ausatmen, am Schluss den Atem verströmen lassen

b) Die Schüler ahmen die Fahrt der Lokomotive in einem rhythmischen Lautspiel nach:

**2. Das Lied singen**

a) Singen Sie das Lied vor oder verwenden Sie das Hörbeispiel B 13 zur Einführung.

b) Erarbeiten Sie zuerst die erste Liedzeile durch Vor- und Nachsingen. Zur Unterstützung kann der Baustein D als Begleitung hinzugezogen werden. Anschließend üben Sie ebenso die zweite Liedzeile ein.

**3. Die Fahrt der Lokomotive nachahmen**

a) Die Schüler üben die Bausteine A bis F auf Seite 44 des Schülerbuches (exakt ausführen, lieber weniger):
   - Die Bausteine einzeln
   - Mehrere Bausteine zusammen

b) Die Schüler gestalten das Klangspiel nach der Anweisung von Aufgabe 2 im Aufgabenfeld. Hierfür kann auch die Transparentfolie 19 eingesetzt werden. Die Schüler erfahren bei dem Klangspiel die Steigerung und Abschwächung als musikalische Gestaltungsmittel.

**4. Zeichen für die Lautstärke kennen lernen**

a) Die Schüler lernen die Zeichen für die Lautstärke.

b) Schreiben Sie beliebig unterschiedliche Zeichen für die Lautstärke an die Tafel. Die Schüler gestalten dazu entsprechende Lautspiele (Stimme, Instrumente), indem Sie (oder ein Schüler) Zeichen zeigen.

## Inhalt

- Ausschnitte aus „Pacific 231" von Arthur Honegger hören
- Musikalische Merkmale erkennen und darüber sprechen
- Hörausschnitte den grafischen Klangbildern zuordnen
- Zu einem Hörausschnitt ein Klangbild zeichnen

## Organisation

- Zeichenpapier, Malstifte
- CD B 14 bis 17
- Kopiervorlage 14 oder Arbeitsheft S. 22 und Arbeitsheft S. 23 (Lösungen S. 168 und 169)
- Transparentfolie 20
- Schülerbuch

*Zeit: etwa 3 Unterrichtsstunden*

## Möglicher Unterrichtsverlauf

**Vorbemerkung**

Das Vorbild für Arthur Honeggers Werk war eine Lokomotive vom Typ 231 (je 2 Vorlaufräder, 3 Antriebsräder, 1 Nachlaufrad, eigentlich ist jeweils die Anzahl der Achsen gemeint).

**1. Ausschnitte B 14 bis 17 hören**

a) Tafelanschrift: Arthur Honegger, „Pacific 231"
   - Das ruhige Atmen der Maschine im Stillstehen
   - Die Anstregung beim Anfahren und das Zunehmen der Geschwindigkeit
   - Der Zug stürmt mit hoher Geschwindigkeit durch die Nacht

b) Die Schüler hören die drei Ausschnitte B 14 bis 16 und ordnen ihnen die Überschriften zu (B 14 = Der Zug stürmt mit ...; B 15 = Das ruhige Atmen ...; B 16 = Die Anstrengung beim ...). Sie tragen die Überschriften zu den Hörausschnitten in das Arbeitsblatt (Kopiervorlage 14, Arbeitsheft Seite 22) ein.

c) Die Schüler betrachten die Klangbilder und sprechen darüber (Balken und Punkte stellen Töne und Klänge dar; es sind kurze, lange, viele, wenige, laute, leise Töne und Klänge zu erkennen).

d) Die Schüler hören die Ausschnitte B 14 bis 16. Welches Klangbild könnte jeweils passen? (Das ruhige Atmen ... = C; Die Anstrengung beim ... = A; Der Zug stürmt ... = B). Die Schüler kleben die Klangbilder (Ausschneideblatt 1) in das Arbeitsblatt (Kopiervorlage 14, Arbeitsheft Seite 22).

e) Wir hören auf die Instrumente, das Tempo und die Lautstärke der drei Ausschnitte und tragen die Ergebnisse in das Arbeitsblatt ein (mehrmals hören).

**2. Erläuterungen zu den Klangbildern**

Das ruhige Atmen der Maschine im Stillstehen:

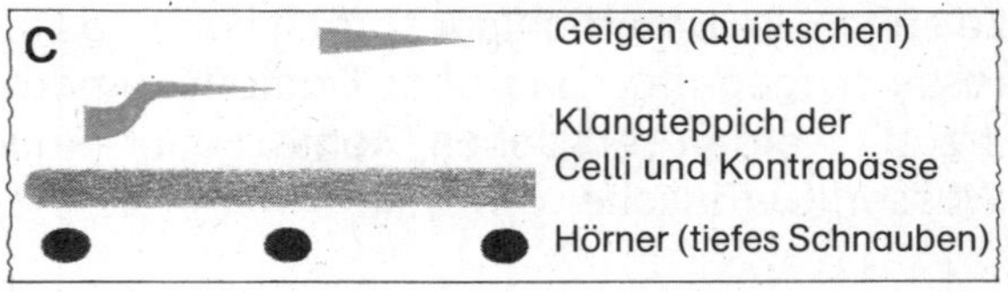


Die Anstrengung beim Anfahren:

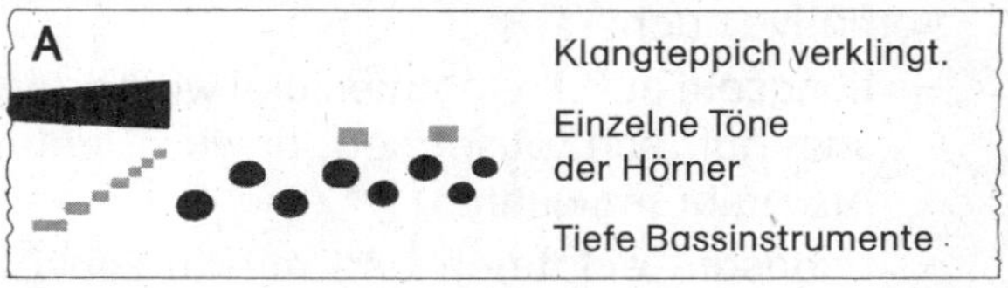


Der Zug stürmt durch die Nacht:

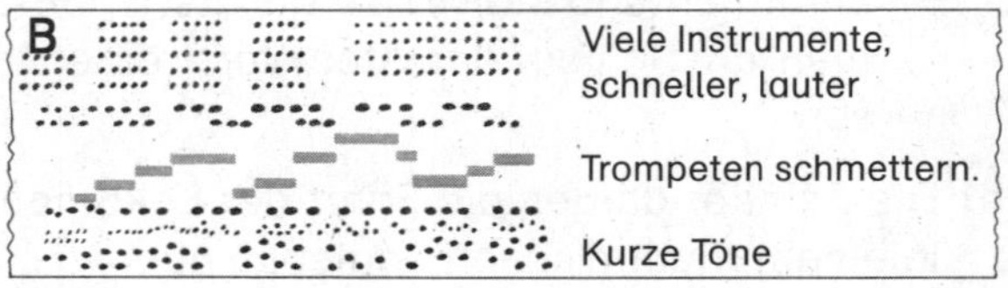


**3. Zusätzliche Erweiterung**

a) Die Schüler hören den Ausschnitt B 17 und sprechen über die Musik (Töne werden länger und langsamer, Trommelschläge verdeutlichen das Bremsen, ein Beckenschlag bringt das starke Bremsen zum Ausdruck).

b) Die Schüler sollen zu dem Ausschnitt eine passende Überschrift finden (Der Zug kommt zum Stehen; Der Zug wird langsamer und hält ...).

c) Die Schüler versuchen ein passendes Klangbild zu dem Hörausschnitt B 17 zu zeichnen (Arbeitsheft Seite 23).

# Pacific 231

B 14 bis 17

Der Schweizer Komponist Arthur Honegger schrieb im Jahre 1923 ein Musikstück mit dem Namen „Pacific 231". Honegger sagte dazu: „Ich habe immer eine leidenschaftliche Liebe für Lokomotiven gehabt. Für mich sind sie lebende Wesen … Das Vorbild für meine Komposition war eine Lokomotive vom Typ Pacific, Modell 231, für schwere Schnellzüge".

Das Foto zeigt Arthur Honegger (rechts) vor einer Lokomotive vom Typ „Pacific 231".

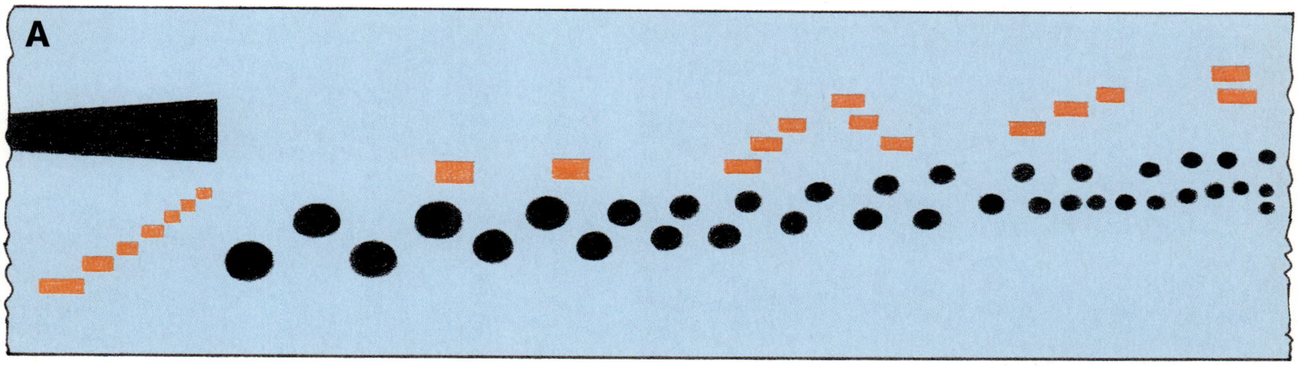


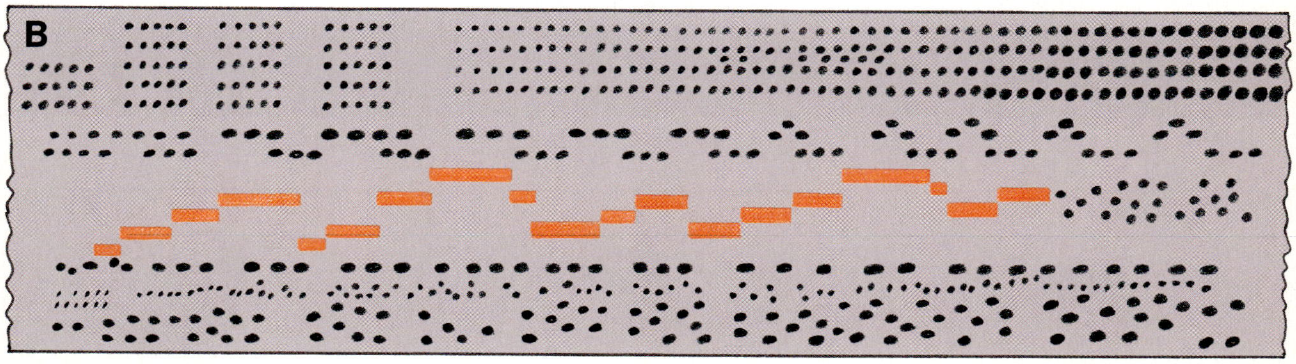

1. Ihr hört drei Ausschnitte aus „Pacific 231".
   Ordnet jeweils die passende Überschrift zu.
   - Das ruhige Atmen der Maschine im Stillstehen
   - Die Anstrengung beim Anfahren und das Zunehmen der Geschwindigkeit
   - Der Zug stürmt mit hoher Geschwindigkeit durch die Nacht
2. In den Klangbildern A, B und C wird die Musik mit Zeichen dargestellt.
   Ordnet jedem Hörbeispiel eines der Klangbilder zu.
3. Ihr hört einen vierten Ausschnitt aus „Pacific 231". Findet eine Überschrift und versucht ein Klangbild zu zeichnen.

# Letkiss

B 18

Zweimal „Hacke - Spitze“ mit dem linken Fuß,
Zweimal „Hacke - Spitze“ mit dem rechten Fuß.

Ein Sprung vorwärts und zurück,
drei kleine Sprünge vorwärts.

① Stellt euch einzeln im Raum verteilt auf und tanzt zur Musik, wie es die Bilder zeigen. Ihr könnt auch versuchen, jeweils zu zweit nebeneinander in Handfassung zu tanzen.

② Auf dem Bild seht ihr eine Tanzkapelle mit einem Akkordeon, einer Klarinette, einer elektrischen Gitarre, einem elektrischen Bass und einem Schlagzeug.
Zeigt die Instrumente und sprecht darüber.

## Inhalt

- Den Letkiss tanzen
- Elektrisch verstärkte Musikinstrumente hören und kennen lernen
- Popmusik hören

## Organisation

- Platz zum Tanzen
- CD B 18
- Transparentfolie 21
- Schülerbuch

*Zeit: etwa 2 Unterrichtsstunden*

## Möglicher Unterrichtsverlauf

### Vorbemerkung

Der „Letkiss“ basiert auf einem finnischen Paartanz, der in Kettenform getanzt und deshalb Letka (Kette) genannt wird. Die Musik wird von Akkordeon, Klarinette, elektrischer Gitarre, elektrischem Bass und Schlagzeug gespielt. (Im Schülerbuch auf Seite 46 ist im Text die elektrische Gitarre irrtümlich als elektronische Gitarre und der elektrische Bass als elektronischer Bass bezeichnet.)

### 1. Den „Letkiss“ hören und über die Musik sprechen

a) Die Schüler hören ohne vorherigen Kommentar die Musik „Letkiss“ (Hörbeispiel B 18). Spontane Bewegungen dazu sind nicht nur erlaubt, sondern sogar erwünscht.

b) Wir sprechen über die Musik (schwungvoll, lustig, popige Musik zum Tanzen ...).

c) Wo könnt ihr diese Art von Musik hören? (Radio, Fernsehen, Konzert, Musikfest ...).

d) Die Schüler hören jetzt vor allem auf die Instrumente und versuchen sie zu erkennen (siehe Vorbemerkung).

e) Die Schüler betrachten auf Seite 46 des Schülerbuches das Foto. Sie sprechen darüber, was sie auf dem Bild alles entdecken können. Sie zeigen, nennen und sprechen über die Instrumente. Mögliche Schüleräußerungen:
- Die Musiker spielen (auf dem Foto von links nach rechts) den elektrischen Bass, die Klarinette, den elektrischen Bass, das Schlagzeug und Akkordeon.
- Mein Bruder spielt auch Akkordeon, das Instrument hat auf der rechten Seite Tasten wie ein Klavier.
- Die Klarinette kenne ich von der Musik „Abend auf dem Lande“.
- Die elektrische Gitarre ist am Strom angeschlossen.
- Der elektrische Bass spielt tiefe Töne.
- Ich möchte auch einmal Schlagzeug lernen.

### 2. Den „Letkiss“ tanzen

a) Die Schüler üben auf den Trommel- oder Klatschrhythmus die Schritte, wie auf den ersten zwei Bildern zu sehen und darunter beschrieben:

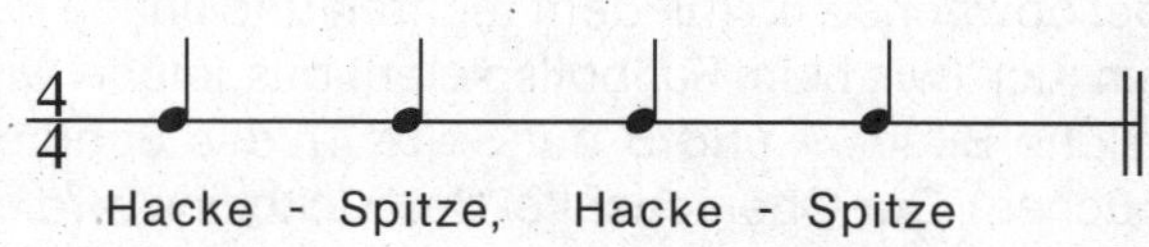


b) Die Schüler üben ebenso die Sprünge, wie auf dem dritten Bild dargestellt und darunter beschrieben:

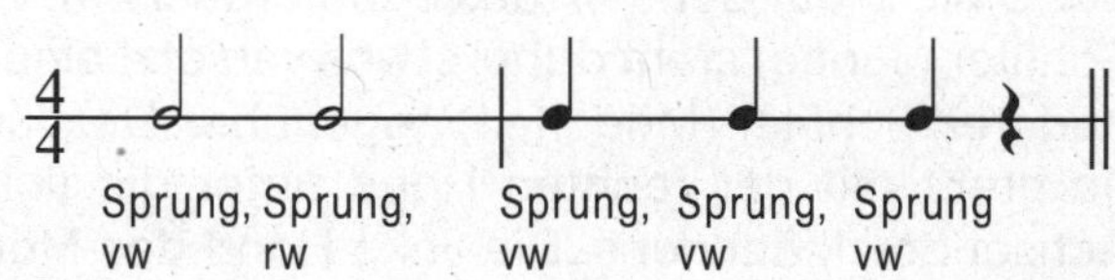


c) Die Schüler tanzen zur Musik (B 18). Bei jedem Durchgang wird die zuvor geübte Schritt- und Sprungfolge insgesamt zweimal getanzt.

d) Den „Letkiss“ kann man einzeln oder zu zweit in Handfassung tanzen. Die „Krönung“ wäre die Kettenform, die aber nicht ganz unproblematisch ist. Dazu stellen sich die Schüler hintereinander auf, wobei die Hände jeweils auf den vorderen Schüler gelegt werden. Probiert es zunächst einmal mit zwei, dann mit drei bis vier Schülern.

## Inhalt

- Kickbewegungen ausführen
- Das Armlasso üben
- Zur Musik „Speedy Gonzales" einen einfachen Rock'n'Roll tanzen

## Organisation

- Platz zum Tanzen
- CD B 19
- Transparentfolie 22
- Schülerbuch

*Zeit: etwa 2 Unterrichtsstunden*

## Möglicher Unterrichtsverlauf

### Vorbemerkung

Der Rock'n'Roll (als „Schul-Rock'n'Roll") ist ein Paartanz, der sich aus Tanzfiguren und Akrobatikfiguren zusammensetzt. Zur Einführung des Rock'n'Roll empfiehlt sich eine einfache Tanzfigur, wobei abwechselnd mit dem rechten und linken Fuß ein Kick (wie beim Fußballspielen) ausgeführt wird (siehe Bilder A und B auf Seite 47 des Schülerbuches). Der Oberschenkel des Kickbeins wird etwas angehoben, dann das ganze Bein nach vorne gestreckt und wieder zurück in die Ausgangsstellung geführt.

Das Armlasso bildet die Akrobatikfigur (siehe Bilder C bis D auf Seite 47 des Schülerbuches). Ein Schüler (Junge) steht dabei etwas versetzt einem anderen Schüler (Mädchen) gegenüber. Der Junge greift mit der rechten Hand unter die linke Achsel des Mädchens. Die linke Hand des Mädchens liegt auf der rechten Schulter des Jungen. Die linke Hand des Jungen und die rechte Hand des Mädchens sind gefasst (Daumenkreuz). Das Mädchen springt nun mit „Unterstützung" des Jungen in die Gegenüberstellung, von dort in einem zweiten Sprung wieder in die Ausgangsstellung. Der Junge dreht sich dabei am Platz mit.

### 1. Die Kickbewegungen üben

a) Die Kickbewegungen üben die Schüler zunächst ohne Musik. Sie stehen dabei einzeln verteilt im Raum oder bilden einen Kreis. Der Rhythmus kann durch Mitzählen „1 – 2 – 3 – 4" oder durch Sprechen „Kick – Platz – Kick – Platz" angegeben werden. Bei 1 = Kick mit einem Fuß vorwärts, bei 2 = Fuß wieder zurück auf den Platz, bei 3 = Kick mit dem anderen Fuß vorwärts, bei 4 = Fuß wieder zurück auf den Platz.

b) Die Schüler stellen sich paarweise gegenüber auf und führen zur Musik „Speedy Gonzales" Kickbewegungen aus, wie es die Bilder A und B auf Seite 47 des Schülerbuches zeigen. Der eine Schüler beginnt mit dem rechten Fuß, der andere mit dem linken Fuß.

### 2. Das Armlasso üben

a) Die Schüler üben paarweise das Armlasso, wie es die Bilder C bis E auf Seite 47 des Schülerbuches zeigen. Nähere Erläuterungen hierzu siehe Aufgabe 3 und Vorbemerkung.

b) Die Schüler führen zur Musik „Speedy Gonzales" das Armlasso aus.

### 3. Den Rock'n'Roll tanzen

a) Die Schüler führen zunächst wieder ohne Musik einige Kickbewegungen aus (Anzahl vereinbaren), danach folgt das Armlasso. Anschließend wieder Kickbewegungen und Armlasso.

b) Wenn Kickbewegungen und Armlasso beherrscht werden, können die Schüler zur Musik „Speedy Gonzales" einen einfachen Rock'n'Roll tanzen. Sie vereinbaren eine beliebige Anzahl von Kickbewegungen und lassen dann jeweils das Armlasso folgen.

Anmerkung: Wenn Sie sich eingehender mit dem Rock'n'Roll-Tanzen beschäftigen möchten, wird Ihnen das Buch „Rock'n'Roll in der Grundschule und weiterführenden Schule" von Günther Köninger empfohlen. Es ist mit einer Videokassette und einer Musikkassette im Lehrbuch-Verlag Günther Köninger, 77833 Ottersweier, Im Tanzbühl 39, zu erhalten.

# Rock'n'Roll

B 19

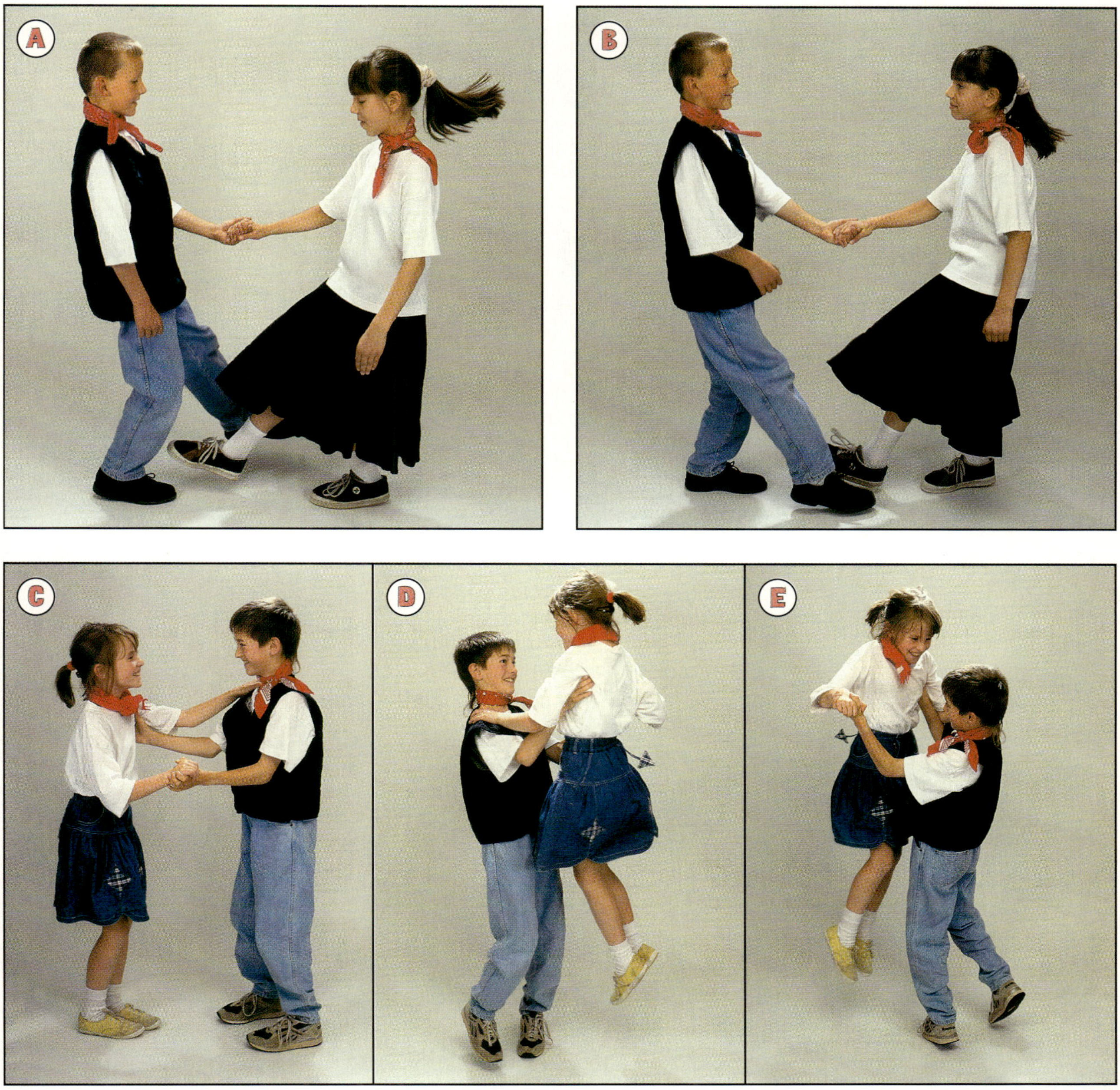


Tanzform: Günther Köninger
aus: „Rock'n'Roll in der Grundschule“

① Bildet einen Kreis. Führt abwechselnd mit dem rechten und linken Fuß einen Kick aus. Ihr könnt dazu auch klatschen.

② Stellt euch paarweise gegenüber auf.
Tanzt den Kick zur Musik „Speedy Gonzales“, wie es die Bilder A und B zeigen.
Das Mädchen beginnt mit dem rechten Fuß, der Junge mit dem linken Fuß.

③ Übt das Armlasso.
Die Grundstellung und die Armhaltung könnt ihr auf dem Bild C sehen. Das Mädchen hüpft in zwei Sprüngen rechts herum in die Ausgangsstellung. Der Junge dreht sich dabei am Platz mit (Bild D und E).

④ Wenn ihr den Kick und das Armlasso beherrscht, könnt ihr zur Musik einen einfachen Rock'n'Roll tanzen. Nach einigen Kickbewegungen folgt jeweils das Armlasso.

B 19: „Speedy Gonzales“ von David Hill, Buddy Kaye und Ethel Lee

# Frühling

B 20

Schnee muss schmelzen, Bäche fließen,
alles rieselt, rinnt.
Knospen schwellen, Blätter sprießen,
wärmer weht der Wind.
Igel weckt er, Haselmäuse,
Schnecke regt sich im Gehäuse.
Mit den ersten Sonnentagen
kommen Kinder, Männer, Frauen,
tanzen, rennen, lachen, schauen.
Baum wird jetzt bald Blüten tragen.

Willi Fährmann

## Inhalt

- Die Wechselwirkung von Musik und Sprache erfahren
- Das Gedicht „Schnee muss schmelzen“ verklanglichen
- Ein kleines Spielstück für Flöte, Metallophon und Triangel musizieren

## Organisation

- Flöte, Metallophon, Triangel, Klanghölzer
- CD B 20
- Transparentfolie 23
- Schülerbuch

*Zeit: etwa 2 Unterrichtsstunden*

## Möglicher Unterrichtsverlauf

**1. Instrumente und Klänge zum Gedicht erproben**

a) Die Schüler lesen zunächst das Gedicht „Schnee muss schmelzen“. In welchen Wörtern und Sätzen „steckt Musik darin“?

b) Wir suchen zu den Textstellen die Instrumente heraus und spielen passende Klänge dazu.

**2. Ein kleines Musikstück spielen**

Das kleine Musikstück auf Seite 48 des Schülerbuches ist eine Anlehnung an „Der Schmetterling“ von Mauro Giuliani (Seite 49). Es eignet sich auch als Abschluss der Verklanglichung von „Schnee muss schmelzen“.

## Vorschlag einer Verklanglichung

| Text | Instrumente | Notation |
|---|---|---|
| (Vorspiel) | Flöte |  |
| Schnee muss schmelzen, | Triangel |  |
| Bäche fließen, alles rieselt, rinnt. | Metallophon |  |
| Knospen schwellen, Blätter sprießen, | Metallophon |  |
| wärmer weht der Wind. | Stimme | 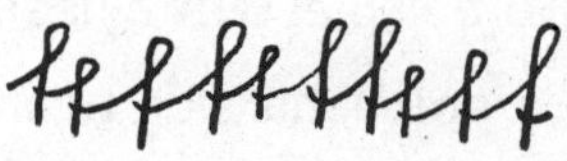 |
| Igel weckt er, Haselmäuse, Schnecke regt sich im Gehäuse. | Klanghölzer |  |
| Mit den ersten Sonnentagen | Becken | 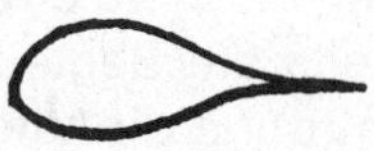 |
| kommen Kinder, Männer, Frauen, tanzen, rennen, lachen, schauen. | Klanghölzer |  |
| Baum wird jetzt bald Blüten tragen. | Triangel |  |
| (Nachspiel) | Flöte, Metallophon, Triangel | „Kleines Musikstück“ (S. 48) |

## Inhalt

- Das Lied „L'inverno è passato“ singen und mit Xylophon und Metallophon begleiten
- Die Musik „Der Schmetterling“ hören und dazu einen Tanz gestalten
- Lieder, Gedichte, Musikstücke und Tänze zu einer Frühlingskantate zusammenstellen

## Organisation

- Platz zum Tanzen
- Xylophon, Metallophon, Flöte
- CD B 21 und 22
- Schülerbuch

*Zeit: etwa 2 Unterrichtsstunden*

## Möglicher Unterrichtsverlauf

### Vorbemerkung

Die Unterrichtseinheit „Frühling“ und „Der Winter ist vorüber“ lassen sich miteinander verbinden. Sie eignen sich für ein Spiel zu einem Frühlingsfest. Stellen Sie hierzu die einzelnen Elemente der Seite 48 und 49 in beliebiger Reihenfolge zusammen.

### 1. Das Lied singen und begleiten

a) Das Lied können Sie auf verschiedene Art einführen:
   - Über den Frühling erzählen (Schnee getaut, Blüte, Kuckucksrufe ...)
   - Die erste Liedstrophe in Italienisch vorsingen oder mit CD B 21 vorstellen (Schüler erzählen, was sie erkannt haben, z. B. „April, Kuckuck ...“)
   - Kuckucksrufe (Terz d – h)

b) Der italienische Text wird vor- und nachgesprochen. Die Schüler versuchen ihn zu deuten. Es kann sich die erste Textstrophe in Deutsch anschließen.

c) Singen Sie nun die erste Strophe in Italienisch und dann in Deutsch vor. Sie können auch das Hörbeispiel B 21 einsetzen.

d) Es empfiehlt sich beim Einüben der Melodie die erste Strophe in deutsch zu verwenden. Singen Sie abschnittsweise vor, die Schüler singen jeweils nach.

e) Wenn die erste Strophe gelernt ist, können Sie bereits die Begleitung einüben. Diese eignet sich (ohne die Wiederholung) zusammen mit der Liedmelodie (erste und zweite Zeile) für die Flöte auch als Vor- und Zwischenspiel zu den weiteren Strophen.

### 2. „Der Schmetterling“ (B 22) hören und dazu tanzen

a) Die Schüler hören die Musik und sprechen darüber (Gitarrenmusik, Anfang wie Musikstück Seite 48, Melodie wird zweimal gespielt). Nennen Sie nun den Titel „Der Schmetterling“. Hat die Musik etwas damit zu tun?

b) Zur Musik können die Schüler einen „Schmetterlingstanz“ gestalten. Einige Schüler kauern als Blüten auf dem Boden. Andere „fliegen“ als Schmetterlinge um sie herum.

### 3. Eine Frühlingskantate zusammenstellen

a) Das Klangspiel von Seite 48 sowie das Lied und der Tanz von Seite 49 lassen sich in beliebiger Reihenfolge zu einem schönen Frühlingsspiel zusammenstellen.

b) Für eine kleine Frühlingskantate eignen sich zusätzliche Lieder, Gedichte und Musikstücke (siehe auch Rondo 1 und 2, Lesebuch ...).

# Der Winter ist vorüber

B 21, 22

1. Der Winter ist vorüber, vorbei ist der April,
   im Maien heimgekommen, der Kuckuck bleibt nicht still.
   Kuckuck, Kuckuck, vorbei ist der April,
   im Maien heimgekommen, der Kuckuck bleibt nicht still.
2. Da droben im Gebirge ist aller Schnee zertaut,
   der alte Schelm, der Kuckuck, schaut, wo ein Nest gebaut.
   Kuckuck …
3. Die Schöne hinterm Fenster schaut sich die Augen aus
   und hofft, dass ihr der Kuckuck den Liebsten bringt nach Haus.
   Kuckuck …
4. Der Mai, der liebe Maien, das ist die beste Zeit,
   er lässt die Liebe blühen, sobald der Kuckuck schreit.
   Kuckuck …

Text und Melodie: aus der italienischen Schweiz
Deutscher Text: Hans Baumann

## Begleitung

① Stellt Lieder, Gedichte und Musikstücke zu einer kleinen Frühlingskantate zusammen. Ihr könnt dazu auch Texte aus dem Lesebuch und Frühlingslieder aus Rondo 1 und 2 verwenden.

② Hört euch „Der Schmetterling“ von Mauro Giuliani an. Zu der Gitarrenmusik könnt ihr einen Schmetterlingstanz gestalten. Einige Kinder stellen Blüten, andere Falter dar.

# Tonhöhen unterscheiden und aufschreiben

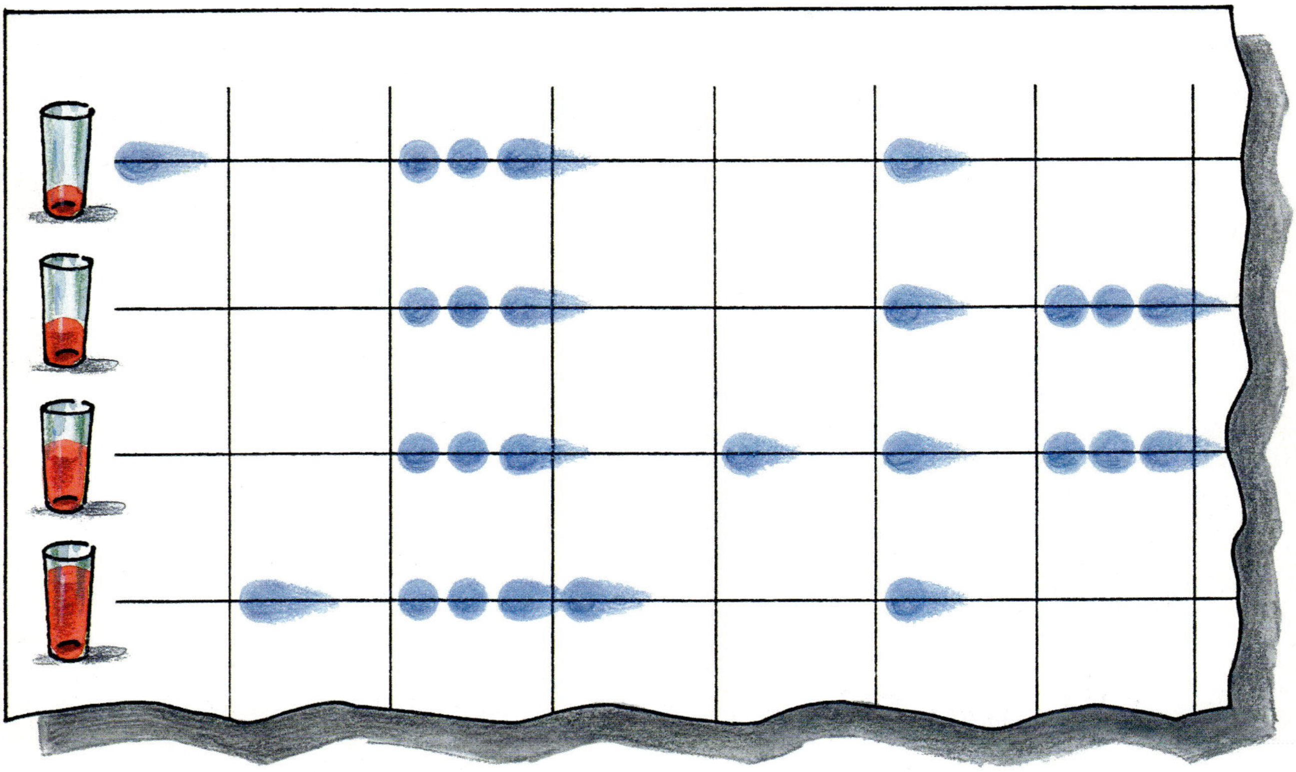

1. Füllt einige Flaschen oder Gläser unterschiedlich hoch mit Wasser. Bringt sie durch Anschlagen zum Klingen.
2. Ordnet die Flaschen oder Gläser nach der Tonhöhe. Wenn ihr sie der Reihe nach anschlagt, erklingt eine Tonleiter.
3. Mit Flaschen und Gläsern könnt ihr interessante Musik machen. Wie ihr musizieren und eure Musik aufschreiben könnt, zeigt euch die Abbildung mit den Gläsern und Klangzeichen.

# Die Tonleiter

B 23

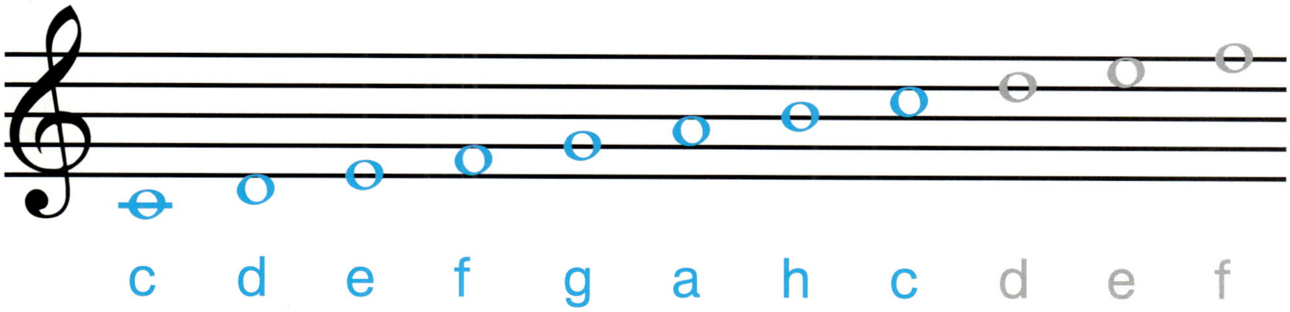

Text und Melodie: Helmut Bornefeld

① Wenn ihr auf einem Stabspiel die 8 Töne von c bis c spielt, erklingt eine Tonleiter. Sie heißt C-Dur-Tonleiter.

② Singt das Lied „Es regnet ohne Unterlass". In diesem Lied kommt die C-Dur-Tonleiter mehrmals vor. Zeigt sie beim Singen mit.

③ Prägt euch die Tonschritte der C-Dur-Tonleiter durch mehrmaliges Singen und Spielen gut ein.

④ Wenn ihr die Tonleiter auf einem Stabspiel von f aus spielen wollt, müsst ihr den H-Stab durch den B-Stab ersetzen. Die Tonfolge f, g, a, b, c, d, e, f heißt F-Dur-Tonleiter. Lieder in F-Dur erkennt ihr an dem Vorzeichen „**b**".

# Tonschritte und Tonsprünge

B 24 bis 39

1. Ihr hört verschiedene Melodiebausteine. Singt sie mehrmals auf verschiedene Tonsilben nach und stellt dabei den Melodieverlauf mit den Händen dar. Wechselt beim Singen die Lautstärke, singt einmal leise (piano), ein andermal laut (forte).
2. Wenn ihr die Melodiebausteine mehrmals gehört und gesungen habt, könnt ihr ihnen die passenden Notenbilder A bis H zuordnen.
3. Gestaltet mit den Bausteinen ein musikalisches „Frage- und Antwortspiel“. Verwendet als Frage jeweils einen der Bausteine A bis D und als Antwort einen der Bausteine E bis H.
4. Zeigt Tonschritte, Sprünge und Tonwiederholungen in Liedern, die ihr schon gelernt habt.

## Inhalt

- Unterschiedliche Tonhöhen beim Erproben klingender Materialien erfahren
- Tonhöhen zu einer Tonleiter ordnen
- Auf Flaschen und Gläsern musizieren und die Musik aufschreiben

## Organisation

- Flaschen und Gläser, gefärbtes Wasser
- Aufhängevorrichtung (Holzstab, Schnüre), Tisch
- Kopiervorlage 15 oder Arbeitsheft S. 24 (Lösungen S. 170)
- Schülerbuch

*Zeit: etwa 2 Unterrichtsstunden*

## Möglicher Unterrichtsverlauf

**Vorbemerkung**

Beim Singen, Musizieren und Hören haben die Schüler bereits im ersten und zweiten Schuljahr Tonhöhen und deren Notation sowie im Umgang mit Stabspielen auch einige Notennamen kennen gelernt.

Im dritten Schuljahr folgt nun eine erste vorsichtige Einführung in die Anordnung von Tonhöhen zu einer Tonleiter und die Benennung der Töne mit Notennamen.

Dies ist auch deshalb angebracht, weil z. B. auch in Mathematik die meisten Größen und Bezeichnungen im dritten Schuljahr eingeführt werden.

In dieser Unterrichtseinheit ist das erprobende Unterscheiden von Tonhöhen sowie deren Notierung mit grafischen Zeichen als Einführung in die eigentliche Thematik der Tonhöhen vorgesehen.

**1. Mit Flaschen und Gläsern unterschiedlich hohe Töne erzeugen**

a) Besorgen Sie sich (oder die Schüler) etwa fünf gleiche Flaschen und/oder fünf gleiche Gläser. Füllen Sie diese mit gefärbtem Wasser unterschiedlich hoch. Auf entsprechende Füllmengen achten, damit die Tonunterschiede möglichst deutlich hörbar sind.

b) Die Schüler bringen die Flaschen oder Gläser durch Anschlagen mit einem Holzgegenstand zum Klingen. Was könnt ihr feststellen?

c) Je mehr Flüssigkeit in der Flasche oder dem Glas, umso tiefer klingt der Ton. Je weniger Flüssigkeit, umso höher klingt der Ton.

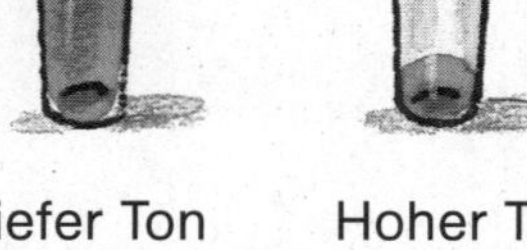

Tiefer Ton Hoher Ton

**2. Flaschen und Gläser nach der Tonhöhe ordnen**

a) Die Schüler ordnen die Flaschen und/oder Gläser nach der Tonhöhe. Sie probieren dabei so lange bis eine aufwärts steigende Tonreihe (Tonleiter) erklingt.

b) Ein Schüler schlägt die Flaschen oder Gläser der Reihe nach aufwärts, ein anderer abwärts an. Wieder ein anderer schlägt etwa drei bis vier Flaschen in beliebiger Reihenfolge an. Wir versuchen die Tonfolgen mit Klangzeichen (Balken, Striche ...) aufzuschreiben.

**3. Mit Gläsern musizieren und die Musik aufschreiben**

a) Wir versuchen entsprechend der Abbildung unten auf Seite 50 des Schülerbuches vier Gläser zu füllen und nach den angegebenen Klangzeichen zu musizieren.

b) Erfindet auf den vier Gläsern andere Tonfolgen und schreibt diese Musik ebenfalls in einer „Partitur“ auf (Kopiervorlage 15, Arbeitsheft Seite 24).

# 40. Unterrichtseinheit — zu Seite 51

## Inhalt

- Klangstäbe des Metallophons zu einer Tonleiter ordnen
- Die C-Dur-Tonleiter auf dem Metallophon spielen
- Die Notennamen der C-Dur-Tonleiter lernen
- Das Tonleiterlied „Es regnet ohne Unterlass“ singen
- Die Tonschritte der C-Dur-Tonleiter üben
- Die F-Dur-Tonleiter kennen lernen

## Organisation

- Metallophon
- CD B 23
- Kopiervorlage 16 oder Arbeitsheft S. 25 sowie Arbeitsheft S. 26 (Lösungen S. 171 und 172)
- Transparentfolie 24
- Schülerbuch

*Zeit: etwa 2 Unterrichtsstunden*

## Möglicher Unterrichtsverlauf

### Vorbemerkung

Das Kennenlernen der C-Dur-Tonleiter und F-Dur-Tonleiter sowie der Notennamen erfolgt im handelnden Umgang beim Singen, Musizieren und Hören. In dieser Unterrichtseinheit werden die Inhalte dargestellt und thematisiert. Tonleiterschritte und Notennamen sollten auch im weiteren Verlauf des Schuljahrs geübt und vertieft werden. Hierzu finden Sie bei Liedern und Musikstücken, bei Melodiebausteinen und Begleitungen immer wieder Möglichkeiten.

### 1. Die C-Dur-Tonleiter kennen lernen

a) Die Schüler sitzen auf dem Boden um ein Metallophon ohne Klangstäbe. Diese liegen ungeordnet im Kreis um das Metallophon.

b) Durch Anschlagen und Vergleichen soll zunächst der Klangstab mit dem tiefsten Ton (C) gefunden und dann auf den freien ersten Platz des Metallophons gelegt werden.

c) Auf gleiche Weise werden weitere Klangstäbe nach der Tonhöhe geordnet bis eine C-Dur-Tonleiter erklingt.

d) Schreiben Sie die C-Dur-Tonleiter im Notenliniensystem mit den Notennamen an die Tafel.

e) Ein Schüler spielt die Tonleiter mehrmals aufwärts, die anderen singen dazu die Töne auf Tonsilben und dann auch auf die Notennamen mit.

### 2. Das Tonleiterlied singen

a) Die Schüler hören das Lied „Es regnet ohne Unterlass“ (B 23). Was fällt bei diesem Lied besonders auf? (Tonleiter auf- und abwärts)

b) Singen oder spielen Sie die Melodie mehrmals vor. Die Schüler summen nach und nach dazu mit oder singen auf Tonsilben (no, dü...) mit.

c) Die Schüler zeigen auf Seite 51 im Liederbuch beim Singen die C-Dur-Tonleiter mit. Bei Verwendung der Transparentfolie 24 kann die Tonleiter ebenfalls von einem Schüler mitgezeigt werden.

### 3. Die F-Dur-Tonleiter kennen lernen

a) Spielen Sie auf dem Metallophon von dem Klangstab F aus eine Tonleiter. Was fällt auf? Welcher Klangstab passt nicht? Wir wechseln den Klangstab H gegen den Klangstab B aus.

b) Schreiben Sie die F-Dur-Tonleiter mit den Notennamen an die Tafel. Ein Schüler spielt die Tonleiter auf dem Metallophon auf- und abwärts, die anderen singen auf Tonsilben und dann auch auf Notennamen mit.

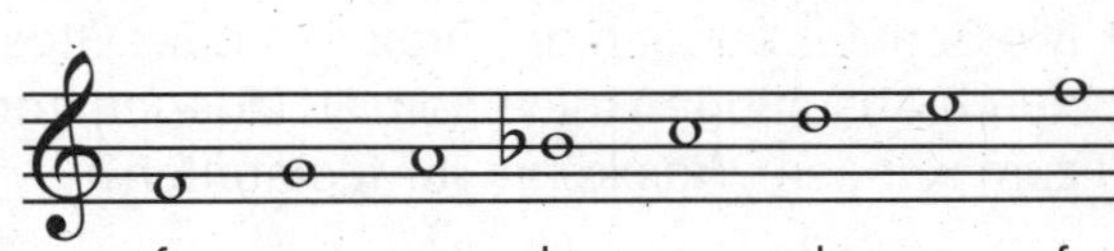


### 4. Übungen zur Tonleiter und zu Notennamen

a) Kopiervorlage 16 oder Arbeitsheft Seite 25

b) Arbeitsheft Seite 26 und Ausschneideblatt 1 S. 43

# 41. Unterrichtseinheit

## zu Seite 52

### Inhalt

- Tonschritte, Tonsprünge und Tonwiederholungen bewusst erfahren und üben
- Melodiebausteine hören, singen und musizieren
- Melodiebausteinen die Notenbilder zuordnen
- Mit Melodiebausteinen musikalische Frage- und Anwortspiele gestalten

### Organisation

- Glockenturm oder Metallophon (hängend)
- Melodiebausteine A bis H (S. 133 bis 140)
- CD B 24 bis 39
- Kopiervorlage 17 oder Arbeitsheft S. 27 (Lösungen S. 173)
- Transparentfolie 25
- Schülerbuch

*Zeit: etwa 2 Unterrichtsstunden*

## Möglicher Unterrichtsverlauf

**Vorbemerkung**

Beim Erlernen von Liedern und im Umgang mit Instrumenten erfahren die Schüler, dass Melodien in Schritten, Sprüngen und Wiederholungen verlaufen. Siehe hierzu auch Rondo 1 „Melodien aufschreiben und lesen“ sowie Rondo 2 „Spiele mit melodischen Bausteinen“. Bei dieser Unterrichtseinheit sollen die Tonbewegungen bewusster gehört und einfache Schritte und Sprünge nachgesungen werden.

**1. Schritte, Wiederholungen und Sprünge üben**

a) Hängen Sie einen Glockenturm oder ein Metallophon an die Tafel. Zeichnen Sie dazu passend die Notenlinien und die Noten, wie auf Seite 52 des Schülerbuches abgebildet.

b) Ein Schüler spielt auf dem Glockenturm oder Metallophon die Tonschritte und Tonwiederholungen. Die anderen singen auf Tonsilben und auf Notennamen mit.

c) Erläutern Sie den Schülern die Begriffe „Schritte“ und „Wiederholungen“. Möglicherweise können diese auch selbst gefunden werden.

d) Wer kann andere Schritte und Wiederholungen auf dem Glockenturm oder Metallophon spielen? Wir singen dazu wieder mit, zeigen sie in der Luft mit und schreiben sie auf.

e) Ein Schüler spielt auf dem Glockenturm oder Metallophon die Sprünge, wie auf Seite 52 des Schülerbuches abgebildet (f – a – c – f). Die anderen Schüler singen wieder auf Tonsilben und auf Notennamen mit.

f) Bei den Sprüngen haben zwischen dem ersten und zweiten Ton noch andere Töne Platz. Wir spielen beliebige Sprünge und singen diese auf Tonsilben und Notennamen nach. Wir versuchen sie auch aufzuschreiben.

**2. Melodiebausteine hören und üben (B 24 bis 39)**

a) Die Melodiebausteine A bis H werden entsprechend Aufgabe 1 und 2 auf Seite 52 des Schülerbuches geübt.
Reihenfolge der Bausteine (jeder Baustein erklingt zweimal):

| | |
|---|---|
| B 24 = C (no) | B 28 = A (ta) |
| B 25 = A (no) | B 29 = C (ta) |
| B 26 = D (no) | B 30 = B (ta) |
| B 27 = B (no) | B 31 = D (ta) |
| B 32 = E (no) | B 36 = H (ta) |
| B 33 = H (no) | B 37 = E (ta) |
| B 34 = G (no) | B 38 = F (ta) |
| B 35 = F (no) | B 39 = G (ta) |

b) Mit den Bausteinen können die Schüler musikalische Frage- und Antwortspiele gestalten (siehe Aufgabe 3). Ein Schüler singt oder spielt z. B. den Baustein A. Dazu singt oder spielt ein anderer Schüler einen Baustein F bis H. Welcher Baustein passt am besten? Die musikalischen Fragen und Antworten können als kleines Musikstück aufgeschrieben werden.

c) Die Schüler tragen mit entsprechenden Zeichen (Kopiervorlage 17, Arbeitsheft Seite 27) die Schritte, Sprünge und Wiederholungen bei Melodiebausteinen ein.

# 42. Unterrichtseinheit

zu Seite 53

## Inhalt

- Melodien erfinden und aufschreiben
- Aus Bausteinen Melodien bilden
- Zu Melodien einen einfachen Text ausdenken
- Zu einer angefangenen Melodie eine Fortsetzung finden
- Zu Reimen eine Melodie erfinden
- Bekannten Melodien einen Text unterlegen

## Organisation

- Melodiebausteine 1 bis 6 (S. 141 bis 147)
- Spielwürfel (möglichst großer Schaumstoffwürfel)
- Metallophon, Flöte
- CD B 40 bis 49
- Kopiervorlage 18 oder Arbeitsheft Seite 28 (Lösungen S. 174)
- Transparentfolie 26
- Schülerbuch

*Zeit: etwa 2 Unterrichtsstunden*

## Möglicher Unterrichtsverlauf

**1. Aus Bausteinen verschiedene Melodien bilden**

a) An der Tafel hängen ungeordnet sechs Karten mit den Melodiebausteinen (Würfelaugen eins bis sechs) und eine Karte mit dem Violinschlüssel (siehe Abbildung Seite 53 des Schülerbuches).

b) Die Schüler hören die einzelnen Melodiebausteine (B 40 bis 45), singen auf Tonsilben mit und ordnen ihnen jeweils das entsprechende Notenbild zu. Die Melodiebausteine können auch auf Instrumenten musiziert werden.

c) Ein Schüler würfelt eine Zahl. Der entsprechende Baustein wird hinter dem Notenschlüssel angebracht. Es werden drei weitere Bausteine durch das Würfeln ausgewählt und der Reihe nach zu einer Melodie zusammengesetzt. Ist ein Baustein bereits vergeben, wird nochmals gewürfelt und ein anderer Baustein gefunden (siehe Beispiel unten).

d) Ein Schüler spielt diese Melodie auf einem Instrument, die anderen singen auf Tonsilben mit. Wer „dichtet" zur Melodie einen einfachen Text? Passt vielleicht ein bekannter Liedtext zu unserer Melodie?

**2. Zu einer angefangenen Melodie eine Fortsetzung finden**

a) Singen Sie jeweils die angefangene Melodie zu den Sprichwörtern vor. Die Schüler singen dazu auf Seite 53 des Schülerbuches mit. Ein Schüler soll dann eine Fortsetzung zum weiteren Text des Sprichwortes singen.

b) Die Schüler hören jeweils die angefangene Melodie zu den Sprichwörtern (B 46 bis 49). Sie singen dazu mit. Wer findet eine Fortsetzung zu dem weiteren Text? Es kann dazu ein Instrument zu Hilfe genommen werden. Wer kann die ganze Melodie aufschreiben?

**3. Zu einem Text eine Melodie erfinden**

a) Die Schüler lesen die Wetterregeln auf Seite 53 des Schülerbuches und versuchen ohne lange zu überlegen, dazu Melodien zu singen.

b) Die Wetterregeln kann man auch mit bekannten Melodien unterlegen. Wer findet eine Melodie dazu? Zu „Hat der Mond einen Hof, ist das Wetter morgen doof!" passt z. B. die Melodie von „Kennt ihr schon Avignon?"

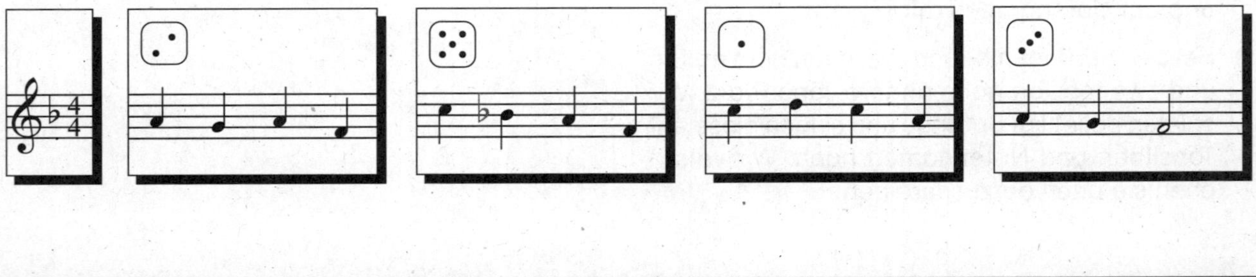

# Melodien erfinden

B 40 bis 49

**Hat der Mond einen Hof, wird das Wetter morgen doof!**

**Wenn es an Silvester schneit, ist Neujahr auch nicht mehr weit!**

① Setzt Melodien aus vier Bausteinen zusammen.
Die Auswahl und Reihenfolge der vier Bausteine ergibt sich durch das Würfeln.
Würfelt weiter, wenn ein Baustein bereits vergeben ist.
Spielt eure Melodien auf einem Instrument und singt auf Tonsilben mit.
Vielleicht könnt ihr auch einen einfachen Text dazu finden.

② Singt die angefangenen Melodien zu den Sprichwörtern und versucht eine Fortsetzung zu finden. Ihr könnt auch ein Instrument zu Hilfe nehmen.
Vielleicht gelingt es euch sogar, einige eurer Melodien aufzuschreiben.

③ Versucht zu den lustigen Wetterregeln Melodien zu finden. Ihr müsst nicht lange überlegen. Singt, was euch gerade einfällt.

# Ich bin ein kleiner Tropfen

C 1

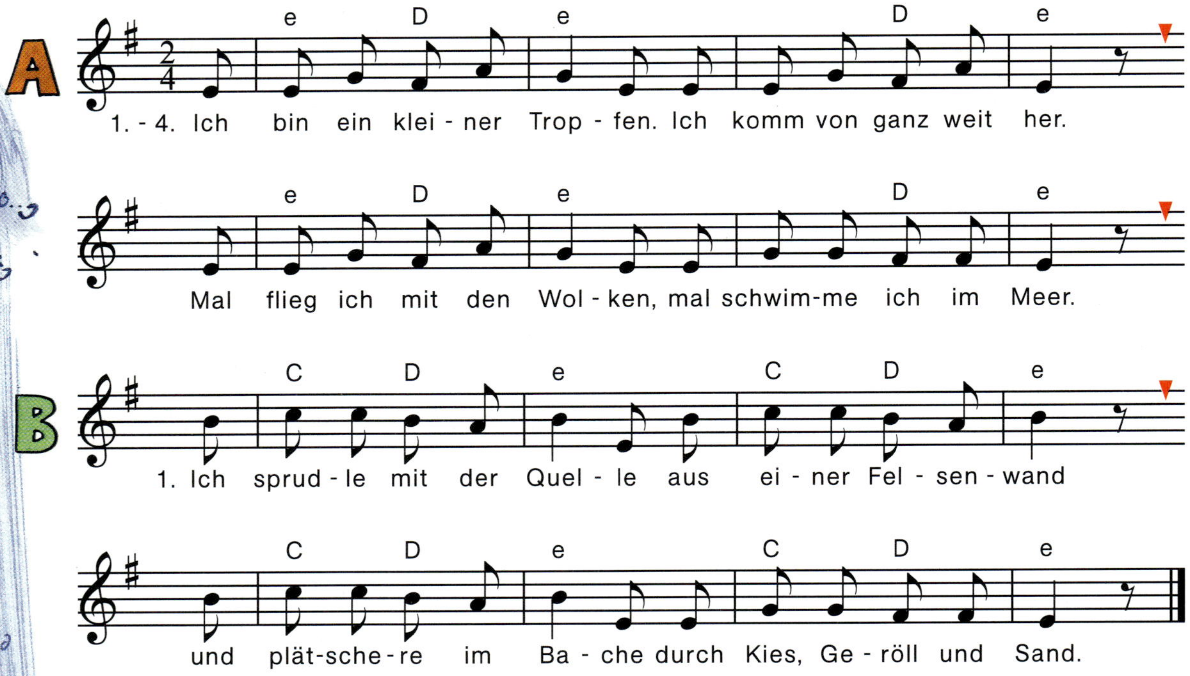

2. Ich spring von Wasserfällen
tief in die nasse Flut.
Es braust und rauscht und tost
und das gefällt mir gut!

3. Mit hunderttausend Freunden
treib ich im Fluss dahin,
bis ich nach langer Reise
am großen Wasser bin.

4. Ich rausche mit der Brandung
und tob im Sturmgebrüll.
Je wilder, desto besser –
da tu ich, was ich will!

Text und Melodie: Wolfgang Spode

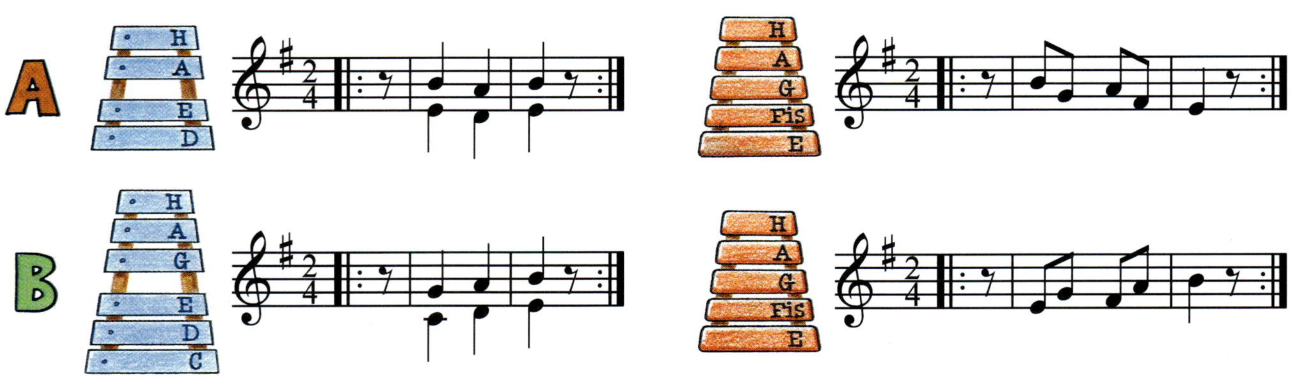


Das Lied regt zum Nachahmen von Wassergeräuschen an.
Gestaltet Stimmspiele mit „blupp, blopp, tropp, blimm“ …
Achtet darauf, dass eure Lippen entspannt sind.

# 43. Unterrichtseinheit zu Seite 54

## Inhalt

- Das Lied tonhöhengemäß singen
- Die zweiteilige Form des Liedes kennen lernen
- Das Lied mit Instrumenten begleiten
- Wassergeräusche nachahmen

## Organisation

- Metallophon, Xylophon
- CD C 1
- Schülerbuch

*Zeit: etwa 2 Unterrichtsstunden*

## Möglicher Unterrichtsverlauf

### Vorbemerkung

Das Lied „Ich bin ein kleiner Tropfen“ erzählt in der Ichform den Weg des Wassers von der Quelle in das Meer. Es eignet sich für den Einstieg in das Thema Wasser. Melodisch bewegt es sich in der Molltonart, was darauf hindeutet, dass es sich mehr um ein verhaltenes Lied handelt, das entsprechend ausdrucksvoll zu singen ist.

### 1. Zum Lied hinführen

a) Das Lied können Sie auf verschiedene Arten einführen:
   - Den ganzen Text zunächst vorlesen
   - Den Text mit besonderer Betonung der „Wassergeräusche“ sprechen („sprudle, plätschere; braust, rauscht, tost …“)
   - Wassergeräusche nachahmen („blupp, blopp, blopp …“)
   - Die Illustration betrachten: „Ein Wassertropfen erzählt“ oder „Ich bin ein kleiner Tropfen und komm von ganz weit her“ (erzählen oder Text verfassen, auch im Deutschunterricht).

b) Singen Sie die erste Liedstrophe vor oder setzen Sie das Hörbeispiel C 1 ein.

### 2. Das Lied lernen

a) Singen Sie nachfolgende Bausteine auf Tonsilben vor. Die Schüler singen jeweils nach. Sie können die Bausteine auch auf einem Instrument spielen:

b) Die Schüler lernen die erste Strophe abschnittsweise durch Vor- und Nachsingen. Dazu können sie das Schülerbuch auf Seite 54 verwenden. Sie erfahren dabei auch, dass dieses Lied eine zweiteilige Form (Teil A und B) hat. Teil A wiederholt sich als Refrain vor jeder Strophe.

c) Die weiteren Liedstrophen lassen sich anschließend leicht erlernen. Dazu kann das Hörbeispiel C 1 verwendet werden.

### 3. Die Begleitung erarbeiten

a) Für die Begleitung des Liedes sollten Sie vier Schüler einplanen. Zwei Schüler spielen die Begleitung zu Teil A, zwei andere Schüler die Begleitung zu Teil B.

b) Jeder Begleitbaustein muss zum Lied jeweils viermal gespielt werden.

c) Ein Vor- und Zwischenspiel lässt sich gestalten, wenn auf der Flöte der Teil A des Liedes gespielt und dazu mit dem Metallophon und Xylophon begleitet wird.

### 4. Wassergeräusche nachahmen

a) Lassen Sie die Schüler Zeitwörter finden, die etwas über die Geräusche von Wasser aussagen (z. B. brausen, blubbern, tropfen, glucksen, brodeln, rauschen, tosen, spritzen, prasseln …).

b) Die Schüler ahmen die Geräusche mit der Stimme nach. Sie können diese Stimmspiele auch mit unterschiedlicher Lautstärke ausführen.

c) Einige Wassergeräusche kann man auch mit Instrumenten nachmachen. Die Schüler probieren verschiedene Instrumente aus. Möglicherweise lassen sich die Klangergebnisse als Vor-, Zwischen- und Nachspiel zu dem Lied verwenden.

## Inhalt

- Die Geschichte vom Bächlein verklanglichen
- Instrumente und Klänge ausprobieren
- Einen Verlaufsplan erstellen und danach musizieren

## Organisation

- Verschiedene Instrumente
- Kopiervorlage 19 oder Arbeitsheft S. 29 (Lösungen S. 175)
- Transparentfolie 27
- Schülerbuch

*Zeit: etwa 2 Unterrichtsstunden*

## Möglicher Unterrichtsverlauf

**1. Die Geschichte vom Bächlein lesen**

a) Teilen Sie den Text „Das Bächlein" auf dem Arbeitblatt (Kopiervorlage 19) aus. Die Schüler lesen die Geschichte dem Text angemessen vor.

b) Die Schüler unterstreichen auf dem Arbeitsblatt die Wörter, in denen Musik steckt (z. B. sprudelt, plätschert, das Zwitschern ...).

**2. Instrumente und Klänge ausprobieren**

a) Wir probieren aus, mit welchen Instrumenten und Klängen der Text untermalt werden könnte. Anregungen und Hilfen geben die abgebildeten Instrumente auf Seite 55 des Schülerbuches.

b) Ein Schüler liest den ersten Abschnitt vor. Ein anderer Schüler (eine Gruppe) untermalt z. B. auf dem Metallophon, indem einige Klangstäbe leise auf- und abwärts angeschlagen werden, die das Sprudeln des Wassers verdeutlichen.

c) Ebenso werden auch die anderen Abschnitte entsprechend verklanglicht.

**3. Die Verklanglichung aufschreiben**

a) Die Schüler schreiben auf dem Arbeitsblatt (Kopiervorlage 19, Arbeitsheft Seite 29) zu den einzelnen Abschnitten die Instrumente und notieren mit Ihrer Hilfe die Klänge mit grafischen Zeichen.

b) Vorschlag einer Verklanglichung:

| Text | Instrumente | Notation |
|---|---|---|
| Droben im Bergwald sprudelt eine kleine Quelle aus dem Boden. | Metallophon |  |
| Das Wasser plätschert als Rinnsal über Baumwurzeln und Steine. | Triangel<br>Klanghölzer | 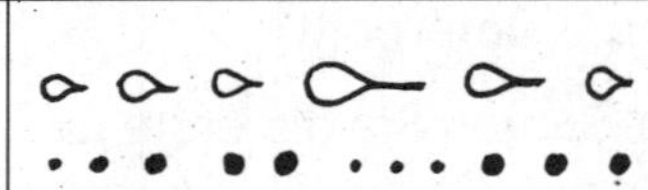 |
| Das Zwitschern der Vögel und Rascheln der Waldtiere begleiten das Bächlein hinunter in das Tal. | Flötenkopf<br>Klanghölzer | 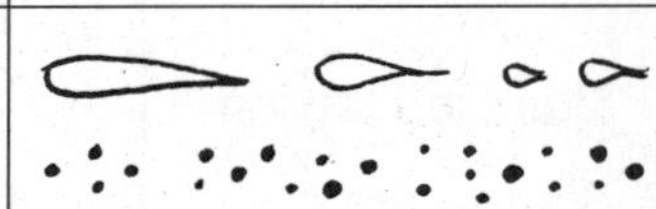 |
| Es fließt durch eine Wiese, wo es Glockenblumen und Schmetterlinge freudig begrüßen. | Triangel<br>Metallophon | 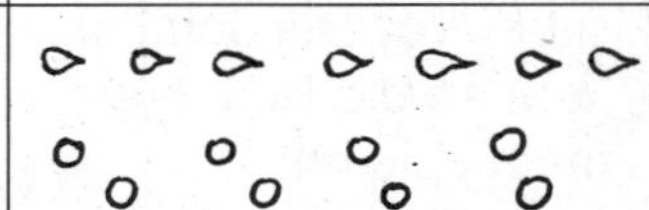 |
| In der Nacht spiegeln sich Mond und Sterne in seinem Wasser. | Trommel<br>Glockenspiel | 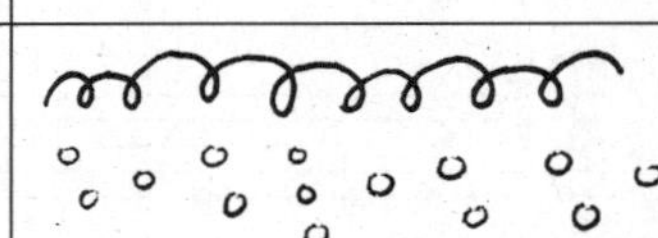 |
| Es fließt durch die Ebene.<br>In der Ferne hört man eine Kirchturmuhr schlagen. | Becken | 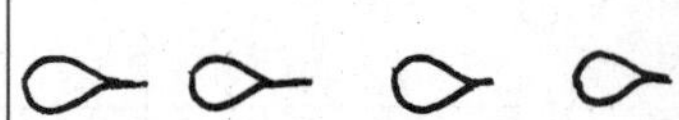 |
| Das Bächlein wird immer breiter und wächst allmählich zum Bach. | Metallophon | 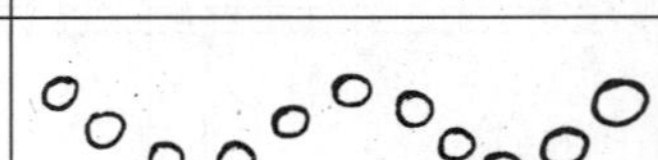 |

## Inhalt

- Lustige Wortverbindungen von Tiernamen finden
- Urwaldgeräusche nachahmen
- Die Liedstrophen dem Text entsprechend mit unterschiedlicher Stimme und Bewegung gestalten
- Das Lied im Wechsel „Alle – Einige“ singen
- Ein Vor- und Nachspiel zum Lied musizieren
- Zum Lied malen

## Organisation

- Flöte, Xylophon
- Zeichenpapier, Malfarben oder Malstifte
- CD C 9
- Schülerbuch

*Zeit: etwa 2 Unterrichtsstunden*

## Möglicher Unterrichtsverlauf

**Vorbemerkung**

„Im Urwald, Forschern unbekannt“ zählt zu den Phantasieliedern. Die Schüler singen diese Lieder gerne. Auch im Deutschunterricht experimentieren die Schüler mit der Sprache durch Umstellungen von Buchstaben und Silben und bilden neue Wörter. Den Text können Sie deshalb auch fächerübergreifend im Deutschunterricht erarbeiten.

### 1. Einführung des Liedes

a) Verschiedene Möglichkeiten:
   - Aus zwei Tiernamen einen lustigen Tiernamen bilden (z. B. Katze und Fisch = Katzenfisch, Papagei und Geis = Papageis)
   - Zwei Tierbildkärtchen jeweils halbseitig übereinanderlegen (siehe Abbildung auf Seite 60 im Schülerbuch) und dafür einen entsprechenden Tiernamen finden
   - Phantasietiere malen und einen Namen geben
   - Die Tiere, die im Lied vorkommen, durch entsprechende Betonung des einen und des anderen Tiernamens erkennen
   - Urwaldgeräusche nachahmen (kreischen, brüllen, pfeifen …)

b) Stellen sie den Schülern durch das Hörbeispiel C 9 das Lied vor.

### 2. Das Lied erarbeiten und ausgestalten

a) Die Schüler lesen die einzelnen Liedstrophen im Wechsel vor. Die Tiernamen werden jeweils an die Tafel geschrieben und dann durch entsprechende Unterstreichung und Betonung der versteckten zwei Namen erkannt (z. B. bei „Kamelefant“ zuerst „Kamel“, dann „Elefant“ unterstreichen und betonen).

b) Singen Sie nun die erste Strophe abschnittsweise vor, die Schüler singen jeweils nach. Die erste Liedzeile ist schnell gelernt (zweimal gleiche Tonfolge und gleicher Rhythmus). Die zweite Liedzeile wird zweimal gesungen.

c) Beim Singen der weiteren Strophen passen die Schüler ihre Stimme jeweils dem Text an (z. B. laut, leise, fröhlich, erstaunt …). Ebenso können sie auch passende Bewegungen zu den Strophen ausführen (traben, pieken, krabbeln).

d) Das ganze Lied kann auch als „Bänkelgesang“ aufgeführt werden. Die Schüler malen zu jeder Strophe ein Bild und zeigen dies vor der Klasse zur entsprechenden Strophe.

e) Wer erfindet weitere Strophen?

### 3. Vor- und Zwischenspiele gestalten

a) Vor- und Zwischenspiele können die Schüler auch mit der Stimme gestalten. Sie ahmen die Geräusche nach, die in den verschiedenen Liedstrophen vorkommen (z. B. meckern, quieken, wiehern …)

b) Das Vor- und Nachspiel kann auch instrumental ausgeführt werden. Zwei Schüler übernehmen das Vor- und Nachspiel für Flöte und Xylophon, wie auf Seite 60 des Schülerbuches vorgeschlagen.

### 4. Begleitung zum Lied

Met.

Xyl.

## Inhalt

- Das Lied erarbeiten und tonhöhengemäß singen
- Das Lied durch eine Begleitung ausgestalten
- Zusätzliche Strophen mit anderen Tieren erfinden
- Die Tanzbewegungen der Tiere nachahmen

## Organisation

- Platz zum Tanzen
- Trommel, Metallophon, Xylophon
- CD C 10
- Schülerbuch

*Zeit: etwa 2 Unterrichtsstunden*

## Möglicher Unterrichtsverlauf

### 1. Das Lied erarbeiten

a) Einstiege in das Lied:
   - Disco-Musik hören und dazu tanzen
   - Wir tanzen wie ein Elefant, ein Bär, ein Affe.

b) Das Lied können Sie mit Hilfe des Hörbeispiels C 10 zunächst im ganzen Zusammenhang vorstellen.

c) Sprechen Sie den Text der ersten Strophe abschnittsweise im Rhythmus der Notation vor, die Schüler sprechen jeweils nach. Die Pausen können Sie durch Klatschen hervorheben.

d) Singen Sie die erste Liedstrophe abschnittsweise vor, die Schüler singen jeweils nach. Sie sollen dabei vor allem auf die Tonschritte innerhalb der Melodie achten und diese tonhöhengemäß singen.

e) Wenn die Schüler die erste Strophe beherrschen, können sie anschließend die zweite und dritte Strophe singen.

f) Regen Sie die Schüler an noch weitere Strophen zu erfinden (siehe Aufgabe 1 auf Seite 61 des Schülerbuches):
   Wenn das Krokodil in die Disco geht …
   Wenn das Pferd in die Disco geht …
   Wenn der Floh in die Disco geht …

### 2. Die Bewegungen der Tiere nachahmen

a) Zu den einzelnen Strophen können die Schüler „tierische" Tanzbewegungen machen. Der Elefant setzt gemütlich einen Fuß vor den anderen und schwingt seinen Rüssel (mit einem Arm zur Nase, mit dem anderen Arm als Rüssel durch die Öffnung).

b) Wie tanzt der Bär, wie tanzen die anderen Tiere?

### 3. Zum Lied ein Spiel gestalten

a) Wir gestalten zu dem Lied ein Spiel. Die Schüler stellen sich im Kreis auf. Ein Schüler geht als Elefant in die Kreismitte und tanzt innerhalb des Kreises. Zum Refrain „Eins, zwei, drei …" tanzen alle mit. Nach der ersten Strophe geht der „Elefant" wieder in den Kreis zurück und der „Bär" tritt in die Kreismitte, usw.

b) Zum Lied und Spiel können zwei Schüler auf der Trommel (Strophe) und dem Triangel (Refrain) mitspielen.

# Wenn der Elefant in die Disco geht

C 10

2. Wenn der Bär in die Disco geht,
weißt du, wie er sich auf der Tanzfläche dreht?
Die Vordertatzen hebt er und brummt ganz leis
und dreht sich langsam um sich selbst im Kreis.
Eins, zwei, drei …

3. Wenn der Affe in die Disco geht,
weißt du, wie er sich auf der Tanzfläche dreht?
Er baumelt mit den Armen und er hüpft ein Stück
nach links und nach rechts, vor und wieder zurück.
Eins, zwei, drei …

Text und Melodie: Klaus W. Hoffmann

① Erfindet noch andere Strophen zu dem Lied:
Wenn das Krokodil in die Disco geht …
Wenn das Pferd in die Disco geht …

② Ahmt die Bewegungen der Tiere nach.
Einige Kinder singen das Lied, die anderen bewegen sich dazu.

# Holzblasinstrumente

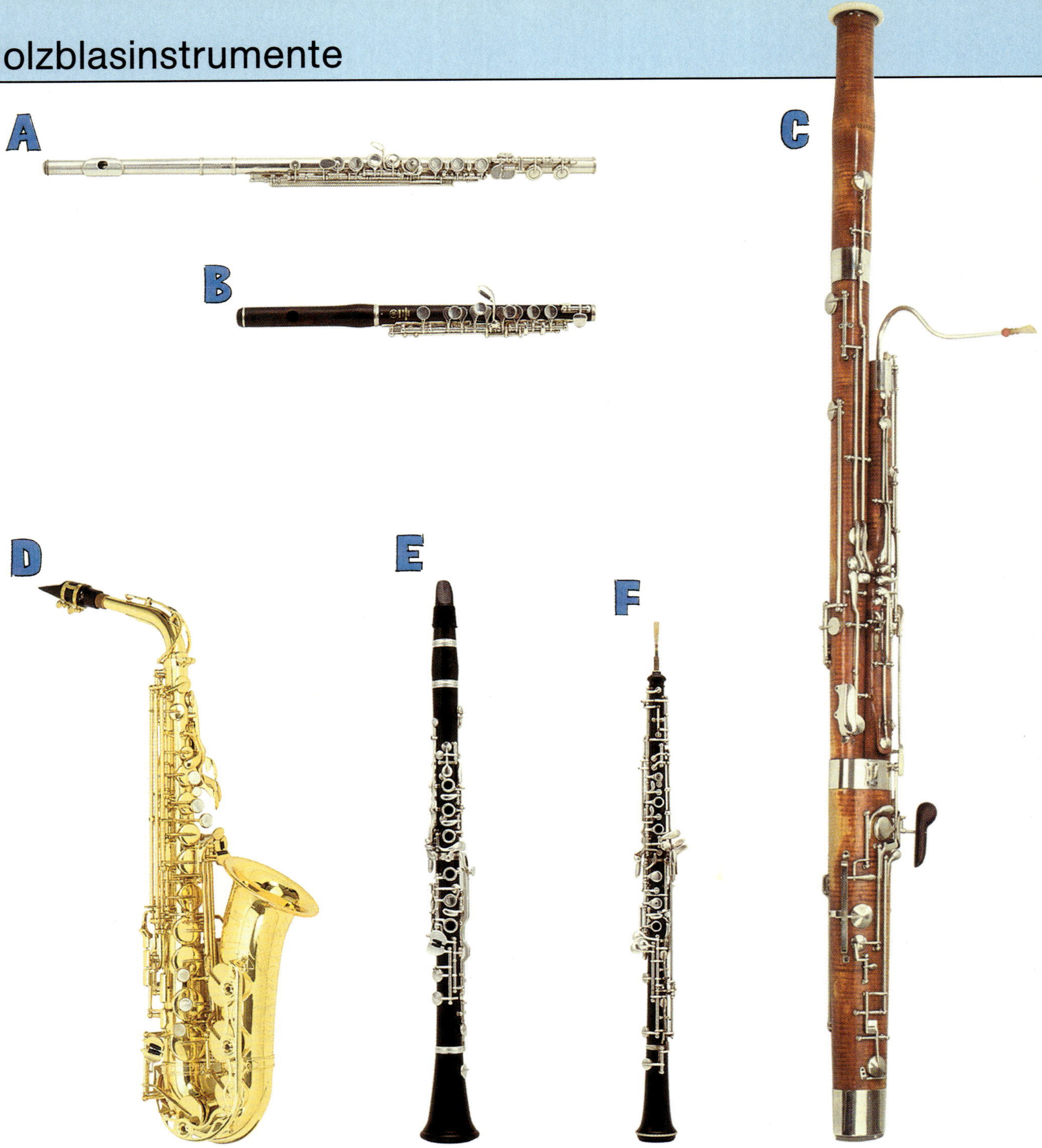


Bei den Blasinstrumenten unterscheidet man **Blechblasinstrumente** und **Holzblasinstrumente**. Zu den Holzblasinstrumenten gehören die Oboe, die Klarinette, das Fagott, die Flöte und das Saxophon.

Oboe, Klarinette und Fagott werden heute noch aus Holz hergestellt. Flöten wurden früher auch aus Holz angefertigt. Heute baut man sie ebenso wie die Saxophone aus Metall. Trotzdem werden sie vor allem wegen der ähnlichen Spielweise zu den Holzblasinstrumenten gezählt.

Die Länge der **Schallröhren** ist unterschiedlich. Die Röhre der Pikkoloflöte ist etwa 30 cm, die Röhre des Fagotts etwa 2,60 m lang. Von der Länge der Schallröhre ist die Tonhöhe abhängig.

Bei den Holzblasinstrumenten unterscheidet man drei Arten:

a) Instrumente mit einem **Anblasloch**,
b) Instrumente mit einem **Rohrblatt**,
c) Instrumente mit einem **Doppelrohrblatt**.

Die Töne werden also bei Holzblasinstrumenten auf unterschiedliche Weise erzeugt.

Die Art, wie die Tonhöhe verändert wird, ist jedoch gleich. **Grifflöcher** werden geschlossen oder geöffnet und Töne werden **überblasen**.

# 45. Unterrichtseinheit zu den Seiten 56 bis 59

## Inhalt

- Ausschnitte aus „Die Moldau“ hören und dabei auf Instrumente, Melodien und Lautstärke achten
- Hörausschnitte den Bildern und Texten zuordnen
- Die musikalischen Gestaltungsmittel zur Schilderung der Moldau entdecken
- In einem Partiturausschnitt lesen
- Den Komponisten Bedřich Smetana kennen lernen

## Organisation

- CD C 2 bis 8
- Kopiervorlage 20 oder Arbeitsheft S. 32 sowie Arbeitsheft S. 30, 31 und 33 (Lösungen S. 176 bis 179)
- Transparentfolie 28 bis 30
- Schülerbuch

*Zeit: etwa 4 Unterrichtsstunden*

## Möglicher Unterrichtsverlauf

### Vorbemerkung

Bedřich Smetana komponierte 1874 „Die Moldau“. Die Musik gliedert sich in folgende Teile:

1. Die Quellen der Moldau
2. Die Moldau fließt durch die Landschaft
3. Die Jagd im Walde
4. Die Bauernhochzeit
5. Der Reigen der Wassernixen
6. Der Fluss wird immer breiter
7. Die Stromschnellen
8. Die Moldau strömt breit dahin
9. Die Burg Vyšehrad
10. Der Fluss entschwindet in der Ferne

Die Unterrichtseinheit behandelt die Hörausschnitte Teil 1 bis 5 sowie 7 und 10:

**1. Die Quellen der Moldau (C 2)**

Eine Flöte beginnt mit einem fließenden Motiv. Eine zweite Flöte folgt. Beide ergänzen sich und assoziieren ein Quellengemurmel. Gezupfte Violinen ahmen dazu Wasserspritzer nach. Es treten zwei Klarinetten hinzu, die das Spiel der Flöten aufnehmen und die zweite Quelle darstellen.

**2. Die Moldau fließt durch die Landschaft (C 3)**

Majestätisch erklingt in den Streicherstimmen die Moldau-Melodie, eine volkstümliche Weise, die den Fluss repräsentiert. Die Melodie entfaltet sich ständig, umspielt von dem Quellenmotiv mit zunehmender Klangfülle und Lautstärke, welche den breiter werdenden Fluss symbolisiert.

**3. Die Jagd im Walde (C 4)**

Hörner zeigen, unterstützt von Trompeten und Triangel, mit kräftigem und lautem Klang eine Jagd an. Streichinstrumente spielen das Quellenmotiv und verdeutlichen das strömende Wasser.

**4. Die Bauernhochzeit (C 5)**

Fröhlich und tänzerisch spielen die Streichinstrumente und Klarinetten eine lustige Polka zum Tanzen.

**5. Der Reigen der Wassernixen (C 6)**

Das sanfte Spiel der Flöten und Streichinstrumente erzeugt eine geheimnisvolle Stimmung. Die Musik malt ein zartes Bild der Wassernixen im Mondschein, der sich auf dem Wasser spiegelt.

**6. Die Stromschnellen (C 7)**

Die Fluten der Moldau suchen sich einen Weg durch die engen Felswände und stürzen donnernd über die Stromschnellen. Blechblasinstrumente, Streichinstrumente, Pikkoloflöte und Becken bringen gewaltig und wild tosend das Brausen und Wüten des Wassers zum Ausdruck. Die Moldau-Melodie wird geradezu bruchstückartig zerrissen und erklingt verzerrt.

**7. Der Fluss entschwindet in der Ferne (C 8)**

Strahlend setzt sich in den Trompeten und Streichern die Moldau-Melodie durch. Der Strom fließt gegen Prag weiter. Er entzieht sich dann den Blicken. Das Orchester verklingt, ein Beckenschlag zeigt das Ende von „Die Moldau“ an.

**Moldaumelodie**

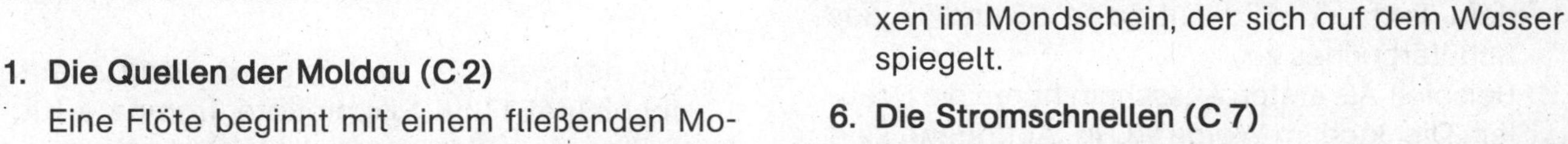

**1. Den Lauf der Moldau in Bild und Text kennen lernen**

a) Als Einstieg bieten sich verschiedene Möglichkeiten an:
- Lied „Ich bin ein kleiner Tropfen"
- Klanggestaltung „Das Bächlein"
- Vom Kreislauf des Wassers (Sachunterricht)

b) Die Schüler betrachten die Bilder und lesen den Text auf Seite 56 und 57 des Schülerbuches (siehe Aufgabe 1). Begriffe klären, wie z. B. Quelle, Strömung, Stromschnellen, Nixen, Prag ...

**2. Die Ausschnitte aus „Die Moldau" hören (C 2 bis 8)**

a) Die Ausschnitte C 2 bis 8 sind in der Reihenfolge der Bilder und Texte auf Seite 56 und 57 des Schülerbuches aufgenommen. Wählen Sie jedoch eine beliebig ungeordnete Reihenfolge, um die Schüler zum selbstständigen Entdecken zu motivieren.

b) Die Schüler hören die Ausschnitte C 2 bis 8 in ungeordneter Reihenfolge. Nach jedem Hörausschnitt sprechen wir über die Musik. Was ist euch aufgefallen? Welche Instrumente konntet ihr hören? Zu welchem Text und Bild auf Seite 56 und 57 des Schülerbuches könnte die Musik passen?

c) Die Schüler ordnen die Hörausschnitte jeweils dem Text und Bild auf Seite 56 und 57 des Schülerbuches zu.
Beispiel: Als ersten Ausschnitt hören die Schüler „Die Jagd im Walde" (C 4). Auffallend sind bei diesem Ausschnitt die Hörner, Trompeten und der Klang der Triangel. Zu hören sind Streichinstrumente. Die Schüler betrachten die Texte und Bilder auf Seite 56 und 57 des Schülerbuches. Sie zeigen die Abbildung der Jagd im Wald und lesen den Text dazu.

**3. Musikalische Gestaltungsmittel entdecken**

a) Die Schüler sollen mit Hilfe der Tabelle auf Seite 58 des Schülerbuches die musikalischen Mittel herausfinden, mit denen der Komponist den Lauf der Moldau schildert.

b) Sie hören den Ausschnitt C 2 „Die Quellen der Moldau". Zu diesem Ausschnitt suchen sie das passende blaue Kärtchen (hervortretende Instrumente) und das gelbe Kärtchen (Art der Musik) heraus und kleben diese entsprechend in das Arbeitsblatt (Kopiervorlage 20, Arbeitsheft S. 32, Ausschneideblatt zuerst einfärben).

c) Ebenso sind den weiteren Hörausschnitten die Kärtchen wie folgt zuzuordnen:

| Hörausschnitt | | Hervortretende Instrumente | Art der Musik |
|---|---|---|---|
| 1 | Die Quellen der Moldau | Flöten, Klarinetten, Streichinstrumente gezupft | leise, murmelnd |
| 2 | Die Moldau fließt durch die Landschaft | Streichinstrumente | friedlich, ruhig dahinfließend |
| 3 | Die Jagd im Walde | Streichinstrumente, Triangel, Trompeten | kräftig, laut |
| 4 | Die Bauernhochzeit | Streichinstrumente, Triangel, Flöten | fröhlich, tänzerisch |
| 5 | Der Reigen der Wassernixen | Streichinstrumente | geheimnisvoll, zart |
| 6 | Die Stromschnellen | Pikkoloflöte, Blechblasinstrumente, Becken, Streichinstrumente | gewaltig, wild tosend |
| 7 | Der Fluss entschwindet in der Ferne | Trompeten, Becken, Streichinstrumente | laut und dann verklingend |

d) Auf der Seite 58 sind folgende Instrumente abgebildet: Flöte, Pikkoloflöte, Trompete, Klarinette, Horn, Becken, Violine, Kontrabass und Triangel. Die Abbildungen dienen zur Wiederholung und Vertiefung von Instrumenten, die auch in „ Die Moldau" vorkommen.

**4. In einem Partiturausschnitt lesen**

a) Die Schüler betrachten auf Seite 59 des Schülerbuches oder auf der Transparentfolie 30 den Ausschnitt der Partitur von „Die Moldau". Was kann man darin alles entdecken? (Instrumente, Noten, Pausen, Taktart, Taktziffer 40 bis 43, Zeichen für zunehmende und abnehmende Lautstärke, Abkürzungen für Lautstärke ...).

b) In Verbindung mit dem Gespräch über die Partitur sollen die Schüler auch etwas über den Komponisten Smetana erfahren. Sie lesen den Text auf Seite 59 des Schülerbuches. Hierfür können Sie auch das Arbeitsheft Seite 33 einsetzen.

### Inhalt

- Holzblasinstrumente am Aussehen erkennen
- Die Klangerzeugung an einfachen Instrumenten erproben
- Die Veränderung der Tonhöhe durch Öffnen und Schließen der Grifflöcher und durch Überblasen erfahren
- Den Klang der Holzblasinstrumente kennen lernen

### Organisation

- Instrumentenposter, Instrumentenkarten
- Nach Möglichkeit Originalinstrumente
- Blockflöte zur Demonstration
- Materialien zum Bau einfacher Instrumente (siehe Schülerbuch S. 65)
- CD C 11 bis 16
- Kopiervorlage 21 und 22 oder Arbeitsheft S. 34 und 35 (Lösungen S. 180 und 181)
- Transparentfolie 31 und 32
- Schülerbuch

*Zeit: etwa 3 Unterrichtsstunden*

### Möglicher Unterrichtsverlauf

**Vorbemerkung**

Die Holzblasinstrumente können wie die Blechblasinstrumente auf verschiedene Arten eingeführt und behandelt werden:

- Die Holzblasinstrumente insgesamt durch die Abbildungen im Schülerbuch, auf Poster oder Karten kennen lernen (Namen, Aussehen, Teile, Tonerzeugung, Veränderung der Tonhöhe); den Klang der Holzblasinstrumente anhand der Hörbeispiele kennen lernen; danach zum besseren Verständnis und zur Vertiefung Instrumente bauen, Klangerzeugung und Veränderung der Tonhöhe erproben (siehe Unterrichtseinheit „Instrumente bauen")
- Zuerst Instrumente bauen (siehe Unterrichtseinheit „Instrumente bauen") und dann jeweils die entsprechenden Holzblasinstrumente behandeln (siehe Unterrichtseinheit „Holzblasinstrumente")
- Die Holzblasinstrumente jeweils in Verbindung mit geeigneten Musikbeispielen („Abend auf dem Lande", „Sinfonie Nr. 1, Die Uhr", „Feuerwerksmusik", „Tanz der Rohrflöten" ...) behandeln und somit die Inhalte der Unterrichtseinheiten „Holzblasinstrumente" und „Instrumente bauen" entsprechend auf das Schuljahr verteilen.

**1. Holzblasinstrumente am Aussehen erkennen**

a) Möglichkeiten um die Holzblasinstrumente vorzustellen:
   - Originales Instrument zeigen und vorführen (Lehrer, Schüler, Eltern, Musiker ...), die direkte Vorstellung motiviert die Schüler am stärksten
   - Instrumentenposter aufhängen und betrachten (im Verlag Mildenberger erhältlich)
   - Transparentfolie 31 einsetzen, Instrumente nennen
   - Schülerbuch Seite 62 betrachten, über die Instrumente sprechen

b) Die Schüler betrachten die Holzblasinstrumente und erzählen, was sie darüber wissen (Ergebnisse an der Tafel sammeln).
   - Die einzelnen Instrumente nennen:
     A = Flöte
     B = Pikkoloflöte
     C = Fagott
     D = Saxophon
     E = Klarinette
     F = Oboe
   - Die meisten Instrumente dürften den Schülern schon bekannt sein, andernfalls die Namen nennen und an die Tafel schreiben.
   - Über das Aussehen der Holzblasinstrumente sprechen (Pikkoloflöte, Klarinette, Oboe und Fagott aus Holz; Flöte und Saxophon aus Metall, früher war die Flöte auch aus Holz, das Saxophon hat ein Rohrblatt und wird deshalb ähnlich gespielt wie andere Holzblasinstrumente)
   - Über die Teile der Holzblasinstrumente sprechen (Mundstück, Schallröhre mit Schallbecher; Anblasloch, Rohrblatt, Grifflöcher, Klappen)

c) Die Schüler tragen die Ergebnisse ein (Kopiervorlage 21, Arbeitsheft Seite 34).

**2. Die Klangerzeugung und Veränderung der Tonhöhe erfahren**

a) Möglichkeiten der Demonstration:
- Wie war das bei dem Blasen auf Flaschen? (Siehe „Blechblasinstrumente") Die Luft in der Flasche kommt zum Schwingen und es entsteht ein Ton. Wir erzeugen auf zwei unterschiedlich großen Flaschen Töne.
- Was stellen wir fest? (Große Flasche = große Luftmenge = tiefer Ton; kleine Flasche = kleine Luftmenge = hoher Ton) Die Tonhöhe ist von der Länge der schwingenden Luftsäule abhängig.
  Wir bauen eine einfache Panflöte (siehe „Instrumente bauen" auf Seite 65 des Schülerbuches) und blasen darauf. Was stellen wir auch hier fest? Die Veränderung der Tonhöhe kann ein Schüler auf seiner Blockflöte mit dem Öffnen und Schließen der Grifflöcher zeigen (die Länge der schwingenden Luftsäule wird durch das Schließen der Grifflöcher bestimmt).

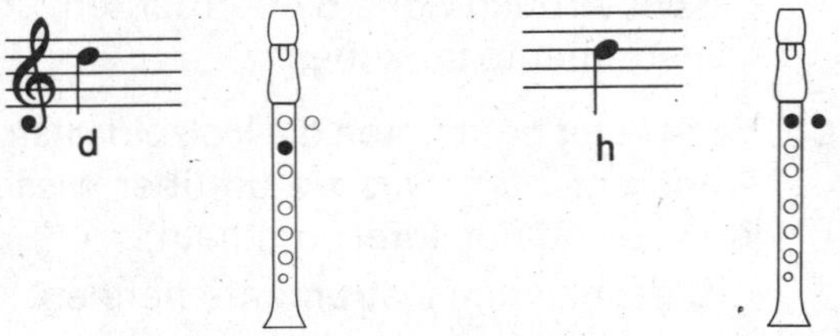


b) Die unterschiedliche Klangerzeugung bei den Holzblasinstrumenten kann durch die Panflöte, die Halmoboe und die Bambusklarinette verständlich gemacht werden. Welches Material gebraucht und wie diese gebaut werden, ist auf Seite 65 des Schülerbuches dargestellt. Das richtige Blasen auf den Instrumenten ist in der Unterrichtseinheit „Instrumente bauen" beschrieben. Die Instrumente können auch im Bastelunterricht oder mit Hilfe der Eltern zu Hause hergestellt werden:
- Panflöte = über die Kante der Öffnung blasen
  Querflöte = über die Kante des Anblaseloches blasen
- Bambusklarinette = Rohrblatt durch die Atemluft in Schwingungen versetzen
  Klarinette und Saxophon = Rohrblatt mit den Lippen gegen den Schnabel des Mundstücks drücken und durch die Atemluft in Schwingungen versetzen
- Halmoboe = Doppelrohrblatt zwischen die Lippen nehmen und mit der Atemluft zum Schwingen bringen
  Oboe und Fagott = Doppelrohrblatt wie bei der Halmoboe zum Schwingen bringen

c) Als Zusammenfassung lesen die Schüler den Text auf Seite 62 und 63 des Schülerbuches und betrachten dazu die Abbildungen.

**3. Den Klang der Holzblasinstrumente kennen lernen**

a) Den Klang der Holzblasinstrumente sollen die Schüler mit Hilfe der Hörbeispiele C 11 bis 16 kennen lernen. Diese Musikstücke für ein Holzblasinstrument und Klavier sind hierfür besonders geeignet. Die Schüler können sich ganz auf den Klang des jeweiligen Holzblasinstrumentes konzentrieren.

b) Die Schüler hören zunächst alle Hörbeispiele C 11 bis 16 im Zusammenhang, um die Holzblasinstrumente unterscheiden zu können. Jedes Musikstück dauert etwa zwischen 30 und 40 Sekunden.
   Reihenfolge:

| | |
|---|---|
| Querflöte / Klavier | (C 11) |
| Pikkoloflöte / Klavier | (C 12) |
| Oboe / Klavier | (C 13) |
| Klarinette / Klavier | (C 14) |
| Fagott / Klavier | (C 15) |
| Altsaxophon / Klavier | (C 16) |

c) Wir hören nun die einzelnen Musikstücke C 11 bis 16 und versuchen jeweils den Klang des Holzblasinstrumentes zu beschreiben (z. B. Querflöte – hell, Pikkoloflöte – hohe Töne, Oboe – etwas näselnder Ton, Klarinette – weicher Klang, Fagott – voller Ton, Saxophon – etwas rauer Klang).

Anmerkung: Als Zusammenfassung wie auch zur Vertiefung und Wiederholung können die Kopiervorlage 22 oder das Arbeitsheft Seite 35 eingesetzt werden.

## Flöte und Pikkoloflöte

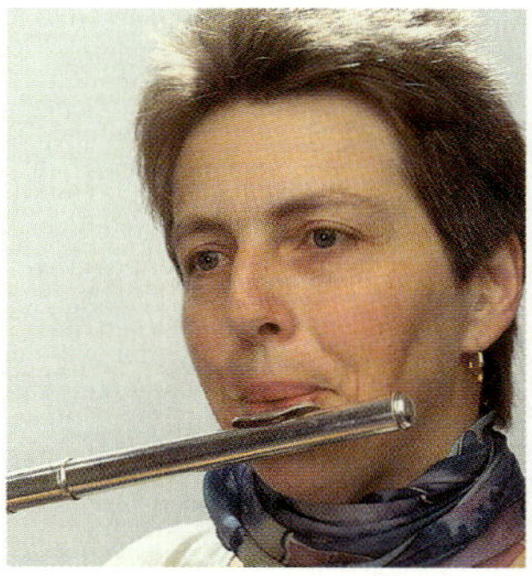

Die Flöte wird auch Querflöte genannt, weil sie beim Spielen quer gehalten wird. Die Tonerzeugung ist ähnlich wie beim Blasen auf Flaschen. Beim Anblasen wird ein schmaler Luftstrom gegen die Kante des Anblasloches geleitet. Dadurch wird die Luft in der Röhre in Schwingungen versetzt und es entsteht ein Ton.
Die kleine Querflöte heißt Pikkoloflöte. Sie ist das Holzblasinstrument, auf dem die höchsten Töne gespielt werden können.

## Klarinette und Saxophon

Beide Instrumente haben ein einfaches Rohrblatt. Das Mundstück besteht aus einem festen Teil, dem Schnabel. Auf ihm wird das Rohrblatt befestigt. Das Rohrblatt wird vom Spieler mit den Zähnen und Lippen gegen den Schnabel gedrückt und durch die Atemluft in Schwingungen versetzt.

## Die Oboe

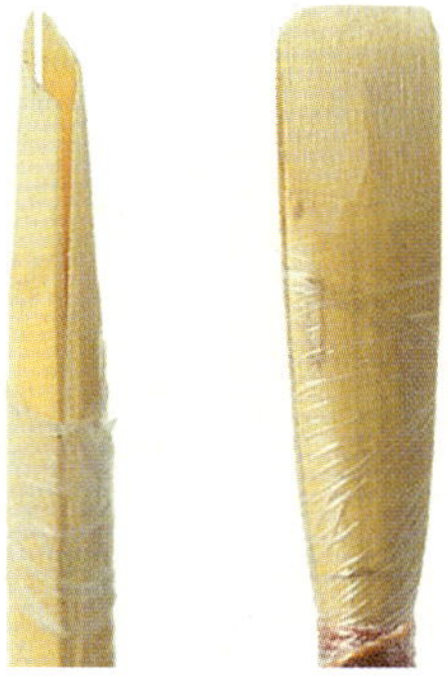

Das Mundstück der Oboe besteht aus zwei aufeinander gebundenen Rohrblättern. Dieses Mundstück nennt man Doppelrohrblatt.
Der Spieler nimmt das Doppelrohrblatt zwischen die Lippen und bringt es mit seiner Atemluft zum Schwingen.

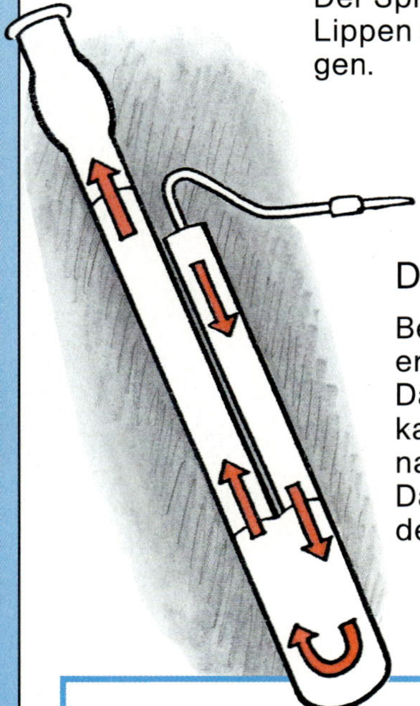

## Das Fagott

Beim Fagott wird der Ton ähnlich wie bei der Oboe mit einem Doppelrohrblatt erzeugt.
Damit der Spieler mit der etwa 2,60 m langen Röhre handlicher umgehen kann, ist sie geknickt. Ein Teil der Röhre führt nach unten, der längere Teil führt nach oben.
Das Fagott ist das Holzblasinstrument, auf dem die tiefsten Töne gespielt werden können.

① Ordnet den abgebildeten Holzblasinstrumenten A bis F die richtigen Namen zu.

② Wie die Tonhöhe mit dem Öffnen und Schließen der Grifflöcher zusammenhängt, könnt ihr leicht an einer Blockflöte herausfinden.
Auch was Überblasen bedeutet, könnt ihr an einer Blockflöte erkennen.
Greift den Ton g und blast zunächst einmal leicht und dann kräftig in das Mundstück. Was stellt ihr fest?

③ Die Klangerzeugung und die Veränderung der Tonhöhe auf den Blasinstrumenten werden euch noch verständlicher, wenn ihr einfache Instrumente baut und darauf zu spielen versucht.
Auf Seite 65 seht ihr, wie man solche Instrumente bauen kann.

④ Lernt den Klang der Holzblasinstrumente mit Hilfe der sechs Hörbeispiele kennen.

C 11 bis 16: Hörbeispiele von Paul Hindemith, Charles Koechlin und Edvard Grieg

# Kleine Kammermusik für 5 Bläser

C 17

Paul Hindemith wurde 1895 in Hanau bei Frankfurt am Main geboren. Er lernte schon als Kind Geige und Bratsche spielen.
Mit 14 Jahren begann er in Frankfurt am Main Musik zu studieren.
Im Alter von 20 Jahren wurde er Konzertmeister im Frankfurter Opernorchester. Bald wurde Hindemith in Deutschland und vielen anderen Ländern als Geiger und Bratscher, als Dirigent, Komponist und Lehrer bekannt.
Hindemith komponierte nicht nur für Berufsmusiker, sondern auch für Laienmusiker und sogar für Kinder.
Seine Kinderoper „Wir bauen eine Stadt“ wird heute noch von Kindern aufgeführt.
Viele Jahre lebte Hindemith in der Schweiz und in den USA. 1963 starb er in Frankfurt am Main.

① Im Jahr 1922 schrieb Paul Hindemith die „Kleine Kammermusik“ für Flöte, Oboe, Klarinette, Horn und Fagott. Diese Besetzung nennt man Bläserquintett.
Hört den 4. Satz mit der Überschrift „Schnelle Viertel“.

② Sprecht darüber, was euch bei den einzelnen Teilen auffällt. Ordnet die Kärtchen mit den Soloinstrumenten in der Reihenfolge wie die Musik erklingt.

## Inhalt

- Das Musikstück „Schnelle Viertel“ aus „Kleine Kammermusik für 5 Bläser“ hören
- Über die Hörauffälligkeiten der Musik sprechen
- Die Gliederung und Instrumente erkennen
- Den musikalischen Verlauf in einer Mithörpartitur darstellen
- Ein ähnliches Musikstück „komponieren“

## Organisation

- CD C 17
- Notenbeilage S. 89 und 90
- Kopiervorlage 23 oder Arbeitsheft S. 36 (Lösungen S. 182)
- Transparentfolie 33
- Schülerbuch

*Zeit: etwa 1 bis 2 Unterrichtsstunden*

## Möglicher Unterrichtsverlauf

**Vorbemerkung**

Der 4. Satz „Schnelle Viertel“ aus „Kleiner Kammermusik für 5 Bläser“ ist nur 23 Takte lang und dauert etwa 50 Sekunden.
Es spielen Flöte, Oboe, Klarinette, Horn und Fagott.

Teil A wird jeweils von vier Instrumenten in wechselnder Besetzung gespielt. Eines der fünf Instrumente pausiert jeweils bei Teil A und spielt dafür im nachfolgenden Teil als Soloinstrument.
Verlaufsplan:

| | | | |
|---|---|---|---|
| A | Oboe, Klarinette, Horn, Fagott | B | Flöte |
| A | Flöte, Oboe, Klarinette, Horn | C | Fagott |
| A | Flöte, Oboe, Horn, Fagott | D | Klarinette |
| A | Flöte, Klarinette, Horn, Fagott | E | Oboe |
| A | Flöte, Oboe, Klarinette, Fagott | F | Horn |
| A | Flöte, Oboe, Klarinette, Fagott | G | Horn |

### 1. Das Musikstück hören und darüber sprechen

a) Verschiedene Möglichkeiten für den Einstieg:
   - Ihr habt Holzblas- und Blechblasinstrumente kennen gelernt. Ihr hört jetzt ein Musikstück für fünf Bläser. Achtet beim Hören besonders auf die Instrumente.
   - Bild des Bläserquintetts auf Seite 64 des Schülerbuches oder Transparentfolie 33 betrachten, Instrumente nennen (Flöte, Oboe, Klarinette, Horn, Fagott)

b) Die Schüler hören das kurze Musikstück mehrmals hintereinander und tragen ihre ersten Eindrücke über die Hörauffälligkeiten zusammen. Mögliche Äußerungen:
   - Eine Musik für Blasinstrumente
   - Es spielen manchmal mehrere Instrumente, manchmal spielt nur ein Instrument.
   - Die Musik hat unterschiedlich kurze Teile.
   - Die Teile mit mehreren Instrumenten sind ähnlich.
   - Bei den Soloteilen spielt jeweils ein anderes Instrument.
   - Die Musik ist lustig.
   - Die Töne sind kurz.
   - Soloinstrumente spielen große Melodiebogen.
   - Am Schluss spielt das Horn einen langen Ton.

### 2. Eine einfache Mithörpartitur erstellen

a) Die Teile der Musik darstellen und die Instrumente nennen (siehe Vorbemerkung).

b) Die Schüler betrachten auf Seite 64 die Darstellung der einzelnen Teile und ordnen ihnen die Kärtchen mit den Soloinstrumenten in der richtigen Reihenfolge zu (Kopiervorlage 23, Arbeitsheft S. 36, Ausschneideblatt) einsetzen.

### 3. Eine „Kleine Kammermusik für 5 Rhythmusinstrumente“ erfinden

a) Wir „komponieren“ ein ähnliches Musikstück für 5 Rhythmusinstrumente (z. B. Triangel, Trommel, Klanghölzer, Holzblocktrommel, Becken).

b) Wir spielen die Instrumente nach der musikalischen Form der „Kleinen Kammermusik“ von Hindemith, z. B.: A = Trommel, Klanghölzer, Holzblocktrommel, Becken; B = Triangel; usw. Vielleicht könnt ihr für den Teil A einen gleichen Rhythmus festlegen, die Soloinstrumente spielen einen freien Rhythmus.

## Inhalt

- Einfache Blasinstrumente bauen
- Auf der Panflöte, der Halmoboe und der Bambusklarinette Töne erzeugen
- Musikspiele mit den selbst gebauten Instrumenten gestalten

## Organisation

- Materialien für den Bau der Instrumente (siehe Seite 65 des Schülerbuches)
- Schülerbuch

*Zeit: etwa 2 Unterrichtsstunden*

## Möglicher Unterrichtsverlauf

### Vorbemerkung

Einfache Blasinstrumente selbst zu bauen ist nicht immer eine leichte Angelegenheit. Es ist sinnvoll, wenn Sie die Materialien teilweise selbst vorrichten. Beim Bau sollten Sie darauf achten, dass die Ausführung fehlerfrei ist. In vielen Fällen werden jedoch die Schüler damit alleine nicht zurechtkommen. Auf die Mithilfe durch Erwachsene wird man deshalb kaum verzichten können. Dies kann in der Schule durch Sie oder auch zu Hause durch die Eltern geschehen. Bewährt haben sich auch Bastelstunden, bei denen Eltern und Schüler gemeinsam unter Anleitung die Instrumente herstellen.

Schwieriger gestaltet sich oft für die Schüler (und die Erwachsenen) die Tonerzeugung auf den selbst gebauten Blasinstrumenten. Da hilft nur das Ausprobieren und Üben. Wenn aber dennoch nichts geht, dann muss das eben ein „Profi" vormachen. Die Hinweise unten sollen jedoch dazu beitragen, dass die Tonerzeugung zumindest einigen gelingt.

### 1. Einfache Instrumente herstellen

a) Beschränken Sie sich beim Bau der Instrumente auf die Panflöte, Halmoboe und Bambusklarinette. Mit ihnen kann man die drei Arten von Holzblasinstrumenten demonstrieren und auch musikalische Spiele gestalten.

b) Was die Materialien und die Herstellung betrifft, können Sie auf Seite 65 des Schülerbuches die Abbildungen und Beschreibungen heranziehen.

### 2. Auf den selbst gebauten Instrumenten spielen

a) Bei der einfachen Panflöte (siehe A) drückt man ein Schlauchstück an die Unterlippe (wie beim Blasen auf der Flasche) und bläst über die Öffnung.

b) Bei der Halmoboe (siehe D) werden die durch den Zuschnitt entstandenen zwei spitzen Blättchen zunächst etwas angefeuchtet und in den Mund genommen. Die Lippen dürfen mit den Blättchen nicht in Berührung kommen und wölben sich darüber, weil sie sonst nicht frei schwingen können. Durch kräftiges Blasen werden die Blätter in Schwingungen versetzt und es entsteht ein Ton. Der Ton wird oboenähnlicher, wenn der Trinkhalm mit den zwei Blättchen kürzer ist (siehe E) und in ein Rohr gesteckt wird (siehe F).

c) Die Bambusklarinette (siehe B) hat ein Mundstück mit aufschlagenem Blatt (aus einem Jogurtbecher), das die Öffnung der Länge und Breite nach genau abdeckt. Dieses Stück mit dem Blatt wird so weit in den Mund genommen, dass das Blatt frei schwingen kann. Durch kräftiges Blasen entsteht ein schnarrender Ton.

### 3. Musikspiele gestalten

a) Die Blasinstrumente allein nur wegen der Demonstration der Tonerzeugung zu bauen, würde den Aufwand kaum rechtfertigen. Mit den Instrumenten lassen sich auch zur Freude der Kinder interessante Musikspiele gestalten.

b) Vorschläge für Musikspiele:
   - Versuchen, auf der Panflöte eine Melodie zu erfinden
   - In zwei Gruppen auf der Panflöte im Wechsel hohe und tiefe Töne als Frage und Antwort spielen
   - Etwa vier Schüler mit kürzeren Halmoboen gleicher Länge (gleiche Tonhöhe) und etwa vier Schüler mit längeren Halmoboen gleicher Länge finden sich beim Blasen zu zwei Gruppen mit jeweils gleicher Tonhöhe.
   - Erkennnen der Blasinstrumente bei verdecktem Spiel

# Instrumente bauen

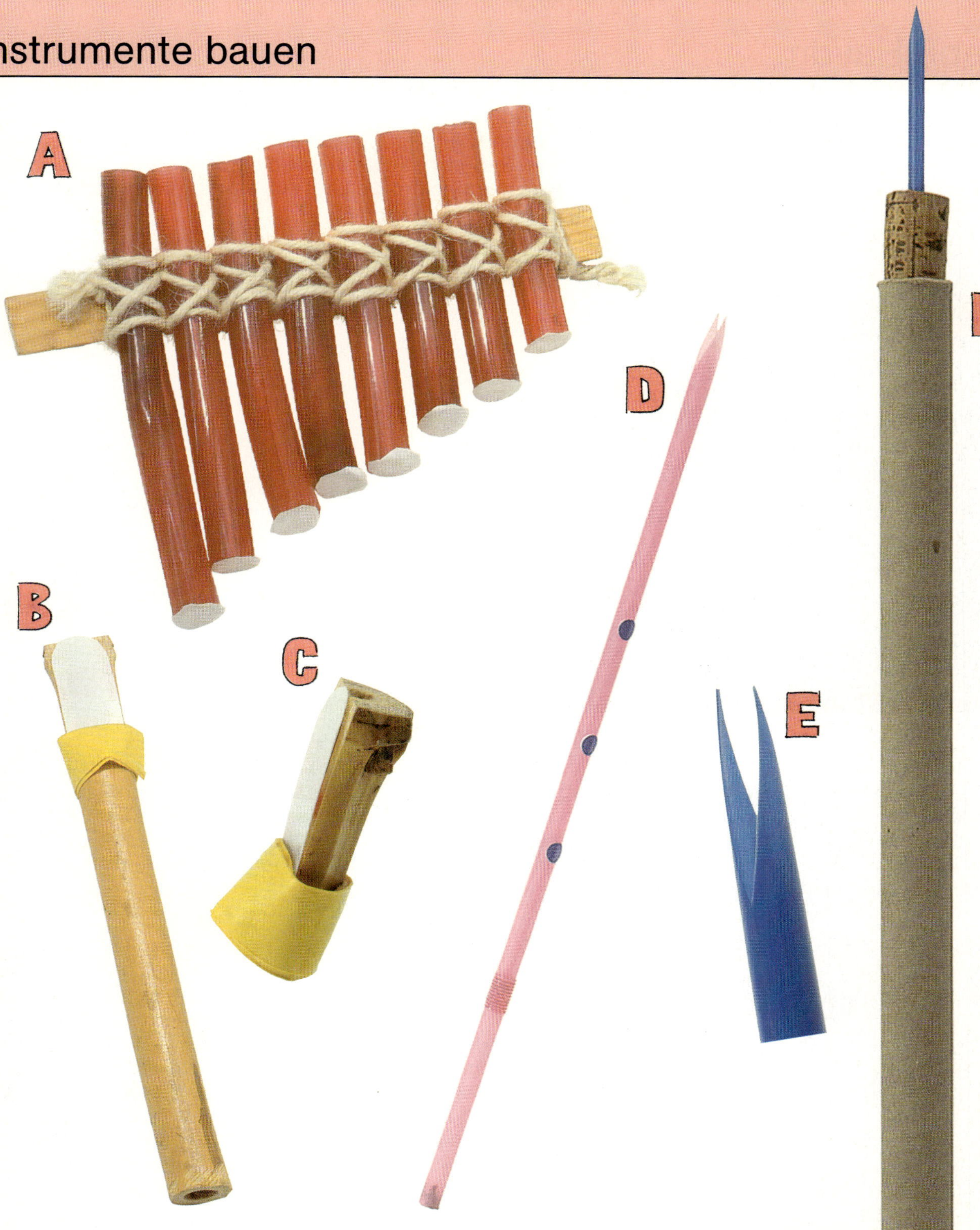


① Stellt eine einfache Panflöte her.
Ihr braucht dazu unterschiedlich lange Schlauchstücke, die ihr an einem Ende mit runden Pappscheiben zuklebt. Die Schlauchstücke befestigt ihr der Länge nach mit einer Schnur an einem Brettchen.

② Zur Herstellung einer Halmoboe braucht ihr einen dicken Trinkhalm.
Drückt diesen an einem Ende etwa 2 cm platt und schneidet dieses Stück spitz zu. In den unteren Teil könnt ihr vorsichtig zwei oder drei Grifflöcher schneiden.
Eine größere Oboe könnt ihr herstellen, wenn ihr den zugespitzten Teil des Trinkhalms als Mundstück verwendet. Durchbohrt einen Korken und steckt diesen mit dem Mundstück in eine Pappröhre.

③ Um eine einfache Klarinette herzustellen, braucht ihr ein Stück Bambus, ein Rohrblatt ausgeschnitten aus einem Jogurtbecher, Schnur und Isolierband.
Wie diese Teile zusammengebaut werden, könnt ihr an dem Foto sehen.

# Joseph Haydn

Joseph Haydn wurde 1732 in dem kleinen Dorf Rohrau in Österreich geboren. Obwohl seine Eltern schwer arbeiten mussten, fanden sie fast jeden Abend Zeit zum Musizieren. Sie sangen Volkslieder, die der Vater auf der Harfe begleitete. Und der kleine Sepperl – so riefen ihn die Eltern – sang die Lieder bald nach. Wegen seiner schönen hellen Stimme nannten ihn die Leute im Dorf „Spatz von Rohrau".

Geburtshaus von Joseph Haydn

Eines Tages kam „Vetter Franck" aus Hainburg zu Besuch. Der Schullehrer und Chorleiter erkannte die musikalische Begabung des kleinen Sepperl und nahm den Fünfjährigen mit an seine Schule. Dort erhielt er den ersten Unterricht im Lesen, Schreiben und Rechnen sowie in Gesang, Violine und Klavier. Da Vetter Franck auch ein kleines Orchester leitete, lernte der kleine Haydn viele Instrumente kennen und auch spielen.

Stephansdom in Wien

Bei einem Besuch in Hainburg fiel dem Chorleiter der Wiener Sängerknaben die schöne Stimme des jungen Haydn auf. So kam Joseph Haydn im Alter von acht Jahren zu den Sängerknaben an den Stephansdom in Wien. Sie sangen zweimal täglich in den Gottesdiensten und hatten daneben noch viele andere Auftritte. Die Sängerknaben hatten kein leichtes Leben. Oft bekamen sie nicht einmal genug zu essen. Wenn sie bei weltlichen Festen mitwirkten, wurden sie manchmal zum Essen eingeladen. Sie nutzten die Gelegenheit und stopften sich heimlich ihre Hosentaschen mit Kuchen voll.

Im Alter von 17 Jahren setzte bei Joseph Haydn der Stimmwechsel ein. Er versuchte seine rauhe Stimme zunächst zu verbergen. Die Kaiserin Maria Theresia bemerkte es aber bei einem Auftritt der Sängerknaben dennoch und meinte: „Der kräht ja wie ein Hahn." Als er dann noch aus Übermut einem anderen Sängerknaben den Haarzopf abschnitt, wurde er als Sängerknabe ausgeschlossen.

Nun folgten für Joseph Haydn acht harte Jahre in Wien. Er schlug sich als Geiger in kleinen Orchestern durch oder erteilte gelegentlich Musikunterricht. Nebenbei studierte er Bücher, um das Komponieren zu lernen.

## Inhalt

- Das Leben und Schaffen von Joseph Haydn mit Hilfe von Bildern, Geschichten und Musikstücken kennen lernen
- Ausschnitte aus der „Sinfonie mit dem Paukenschlag“, dem „Kaiserquartett“ und dem „Trompetenkonzert“ hören
- Die Musik als Ausdruck ihrer Zeit verstehen lernen

## Organisation

- CD C 18 bis 20
- Kopiervorlage 24 oder Arbeitsheft S. 37 sowie Arbeitsheft S. 38 (Lösungen S. 183 und 184)
- Schülerbuch

*Zeit: etwa 3 Unterrichtsstunden*

## Möglicher Unterrichtsverlauf

### Vorbemerkung

Was bereits bei der Unterrichtseinheit „Georg Friedrich Händel“ zur Begegnung mit einem Komponisten gesagt wurde, gilt auch hier. Kinder kann man für Komponisten interessieren, wenn man Bilder sprechen lässt, interessante Geschichten erzählt, die aus seiner Kindheit und seinem Leben als Mensch und Musiker berichten. Die Musik von Joseph Haydn ist untrennbar mit seinem eigenen Leben und dem Leben der damaligen Gesellschaft verbunden. Als Hofmusiker und Kapellmeister hat er im Auftrag von Fürsten viele Werke komponiert. Seine Musik wurde deshalb maßgeblich von seiner Umwelt mitgeprägt.

Die Beschäftigung mit dem Leben und zugleich mit den Werken von Joseph Haydn trägt auch schon bei den Drittklässlern zum Verständnis für die Musik als Ausdruck ihrer Zeit bei. Die Musik wird in Verbindung gebracht mit dem Komponisten und seinem Leben und weckt dadurch bei den Schülern ein besonderes Interesse.

Die „Sinfonie mit dem Paukenschlag“ ist eine der populärsten Sinfonien von Joseph Haydn. Der plötzliche Paukenschlag im 2. Satz „Andante“ hat dieser Komposition den Namen gegeben. Nach der Legende wollte Haydn mit diesem überraschenden Effekt schlafende Zuhörer aufwecken. Haydn verwendet für das „Andante“ eine schlichte, volksliedhafte Melodie, die er in mehreren Variationen mit immer wieder neuen Klangaspekten durchführt. Haydn hat diese Sinfonie Nr. 94 in London 1791 / 92 geschrieben. Die ganze Musik dauert 24 Minuten und besteht aus den Sätzen 1. Adagio, 2. Andante, 3. Menuett, 4. Allegro.

Das „Kaiserquartett“ zählt mit zu den bekanntesten der etwa 80 Streichquartette von Haydn. Es hat vier Sätze und entstand zwischen 1797 und 1799. Dem Adagio des Streichquartetts legt er die Melodie des Kaiserliedes, das Lied zum Geburtstag von Kaiser Franz von Österreich, zugrunde. Es erklingt zuerst im vierstimmigen Satz. Anschließend folgen Variationen.

Das „Trompetenkonzert in Es-Dur“ entstand im Jahre 1796 in Wien. Es hat drei Sätze: 1. Allegro, 2. Andante, 3. Allegro. Haydn hat das Trompetenkonzert für Anton Weidinger, den Erfinder einer Klappentrompete, geschrieben. Besonders im 3. Satz gibt Haydn der Klappentrompete, die sich allerdings gegen die wenig später entwickelte Ventiltrompete nicht behaupten konnte, einen wirkungsvollen Raum für schnelle Läufe und Passagen. Dieser Satz ist ein bestes Beispiel typischer Musik von Haydn.

**1. Begegnung mit dem Komponisten Joseph Haydn**

a) Als Einstieg zur Begegnung mit Joseph Haydn bieten sich mehrere Möglichkeiten an:
- Textausschnitte im Schülerbuch auf Seite 66 und 67 lesen
- Ein Bild von Joseph Haydn betrachten und darüber sprechen (Wer kennt die Person? Wer weiß etwas über sie?)
- Ein Musikstück von Joseph Haydn hören (Wer kennt die Musik? Von wem könnte sie sein?)

b) Wir hören das Musikbeispiel C 19 „Kaiserquartett". Die meisten Schüler werden die Musik sicherlich erkennen (Deutsche Nationalhymne). Ein näheres Eingehen auf das „Kaiserquartett" behalten wir uns für das vierte Schuljahr vor. Hier geht es mehr um den Einstieg.

c) Die Schüler lesen auf Seite 66 und 67 die Geschichten über Joseph Haydn und klären den Inhalt.

d) Die Schüler betrachten die Bilder und sprechen darüber. Das Geburtshaus sagt beispielsweise etwas über die dörfliche Wohn- und Lebensweise in der damaligen Zeit aus. Ganz im Gegensatz dazu steht das Bild von Joseph Haydn. Seine Kleidung verrät einen gewissen Wohlstand, den er bei den Fürsten genoss.

e) Eine Zusammenfassung über Joseph Haydn ist mit Hilfe der Kopiervorlage 24 oder das Arbeitsheft Seite 37 möglich. Die Schüler füllen den Lückentext aus.

**2. Einen Ausschnitt aus der „Sinfonie mit dem Paukenschlag" hören (Anfang des 2. Satzes „Andante")**

a) Die Schüler hören ohne Kommentar das Musikbeispiel C 18 und äußern sich dazu: Was fällt euch bei dieser Musik auf? (Zuerst leise Musik, dann Wiederholung mit lautem Paukenschlag am Schluss; Melodie kann man mitsummen, sie klingt wie ein Volkslied ...).

b) Zur „Paukenschlag-Sinfonie" können Sie die Anekdote erzählen, wonach Joseph Haydn mit dem Paukenschlag schlafende Zuhörer aufwecken wollte. Wenn diese Geschichte auch nicht belegt ist, so freuen sich Ihre Schüler trotzdem darüber und werden die Musik besser im Gedächnis behalten.

c) Wir begleiten zur Musik der Lautstärke angepasst mit Klanghölzern, Triangel und Pauke. Es genügt, wenn die Instrumente von jeweils einem Schüler gespielt werden. Die anderen können dirigieren. Mitspielmusik:
- Melodie (8 Takte, leise) mit Klanghölzern im Achtelrhythmus, Wiederholung mit dem Triangel und Paukenschlag am Schluss

- Nach Belieben kann die Weiterführung mit Klanghölzern und Triangel zusammen begleitet werden.

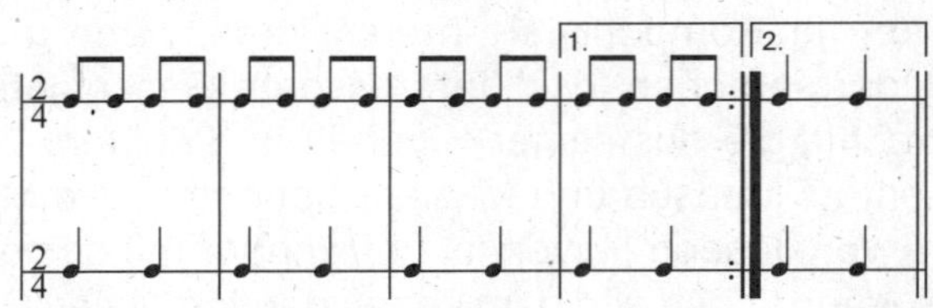


- Dirigierbewegung (Zweiertakt):

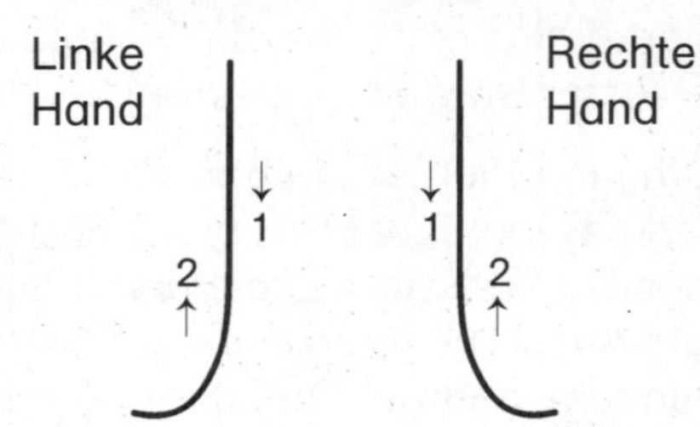


**3. Das Musikbeispiel „Trompetenkonzert" hören**

a) Die Schüler hören einen kurzen Ausschnitt von etwa 36 Sekunden aus dem 3. Satz des Trompetenkonzertes. Die Musik blendet einige Takte vor Beginn der Solotrompete mit dem Thema ein und blendet nach Ende des 24-taktigen Themas wieder aus. Es ist bei diesem Hörausschnitt keine „Werkbetrachtung" beabsichtigt, vielmehr geht es um ein weiteres Bekanntmachen mit der Musik von Joseph Haydn.

b) Der Text über „Die Schöpfung" auf Seite 67 des Schülerbuches kann die Überleitung zur nächsten Unterrichtseinheit „Die Schöpfung" bilden.

Als Joseph Haydn 27 Jahre alt war, erhielt er seine erste feste Anstellung als Kapellmeister bei einem Grafen. Doch schon zwei Jahre später wurde die Kapelle des Grafen aus Geldnot aufgelöst.

Joseph Haydn fand aber zum Glück bei dem reichen ungarischen Fürsten Esterházy eine neue Anstellung. Seine Heimat waren jetzt die prunkvollen Schlösser des Fürsten in Eisenstadt und am Neusiedler See. Der musikliebende Fürst veranstaltete jeden Tag Konzerte. Joseph Haydn hatte für die musikalische Unterhaltung des Fürsten und seiner Gäste zu sorgen. Er komponierte für die Kapelle viele Werke und dirigierte diese auch selbst. Weil er für seine Musiker wie ein Vater sorgte, nannten sie ihn liebevoll „Papa Haydn".

Der Ruhm von Joseph Haydn drang bald in alle Welt. Seine Werke wurden in fast allen Ländern bekannt. Sogar in Amerika wurden seine Sinfonien aufgeführt. Eine russische Herzogin nahm bei ihm Unterricht. Ein Pariser Verlag bestellte bei ihm Sinfonien und ein italienischer König wollte ihn als Kapellmeister verpflichten.

Joseph Haydn

Nachdem Joseph Haydn fast 30 Jahre bei dem Fürsten Esterházy tätig war, lebte und arbeitete er in Wien. Einige Zeit verbrachte er auch in London. Im Alter von 77 Jahren starb er in Wien.

Der große Komponist hat sehr viele Werke geschrieben. Von seinen mehr als 100 Sinfonien ist vor allem die „Sinfonie mit dem Paukenschlag" berühmt geworden. Das „Kaiserquartett" und das „Trompetenkonzert" zählen ebenfalls zu seinen bekanntesten Kompositionen.
Weltberühmt wurde auch das Oratorium „Die Schöpfung". In diesem musikalischen Bilderbuch berichten Solisten, Chor und Orchester von der Entstehung der Welt, der Gestirne, der Pflanzen und Tiere und des Menschen.

Schloss Esterházy in Eisenstadt

 C 21 bis 37: Ausschnitte aus „Die Schöpfung" von Joseph Haydn

## Inhalt

- Die Schöpfungsgeschichte in Bild und Text kennen lernen
- In Verbindung mit den Bildern und Texten Ausschnitte aus „Die Schöpfung" hören
- Die Musik als Gemälde zur Darstellung der Schöpfungsgeschichte erfahren

## Organisation

- CD C 21 bis 37
- Transparentfolie 34
- Arbeitsheft S. 39
- Schülerbuch

*Zeit: etwa 2 bis 3 Unterrichtsstunden*

## Möglicher Unterrichtsverlauf

**Vorbemerkung**

Das Oratorium „Die Schöpfung" komponierte Joseph Haydn im Jahre 1798. In dem Oratorium wirken neben dem Orchester die Gesangssolisten und der Chor mit. Das ganze Werk dauert etwa zwei Stunden. Die Erzähler (Erzengel Raphael, Gabriel und Uriel) singen in einer Art Sprechgesang (Rezitativ) den biblischen Text. Mit vielen Liedern (Arien) und Chören wird die eigentliche Schöpfungsgeschichte umrahmt und ausgeschmückt.

Die Schöpfungsgeschichte in verkürzter Form (nach Genesis):

*Im Anfang schuf Gott den Himmel und die Erde. Die Erde war wüst und leer. Finsternis lag über dem Abgrund. Da sprach Gott: „Es werde Licht!" Und es ward Licht. Gott nannte das Licht Tag und die Finsternis Nacht. Das war der erste Tag.*

*Gott sprach: „Es werde das Firmament!" Und es geschah so. Gott nannte das Firmament Himmel. Das war der zweite Tag.*

*Gott sprach: „Es sammle sich das Wasser, das unter dem Firmament ist und es erscheine das trockene Land!" Gott nannte das trockene Land Erde und das Wasser Meer. Dann sprach er: „Es lasse grünen die Erde Gräser und Bäume, die Früchte tragen nach ihrer Art. Das war der dritte Tag.*

*Gott sprach: „Es sollen am Firmament leuchten Sonne, Mond und die Sterne!" Gott machte die Sonne zur Herrschaft über den Tag und den Mond zur Herrschaft über die Nacht, dazu die Sterne. Das war der vierte Tag.*

*Gott sprach: „Es sollen die Wasser wimmeln von lebendigen Wesen und die Vögel sollen über die Erde fliegen!" Und es geschah so. Das war der fünfte Tag.*

*Gott sprach: „Es bringe die Erde hervor Vieh, Gewürm und Wild des Feldes nach ihren Arten!" Nun sprach Gott: „Lasst uns den Menschen machen nach unserem Bilde!" Und Gott schuf den Menschen nach seinem Bilde. Er schuf ihn als Mann und Frau. Und Gott sah alles, was er gemacht hatte und es war gut. Das war der sechste Tag.*

*Am siebten Tage ruhte Gott von seinem ganzen Werk, das er gemacht hatte und heiligte ihn.*

Für den Unterricht wurden Hörausschnitte gewählt, die besonders lautmalerisch sind. Haydn stellt das, was im Text gesagt wird, immer zuerst mit der Musik dar, dann folgt der Text.

**1. Die Schöpfungsgeschichte in Bild und Text kennen lernen**

a) Die Schüler berichten, was sie über die Entstehung der Welt wissen.

b) Lesen oder erzählen Sie aus der Schöpfungsgeschichte der Bibel (siehe Vorbemerkung, Bibel Genesis 1).

c) Die Schüler erzählen, was sie alles auf Seite 68 und 69 des Schülerbuches (oder Transparentfolie 34) entdecken. Es kann auch der Text gelesen werden.

**2. Ausschnitte aus „Die Schöpfung" hören, die musikalischen Mittel zur Beschreibung der Erschaffung der Welt erfahren**

a) Vor fast 200 Jahren hat Joseph Haydn zu dieser Schöpfungsgeschichte die Musik „Die Schöpfung" komponiert. In dem Oratorium wirken das Orchester, Gesangssolisten und der Chor mit. Wir hören Ausschnitte und lesen dazu auf Seite 68 und 69 im Schülerbuch mit. Achtet darauf, wie der Komponist den Text passend mit Musik „malt".

b) Die Schüler hören die Ausschnitte. Hierzu sind Konzentration und Stille erforderlich. Möglicherweise müssen Sie das Hören auf mehrere Stunden verteilen. Machen Sie die Schüler auf die Gesänge vorab aufmerksam (einigen Schülern wird der Gesang ungewohnt vorkommen, weshalb sie manchmal darüber lachen).

c) Malen (Arbeitsheft Seite 39)

## Ausschnitte C 21 bis 37

| Ausschnitt | Ablauf | Musik |
|---|---|---|
| C 21 | Vorstellung des Chaos, Darstellung des Chaos durch ungeordnete Töne | Lauter Orchesterschlag („Urknall"), keine Melodie |
| C 22 | Rezitativ: „Im Anfang …"<br>Chor: „Und Gott sprach …" | Verhaltener Gesang, dann strahlende Klangfülle zur Darstellung des Lichtes |
| C 23 | Rezitativ: „Und Gott machte das Firmament" | Wilde Musik stellt Stürme, Blitze und Donner dar (Streicher, Pauken) |
| C 24 | Arie: „Rollend in schäumenden …" | Schnelle Tonbewegungen auf- und abwärts für die schäumenden Wellen |
| C 25 | Chor: „Stimmt an die Saiten …" | Jubelgesang für Sopran, Alt, Tenor und Bass |
| C 26 | Orchester: „Sonnenaufgang"<br>Rezitativ: „Im vollen Glanze …" | Aufsteigende Tonleiter (Flöte und Streicher), zuerst leise, dann immer mächtiger anschwellend |
| C 27 | Rezitativ: „Mit leisem Gang …" | Getragene, ruhige Musik der tiefen Streichinstrumente |
| C 28 | Chor: „Die Himmel erzählen …" | Fröhlicher, jubilierender Chor |
| C 29 | Arie: „Den Morgen …" | Klarinettenläufe „malen" die Lerche |
| C 30 | Terzett: „Das helle Nass …" | Musik stellt die Fische dar |
| C 31 | Rezitativ: „Vor Freude …" | Das Brüllen der Löwen wird durch Triller des Orchesters dargestellt |
| C 32 | Rezitativ: „Auf grünen Matten …" | Eine Flötenmelodie schildert das friedliche Weiden des Rindes |
| C 33 | Rezitativ: „In langen Zügen …" | Tiefe Streichinstrumente ahmen das kriechende Gewürm nach |
| C 34 | Rezitativ: „Und Gott schuf …" | Gesang (Tenor) |
| C 35 | Arie: „Mit Würd' und Hoheit …" | Steigerung des Orchesters, volkstümliche Melodie |
| C 36 | Rezitativ: „Und Gott sah …" | Gesang (Bass) |
| C 37 | Chor: „Vollendet ist das große Werk" | Orchestervorspiel, kunstvoll durchwobene Stimmführung von Sopran, Alt, Tenor und Bass |

4. Tag
Gott schuf Sonne, Mond und Sterne
Mit leisem Gang und sanftem Schimmer
schleicht der Mond die stille Nacht hindurch.
Die Himmel erzählen die Ehre Gottes.
Und seiner Hände Werk zeigt an das Firmament.
In vollem Glanze steiget jetzt
die Sonne strahlend auf.
5. Tag
Gott schuf die Vögel und die Fische
Den Morgen grüßt der Lerche frohes Lied.
Das helle Nass durchblitzt
der Fisch und windet sich
in stetem Gewühl umher.
6. Tag
Gott schuf viele Tiere und den Menschen
Vor Freude brüllend steht der Löwe da.
Hier schießt der gelenkige Tiger empor.
Auf grünen Matten weidet schon
das Rind, in Herden abgeteilt.
In langen Zügen kriecht
am Boden das Gewürm.
Und Gott schuf den Menschen nach seinem Ebenbilde.
Nach dem Ebenbilde Gottes schuf er ihn.
Mit Würd' und Hoheit angetan,
mit Schönheit, Stärk' und Mut begabt,
gen Himmel aufgerichtet steht der Mensch,
ein Mann und König der Natur.
Und Gott sah jedes Ding, was er gemacht hatte,
und es war sehr gut.
Und der himmlische Chor feierte das
Ende des sechsten Tages mit lautem Gesang.
Vollendet ist das große Werk,
der Schöpfer sieht's und freuet sich.
Auch unsre Freud' erschalle laut!
Des Herren Lob sei unser Lied!

# Bitte, gib mir doch ein Zuckerstückchen

C 38

2. Sattel mir mein Pony früh am Morgen, wenn es taut vom Himmel, wenn im Hof sich alle Pferde tummeln, Rappe, Fuchs und Schimmel.

3. Meinem Jony noch ein Zuckerstückchen und dann gehts ins Weite. Und das Ponypferdchen wiehert, wenn ich singe, wenn ich reite.

Deutscher Text: Liselotte Holzmeister
Melodie: aus Portugal

## Begleitung

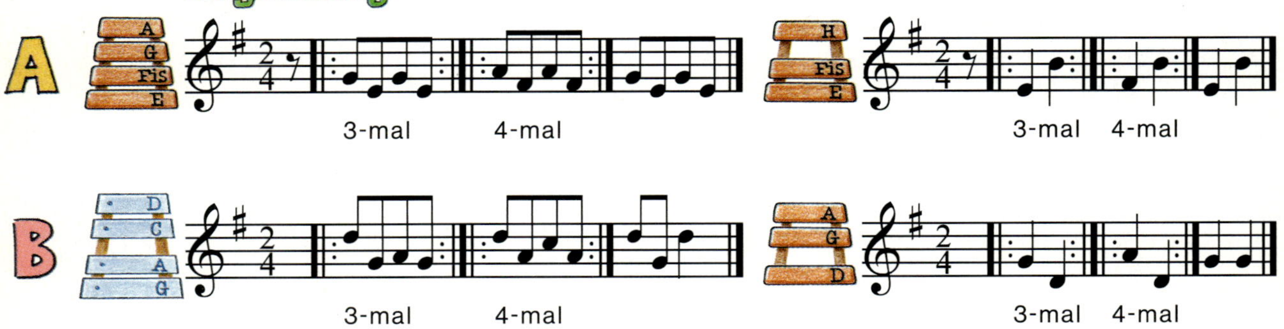


① Zur Begleitung des Liedes könnt ihr zusätzlich Trommel und Schellenkranz verwenden.

② Den Teil B der Begleitung müsst ihr wiederholen.
Spielt am Schluss der Wiederholung statt der Viertelnote eine Achtelnote.

③ Zum Lied könnt ihr einen Tanz gestalten.
Teil A: Zu zweien in Kreuzhandfassung im Kreis gehen.
Teil B: Zu zweien in Kreuzhandfassung am Platz links herum hüpfen, bei der Wiederholung rechts herum hüpfen.

# Vom Leben willst du uns erzählen

C 41

2. Im Sommer wachsen Früchte an unserm kleinen Baum.
Sie werden reif und fallen, schwer, man glaubt es kaum,
man glaubt es kaum von unserm Baum.

3. Im Herbst, da fallen Blätter von unserm kleinen Baum.
Sie wiegen sich im Winde, leicht, man glaubt es kaum,
man glaubt es kaum von unserm Baum.

4. Im Winter steht er kahl da, unser kleiner Baum.
Er träumt vom neuen Frühling, tief, man glaubt es kaum,
man glaubt es kaum von unserm Baum.

5. Das eine will ich sagen, dir, unserm kleinen Baum:
Ich will dich schützen, glaub mir, fest will ich nun schaun
auf dich, mein Baum, will ich fest schaun.

Text und Melodie: Klaus Gräske

① Zu diesem Lied könnt ihr interessante Zwischenspiele gestalten:
Versucht jeweils den Text der vorangegangenen Liedstrophe auf Instrumenten klanglich darzustellen.

② Malt zu dem Lied verschiedene Bilder.
Ihr könnt auch darstellen, wie ihr den Baum schützen wollt.

# Das Gewitter

Hinter dem Schlossberg kroch es herauf.
Wolken – Wolken!
Wie graue Mäuse,
ein ganzes Gewusel.

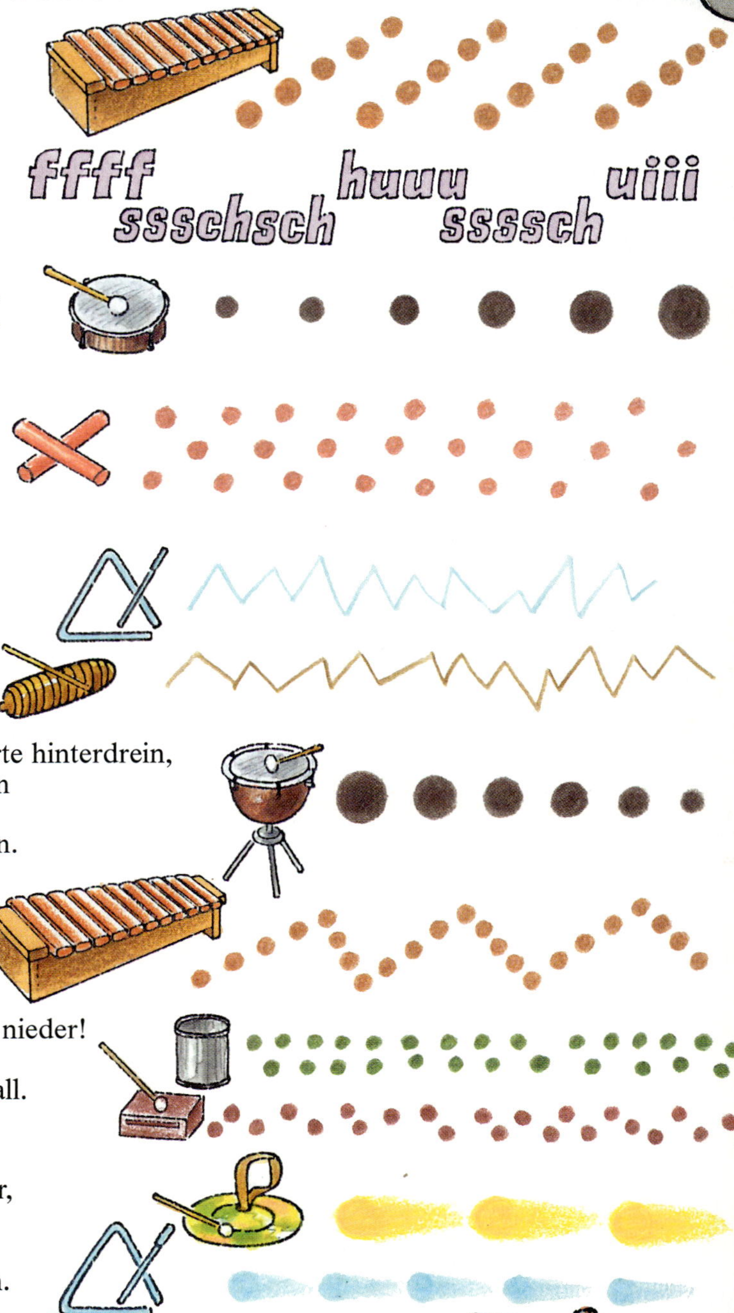


Zuhauf
jagten die Wolken gegen die Stadt.
Und wurden groß
und glichen Riesen
und Elefanten
und dicken, finsteren Ungeheuern,
wie sie noch niemand gesehen hat.

„Gleich geht es los!",
sagten im Kaufhaus Dronten
drei Tanten
und rannten heim,
so schnell sie konnten.

Da fuhr ein Blitz
mit helllichtem Schein,
zickzack,
blitzschnell
in einen Alleebaum hinein.

Und ein Donner schmetterte hinterdrein,
als würden dreißig Drachen
auf Kommando lachen,
um die Welt zu erschrecken.

Alle Katzen in der Stadt
verkrochen sich
in die allerhintersten Stubenecken.

Doch jetzt ging ein Platzregen nieder!
Die Stadt war überall
nur noch ein einziger Wasserfall.
Wildbäche waren die Gassen.

Plötzlich war alles vorüber,
die Sonne kam wieder
und blickte vergnügt
auf die Dächer, die nassen.

*Josef Guggenmos*

① Untermalt „Das Gewitter" von Josef Guggenmos mit Instrumenten und mit der Stimme. Die abgebildeten Instrumente und Klangzeichen geben euch Anregungen, wie ihr das Gedicht verklanglichen könnt.

② Findet noch andere Möglichkeiten zur Verklanglichung des Gedichtes. Vielleicht könnt ihr eure Musik auch mit entsprechenden Zeichen aufschreiben.

| Hörausschnitt | Überschrift mit Bild | Beschreibung der Musik |
|---|---|---|
| 1 | | |
| 2 | | |
| 3 | | |
| 4 | | |
| 5 | | |
| 6 | | |

Flöte und Streichinstrumente spielen kurze Töne. Dazu spielen tiefe Streichinstrumente einen langen Ton.

Das Gewitter ist vorbei.

Das Orchester mit Pikkoloflöte und Pauken spielt laut und wild.

Der Donner grollt.

Tiefe Streichinstrumente spielen zweimal leise eine schnelle Tonbewegung. Danach spielt die Flöte jeweils eine kurze Tonfolge.

In der Ferne zieht ein Gewitter auf.

Es beginnt zu regnen.

Zuerst spielen Streichinstrumente und dann auch die Flöte kurze Töne. Danach spielen tiefe Streichinstrumente schnelle Tonbewegungen dazu.

Das Gewitter bricht gewaltig los.

Tiefe Streichinstrumente spielen ruhige Tonschritte aufwärts. Nach einer Pause folgt der Schlusston.

Das Gewitter hat nachgelassen, es regnet noch.

Streichinstrumente spielen schnelle Tonfolgen. Diese wechseln mit einer Melodie der Holzblasinstrumente.

1. Der italienische Komponist Gioacchino Rossini schrieb im Jahre 1816 die Oper „Der Barbier von Sevilla“.
   An einer Stelle der Oper schildert er sehr eindrucksvoll ein Gewitter.
   Hört diese Gewittermusik und beschreibt, was ihr dabei empfindet.
2. Ordnet die Kärtchen so, dass sie zu den sechs Hörausschnitten passen.
   Beginnt mit den Überschriften, ordnet ihnen dann die entsprechenden Beschreibungen zu.

C 42 bis 48: „Temporale“ aus „Der Barbier von Sevilla“ von Gioacchino Rossini

# Wir tragen den Sommerbaum

C 49

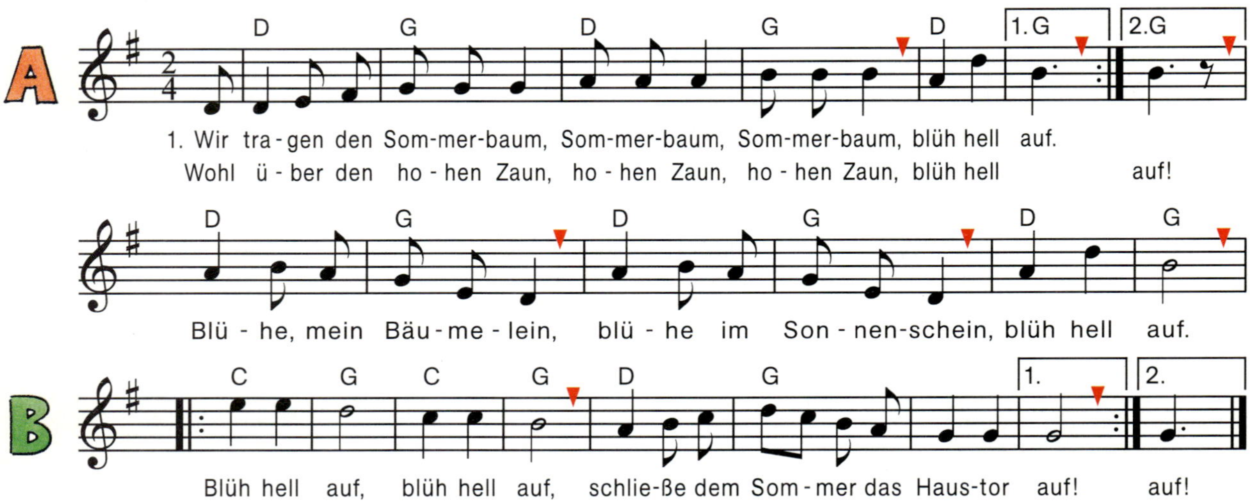


2. Wir singen den Hausherrn an, Hausherrn an, Hausherrn an, Herr, mach auf!
Dass er sich was wünschen kann, wünschen kann, wünschen kann, Herr, mach auf!
Komm aus dem Haus heraus, bringen dir Glück ins Haus, Herr, mach auf!
Herr, mach auf, Herr, mach auf, schließe dem Sommer das Haustor auf.

Text und Melodie: Cesar Bresgen

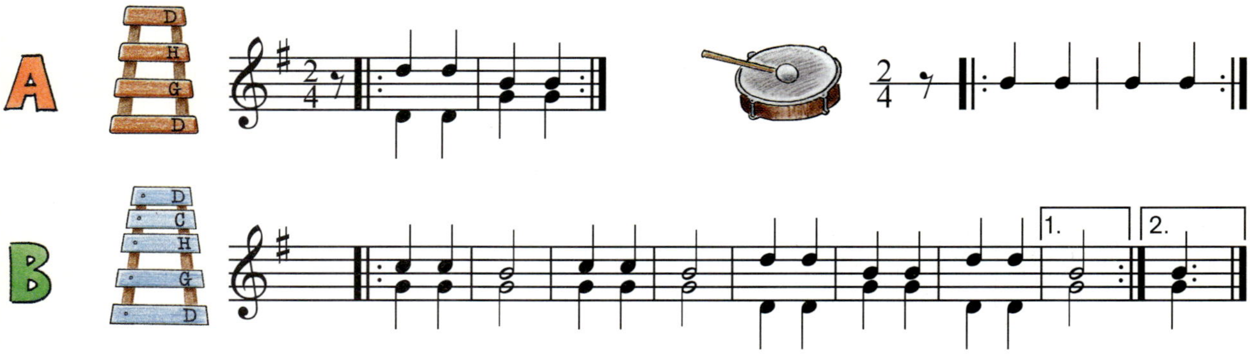


## Sommer

Weißt du, wie der Sommer riecht?
Nach Birnen und nach Nelken,
nach Äpfeln und Vergissmeinnicht,
die in der Sonne welken,
nach heißem Sand und kühlem See
und nassen Badehosen,
nach Wasserball und Sonnenkrem,
nach Straßenstaub und Rosen.

Weißt du, wie der Sommer schmeckt?
Nach gelben Aprikosen
und Walderdbeeren, halb versteckt
zwischen Gras und Moosen,
nach Himbeereis, Vanilleeis
und Eis aus Schokolade,
nach Sauerklee vom Wiesenrand
und Brauselimonade.

Weißt du, wie der Sommer klingt?
Nach einer Flötenweise,
die durch die Mittagsstille dringt,
ein Vogel zwitschert leise,
dumpf fällt ein Apfel in das Gras,
ein Wind rauscht in den Bäumen,
ein Kind lacht hell,
dann schweigt es schnell
und möchte lieber träumen.

Ilse Kleeberger

## Inhalt

- Das Lied singen
- Das Lied mit Instrumenten begleiten
- Zum Lied einen Tanz gestalten

## Organisation

- Xylophone, Metallophon, Trommel, Schellenkranz
- CD C 38
- Schülerbuch

*Zeit: etwa 2 bis 3 Unterrichtsstunden*

## Möglicher Unterrichtsverlauf

**1. Das Lied erarbeiten**

a) Wer kann von Erlebnissen mit Pferden berichten? Wer hat ein Ponypferd zu Hause? Erzählt darüber!

b) Wir ahmen das Laufen eines Pferdes nach:
   - Achtelbewegung mit den Füßen am Platz links, rechts
   - Den Achtelrhythmus auf den Tisch klopfen
   - Den Achtelrhythmus mit Klanghölzern spielen

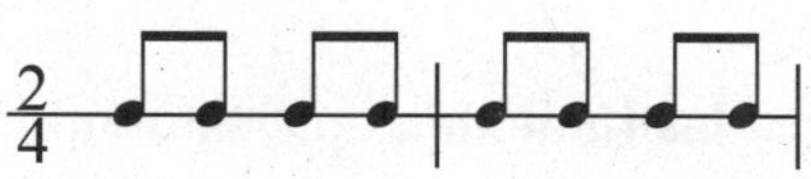

c) Wir lesen zunächst den Text der drei Strophen. Begriffe klären (Rappe, Fuchs, Schimmel ...)

d) Sprechen Sie den Text der ersten Strophe abschnittsweise im Rhythmus der Notation vor, die Schüler sprechen jeweils nach. Das Sprechen kann im Achtelrhythmus (siehe oben) begleitet werden.

e) Singen Sie nun die erste Strophe im Zusammenhang vor oder verwenden Sie das Hörbeispiel C 38 zur Vorstellung des Liedes.

f) Die Schüler singen mit Hilfe des Schülerbuches auf Seite 70 die zweite und dritte Strophe. Sie können auch zu dem Hörbeispiel C 38 mitsingen und so das Lied lernen.

**2. Das Lied begleiten**

a) Das Lied können einige Schüler begleiten, wie auf Seite 70 des Schülerbuches vorgeschlagen. Die Begleitung muss jedoch getrennt geübt werden und ist wahrscheinlich nur von geübten Schülern zu bewältigen.

b) Vereinfachte Begleitung

   Teil A: Nur zweites Xylophon spielen, dazu Klanghölzer im Achtelrhythmus (wie oben)

   Teil B: Ohne Metallophon, nur Xylophon spielen, dazu Schellenkranz im Achtelrhythmus

**3. Zum Lied einen Tanz gestalten**

a) Zu dem Lied kann man tanzen (siehe Beschreibung Seite 70 des Schülerbuches unter Aufgabe 3). Bei der Kreuzhandfassung stehen jeweils zwei Schüler Schulter an Schulter nebeneinander und fassen sich jeweils mit der rechten und der linken Hand.

b) Andere Möglichkeiten zum Tanzen:
   - Zum Teil A zu zweit im Kreis gehen, zum Teil B jeweils zu zweit im Raum umherhüpfen, am Schluss wieder im Kreis zusammenkommen
   - Zum Teil A zu zweit als Pony und Kind in beliebiger Handfassung im Raum umherlaufen, zum Teil B zu zweit am Platz rund herumhüpfen

**4. Zusätzliche Ausgestaltung des Liedes**

Vor- und Zwischenspiel für Flöte und Xylophon:

## Inhalt

- Das Lied singen
- Stimmspiele mit Tonsilben gestalten
- Das Vor-, Zwischen- und Nachspiel musizieren
- Das Lied begleiten

## Organisation

- Schellenkranz, Klanghölzer, Xylophon, Metallophon
- Bilder von Griechenland
- CD C 39
- Schülerbuch

*Zeit: etwa 2 Unterrichtsstunden*

## Möglicher Unterrichtsverlauf

**1. Einführung des Liedes**

a) Das Lied stammt aus Griechenland. Gelegenheit mit Land und Menschen eines anderen Volkes bekannt zu machen:
  - Sind griechische Schüler in der Klasse, können sie über Griechenland berichten.
  - Schüler erzählen von griechischen Veranstaltungen (Volksfest, Kleidung, Tänze ...).
  - Bilder von Griechenland machen mit dem Land und den Menschen bekannt (Landschaft mit Eukalyptusbäumen, Schafherde).

b) Einführung über das Metrum der Melodie:
  - Schüler stehen im Raum verteilt und schwingen die Arme, jeder in seinem Tempo.
  - Auf gemeinsames Tempo einpendeln durch das Singen von „dong“ auf Halbe Noten (Vokal „o“ kurz, „ng“ lang klingen lassen, Kopfresonanz fördern)

c) Baustein C (siehe Seite 71 des Schülerbuches) auf dem Xylophon spielen, Schüler gehen dazu durch den Raum und singen auf „dong dong“ mit.

d) Singen Sie nun dazu fortlaufend zum Xylophon „ding ding ding“ nach den Noten von Baustein D.

**2. Das Lied erarbeiten**

a) Wir lesen zunächst den Text des Liedes auf Seite 71 des Schülerbuches und besprechen den Inhalt.

b) Versuchen Sie mit den Schülern die Melodie auf die Tonsilben „dong“ und „ding“ zu singen. Alle Textsilben werden dabei auf „dong“ gesungen, „ding“ wie im Liedtext (zweite Liedzeile mehrmals vor- und nachsingen).

c) Singen Sie dann die erste Strophe des Liedes vor oder setzen Sie das Hörbeispiel C 39 ein. Die Schüler verfolgen Text und Melodie im Schülerbuch und singen mit.

d) Die weiteren Strophen können in den folgenden Tagen gesungen und gelernt werden. Um für Abwechslung zu sorgen, sollten die Liedstrophen in zwei Gruppen gesungen werden (siehe Aufgabe 3 auf Seite 71 des Schülerbuches).

**3. Das Lied mit Instrumenten ausgestalten**

a) Die Bausteine A bis D verwenden wir für ein Vor-, Zwischen- und Nachspiel. Den Baustein A üben wir gemeinsam, indem wir zu den Achtelnoten immer „Eu-ka-lyp-tus“ sprechen. Ein Schüler spielt dazu den Schellenkranz, die anderen klatschen zum Sprechen leise mit. Die letzte Folge heißt dann „Eu-ka-lyp-tus-Schluss“. Den Baustein B üben wir auf ähnliche Weise mit „ram pam pam, ram pam pam“, die Bausteine C und D üben wir, wie bereits oben verwendet.

b) Die einzelnen Bausteine beginnen nacheinander, erst leise und dann immer etwas lauter werdend (näher kommende Schafherde).

c) Nach dem Vorspiel setzt die erste Strophe ein, die Bausteine begleiten dazu.

d) Es folgt das Zwischenspiel nach jeder weiteren Strophe.

e) Als Nachspiel (nach der letzten Strophe) hören die Bausteine nacheinander in umgekehrter Reihenfolge wie beim Vorspiel, immer leiser werdend, auf (Schafherde entfernt sich).

# Unter Eukalyptusblüten

C 39

2. Hier am Berghang vor Gefahren, ding ding ding, ding ding ding,
Tag und Nacht sie zu bewahren, ding ding ding, ding ding ding,
überall sie hinbegleiten hilft mein Hund an meiner Seiten.
Ding ding ding …

3. Kommt die Nacht zur späten Stunde, ding ding ding, ding ding ding,
bringe ich mit meinem Hunde, ding ding ding, ding ding ding,
sie zurück in sichre Hürden, weil sie sich verlaufen würden.
Ding ding ding …

4. Unter Eukalyptusblüten, ding ding ding, ding ding ding,
muss ich meine Schafe hüten, ding ding ding, ding ding ding,
wie ich singe, wie ich sage, heut und morgen alle Tage.
Ding ding ding …

Deutscher Text: Ortfried Pörsel Melodie: aus Griechenland

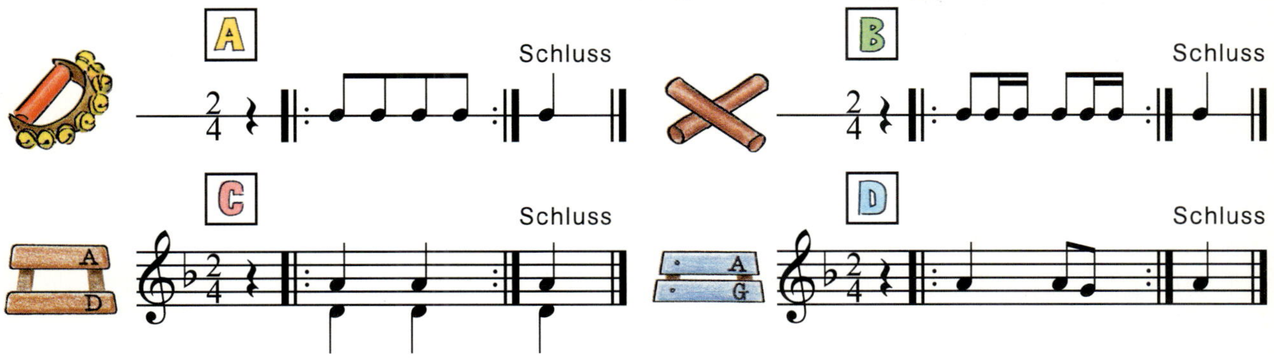


① Gestaltet mit den Bausteinen A bis D ein Vor-, Zwischen- und Nachspiel. Die erste Gruppe beginnt mit Baustein A. Die anderen Bausteine fügt ihr nach und nach hinzu.

② Mit den Bausteinen A bis C könnt ihr das Lied begleiten.

③ Singt das Lied in zwei Gruppen. Eine Gruppe singt den Text, die andere Gruppe singt „ding ding ding …“

# Ein Rekorder ohne Kabel

C 40

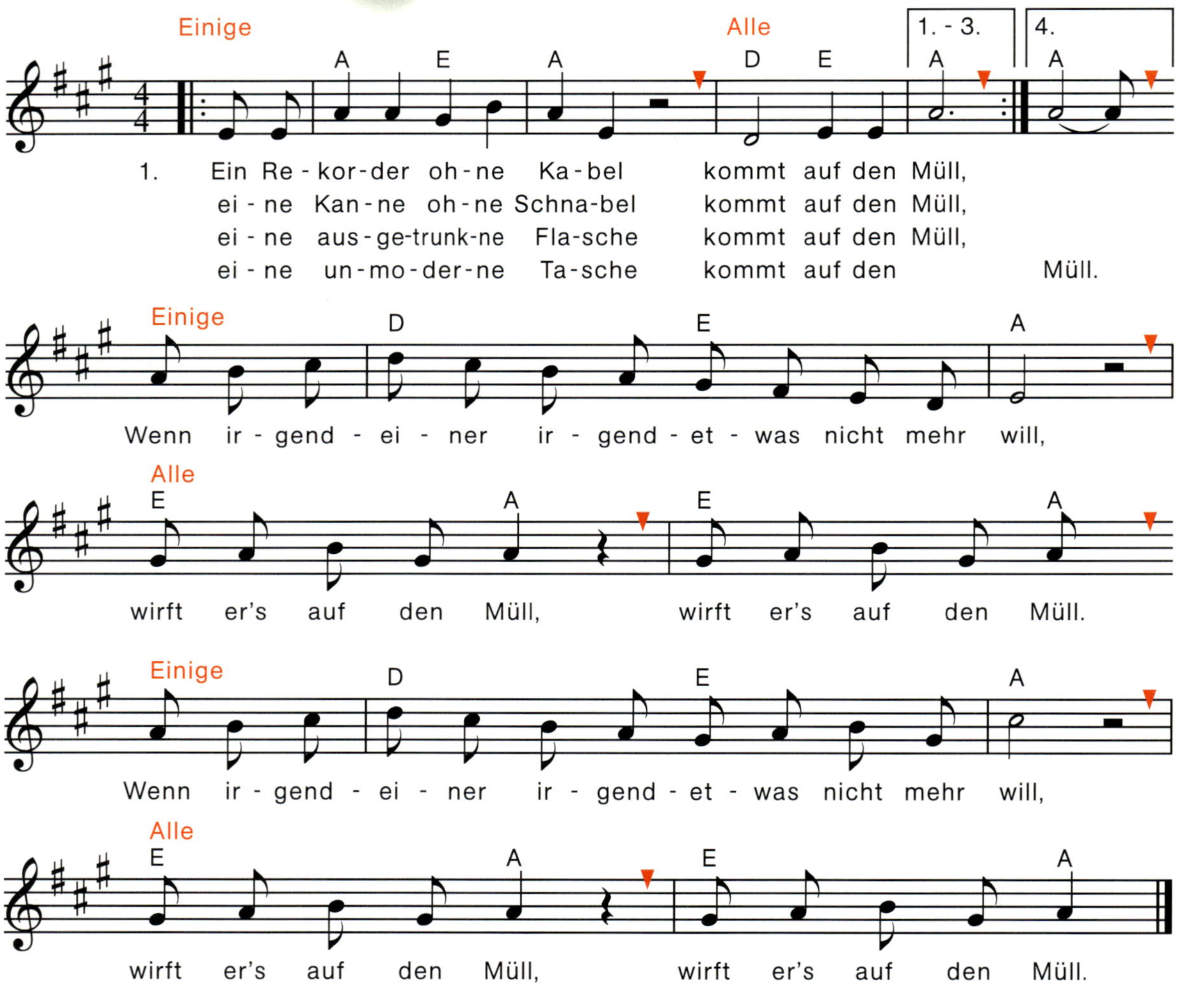


2. Eine leere Limo-Dose kommt auf den Müll,
eine ausgefranste Hose kommt auf den Müll,
eine Puppe ohne Nase kommt auf den Müll,
ein zerrupfter Kuschelhase kommt auf den Müll.
Wenn irgendeiner …

3. Eine leiernde Kassette kommt auf den Müll,
eine durchgerissne Kette kommt auf den Müll,
eine einzelne Sandale kommt auf den Müll
und vom Frühstücksei die Schale kommt auf den Müll.
Wenn irgendeiner …

Text und Melodie: Klaus W. Hoffmann

# 55. Unterrichtseinheit — zu Seite 72

## Inhalt

- Bausteine des Liedes singen
- Den Aufbau des Liedes kennen lernen
- Das Lied erarbeiten und begleiten
- Das Lied im Wechsel „Einige – Alle“ singen
- Bewusstes Konsumverhalten fördern

## Organisation

- Klanghölzer, Dose, Flasche …
- CD C 40
- Schülerbuch

*Zeit: etwa 2 Unterrichtsstunden*

## Möglicher Unterrichtsverlauf

**Vorbemerkung**

Das Lied „Ein Rekorder ohne Kabel“ lässt sich fächerübergreifend in die sachunterrichtlichen Themen Umweltschutz und Konsumverhalten einbinden. Es kann dazu beitragen, sich über umweltbewusstes Einkaufen mehr Gedanken zu machen, Müll zu vermeiden und die Umwelt weniger zu belasten.

**1. Einführung und Erarbeitung des Liedes**

a) Die Einführung und Erarbeitung des Liedes ist auch ohne direktes Vor- und Nachsingen möglich. Ausgangspunkt hierfür sind die Melodiebausteine des Liedes (siehe unten).

b) Die Schüler zählen auf, was alles auf den Müll kommen kann (alte Schuhe, leere Dosen …).

c) Wir schlagen das Schülerbuch Seite 72 auf, lesen den Text und schreiben auf, was alles auf den Müll kommt (siehe Zeilenanfänge jeder Strophe):
Ein Rekorder ohne Kabel,
eine Kanne ohne Schnabel, …
…
und vom Frühstücksei die Schale.

d) Wir sprechen im Rhythmus (dazu kann man auch klatschen, mit Klanghölzern begleiten, auf einer Kanne oder anderen Müllgegenständen mitspielen):

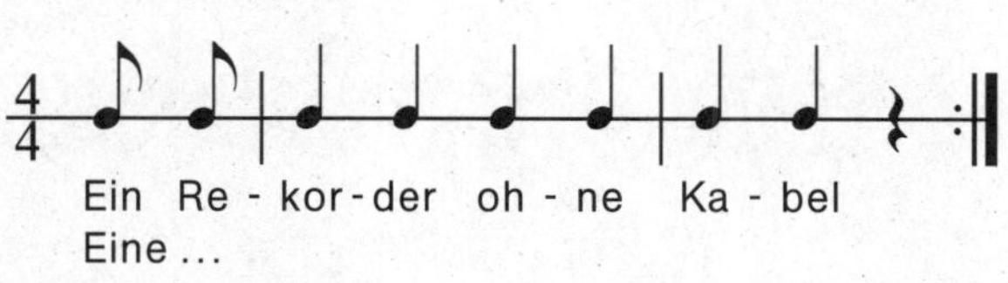


e) Wer erfindet jeweils eine Melodie zu den Texten? Wir können einige „Kompositionen“ aufschreiben.

f) Wer kann den Melodiebaustein zu diesen Texten auf Seite 72 des Schülerbuches (siehe Liedanfang) auf einem Instrument vorspielen? Die Schüler singen dazu mit.

g) Wir singen noch andere Bausteine des Liedes auf Tonsilben (mü, mü …; na, na …) und dann auch mit dem Text:

**2. Das Lied singen und begleiten**

a) Die Schüler hören nun das ganze Lied mit Hilfe von C 40 und singen dazu mit. Nach der Einführung der Melodiebausteine fällt ihnen dies nicht mehr schwer.

b) Das Lied kann man zusätzlich auf Instrumenten und/oder Müllgegenständen (Flasche, Dose …) begleiten.

## Inhalt

- Das Lied lernen
- Zwischenspiele zum Lied gestalten
- Bilder zum Lied malen
- Eine kleine Kantate zum Thema Baum zusammenstellen

## Organisation

- Stabspiele und Rhythmusinstrumente
- CD C 41
- Schülerbuch

*Zeit: etwa 2 Unterrichtsstunden*

## Möglicher Unterrichtsverlauf

**Vorbemerkung**

Das Lied vom Baum kann wie das Lied vom Müll fächerübergreifend in sachunterrichtliche Themen eingebunden werden. Es soll die Bereitschaft wecken, ökologische Verantwortung zu übernehmen.

Zusammen mit anderen Liedern und Gedichten vom Baum kann man das Lied auch für eine kleine Baumkantate verwenden.

**1. Bilder vom Baum malen**

a) Das Malen von Baumbildern kann zur Einführung des Liedes dienen. Wir malen in vier Gruppen vier unterschiedliche Bäume nach den Jahreszeiten:
Frühling – Baum mit Knospen und Blüten
Sommer – Baum mit Früchten
Herbst – Baum mit fallenden Blättern
Winter – Baum mit kahlen Ästen und Schnee

b) Die Schüler lesen auf Seite 73 des Schülerbuches den Liedtext und schreiben jeweils die passende Liedstrophe zu ihrem Baum.

c) An der Tafel oder der Wand werden nun für jede Jahreszeit in der Reihenfolge Frühling – Sommer – Herbst – Winter jeweils einer oder mehrere der gemalten Bäume mit der entsprechenden Liedstrophe befestigt.

**2. Das Lied erarbeiten**

a) Durch das Hörbeispiel C 41 werden die Schüler mit dem Lied bekannt gemacht (zu hören sind: Refrain – erste Strophe – Refrain – zweite Strophe – Refrain). Was fällt euch auf? Das Lied hat einen gleichbleibenden Teil (Refrain), der jeder Strophe vorausgeht.

b) Wir hören nochmals den Refrain mit der ersten Strophe und singen dazu auf Seite 73 im Schülerbuch mit.

c) Die weiteren Strophen lernen wir durch Vor- und Nachsingen. Zu beachten sind jeweils die Pausen. Man kann diese durch leises Klatschen oder mit Klanghölzern besonders markieren.

**3. Zwischenspiele zum Lied gestalten**

a) Der Text jeder Strophe gibt Musik für ein Zwischenspiel her. Probiert Instrumente und Klänge aus.
Strophe 1: Knospen sprießen, springen auf und blühen – Triangel, Metallophon
Strophe 2: Früchte wachsen, fallen vom Baum – Trommel
Strophe 3: Blätter fallen, wiegen sich im Winde – Triangel, Becken
Strophe 4: Kahler Baum – Klanghölzer, Xylophon

b) Das Klangspiel kann auch vor jedem Refrain als Vorspiel verwendet werden. Dazu wird der Text der nachfolgenden Liedstrophe verklanglicht. Ebenso ist es auch möglich dieses Klangspiel zwischen jedem Refrain und einer Strophe einzuschieben.

## Inhalt

- Das Gedicht ausdrucksvoll sprechen
- Das Gedicht mit der Stimme, mit Instrumenten und anderen Klangerzeugern klangmalerisch gestalten
- Eine Verlaufspartitur erstellen
- Die Klanggestaltung aufnehmen, anhören und besprechen

## Organisation

- Stabspiele, Rhythmusinstrumente, Schütteldose (Dose mit Erbsen)
- Kopiervorlage 25 oder Arbeitsheft S. 40 (Lösungen S. 185)
- Transparentfolie 35
- Schülerbuch

*Zeit: etwa 2 Unterrichtsstunden*

## Möglicher Unterrichtsverlauf

**Vorbemerkung**

Naturereignisse sind für Kinder spannende Erlebnisse. Besonders von einem Gewitter sind sie immer wieder beeindruckt, es ist für sie aufregend, manchmal auch erschreckend.

Auch Dichter und Musiker sind davon fasziniert und schildern ihre Eindrücke in Texten und Kompositionen. Die Verklanglichung des Gedichtes „Gewitter" von Josef Guggenmos kann das Hören der Gewittermusik von Gioacchino Rossini (nachfolgende Unterrichtseinheit) vorbereiten.

**1. Das Gedicht ausdrucksvoll sprechen**

a) Tragen Sie das Gedicht von Josef Guggenmos mit ausdrucksvoller Stimme vor. Achten Sie dabei auf die unterschiedliche Lautstärke, auf die Hebung und Senkung der Stimme, auf das Tempo des Vortrags. Die Schüler sollen sich beim Zuhören das „Gewitter" genau vorstellen können.

b) Wir lesen das Gedicht (Seite 74 des Schülerbuches) ebenfalls ausdrucksvoll im Wechsel. Zweckmäßig ist es, den Text der Seite 74 im Schülerbuch ohne die Instrumente und Klangzeichen an die Schüler auszuteilen (Kopiervorlage 25, Arbeitsheft Seite 40). Dadurch wird vermieden, dass man sich gleich am Anfang auf eine vorgegebene Klanggestaltung festlegt (die abgebildeten Instrumente und Klangzeichen sind nur als Anregung gedacht). Es kann auch die Transparentfolie 35 verwendet werden.

**2. Das Gedicht verklanglichen**

a) Die Schüler probieren aus, welche Instrumente und Klänge jeweils zu den einzelnen Abschnitten des Textes passen.

b) Wir schreiben die Namen der Instrumente und die Zeichen für die Klänge auf (Kopiervorlage 25, Arbeitsheft Seite 40).

c) Sollten Ihre Schüler im Verklanglichen von Texten noch wenig Erfahrung haben, geben die abgebildeten Instrumente und Klangzeichen zu den einzelnen Textabschnitten hilfreiche Anregungen:
   - Die unterschiedliche Größe der einzelnen Zeichen gibt die unterschiedliche Lautstärke an.
   - Die Richtung der einzelnen Zeichen bei den Stabspielen gibt den Tonhöhenverlauf an (aufwärts, abwärts, gleich).

d) Die Verklanglichung kann auf zwei verschiedene Arten durchgeführt werden:
   - Der Text wird jeweils unterbrochen und es schließt sich die Verklanglichung an.
   - Der Text wird während des Vortrags klanglich untermalt.

**3. Die Verklanglichung aufnehmen und besprechen**

a) Wir nehmen unsere Verklanglichung auf einem Kassettenrekorder auf.

b) Das Anhören eigener „Kompositionen" macht den Schülern viel Freude. Es regt zu Verbesserungen und weiteren Versuchen an.

c) Die Schüler verfolgen ihre Verklanglichung auf dem erstellten Verlaufsplan (Kopiervorlage 25, Arbeitsheft Seite 40).

### Inhalt

- Das Musikstück „Temporale“ (Gewitter) hören
- Über die Eindrücke und Empfindungen sprechen
- Den Ablauf des Gewitters mit Hilfe der Überschriften und Bilder beschreiben
- Die Hörausschnitte den Überschriften mit Bildern zuordnen
- Die Beschreibung der Musik den Überschriften mit Bildern zuordnen

### Organisation

- CD C 42 bis 48
- Notenbeilage S. 91 bis 94
- Kopiervorlage 26 oder Arbeitsheft S. 41 sowie Arbeitsheft S. 42 (Lösungen S. 186 und 187)
- Transparentfolie 36
- Schülerbuch

*Zeit: etwa 2 Unterrichtsstunden*

## Möglicher Unterrichtsverlauf

**Vorbemerkung**

In der nachfolgenden Übersicht sind die Hörausschnitte mit den entsprechenden Überschriften mit Bildern und den Beschreibungen der Musik dargestellt:

| Hörausschnitt | Überschrift mit Bild | Beschreibung der Musik |
|---|---|---|
| C 42 | In der Ferne zieht ein Gewitter auf. | Tiefe Streichinstrumente spielen zweimal leise eine schnelle Tonbewegung. Danach spielt die Flöte jeweils eine kurze Tonfolge. |
| C 43 | Es beginnt zu regnen. | Zuerst spielen Streichinstrumente und dann auch die Flöte kurze Töne. Danach spielen tiefe Streichinstrumente schnelle Tonbewegungen dazu. |
| C 44 | Der Donner grollt. | Streichinstrumente spielen schnelle Tonfolgen. Diese wechseln mit einer Melodie der Holzblasinstrumente. |
| C 45 | Das Gewitter bricht gewaltig los. | Das Orchester mit Pikkoloflöte und Pauken spielt laut und wild. |
| C 46 | Das Gewitter hat nachgelassen, es regnet noch. | Flöte und Streichinstrumente spielen kurze Töne. Dazu spielen tiefe Streichinstrumente einen langen Ton. |
| C 47 | Das Gewitter ist vorbei. | Tiefe Streichinstrumente spielen ruhige Tonschritte aufwärts. Nach einer Pause folgt der Schlusston. |

**1. Die Gewittermusik hören (C 48)**

a) Wir hören Musik, die ein Gewitter schildert.

b) Was habt ihr vom Gewitter in der Musik gehört? (Regen, Blitz, Donner …).

c) Wir ordnen die Kärtchen „Überschrift mit Bild“ (Ausschneideblatt) in der Reihenfolge, wie ein Gewitter verläuft (siehe Vorbemerkung).

d) Wir kleben die Kärtchen in die Tabelle ein (Kopiervorlage 26, Arbeitsheft Seite 41).

**2. Die Musik mit Hilfe der Tabelle und Kärtchen näher kennen lernen**

a) Wir hören die Ausschnitte C 42 bis 47 und achten jeweils auf Instrumente, Lautstärke, Tempo und Tonverläufe. Nach jedem Ausschnitt suchen wir das passende Kärtchen „Beschreibung der Musik“ heraus und ordnen dieses dem entsprechenden Kärtchen „Überschrift mit Bild“ zu.

b) Wir schneiden die Kärtchen aus und kleben sie ebenfalls in die Tabelle.

# 59. Unterrichtseinheit zu Seite 76

## Inhalt

- Den Text rhythmisch sprechen
- Die Melodie auf Tonsilben singen
- Das Lied lernen
- Das Lied mit Instrumenten begleiten

## Organisation

- Metallophon, Xylophon, Trommel
- CD C 49
- Schülerbuch

*Zeit: etwa 2 Unterrichtsstunden*

## Möglicher Unterrichtsverlauf

**Vorbemerkung**

Das Lied „Wir tragen den Sommerbaum" und das Gedicht „Sommer" lassen sich zusammen mit dem Lied und dem Reigen der Unterrichtseinheit „Wir tragen den Sommerbaum" zu einer kleinen Sommerkantate verbinden. Diese können Sie dann bei einem Sommerfest oder beim Abschlussfest zum Ende des Schuljahres aufführen.

Das Lied allein eignet sich auch für einen Umzug in der Schule. Die Schüler gehen singend von Klasse zu Klasse, zur Rektorin oder zum Rektor, zur Hausmeisterin oder zum Hausmeister. Als Sommerbaum tragen sie einen bunt geschmückten Zweig beim Umzug mit.

**1. Den Text des Liedes erarbeiten**

a) Wir lesen den Text der ersten Liedstrophe auf Seite 76 des Schülerbuches und versuchen diesen im Rhythmus der Notation zu sprechen. Schaut euch die Notenwerte an. Welche Wörter und Silben müssen wir beim Sprechen kurz, lang oder noch länger aushalten?

b) Ein Schüler begleitet das rhythmische Sprechen auf der Trommel (siehe Begleitbaustein bei A).

**2. Die Melodie auf Tonsilben singen**

a) Die Melodie können die Schüler auf Tonsilben singen, indem einzelne Melodiebausteine vorgespielt oder vorgesungen werden. Die Bausteine sind leicht zu erlernen, da sie zumeist aus einfachen Tonschritten oder aus Wiederholungen bestehen.

b) Achten Sie beim Singen auf die Atemzeichen. Diese bilden zugleich auch die Gliederung der Melodie in Bausteine.

**3. Das Lied singen**

a) Die Schüler singen zum Hörbeispiel C 49 das Lied mit.

b) Beim Text der zweiten Strophe kann man „Hausherrn" jeweils durch „Rektor" oder andere Namen ersetzen und erhält somit zusätzliche Liedstrophen.

**4. Das Lied begleiten**

a) Die Begleitung von Teil A auf dem Xylophon und der Trommel kann jeweils ein Schüler übernehmen (Begleitung auf dem Xylophon zuvor mit den Händen „in der Luft" üben).

b) Die Begleitung von Teil B auf dem Metallophon kann auch getrennt in Ober- und Unterstimme von zwei Schülern gespielt werden.

c) Bei einem Umzug geht ein Schüler mit der Trommel voraus und begleitet das Lied (siehe Bild auf Seite 76 des Schülerbuches). Zur Unterstützung kann zusätzlich ein Schüler auf der Flöte die Melodie mitspielen.

# 60. Unterrichtseinheit



## Inhalt

- Das Lied singen
- Den Reigen musizieren
- Zum Lied einen Tanz gestalten
- Eine kleine Sommerkantate zusammenstellen und aufführen

## Organisation

- Platz zum Tanzen
- Flöte, Metallophon
- CD C 50 und 51
- Schülerbuch

*Zeit: etwa 2 Unterrichtsstunden*

## Möglicher Unterrichtsverlauf

### Vorbemerkung

Beim Lied „Wir reisen ins Sommerland" ist die Silbe „Som-" jeweils am Ende des zweiten Taktes der ersten, zweiten und vierten Notenzeile früher zu singen, als man dies erwarten würde. Die Betonung von „Som-" auf einem ansonsten unbetonten Taktteil nennt man Synkope. Diese rhythmische Besonderheit gibt der Melodie einen gewissen Reiz und Schwung. Die Synkopen sollten präzise gesungen und deshalb besonders geübt werden.

### 1. Das Lied erarbeiten

a) Wir singen zunächst die erste Liedzeile und üben dabei vor allem die Synkope. Singen Sie die Liedzeile mehrmals hintereinander ohne Unterbrechung vor und begleiten Sie dazu auf der Trommel mit Viertelnoten. Die Schüler singen nach und nach mit.

b) Die Schüler lernen die zweite Liedzeile (diese ist gleich der vierten Liedzeile) durch Vor- und Nachsingen.

c) Die dritte Liedzeile verläuft melodisch und rhythmisch etwas anders als die übrigen Liedzeilen. Sie hat auch bei jeder Strophe einen anderen Text. Diese Zeile wird getrennt geübt.

d) Die Schüler singen auf Seite 77 des Schülerbuches zum Hörbeispiel C 50 mit. Sie achten dabei wieder besonders auf die genaue Ausführung der Synkopen und klatschen beim Singen auf Viertelnoten mit.

### 2. Zum Lied einen Tanz gestalten

a) Die Schüler überlegen sich einen Tanz, der zum Lied passt. Sie können Tanzformen oder Teile davon und ebenso auch Schritte und Schrittfolgen, die ihnen bereits bekannt sind, verwenden.

b) Tanzvorschlag:
   - Zu den Liedzeilen eins und zwei insgesamt 16 Schritte mit Handfassung gegen den Uhrzeigersinn im Kreis gehen
   - Zur dritten Liedzeile mit vier Schritten zur Mitte des Kreises und mit vier Schritten wieder zurückgehen
   - Zur vierten Liedzeile acht Schritte im Uhrzeigersinn im Kreis gehen

### 3. Den Reigen musizieren

a) Ein Schüler spielt die Melodie auf der Flöte (oder einem anderen Instrument).

b) Die Begleitung kann auf zwei Metallophonen von zwei Schülern gespielt werden. Sie ist sehr einfach auszuführen und deshalb auch rasch gelernt.

# Wir reisen ins Sommerland

C 50, 51

2. Wir reisen ins Sommerland, Sommerland,
wir reisen ins Sommerland, Sommerland hinein.
An Flüssen und Seen den Sommer zu erspähen:
Wir reisen ins Sommerland, Sommerland hinein!

3. Wir reisen ins Sommerland, Sommerland,
wir reisen ins Sommerland, Sommerland hinein.
Mit Singen und Springen den Sommer zu gewinnen:
Wir reisen ins Sommerland, Sommerland hinein!

Text und Melodie: Karl Foltz

## Reigen

① Die beiden Lieder, das Musikstück und das Gedicht lassen sich zu einer kleinen Sommerkantate verbinden.
Ihr könnt die Reihenfolge auch selbst festlegen.

② Das Lied „Wir tragen den Sommerbaum" eignet sich besonders für einen Aufzug mit bunt gezierten Zweigen. Den „Reigen" könnt ihr auch als Zwischen- und Nachspiel zu den Gedichtstrophen musizieren. Überlegt euch zum Lied „Wir reisen ins Sommerland" einen passenden Tanz.

# Un jetz isch us …

C 52

2. Un wenn i keine Schueh meh, züseli, büseli, rädädä,
   un wenn i keine Schueh meh ha,
3. so leg i's Vaters Schlurbe, züseli, büseli, rädädä,
   so leg i's Vaters Schlurbe a
4. un tanz as wie ne alte, züseli, büseli, rädädä,
   un tanz as wie ne alte Ma.

Text und Melodie: aus dem Schwarzwald

① Zu dem Mundartlied könnt ihr ein Bewegungsspiel gestalten.
Stellt euch im Kreis auf. Ein Kind steht innerhalb des Kreises, singt den Text und macht hierzu passende Bewegungen. Die anderen Kinder singen jeweils „züseli …" und klatschen dazu.

② Versucht das Lied auch in eurer Mundart zu singen.

# Am Necker

C 53

2. Am Necker, am Necker, do grünt und blüht es fei;
juhe, am lieben Necker, do wachst n' guter Wei, juhe!
La la …, do wachst n' guter Wei.

3. Am Necker, am Necker, der Vogel fliegt und singt!
Er badet sich im Necker, sei Liedle net verklingt, juhe!
La la …, sei Liedle net verklingt.

4. Am Necker, am Necker, bleib i mei ganze Zeit,
und woner rauscht, der Necker, sei au mei Grab net weit, juhe!
La la …, sei au mei Grab net weit.

Text: Friedrich Richter  Melodie: Friedrich Silcher

# Alphabetisches Verzeichnis der Lieder und Texte

# Alphabetisches Verzeichnis der Musikstücke und Hörausschnitte

# Quellennachweis der Lieder und Texte

| Seite | Lied/Gedicht | Text | Melodie | Buch | Verlag |
|---|---|---|---|---|---|
| 4 | Wir wollen miteinander gehn | Rolf Krenzer | Ludger Edelkötter | Ich gebe dir die Hände | Impulse-Musikverlag, Drensteinfurt |
| 5 | Heut ist ein Tag | Lore Kleikamp | Detlev Jöcker | Elefantis Liederwiese | Menschenkinder-Verlag, Münster |
| 6 | Ich bin ich und du bist du | Irmela Brender (Text geändert) | unbekannt | – | – |
| 7 | Hallo, du im Nachbarhaus | Marina Palmen | Ludger Edelkötter | Hallo, du im Nachbarhaus | Impulse-Musikverlag, Drensteinfurt |
| 8 | Im Land der Blaukarierten | Klaus W. Hoffmann | Klaus W. Hoffmann | Wenn der Elefant in die Disco geht | Aktive Musik Verlagsgesellschaft mbH, Dortmund |
| 9 | Kleine weiße Friedenstaube | Erika Mertke | Erika Mertke | – | Georg Bitter Verlag, Recklinghausen |
| 10 | Bruder Jakob | aus Frankreich | aus Frankreich | | |
| 12 | Guten Morgen, liebe Sonne | Erich Colberg | Hans Poser | Die Zugabe, Band 1 | Fidula-Verlag, Boppard und Salzburg |
| 13 | Einen Wecker hat Christine | Klaus W. Hoffmann | Klaus W. Hoffmann | | Aktive Musik Verlagsgesellschaft mbH, Dortmund |
| 16 | Große Uhren schlagen ding dong | Heidi Köhler | Karl Karow | musikpraxis 68 | Fidula-Verlag, Boppard und Salzburg |
| 18 | Oho, hallo – Das unendliche Pausenlied | Christa Zeuch | Christa Zeuch | Lisa, Lolle, Lachmusik | Arena-Verlag, Würzburg |
| 20 | Wir kommen all und gratulieren | Moritz Hauptmann | Moritz Hauptmann | | |
| 21 | Ich schenk dir einen Regenbogen | Dorothée Kreusch-Jacob | Dorothée Kreusch-Jacob | – | Patmos-Verlag, Düsseldorf |
| 22 | Hejo, spann den Wagen an | volkstümlich | aus England | | |
| 23 | Leer sind die Felder | Gerhard Bünemann (Tf.) | aus Dänemark | – | Möseler-Verlag, Wolfenbüttel |
| 24 | Kommt zusammen | Walter Kern (Textänderung) | aus dem ehemal. Jugoslawien | Die Zugabe, Band 4 | Fidula-Verlag, Boppard und Salzburg |
| 25 | Tumba | aus den Niederlanden | aus den Niederlanden | Hoy-Hoy | |
| 26 | In der Küche tickt die Uhr | Christa Zeuch | Christa Zeuch | Lisa, Lolle, Lachmusik | Arena-Verlag, Würzburg |
| 27 | Schwarze Schatten und Gespenster | Dagmar Scherf | Ingeborg Becker | Die Liederkutsche | Cornelsen-Verlag, Berlin |
| 32 | Sankt Martin | volkstümlich | volkstümlich | | |
| 32 | Sprechspiel | Othmar Kist | | | |
| 33 | Das Licht einer Kerze | Rolf Krenzer | Peter Janssens | Ich schenk' dir einen Sonnenstrahl | Peter Janssens Musik-Verlag, Telgte/Westf. |
| 34 | Wir haben einen Stern | Helmut Maschke | Helmut Maschke | Feste und Feiern mit Kindern | Laumann-Verlag, Dülmen |
| 36 | Stern über Bethlehem | Alfred Hans Zoller | Alfred Hans Zoller | Neue geistliche Lieder | Gustav Bosse-Verlag, Kassel |

| Seite | Lied / Gedicht | Text | Melodie | Buch | Verlag |
|---|---|---|---|---|---|
| 37 | Sage, wo ist Bethlehem | Rudolf Otto Wiemer | | Jetzt und hier – biblische Spielstücke, Heft 20 | Deutscher Theaterverlag Weinheim |
| 40 | Wenn es schneit | Rolf Krenzer | Inge Lotz | Wir fahren mit dem Karussell | Rolf Krenzer und Inge Lotz |
| 41 | Jingle Bells | Heinz Cammin (Deutscher Text) | aus den USA | | |
| 43 | Lasst uns beginnen | Fritz Metzger | Fritz Metzger | Gefährten des Sommers | Möseler-Verlag, Wolfenbüttel |
| 44 | Tschu, tschu, tschu | James Krüss | unbekannt | | |
| 48 | Schnee muss schmelzen | Willi Fährmann | | W. F. Blätter | Österreichischer Bundesverlag / Bitter, Wien / Recklinghausen |
| 49 | Der Winter ist vorüber | Hans Baumann (deutscher Text) | aus d. italienischen Schweiz | Das singende Jahr | Möseler-Verlag, Wolfenbüttel |
| 51 | Es regnet ohne Unterlass | volkstümlich | Helmut Bornefeld | Kanons nach Kinderliedern | Carus-Verlag, Stuttgart |
| 54 | Ich bin ein kleiner Tropfen | Wolfgang Spode | Wolfgang Spode | Die Wundertüte | Fidula-Verlag, Boppard und Salzburg |
| 55 | Das Bächlein | Othmar Kist | | | |
| 60 | Im Urwald, Forschern unbekannt | Michael Ende | Katharina Kemming | Unser Liederbuch Schalmei | Ernst Klett Verlag, Stuttgart |
| 61 | Wenn der Elefant in die Disco geht | Klaus W. Hoffmann | Klaus W. Hoffmann | | Ravensburger Buchverlag Otto Maier |
| 68 | Die Schöpfung | Biblischer Text (Gottfried van Swieten) | | | |
| 70 | Bitte, gib mir doch ein Zuckerstückchen | aus Portugal, Lieselotte Holzmeister (Tf.) | aus Portugal Heinz Lemmermann (Hf) | Die Zugabe, Band 1 | Fidula-Verlag, Boppard und Salzburg |
| 71 | Unter Eukalyptusblüten | Ortfried Prösel | aus Griechenland Heinz Lemmermann (Mf) | Die Zugabe Band 3 | Fidula-Verlag, Boppard und Salzburg |
| 72 | Ein Rekorder ohne Kabel | Klaus W. Hoffmann | Klaus W. Hoffmann | Manni Mülleimers Geschichten | Aktive Musik Verlagsgesellschaft mbH, Dortmund |
| 73 | Vom Leben willst du uns erzählen | Klaus Gräske | Klaus Gräske | Religionspäd. Praxis, 1988, Nr. II, „Im Kleinen liegt verborgen“ | RPA-Verlag, Landshut |
| 74 | Das Gewitter | Josef Guggenmos | | Sieben kleine Bären | Georg Bitter Verlag, Recklinghausen |
| 76 | Wir tragen den Sommerbaum | Cesar Bresgen | Cesar Bresgen | Wir tragen den Sommerbaum | Möseler-Verlag, Wolfenbüttel |
| 76 | Sommer | Ilse Kleeberger | | | © by Ilse Kleeberger |
| 77 | Wir reisen ins Sommerland | Karl Foltz | Karl Foltz | Hörst du nicht den feinen Ton | Möseler-Verlag, Wolfenbüttel |
| 78 | Un jetz isch us | aus dem Schwarzwald | aus dem Schwarzwald | | |
| 79 | Am Necker | Friedrich Richter | Friedrich Silcher | | |

**Bildnachweis**

S. 10: Bavaria Bildagentur, Gauting – S. 14: Mauritius Die Bildagentur, Mittenwald – S. 15: aus: Geschichte der Musik, herausgegeben von M. Raeburn und A. Kendall, Band IV, Das 20. Jahrhundert, Kindler/Schott, 1993, S. 105 – S. 30: „Der kleine Händel", Gemälde von Dicksee, Sammlung Historia-Photo – S. 31, 1: Archiv für Kunst und Geschichte, Berlin; 2: aus: Kurt Pahlen, Oratorien der Welt, SV international Schweizer Verlagshaus, 1985, Bild Nr. 32 – S. 38: Das Cambridge Buch der Musik, herausgegeben von St. Sadie und A. Lathan, Zweitausendeins (Frankfurt), 1994, S. 419 – S. 45: aus: Harenberg Konzertführer, Dortmund, 1996, S. 403 – S. 59: aus: Harenberg, a.a.O., S. 799 – S. 64: aus: Harenberg, a.a.O., S. 393 – S. 66: Amt der Burgenländischen Landesregierung, Eisenstadt – S. 67, 1: Harenberg, Meilensteine der Musik, S. 83; 2; Bavaria Bildagentur, Gauting – S. 73: Bildarchiv Superbild Eric Bach, Grünwald – S. 79: aus: HB Bildatlas, Heft 71, S. 92 – alle übrigen Fotos: Karlheinz Arian Kolster, Titisee-Neustadt.

# 61. Unterrichtseinheit zu Seite 78

## Inhalt

- Ein Mundartlied lernen
- Ein Tanzspiel zum Lied gestalten
- Sprache und Kultur anderer Menschen kennen lernen

## Organisation

- Platz für das Bewegungsspiel
- CD 52
- Schülerbuch

*Zeit: etwa 1 Unterrichtsstunde*

## Möglicher Unterrichtsverlauf

### Vorbemerkung

Die Mundartlieder sind im Lehrplan für Baden-Württemberg vorgesehen und deshalb auch hauptsächlich für dieses Bundesland gedacht. Dies schließt aber nicht aus, dass auch Schüler anderer Bundesländer mit diesen Liedern bekannt gemacht werden. Durch die Beschäftigung mit Mundartliedern erfahren die Schüler die besondere Klangfarbe eines Liedes, die durch den Dialekt bewirkt wird. Gleichzeitig lernen sie die Sprache und Kultur anderer Menschen kennen.

### 1. Hinführung zum Lied

a) Verschiedene Möglichkeiten:
   - Das Bild auf Seite 78 im Schülerbuch betrachten und darüber berichten (Schwarzwälder Bauernhaus ...)
   - Wer war schon im Schwarzwald? Wer kann darüber etwas berichten? Wie sprechen dort die Bewohner?
   - Einige typische Dialektwörter aus dem Lied an die Tafel schreiben und sprechen, die Bedeutung raten lassen, z. B. isch = ist, Schlurbe = Schlappen (Hausschuhe).

b) Das Lied durch das Hörbeispiel 52 vorstellen

### 2. Das Lied lernen

a) Das Lautspiel „züseli, büseli, rädädä“ kann als Einstieg zum Erlernen des Liedes herangezogen werden. Sprechen Sie das Lautspiel im Rhythmus der Liednotation (dritter und vierter Takt des Liedes) vor, die Schüler sprechen nach. Einige begleiten das Sprechen mit Klatschen des Grundschlags (Viertelnote), andere begleiten mit Klanghölzern im Sprechrhythmus (Achtel- und Sechzehntelnoten).

b) Wir singen „züseli ...“ nach der Notation.

c) Die Schüler hören das Lied C 52 und versuchen mitzusingen. Das wird sicher recht lustig werden.

d) Schreiben Sie die Übersetzung an die Tafel:
   1. Und jetzt ist aus und nichts mehr, züseli, büseli, rädädä, und jetzt ist aus und nichts mehr dran.
   2. Und wenn ich keine Schuh mehr, züseli, büseli, rädädä, und wenn ich keine Schuh mehr hab(e),
   3. so leg ich s'Vaters Schlappen, züseli, büseli, rädädä, so leg ich s'Vaters Schlappen an
   4. und tanz so wie ein alter, züseli, büseli, rädädä, und tanz so wie ein alter Mann.

### 3. Zum Lied ein Tanzspiel gestalten

a) Wir gestalten ein einfaches Bewegungsspiel, wie unter Aufgabe 1 auf Seite 78 im Schülerbuch beschrieben.

b) Erweitertes Tanzspiel:
   - Die Schüler stellen sich an den Händen gefasst im Kreis auf (oder einige kleinere Kreise bei großer Schülerzahl).
   - Alle gehen mit vier Schritten (Takt 1 und 2) zur Kreismitte, bleiben stehen und klatschen zu „züseli ...“ in die Hände.
   - Alle gehen ohne Handfassung wieder vier Schritte rückwärts und machen zum Schluss einen kleinen Sprung in die Höhe (Schlusssprung).

## Inhalt

- Ein Mundartlied hören
- Das Mundartlied singen
- Das Land um den Neckar kennen lernen

## Organisation

- Bilder vom Neckar
- CD A 53
- Schülerbuch

*Zeit: etwa 1 Unterrichtsstunde*

## Möglicher Unterrichtsverlauf

### Vorbemerkung

Was bei der Unterrichtseinheit „Un jetz isch us" zu den Mundartliedern gesagt wurde, gilt auch hier. „Am Necker" ist ein Lied im schwäbischen Dialekt. Die schwäbische Sprache ist von Region zu Region und sogar von Ort zu Ort oft unterschiedlich, aber dennoch unverkennbar. Die Melodie des Liedes ist von Friedrich Silcher (1789 – 1860), einem der größten Liedschöpfer in Schwaben. Er sammelte Volkslieder und komponierte auch selbst volkstümliche Weisen.

### 1. Hinführung zum Lied

a) Verschiedene Möglichkeiten:
   - Bild auf Seite 79 im Schülerbuch betrachten und darüber erzählen (Fluss, Neckar ...), gegebenenfalls Bild auf Transparentfolie kopieren, dazu Stichwörter mit Anmerkungen zum Neckar und zur Umgebung
   - Auf einer Karte den Lauf des Neckars verfolgen, über die Landschaft berichten
   - Fotos und Bilder betrachten und darüber sprechen

b) Den Text des Liedes versuchen zu lesen und zu übersetzen:
   1. Am Neckar, am Neckar, da ist ein jedes gern; wer d'Heimat hat am Neckar, der sehnt sich nicht in d'Fern, juhe! La la ..., der sehnt sich nicht in d'Fern.
   2. Am Neckar, am Neckar, da grünt und blüht es fein; juhe,am lieben Neckar, da wächst ein guter Wein, juhe! La la ..., da wächst ein guter Wein.
   3. Am Neckar, am Neckar, der Vogel fliegt und singt! Er badet sich im Neckar, sein Liedlein nicht verklingt, juhe! La la ..., sein Liedlein nicht verklingt.
   4. Am Neckar, am Neckar, bleib ich meine ganze Zeit, und wo er rauscht, der Neckar, sei auch mein Grab nicht weit, juhe! La la ..., sei auch mein Grab nicht weit.

### 2. Das Lied hören und singen

a) Wir hören das Mundartlied mit Hilfe des Tonbeispiels C 53. Dazu kann das Schülerbuch auf Seite 79 verwendet werden.

b) Wir singen zum Hörbeispiel C 53 mit. Um mit dem Lied vertraut zu werden, sind einige Durchgänge erforderlich.

# Notenbeilage

## Fürchtenmachen

25
A
ritard.
30
35
B
Schneller
39
A
43

# Notenbeilage

## 4. Satz aus der Kammermusik für 5 Bläser

langsam
accel.
a tempo
ten.
ruhig
a tempo
Sehr breit
f espr.
a tempo

In der Ferne zieht ein Gewitter auf.

## Nr. 14. Temporale

## [Gewitter]

Es beginnt zu regnen.

# Notenbeilage

Notenbeilage

# Notenbeilage

# Teil 4:
# Kopiervorlagen

Trage die Wörter passend in die Tabelle ein.

Melodie A, Melodie B

lebhaft, ruhig

schnell, langsam

Flöte, Klarinette, Oboe, Pikkoloflöte

zupfen, streichen

| | Teil 1 | Teil 2 | Teil 3 | Teil 4 | Teil 5 |
|---|---|---|---|---|---|
| Melodie A oder B | | | | | |
| Art der Musik | | | | | |
| Tempo | | | | | |
| hervortretendes Instrument | | | | | X |
| Streicher: zupfen oder streichen | | | | | |

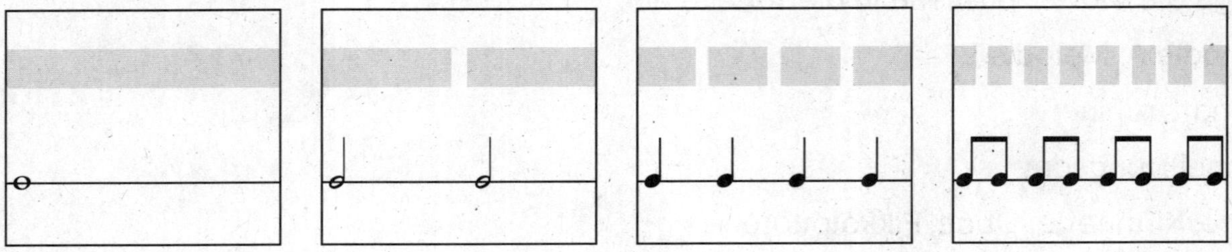

Trage die passenden Zeichen ein.

A

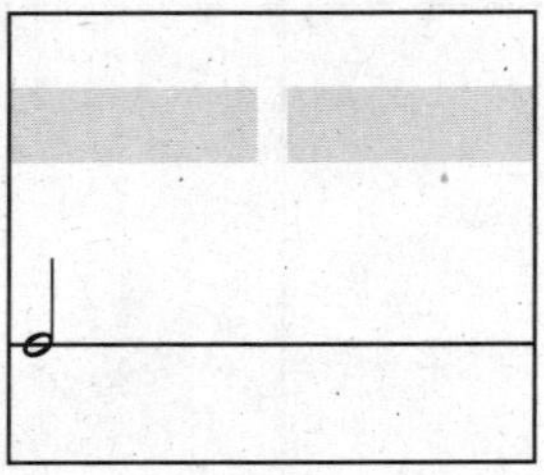

B

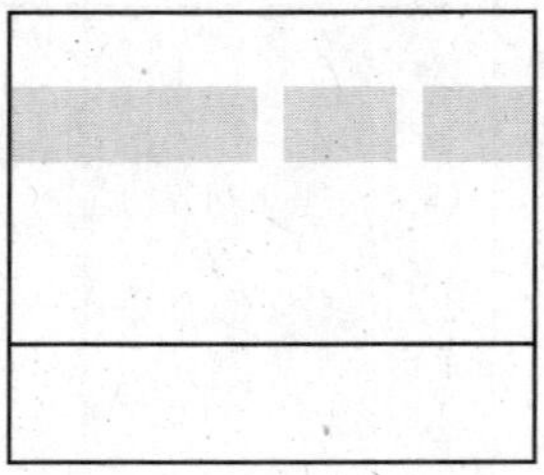

C

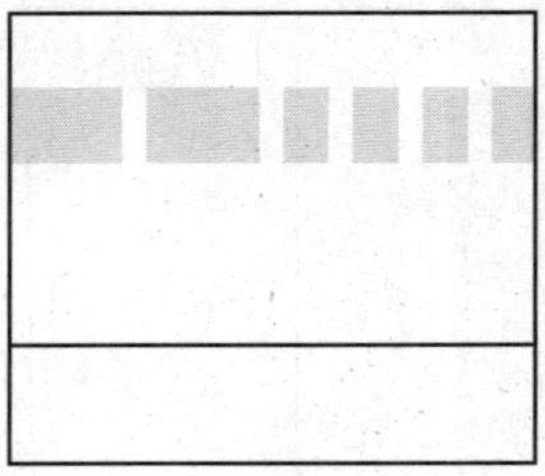

D

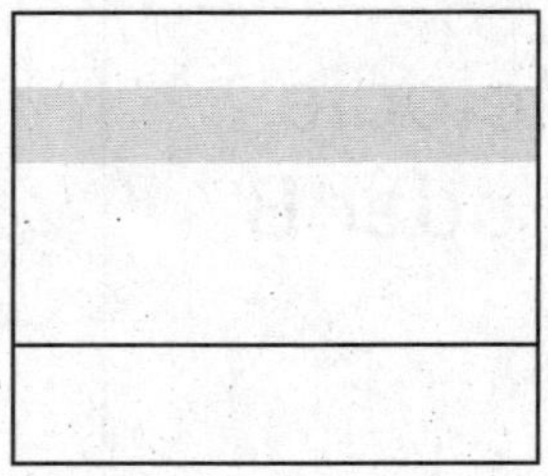

E

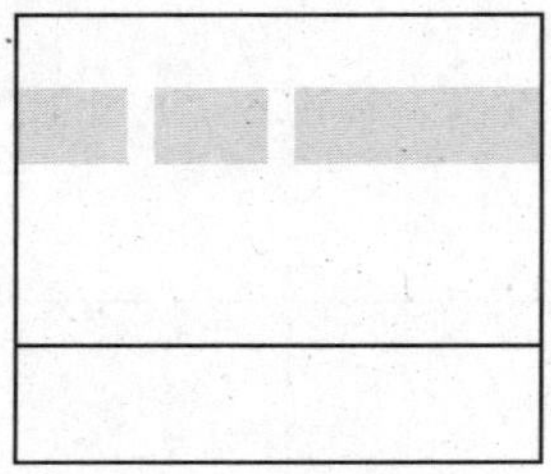

F

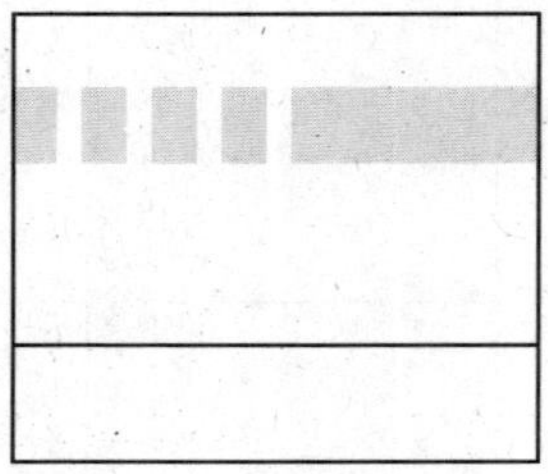

G

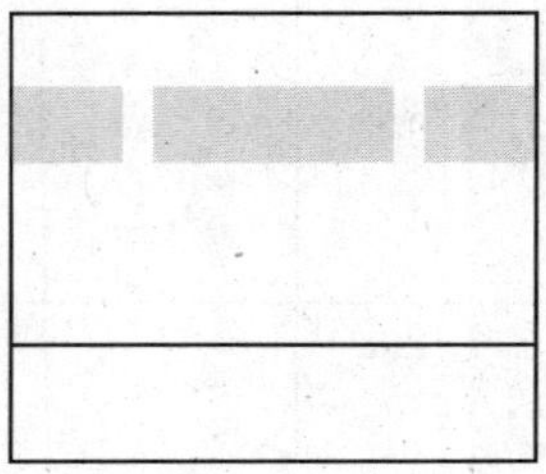

H

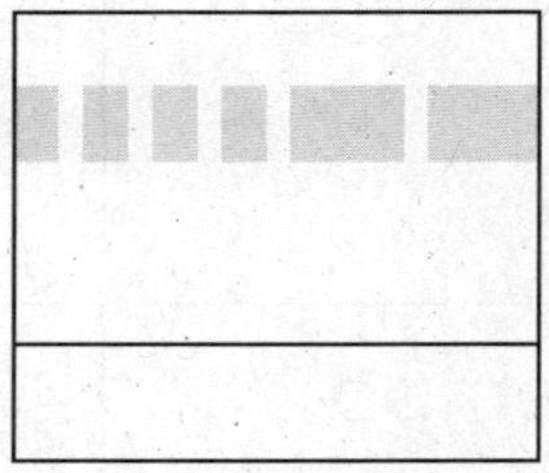

I

J

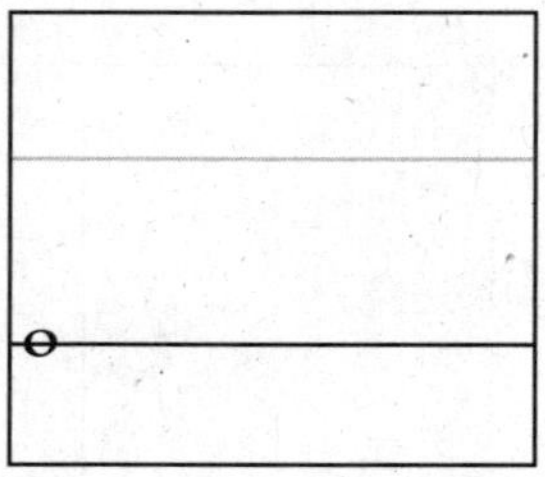

K

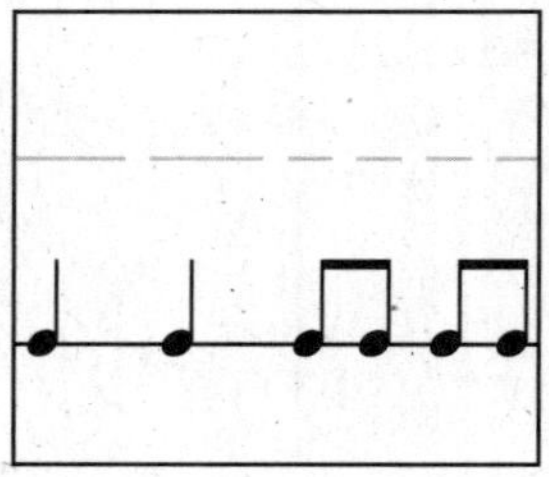

L

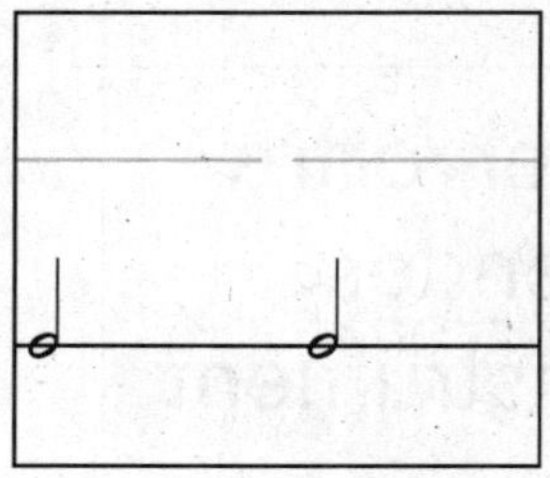

M

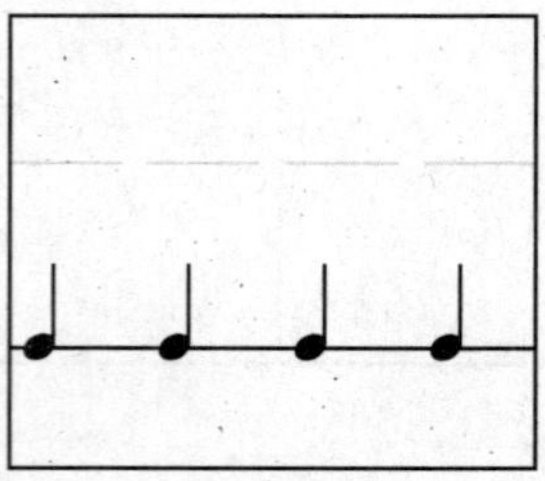

N

O

P

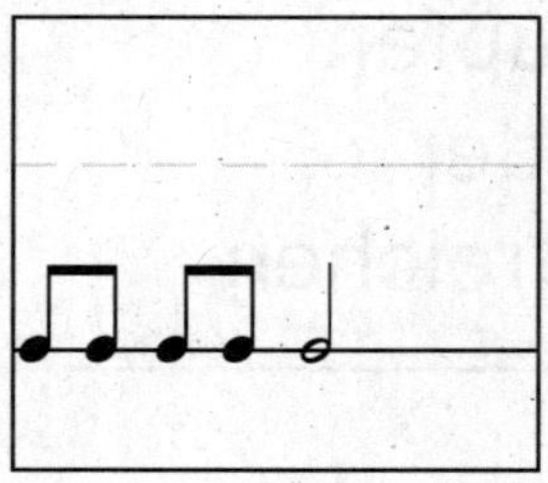

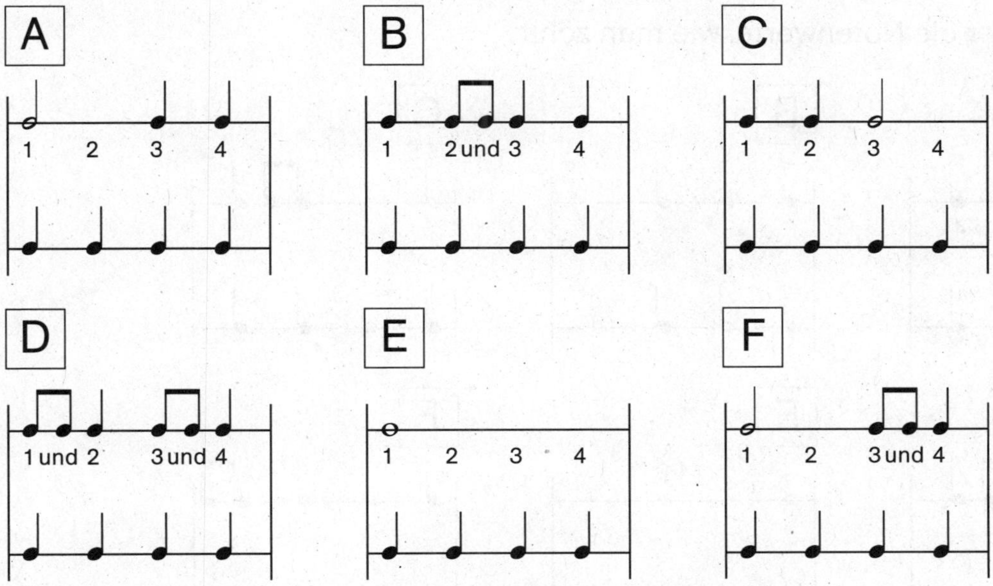


① Ergänze die rhythmischen Bausteine mit beliebigen Notenwerten.

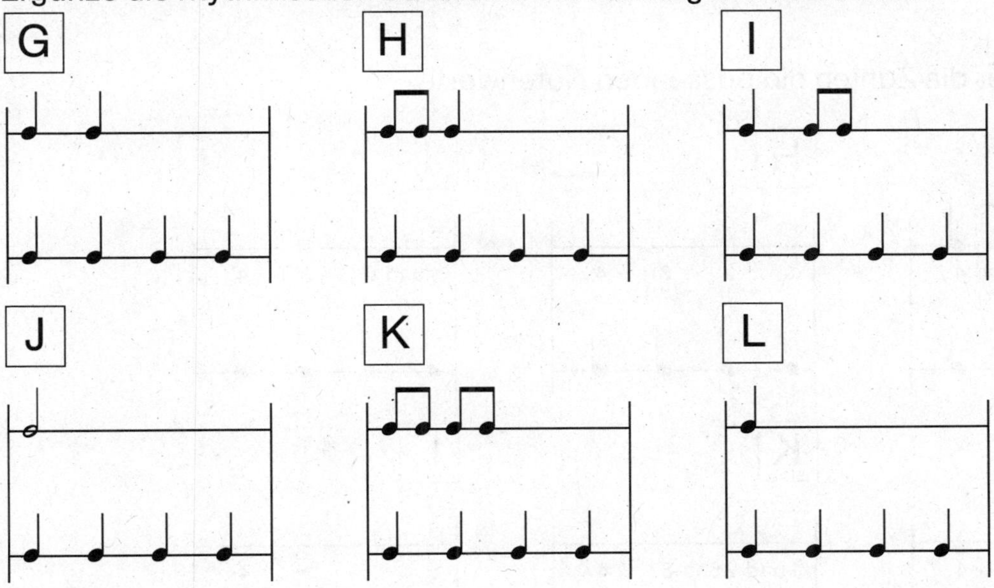


② Erfinde selbst rhythmische Bausteine.

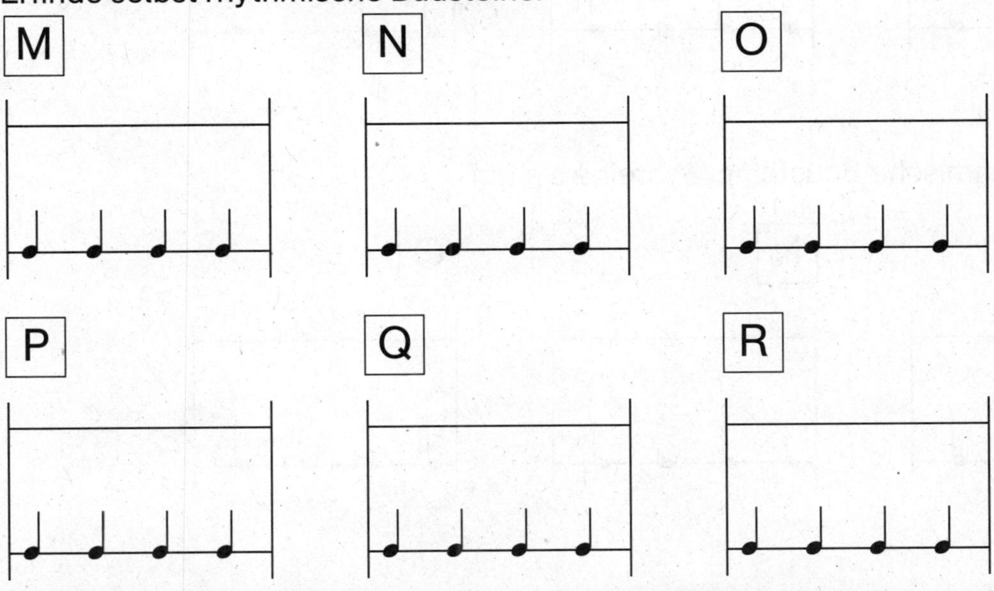

① Schreibe unter die Notenwerte, wie man zählt.

A

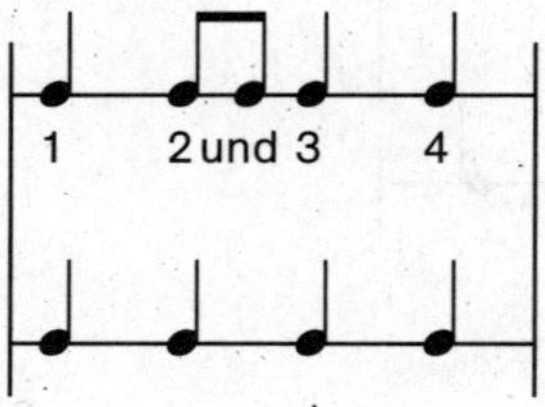


B

C

D

E

F

② Schreibe über die Zahlen die passenden Notenwerte.

G

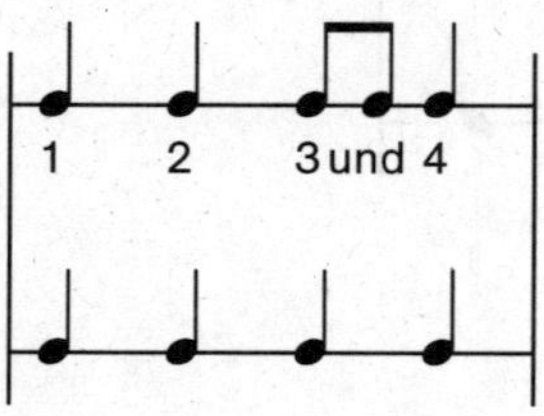


H

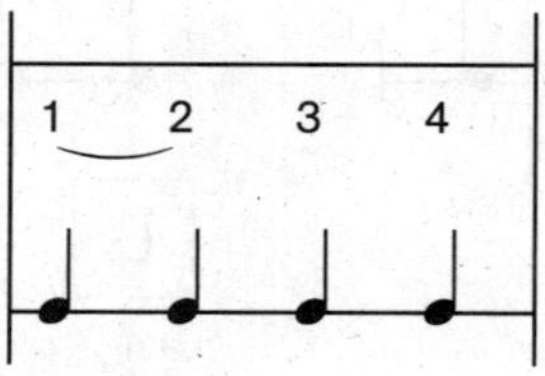


I

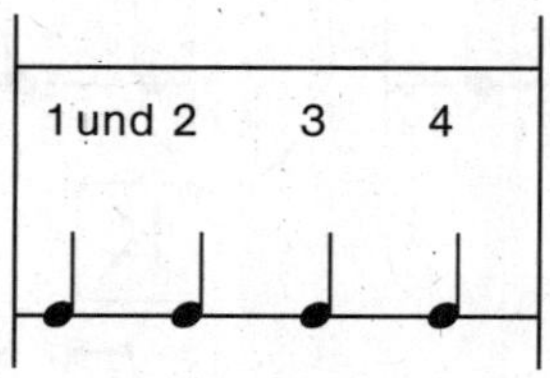


J

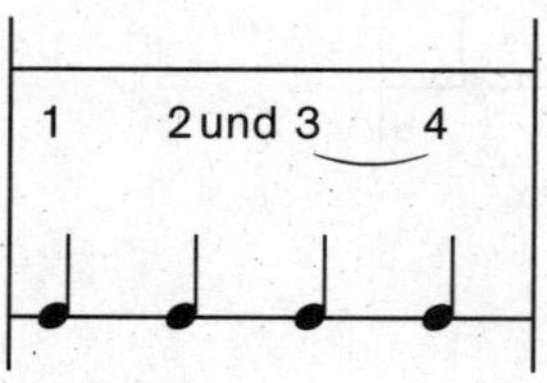


K

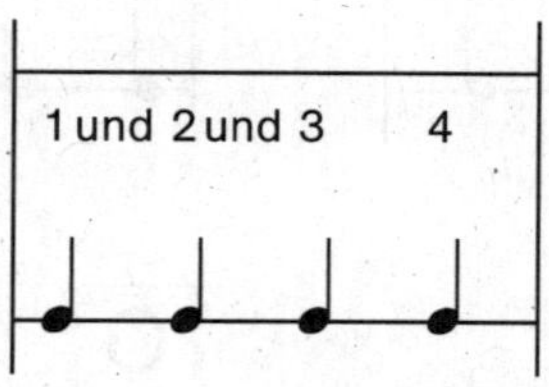


L

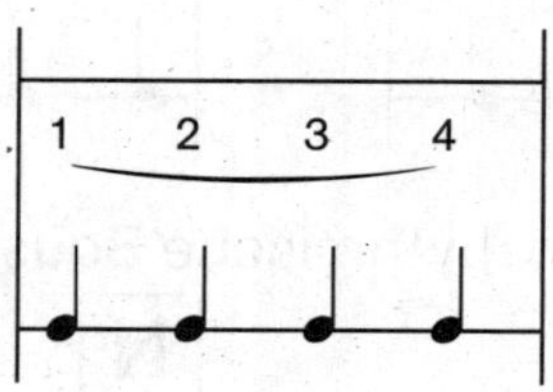


③ Du hörst rhythmische Bausteine. Schreibe sie auf.

M

N

O

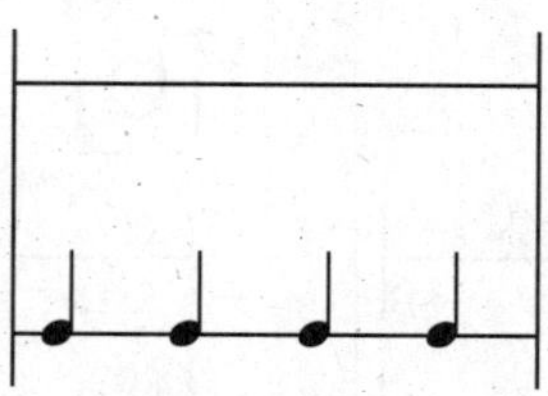

① Trage die fehlenden Pausenzeichen ein. Verwende Viertelpausen.

Text und Melodie: Christa Zeuch

② Trage in den Bausteinen für die fehlenden Noten die entsprechenden Pausenzeichen ein.

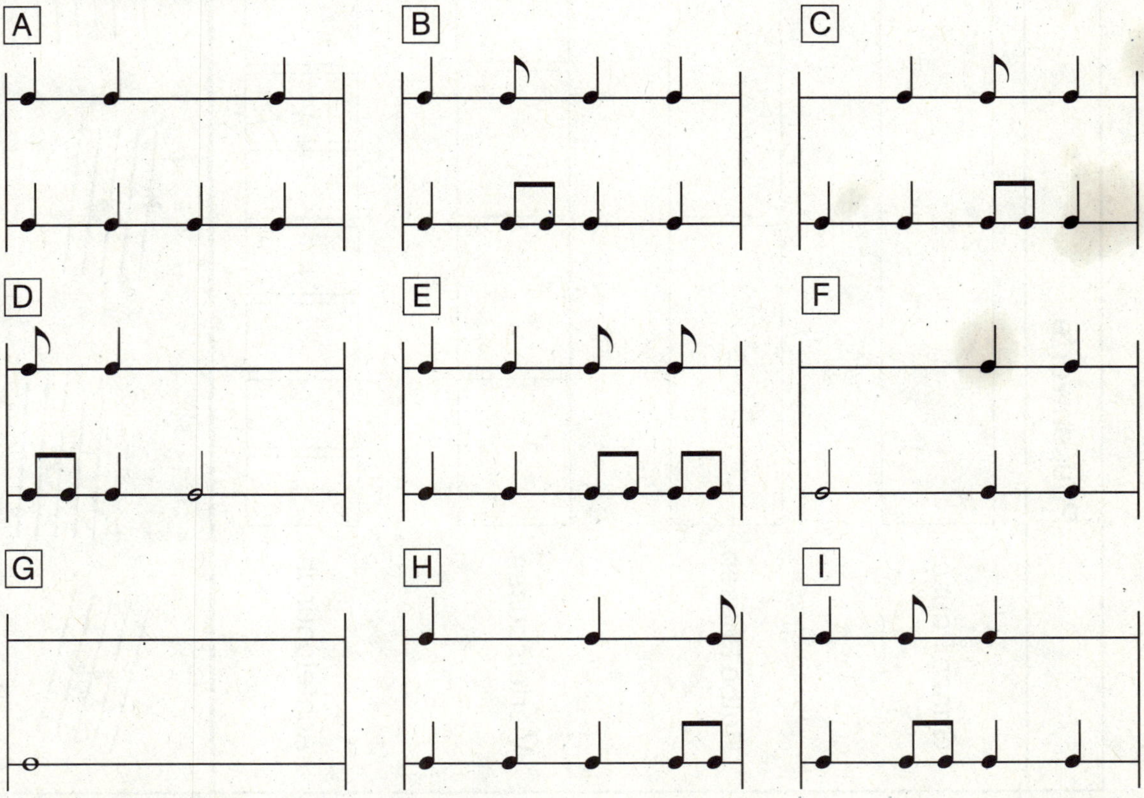

Trage die Pausenwerte und die entsprechenden Notenwerte ein.
Beginne mit der Ganzen Pause und der Ganzen Note.

| | Pausenwerte | Notenwerte | |
|---|---|---|---|
| Ganze Pause | | | Ganze Note |
| Halbe Pausen | | | Halbe Noten |
| Viertelpausen | | | Viertelnoten |
| Achtelpausen | | | Achtelnoten |

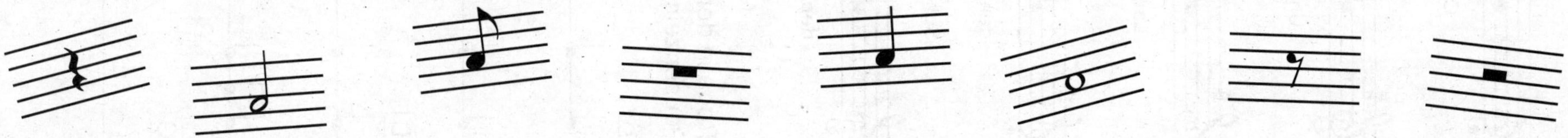

# Kopiervorlage 7 zu den Seiten 28, 29

① Trage die Namen der Blechblasinstrumente ein (Fanfare, Horn, Posaune, Trompete, Tuba, Jagdhorn).

A

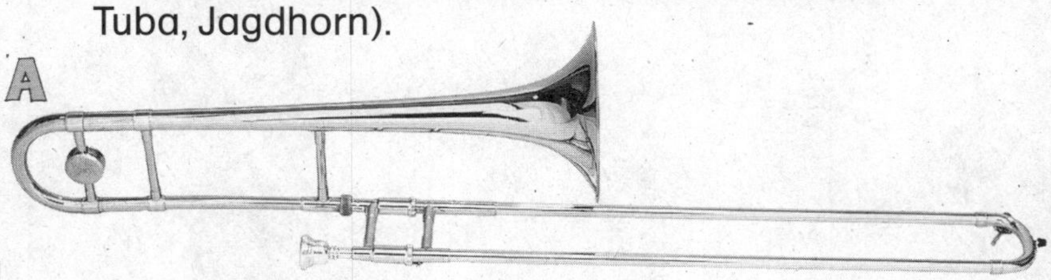

B

C

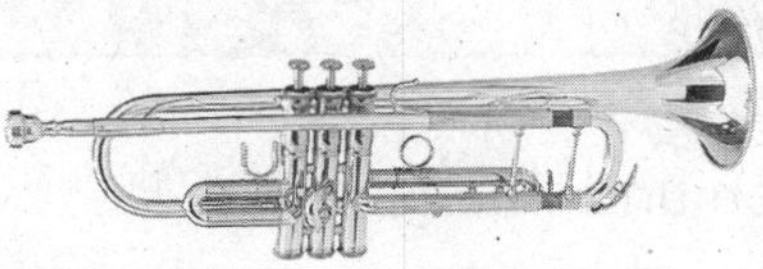

D

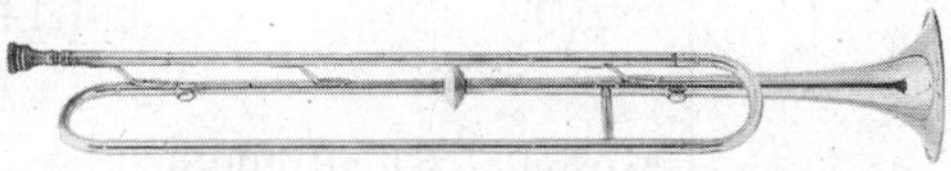

E

F

② Schreibe die Namen der Trompetenteile an die richtige Stelle.
(Mundstück, Schallbecher, Schallröhre, Ventile, Wasserklappe)

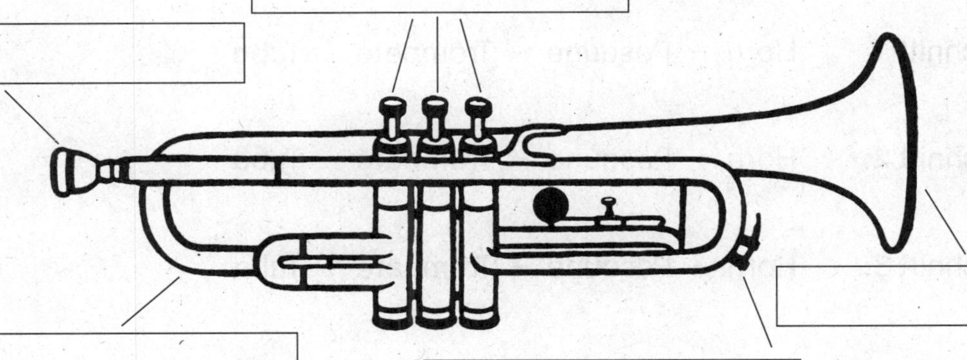

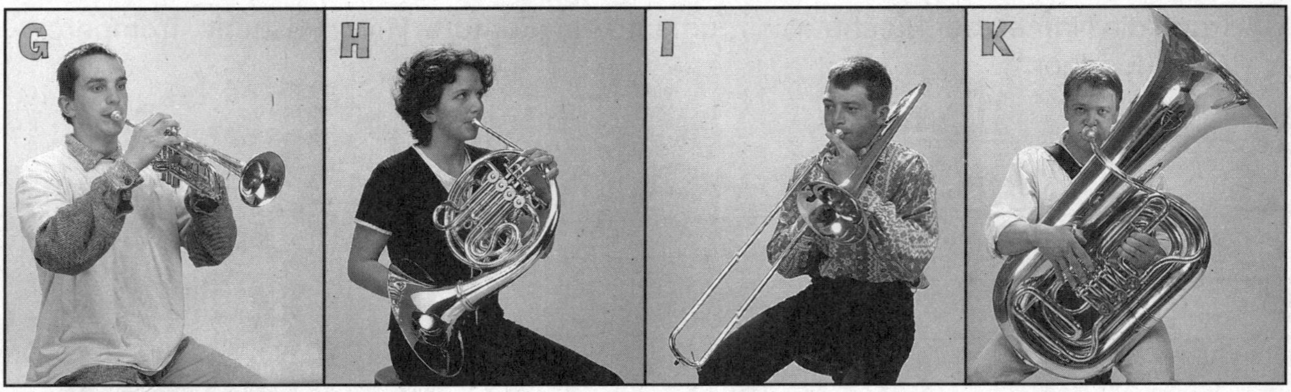


① Ergänze die Steckbriefe mit den entsprechenden Namen und Buchstaben.

Name: ____________________

Foto: ☐ Bild mit Spieler: ☐

- Röhre zum Teil kreisrund gewunden, etwa 3,50 m lang
- Der große Schallbecher zeigt beim Spielen nach hinten.
- 3 bis 5 Ventile
- Eine einfache Form ohne Ventile wird heute noch bei der Jagd verwendet.

Name: ____________________

Foto: ☐ Bild mit Spieler: ☐

- Kleinstes Instrument
- Röhre zweimal gebogen, etwa 1,30 m lang
- Kleiner Schallbecher
- Spielt die höchsten Töne
- 3 Ventile
- Vor Erfindung der Ventile sah das Instrument wie eine Fanfare aus.

Name: ____________________

Foto: ☐ Bild mit Spieler: ☐

- Größtes und schwerstes Instrument
- Röhre mehrfach gebogen, über 4 m lang
- Der große Schallbecher zeigt beim Spielen nach oben.
- Spielt die tiefsten Töne
- 3 bis 5 Ventile
- Bassinstrument in Blaskapellen

Name: ____________________

Foto: ☐ Bild mit Spieler: ☐

- Langgestrecktes Instrument
- Röhre zweimal gebogen, etwa 3 m lang
- Kleiner Schallbecher
- Das Instrument hat statt der Ventile einen Zug. Durch Herausziehen oder Einschieben kann die Länge der Röhre verändert werden.

② Du hörst vier Ausschnitte aus Musikstücken.
Umfahre jeweils den Namen des Instrumentes, das du am Klang erkennen kannst.

Hörausschnitt 1: Horn – Posaune – Trompete – Tuba

Hörausschnitt 2: Horn – Posaune – Trompete – Tuba

Hörausschnitt 3: Horn – Posaune – Trompete – Tuba

Hörausschnitt 4: Horn – Posaune – Trompete – Tuba

Über 300 Jahre sind es her, dass Georg Friedrich Händel in ________, einer Stadt in Sachsen, geboren wurde. Schon zu Lebzeiten war er ein berühmter ________. Wäre es nach seinem ________ gegangen, hätte der begabte Sohn niemals Musiker werden dürfen.

Eines Tages hörte der Herzog von Sachsen-Weißenfels, bei dem der Vater als Leibarzt angestellt war, den jungen Händel auf der ________ spielen. Der ________ Georg Friedrich lernte daraufhin bei dem Organisten Zachow drei Jahre lang Orgel, Cembalo, Geige und das ________. Im Alter von ____ Jahren ging Händel nach Italien. Den größten Erfolg hatte Händel in Neapel mit einer ________. Die meiste Zeit seines Lebens verbrachte Händel aber in ________. Als er im Alter von ____ Jahren starb, wurde er in der Westminsterabtei in ________ inmitten englischer Könige begraben. Über ____ Menschen nahmen an seinem Begräbnis teil und erwiesen ihm so ihre große Verehrung.

Die ________ zählt zu Händels bekanntesten Orchesterwerken. Das berühmteste Werk von Georg Friedrich Händel ist das Oratorium ________. Es besteht aus über ____ Teilen für Orchester, Cembalo, Orgel, ________ und Solostimmen. In nur ____ Tagen hat Händel dieses große Werk, dessen Aufführung zweieinhalb Stunden dauert, geschrieben. Das bekannteste Stück aus diesem Oratorium ist der ________.

Ergänze die Sätze.
Die passenden Wörter und Zahlen findest du in Rondo 3 auf Seite 30 und 31.

① Verfolgt beim Hören die Noten der beiden Melodien A und B.
Malt zum Notenverlauf eine farbige Spur (Melodie A: rot, Melodie B: blau).

**A**

**B**

② Schneide die vier Instrumentenkärtchen vom Ausschneideblatt 1 (Seite 121) aus und klebe sie richtig ein.

| | Teil A | Wiederholung | | Teil A | Wiederholung |
|---|---|---|---|---|---|
| Vorspiel | | | Zwischenspiel | | |

| Teil B | Wiederholung | | Teil A | Wiederholung |
|---|---|---|---|---|
| | | Zwischenspiel | | |

③ Ergänze die folgenden Sätze. Die fehlenden Wörter und Zahlen findest du in Rondo 3 auf Seite 38 und 39.

Pjotr Iljitsch Tschaikowsky wurde 1840 in ____ geboren. Schon mit 4 Jahren begann er ____ zu spielen. Aber erst im Alter von ____ Jahren entschied er sich, die Musik zu seinem Beruf zu machen und studierte in Sankt Petersburg an der ____.

Einige seiner Werke wurden ____. Dazu gehört auch das ____ „Der Nussknacker". Auf vielen Theaterbühnen der Welt wird es besonders in der ____ aufgeführt. Zu diesem Ballett gehört auch der „Tanz der ____".

① Hier siehst du die Noten der Solo-Violine und der ersten Violine zur Musik „Der Winter“ von Antonio Vivaldi.
Trage bei den Noten ein, was dir an der Musik besonders auffällt und was sie beschreibt.

Solo-Violine

1. Violine, gezupft

② Male zur Musik ein Bild.
Du kannst die Musik auch mit Wellenlinien und Punkten darstellen.

① Schreibe die rhythmischen Bausteine passend über den Abzählreim.

**E** - ne me - ne **m**en - te,

**Lo**-cum to-cum **t**en - te,

**ca** - ra - bu - ti, **ca** - ra - bu - ti, **w**itsch, watsch, **ab**.

② Schreibe die passenden Bausteine über den Vers.

Auf dem Kirch - turm, ganz hoch dro - ben,

Sitzt ein klei - ner Wet - ter - hahn, sieht die Welt von o - ben.

① Bilde weitere Takte mit beliebigen Notenwerten und Pausenwerten.

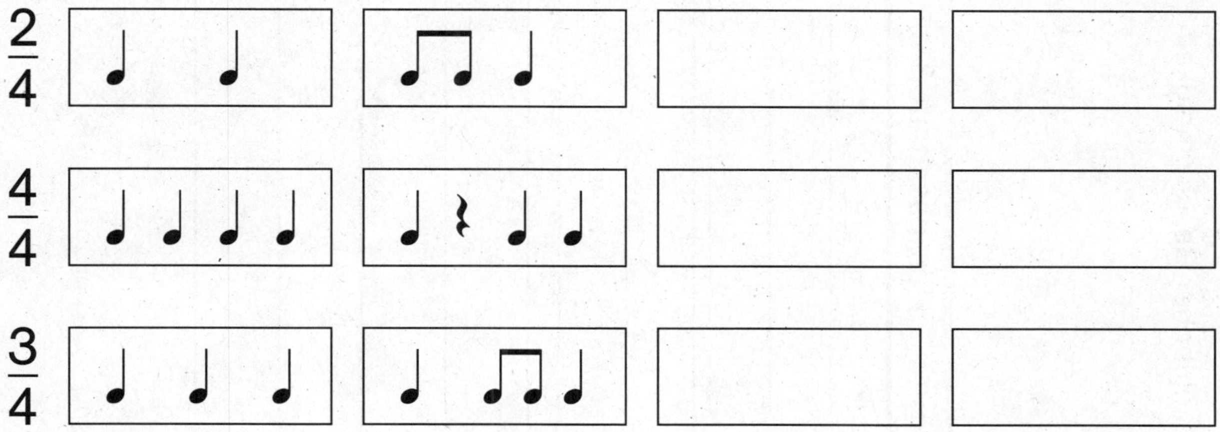


② Schreibe zu jedem Baustein die passende Taktart 2/4, 4/4 oder 3/4.

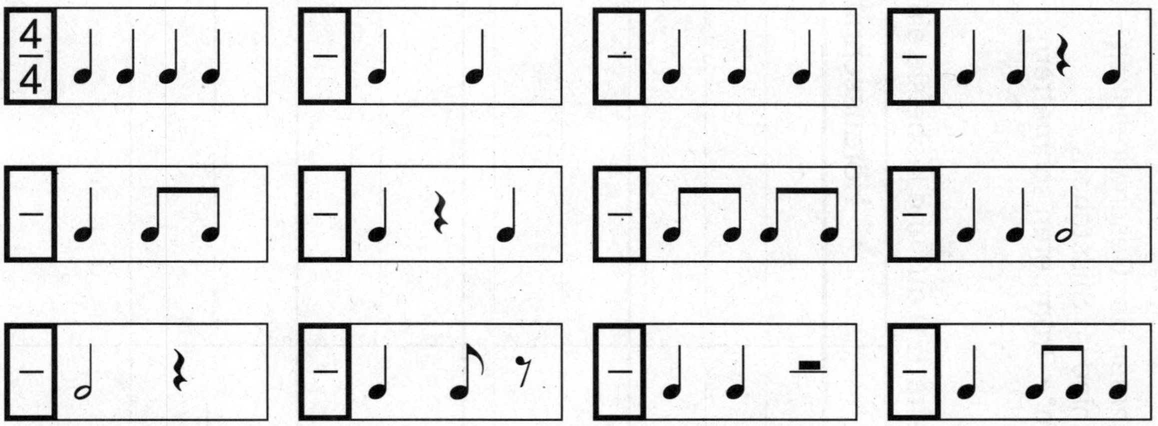


③ Setze die Taktstriche an die richtige Stelle.

① Trage in die Tabelle die passenden Begriffe ein.

a) Die Anstrengung beim Anfahren und das Zunehmen der Geschwindigkeit – Der Zug stürmt mit hoher Geschwindigkeit durch die Nacht – Das ruhige Atmen der Maschine im Stillstehen
b) Einzelne Töne der Hörner – Geigen „quietschen" – Trompeten schmettern
c) Laut – leise – lauter werdend
d) Schneller werdend – langsam – schnell

② Schneide die Klangbilder (Ausschneideblatt 1, Seite 121) aus und klebe sie ein.

| | Hörausschnitt 1 | Hörausschnitt 2 | Hörausschnitt 3 |
|---|---|---|---|
| Überschrift | | | |
| Instrumente | | | |
| Lautstärke | | | |
| Tempo | | | |
| Klangbild | | | |

① Gestalte eine Flaschen- und Gläsermusik

② Schreibe deine Musik mit Klangzeichen auf.

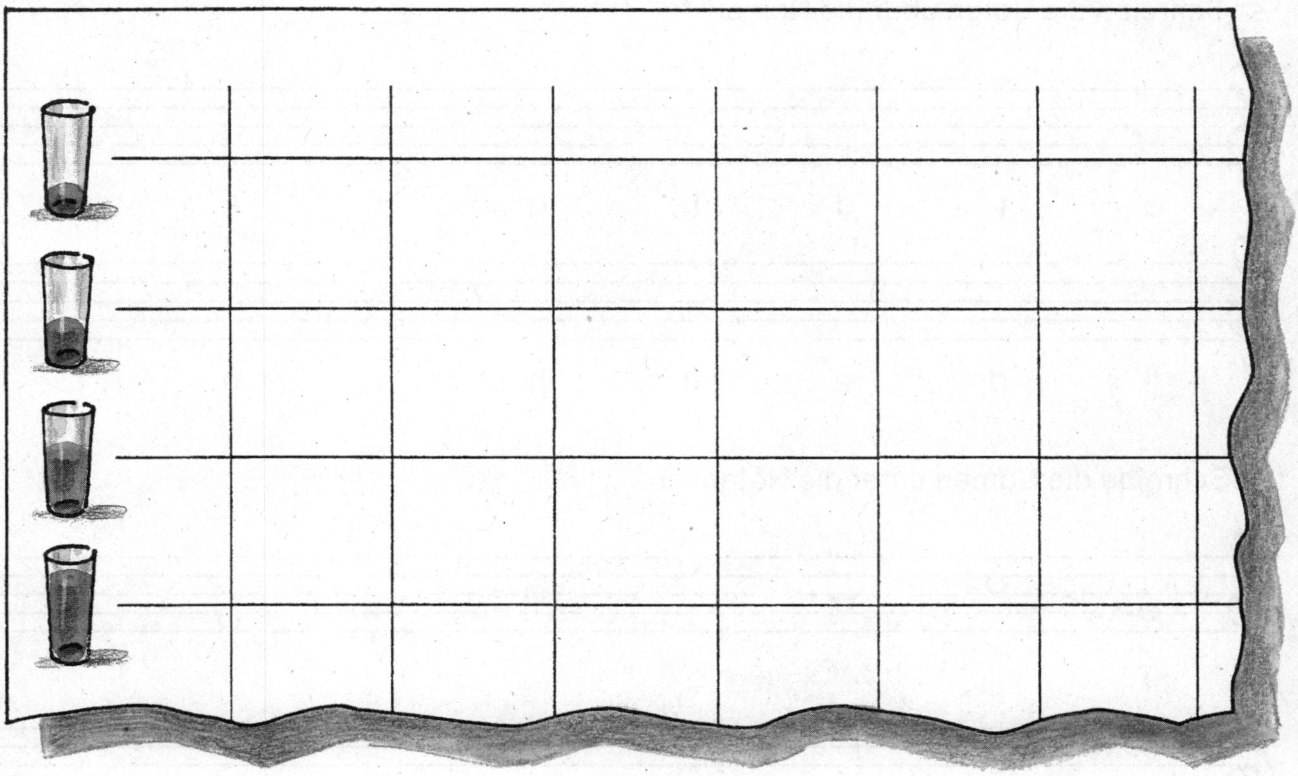

# Kopiervorlage 16

zu Seite 51

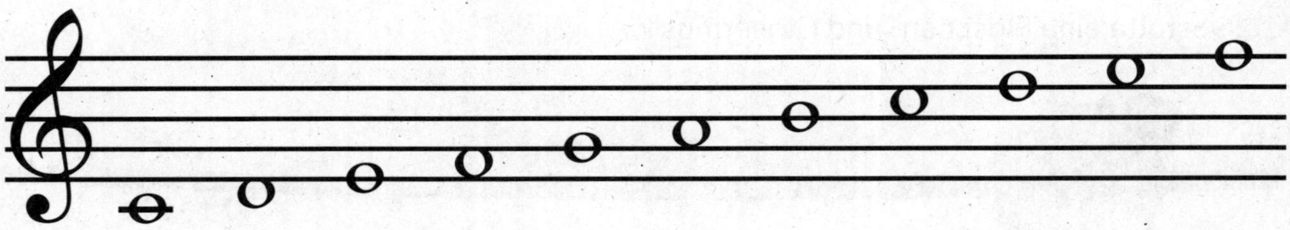

c d e f g a h c d e f

① Trage die Namen der Noten ein.

Stieg ein Mann auf ei - ne Lei - ter, im - mer hö - her, im - mer wei - ter.

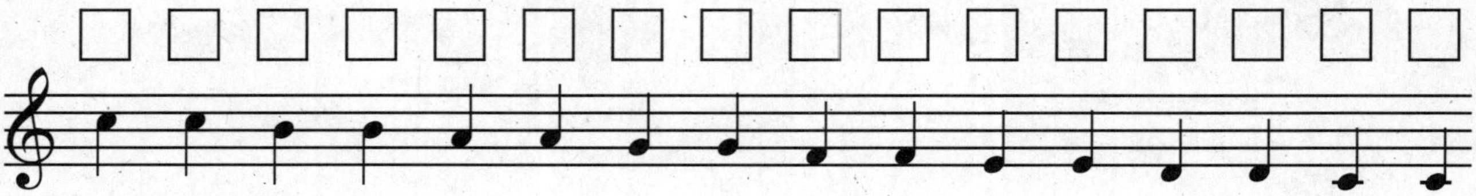

Wack - lig war die Lei - ter, und da stieg er lie - ber wie - der run - ter.

② Schreibe die Noten über die Namen.

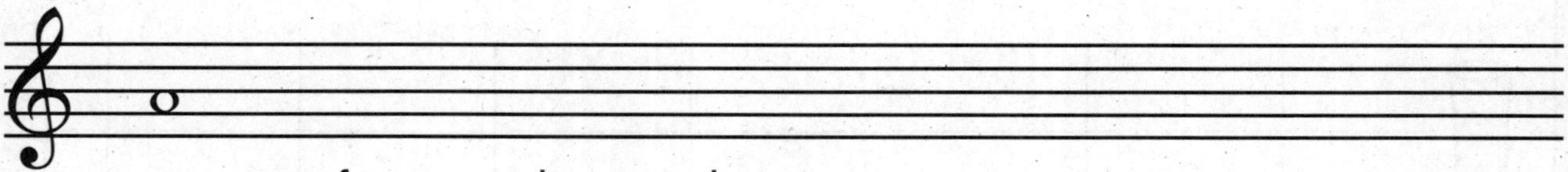

a f d h g c e c

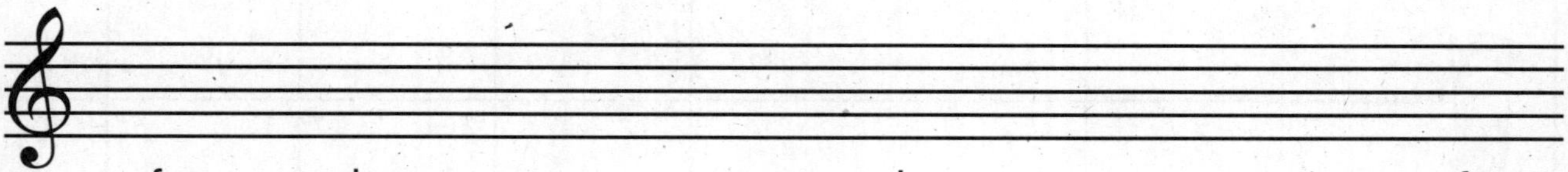

f d e g h a g f

③ Schreibe die Namen unter die Noten.

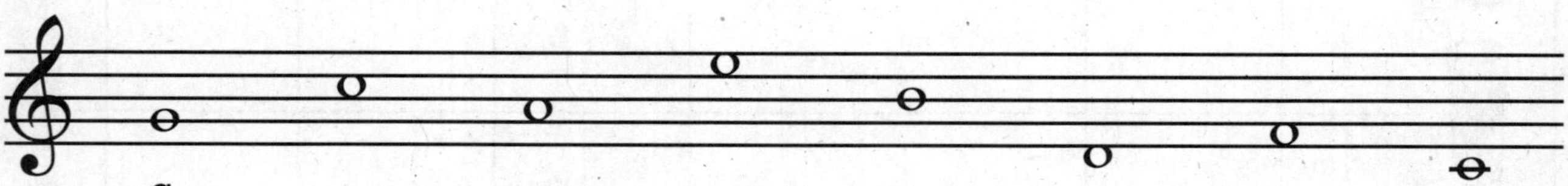

g

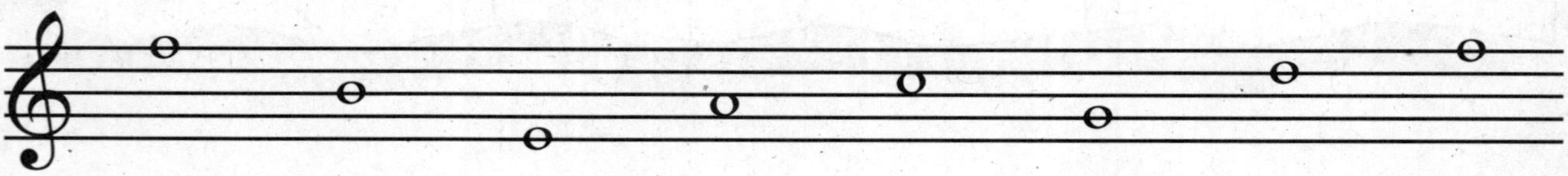

Wiederholung | Schritt nach oben | Schritt nach unten | Sprung nach oben | Sprung nach unten

A | B | C | D

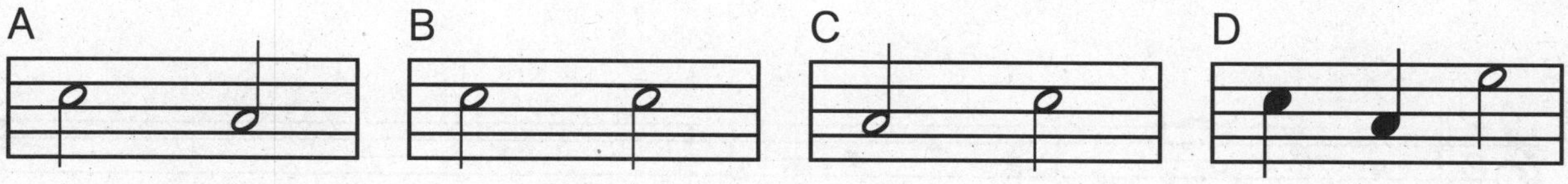

c a | c c | a c | c a e

E | F | G | H

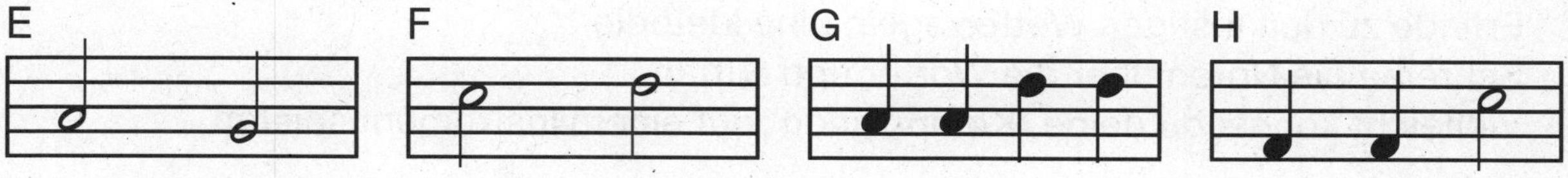

a g | c d | a a d d | f f c

I | J | K | L

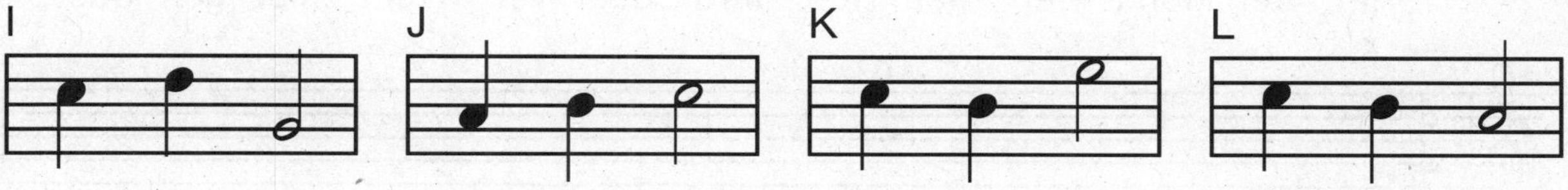

c d g | a h c | c h e | c h a

M | N | O | P

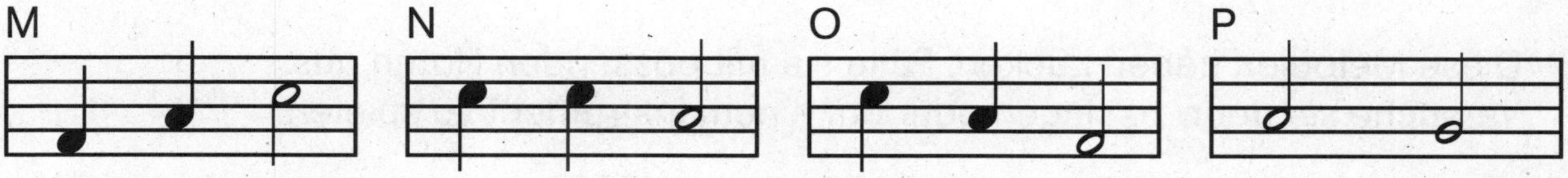

f a c | c c a | c a f | a g

① Spielt die Bausteine auf einem Instrument.

② Versucht sie auf die Notennamen zu singen.

③ Schreibe die Zeichen für Wiederholung, Schritt und Sprung über die Noten.

① Schreibe zu den angefangenen Melodien eine Fortsetzung.

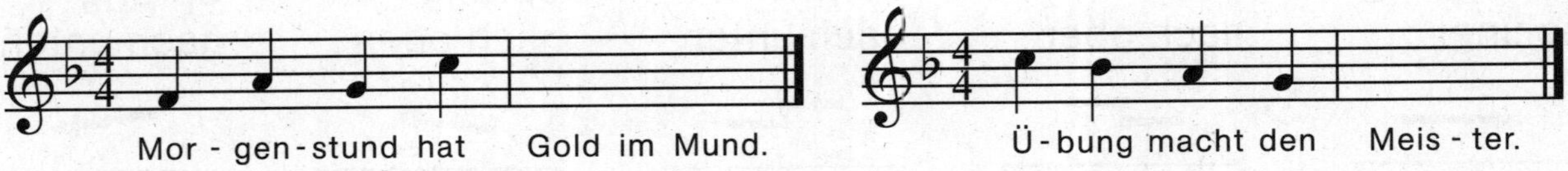

② Erfinde zu den lustigen Wetterregeln eine Melodie.
Schreibe die Noten über die Wörter und Silben.
Vielleicht kannst du deine „Komposition“ auf einem Instrument spielen.

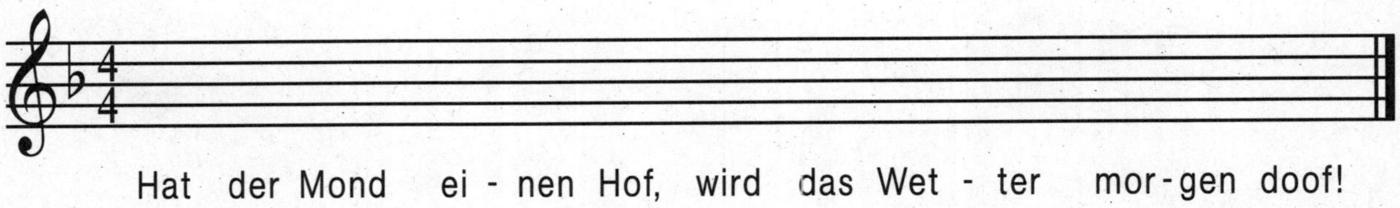


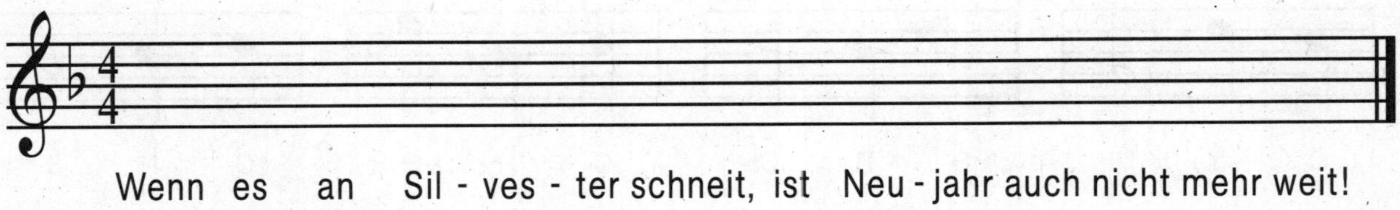


③ Diese Melodien haben Lücken. Fülle sie mit passenden Noten aus.
Versuche sie dann zu singen oder auf einem Instrument zu spielen.

① Schreibe die Instrumente und Klangzeichen auf.

| Das Bächlein | Instrumente | Klangzeichen |
|---|---|---|
| Droben im Bergwald sprudelt eine kleine Quelle aus dem Boden. | | |
| Das Wasser plätschert als Rinnsal über Baumwurzeln und Steine. | | |
| Das Zwitschern der Vögel und Rascheln der Waldtiere begleiten das Bächlein hinunter in das Tal. | | |
| Es fließt durch eine Wiese, wo es Glockenblumen und Schmetterlinge freudig begrüßen. | | |
| In der Nacht spiegeln sich Mond und Sterne in seinem Wasser. | | |
| Es fließt weiter durch die Ebene. In der Ferne hört man eine Kirchturmuhr schlagen. | | |
| Das Bächlein wird immer breiter und wächst allmählich zum Bach. | | |

② Diese Melodie kann man leise zur Klanggestaltung mitspielen.

Metallophon

① Klebe die Textkärtchen vom Ausschneideblatt 1 (Seite 121) ein.

| Hörausschnitte | Hervortretende Instrumente | Art der Musik |
|---|---|---|
| 1. Die Quellen der Moldau | | |
| 2. Die Moldau fließt durch die Landschaft | | |
| 3. Die Jagd im Walde | | |
| 4. Die Bauern-hochzeit | | |
| 5. Der Reigen der Wassernixen | | |
| 6. Die Strom-schnellen | | |
| 7. Der Fluss ent-schwindet in der Ferne | | |

② Schreibe die Namen zu den Instrumenten.

① Schreibe zu den sechs Holzblasinstrumenten die Namen (Fagott, Flöte, Klarinette, Oboe, Pikkoloflöte, Saxophon).

A

B

C

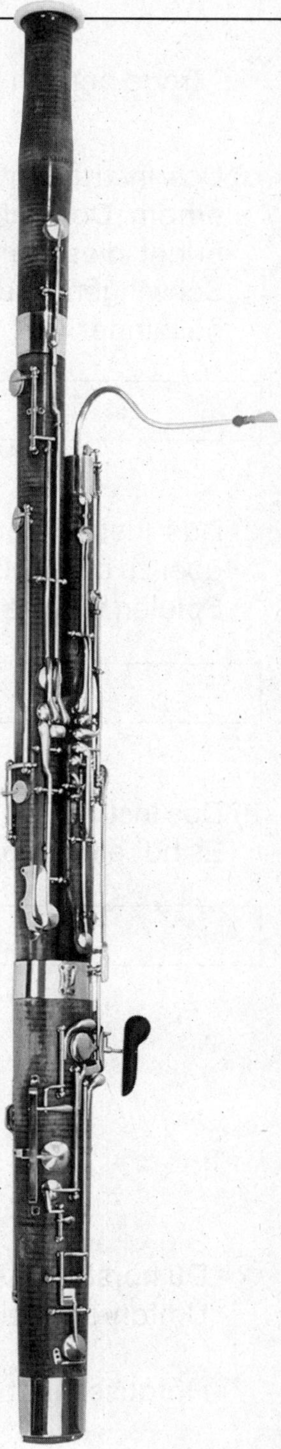

D

E

F

② Schreibe die Namen der einzelnen Teile einer Klarinette an die richtige Stelle (Mundstück, Schallröhre, Schalltrichter, Klappen).

① Trage bei den Instrumentenrätseln den Namen des Holzblasinstrumentes ein.

a) Das Instrument hat ein Mundstück mit einem Doppelrohrblatt. Der Spieler bringt dieses mit seiner Atemluft zum Schwingen und es entsteht ein etwas näselnder Ton.

b) Es ist das Holzblasinstrument, auf dem die höchsten Töne gespielt werden können. Beim Anblasen wird ein schmaler Luftstrom gegen die Kante des Anblasloches geleitet.

c) Das Instrument ist aus Metall, gehört aber zu den Holzblasinstrumenten. Beim Spielen wird es quer gehalten.

d) Es ist das Holzblasinstrument, auf dem die tiefsten Töne gespielt werden können. Damit der Spieler mit der 2,60 m langen Röhre handlicher umgehen kann, ist sie geknickt.

e) Das Instrument ist ebenfalls aus Metall. Es hat eine gebogene Schallröhre.

f) Das Instrument hat ein einfaches Rohrblatt. Das Mundstück besteht aus einem festen Teil, dem Schnabel, auf dem das Rohrblatt befestigt wird.

② Du hörst sechs Ausschnitte von Musikstücken.
Umfahre jeweils den Namen des Instrumentes, das du am Klang erkennst.

Hörausschnitt 1: Fagott – Flöte – Klarinette – Oboe – Pikkoloflöte – Saxophon

Hörausschnitt 2: Fagott – Flöte – Klarinette – Oboe – Pikkoloflöte – Saxophon

Hörausschnitt 3: Fagott – Flöte – Klarinette – Oboe – Pikkoloflöte – Saxophon

Hörausschnitt 4: Fagott – Flöte – Klarinette – Oboe – Pikkoloflöte – Saxophon

Hörausschnitt 5: Fagott – Flöte – Klarinette – Oboe – Pikkoloflöte – Saxophon

Hörausschnitt 6: Fagott – Flöte – Klarinette – Oboe – Pikkoloflöte – Saxophon

Klebe die Instrumentenkärtchen vom Ausschneideblatt 2 (Seite 123) in der Reihenfolge, wie die Musik erklingt, ein.

| | | | |
|---|---|---|---|
| Alle ohne Flöte | | Alle ohne Fagott | |

| | | | |
|---|---|---|---|
| Alle ohne Klarinette | | Alle ohne Oboe | |

| | | | |
|---|---|---|---|
| Alle ohne Horn | | Alle ohne Horn | |

# Kopiervorlage 24 zu den Seiten 66, 67

Joseph Haydn wurde 1732 in dem kleinen Dorf Rohrau in ________ geboren. Wegen seiner schönen Stimme nannten ihn die Leute im Dorf „________“. Sein „________“ aus Hainburg nahm den Fünfjährigen mit an seine Schule. Dort erhielt er den ersten Unterricht im Lesen, Schreiben und Rechnen sowie in Gesang, ________ und ________. Im Alter von acht Jahren kam Joseph Haydn zu den Sängerknaben an den Stephansdom in ________. Als bei ihm der Stimmwechsel einsetzte, meinte die Kaiserin Maria Theresia bei einem Auftritt der Sängerknaben: „________“. Nachdem er von den Sängerknaben ausgeschlossen wurde, schlug er sich als ________ in kleinen Orchestern durch. Mit 27 Jahren erhielt Joseph Haydn seine erste Anstellung als ________ bei einem Grafen. Mit 29 Jahren fand Haydn bei dem ungarischen Fürsten ________ eine neue Anstellung. Joseph Haydn hatte für die musikalische Unterhaltung in den prunkvollen Schlössern in ________ und am ________ zu sorgen. Seine Musiker nannten ihn liebevoll „________“. Nachdem Joseph Haydn fast ________ Jahre bei dem Fürsten Esterházy tätig war, lebte und arbeitete er in Wien. Einige Zeit verbrachte er auch in ________. Im Alter von ________ Jahren starb er in Wien.

Ergänze den Lückentext. Die fehlenden Wörter und Jahreszahlen findest du in Rondo 3 auf Seite 66 und 67.

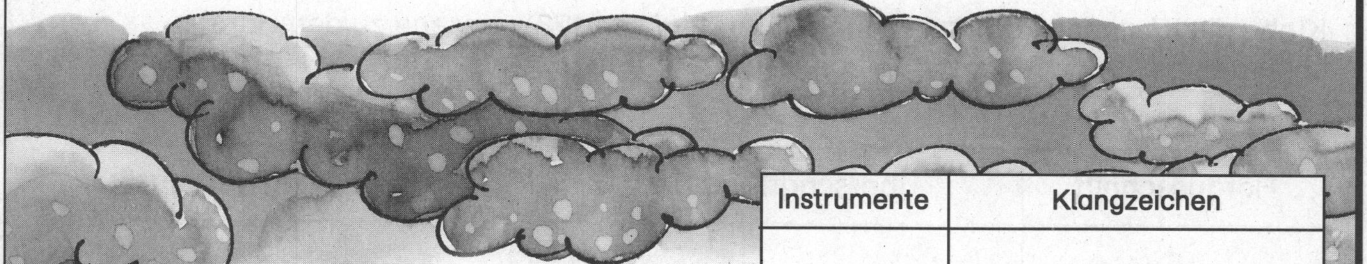

Hinter dem Schlossberg kroch es herauf.
Wolken – Wolken!
Wie graue Mäuse,
ein ganzes Gewusel.

Zuhauf
jagten die Wolken gegen die Stadt.
Und wurden groß
und glichen Riesen
und Elefanten
und dicken, finsteren Ungeheuern,
wie sie noch niemand gesehen hat.

„Gleich geht es los!“,
sagten im Kaufhaus Dronten
drei Tanten
und rannten heim,
so schnell sie konnten.

Da fuhr ein Blitz
mit helllichtem Schein,
zickzack,
blitzschnell
in einen Alleebaum hinein.

Und ein Donner schmetterte hinterdrein,
als würden dreißig Drachen
auf Kommando lachen,
um die Welt zu erschrecken.

Alle Katzen in der Stadt
verkrochen sich
in die allerhintersten Stubenecken.

Doch jetzt ging ein Platzregen nieder!
Die Stadt war überall
nur noch ein einziger Wasserfall.
Wildbäche waren die Gassen.

Plötzlich war alles vorüber,
die Sonne kam wieder
und blickte vergnügt
auf die Dächer, die nassen.

*Josef Guggenmos*

| Instrumente | Klangzeichen |
|---|---|
| | |
| | |
| | |
| | |
| | |
| | |
| | |
| | |
| | |

① Das Gedicht kann man mit der Stimme, mit Instrumenten und anderen Klangerzeugern verklanglichen.

② Trage die Instrumente und Klangzeichen ein.

Klebe die Kärtchen vom Ausschneideblatt 2 (Seite 123) passend zu den Höraus-schnitten ein. Beginne zuerst mit den Überschriften.

| Hörausschnitt | Überschrift mit Bild | Beschreibung der Musik |
|---|---|---|
| 1 | | |
| 2 | | |
| 3 | | |
| 4 | | |
| 5 | | |
| 6 | | |

# Ausschneideblatt 1

## Zu Kopiervorlage 10 Seite 104 (Tanz der Rohrflöten)

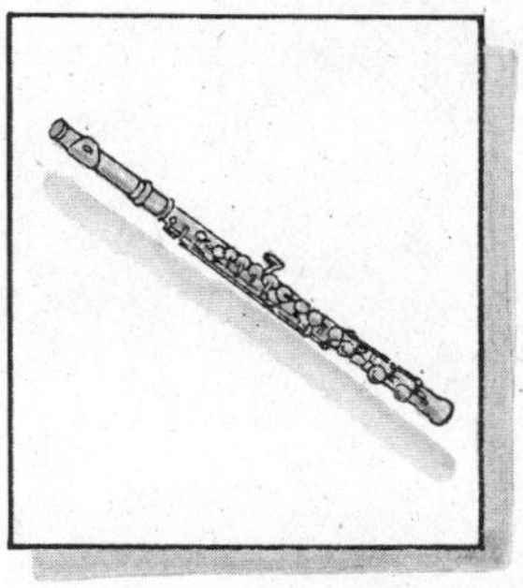

## Zu Kopiervorlage 14 Seite 108 (Pacific 231)

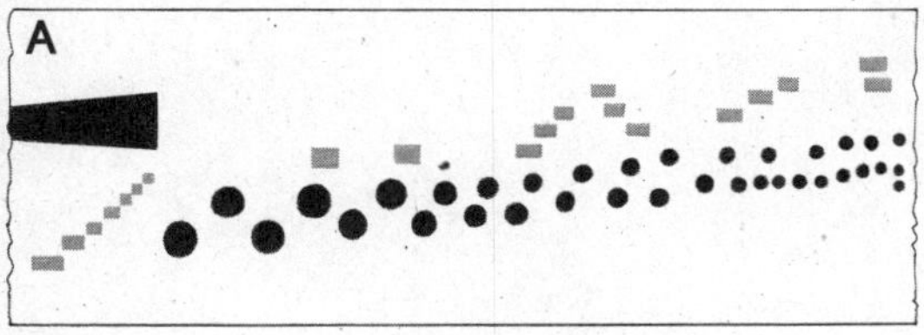

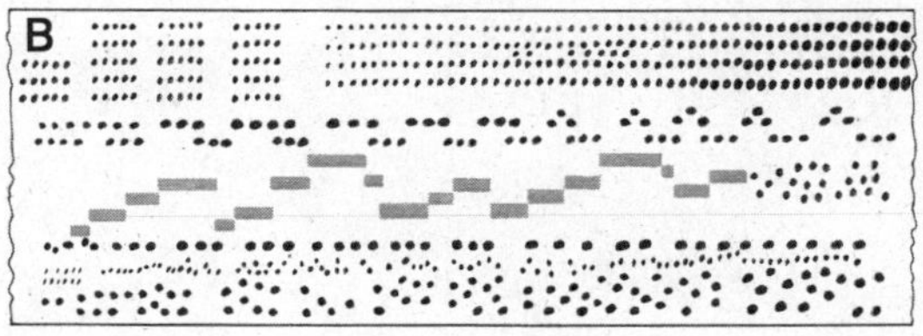

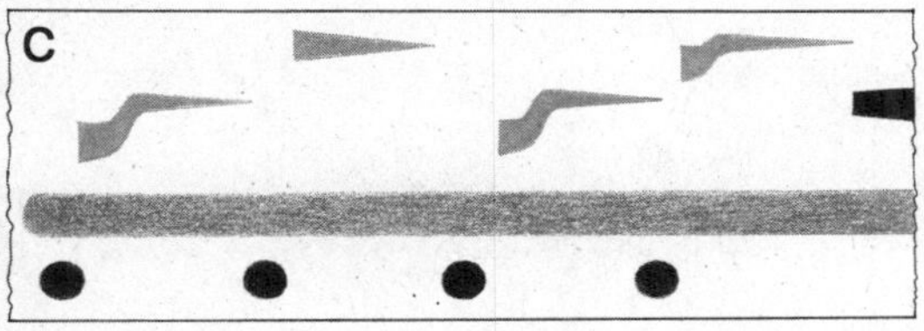


## Zu Kopiervorlage 20 Seite 114 (Die Moldau)

| | | |
|---|---|---|
| kräftig, laut | Pikkolo, Blechblas-instrumente, Becken Streichinstrumente | Streichinstrumente, Hörner, Triangel, Trompeten |
| gewaltig, wild tosend | laut und dann verklingend | Streichinstrumente |
| leise, murmelnd | Trompeten, Becken, Streichinstrumente | Streichinstrumente, Triangel |
| fröhlich, tänzerisch | geheimnisvoll, zart | Flöten, Streichinstrumente |
| Flöten, Klarinetten Streichinstrumente gezupft | friedlich, ruhig dahinfließend | |

# Ausschneideblatt 2

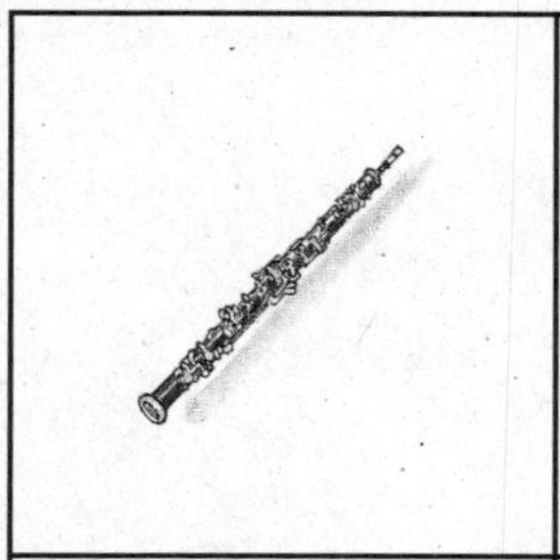

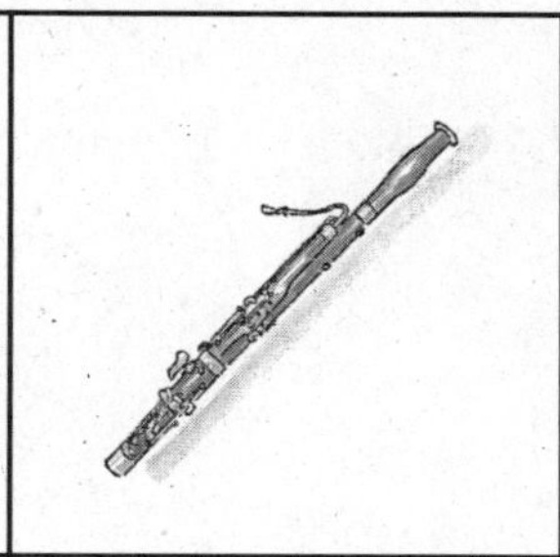

**Zu Kopiervorlage** 23 **Seite 117**
(Kleine Kammermusik für 5 Bläser)

**Zu Kopiervorlage** 26 **Seite 120**
(Das Gewitter)

○ Das Gewitter ist vorbei.

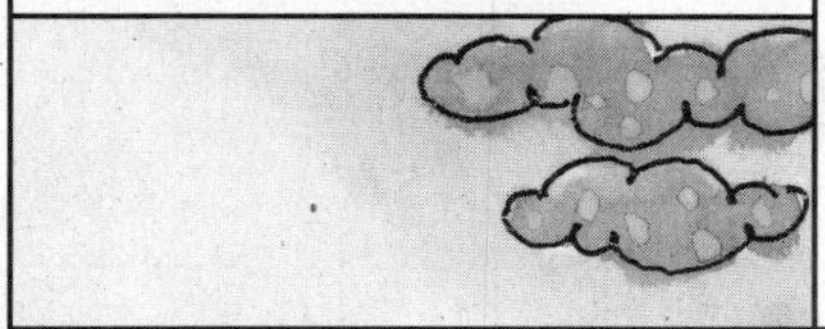

○ Das Orchester mit Pikkoloflöte und Pauken spielt laut und wild.

○ Zuerst spielen Streichinstrumente und dann auch die Flöte kurze Töne. Danach spielen tiefe Streichinstrumente schnelle Tonbewegungen dazu.

○ Der Donner grollt.

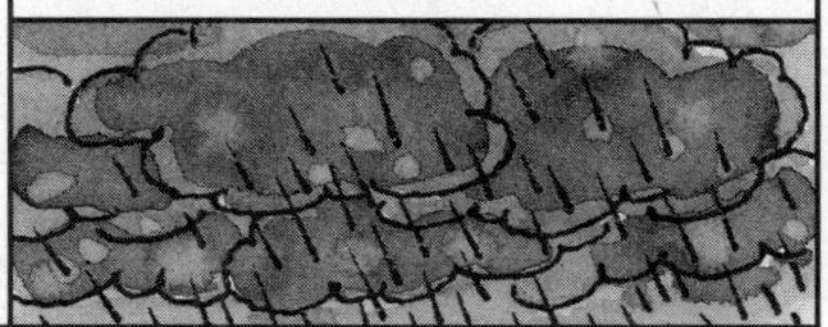

○ Das Gewitter hat nachgelassen, es regnet noch.

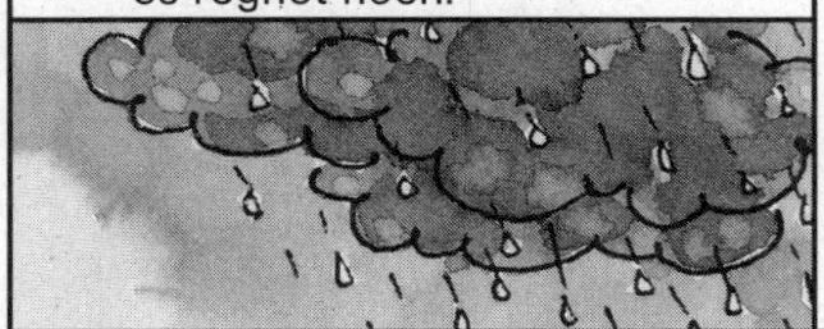

○ Tiefe Streichinstrumente spielen ruhige Tonschritte aufwärts. Nach einer Pause folgt der Schlusston.

○ Tiefe Streichinstrumente spielen zweimal leise eine schnelle Tonbewegung. Danach spielt die Flöte jeweils eine kurze Tonfolge.

○ In der Ferne zieht ein Gewitter auf.

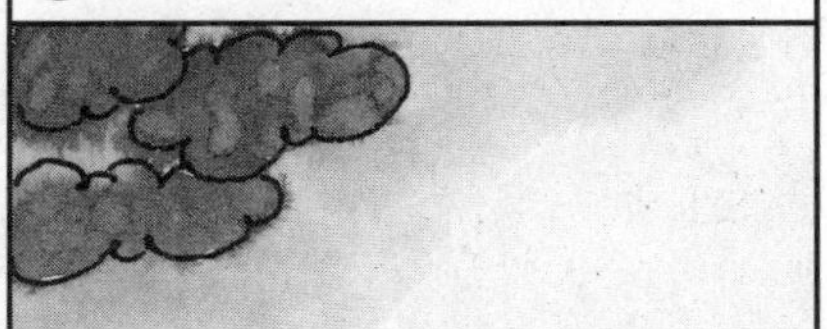

○ Es beginnt zu regnen.

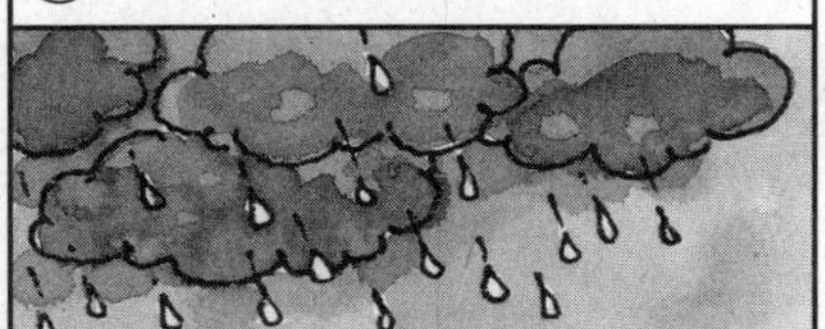

○ Flöte und Streichinstrumente spielen kurze Töne. Dazu spielen tiefe Streichinstrumente einen langen Ton.

○ Streichinstrumente spielen schnelle Tonfolgen. Diese wechseln mit einer Melodie der Holzblasinstrumente.

○ Das Gewitter bricht gewaltig los.

# Lernkontrolle 1 Name: ______________ Klasse: ______

① In dem Musikstück „Abend auf dem Lande“ treten vier Instrumente besonders hervor. Schreibe den Namen dieser Instrumente zu den Abbildungen.

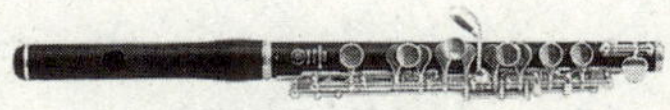

__ 8 P

② Bei „Abend auf dem Lande“ kannst du zwei unterschiedliche Melodien hören. Ordne diesen Melodien folgende Wörter passend zu:
schnell – ruhig – langsam – lebhaft

Melodie A:

Melodie B:

__ 6 P

③ Ergänze folgende Sätze.

Der Komponist von „Abend auf dem Lande“ heißt ______

Er ist in ______ geboren.

Im Alter von zehn Jahren gab er bereits sein erstes Konzert auf dem ______.

Viele Jahre sammelte er bei den Bauern ______ und Tänze.

1940 verließ er seine Heimat und lebte in ______.

Dort starb er 1945 ______ und verlassen.

__ 6 P

__ 20 P

# Lernkontrolle 2 Name: ______________________ Klasse: ______

① Verbinde die Notenzeichen und Pausenzeichen mit den passenden Namen.

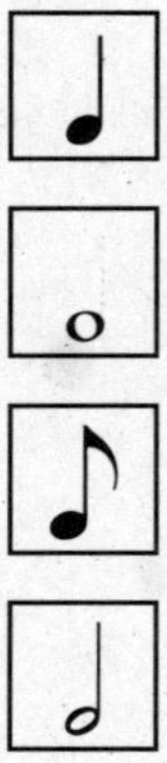

Ganze Note

Viertelnote

Halbe Note

Achtelnote

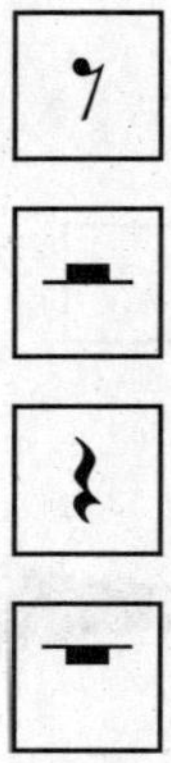

Halbe Pause

Achtelpause

Ganze Pause

Viertelpause

___ 8 P

② Schreibe unter die Notenzeichen und Pausenzeichen wie man zählt.

A 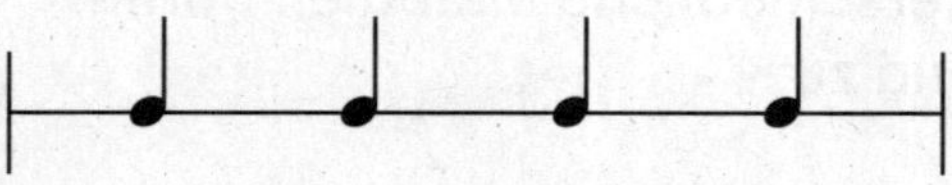

B 

C 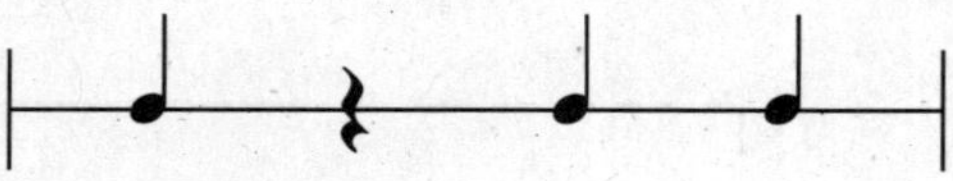

D 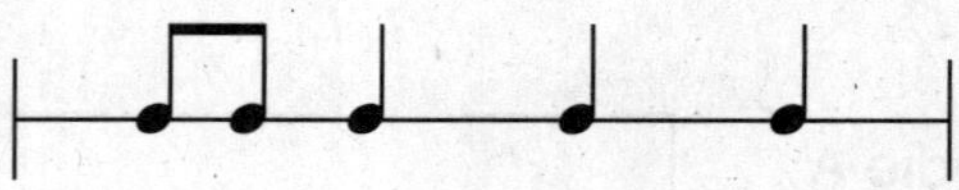

E 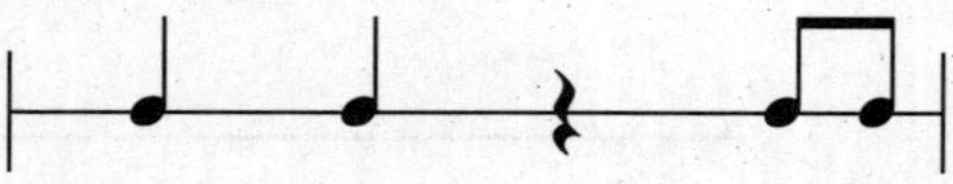

F 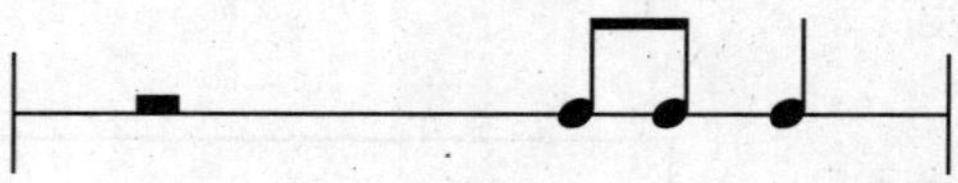

___ 6 P

③ Ergänze die Bausteine mit beliebigen Notenwerten.

G 

H 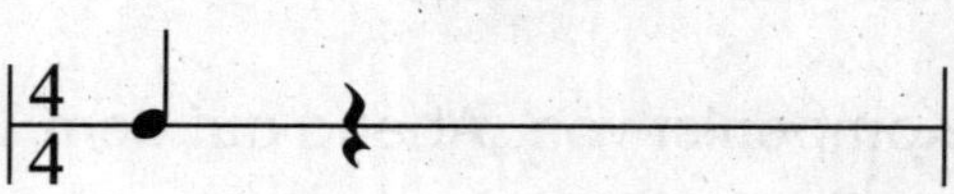

I 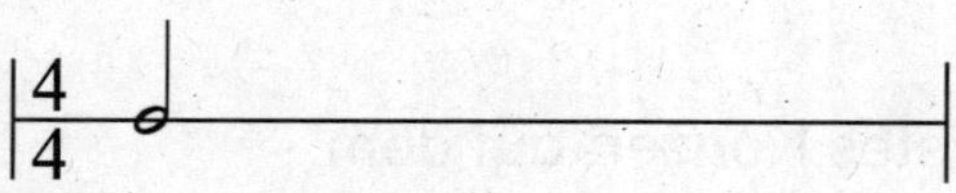

J 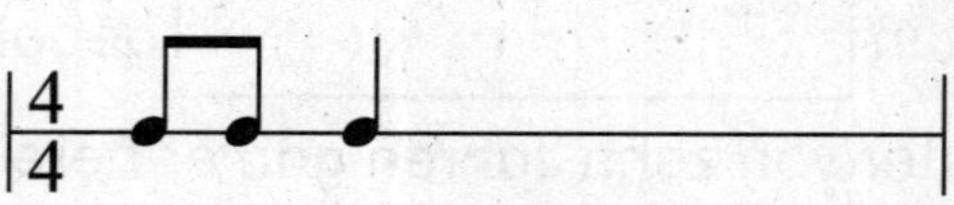

___ 4 P

___ 18 P

## Lernkontrolle 3 Name: ______________ Klasse: ______

① Hier sind vier Blechblasinstrumente versteckt. Wenn du die fehlenden Buchstaben richtig einsetzt, erhälst du die Namen der Instrumente.

a) . u . . ______ b) . . s . . n . ______

c) H . . . ______ d) . . . m . e . . ______

4 P

② Schreibe zu diesen Blechblasinstrumenten den Namen.

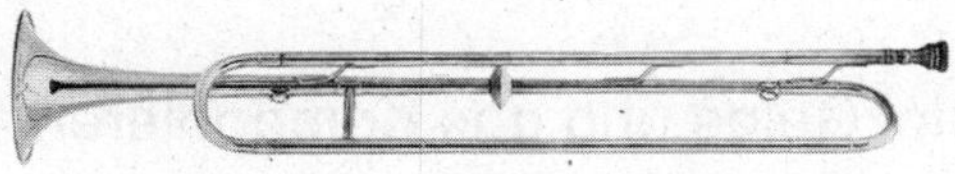

[ ]

[ ]

2 P

③ Schreibe ein Blechblasinstrument auf, das Ventile hat.

[ ]

2 P

④ Wie heißt das Blechblasinstrument, das statt der Ventile einen Zug hat?

[ ]

2 P

⑤ Wie heißen diese Blechblasinstrumente?

a) Größtes und schwerstes Instrument [ ]

b) Auf ihm kann man die höchsten Töne spielen [ ]

4 P

⑥ Du hörst drei Blechblasinstrumente. Schreibe jeweils den Namen des Instrumentes auf, das du am Klang erkennst.

a) [ ]

b) [ ]

c) [ ]

6 P

20 P

## Lernkontrolle 4 Name: ______________ Klasse: ______

① Ergänze die Sätze mit den passenden Wörtern.

Könige, Italien, Feuerwerksmusik, Komponist, Messias, England, Halle, heimlich, Instrument, Orgel, Westminsterabtei, Oper, angenehmes

Georg Friedrich Händel war ein berühmter ______. Er ist in ______, einer Stadt in Sachsen, geboren. Sein Vater verbot ihm ein ______ zu spielen. Der kleine Händel übte ______ auf einem Clavichord. Der achtjährige Georg Friedrich lernte bei dem Organisten Zachow drei Jahre lang ______, Cembalo, Geige und das Komponieren. Im Alter von 21 Jahren ging Händel nach ______. Großen Erfolg hatte Händel in Neapel mit einer ______. Die meiste Zeit seines Lebens verbrachte Händel aber in ______. Die großen Erfolge machten es Händel möglich, ein ______ Leben zu führen. Als er im Alter von 74 Jahren starb, wurde er in der ______ in London inmitten englischer ______ begraben.

__ / 11 P

② Wie heißt die Musik, die Georg Friedrich Händel im Auftrag des englischen Königs für ein großes Fest komponierte?

______

__ / 3 P

③ Das berühmteste Werk von Georg Friedrich Händel ist ein Oratorium. Es schildert die Geburt Christi, sein Leiden und seine Auferstehung. Wie heißt es?

______

__ / 3 P

④ Wie heißt der bekannte Chor aus diesem Oratorium, bei dem die Zuhörer heute noch in England aufstehen, wenn er gesungen wird?

______

__ / 3 P

__ / 20 P

## Lernkontrolle 5 Name: ______________ Klasse: ______

① Schreibe zu jedem Baustein die Taktart $\frac{2}{4}$, $\frac{4}{4}$ oder $\frac{3}{4}$.

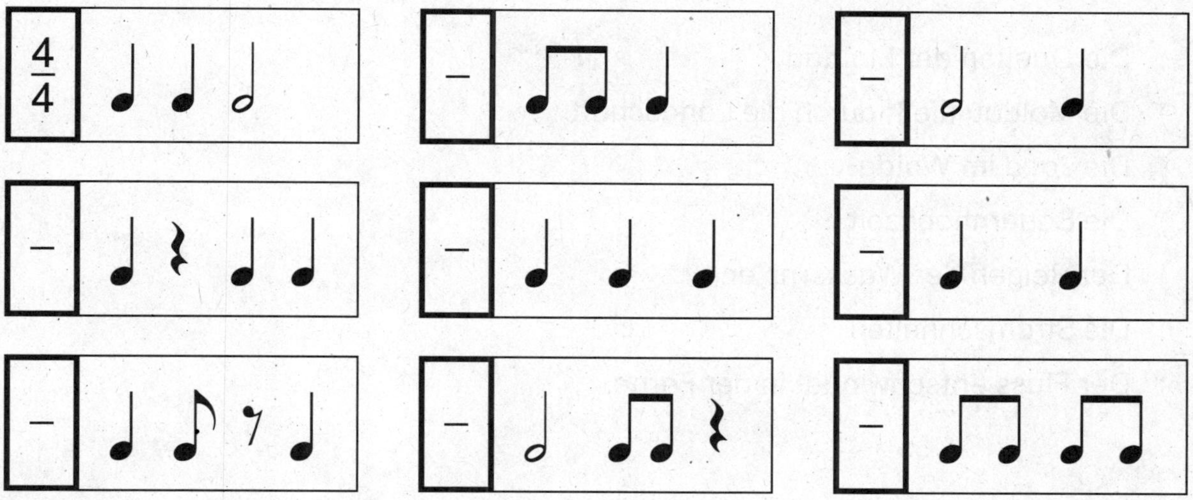


__ 9 P

② Setze die Taktstriche an die richtige Stelle.

__ 3 P

③ Schreibe die Notennamen unter die Noten.

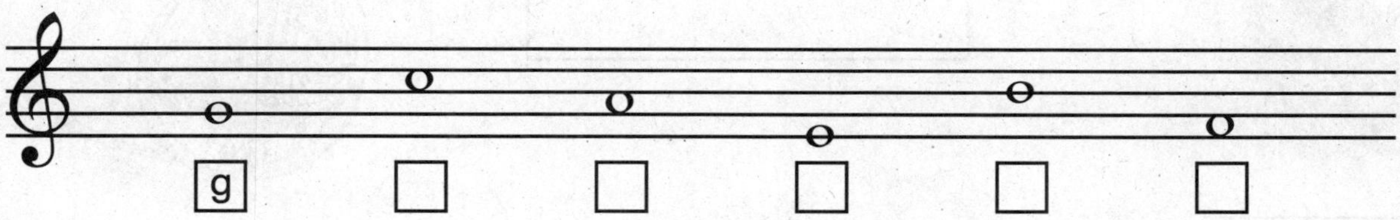


__ 3 P

④ Schreibe die Noten über die Notennamen.

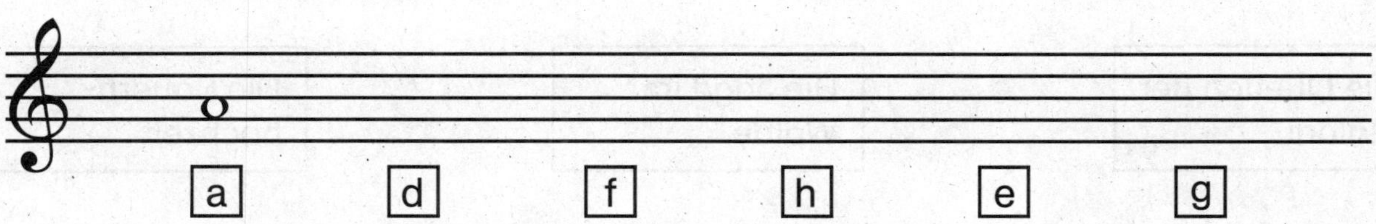


__ 3 P

⑤ Welche Namen verstecken sich hinter diesen Noten?

__ 2 P

__ 20 P

# Lernkontrolle 6 Name: ______________ Klasse: ______

① Du hörst sieben Ausschnitte aus „Die Moldau“. Nummeriere die Ausschnitte in der Reihenfolge, wie du sie hörst.

- ◯ Die Quellen der Moldau
- ◯ Die Moldau fließt durch die Landschaft
- ◯ Die Jagd im Walde
- ◯ Die Bauernhochzeit
- ◯ Der Reigen der Wassernixen
- ◯ Die Stromschnellen
- ◯ Der Fluss entschwindet in der Ferne.

___ /14 P

② Schreibe die Namen zu den Instrumenten und ordne sie mit Pfeilen den entsprechenden Hörausschnitten zu.

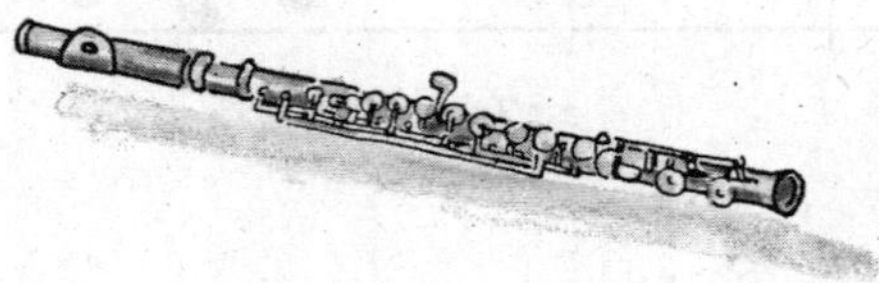

| Die Quellen der Moldau | Die Jagd im Walde | Die Bauernhochzeit |
|---|---|---|

___ /6 P

___ /20 P

## Lernkontrolle 7 Name: ______________ Klasse: ______

① Schreibe die Namen von vier Holzblasinstrumenten auf.

a) ______ b) ______

c) ______ d) ______

— /4 P

② Schreibe die Teile des Holzblasinstrumentes an die richtige Stelle.

— /2 P

③ Wie heißen diese Holzblasinstrumente?

a) Es ist aus Metall und wird beim Spielen quer gehalten. ______

b) Auf ihm kann man die tiefsten Töne spielen. ______

c) Es hat zwei aufeinander gebundene Rohrblätter. ______

— /6 P

④ Wovon ist die Tonhöhe eines Blasinstrumentes abhängig? Unterstreiche die richtige Antwort.

a) Vom Mundstück

b) Von der Länge der Schallröhre

c) Von dem Material des Instrumentes

— /2 P

⑤ Du hörst drei Holzblasinstrumente. Schreibe den Namen des Instrumentes auf, das du am Klang erkennst.

— /6 P

a) ______

b) ______

c) ______

— /20 P

# Lernkontrolle 8 Name: ______ Klasse: ______

① Du hörst die Melodie von drei bekannten Liedern. Schreibe den Anfang des Liedtextes auf.

a)

b)

c)

3 P

② Nenne drei bekannte Komponisten.

a)

b)

c)

3 P

③ Du hörst drei Musikstücke. Schreibe ihre Namen auf.

a)

b)

c)

3 P

④ Verbinde die Notenwerte durch Pfeile mit den entsprechenden Pausenwerten.

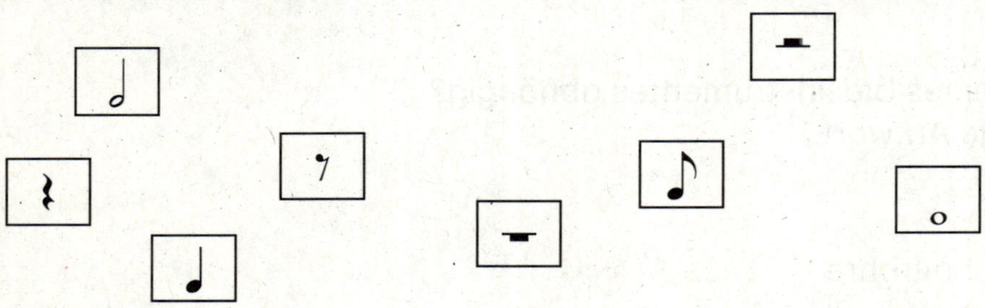

4 P

⑤ Schreibe die Taktart zu den Bausteinen.

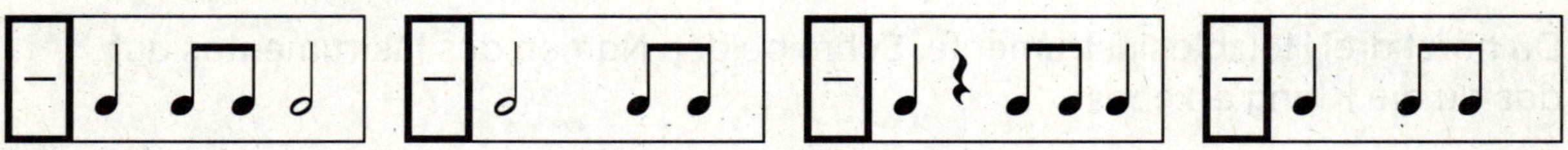

4 P

⑥ Schreibe die Namen unter die Noten.

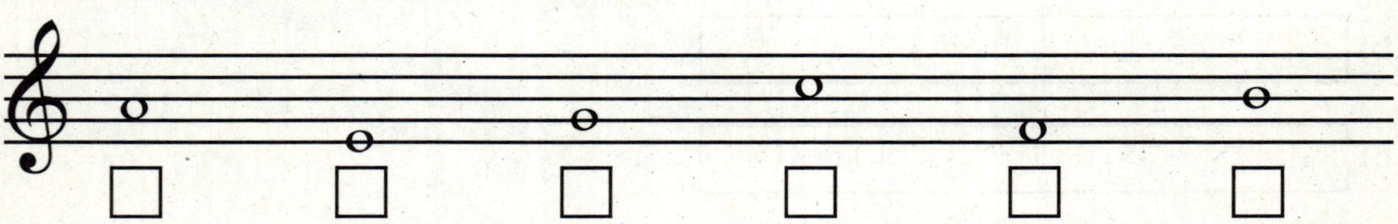

3 P

20 P

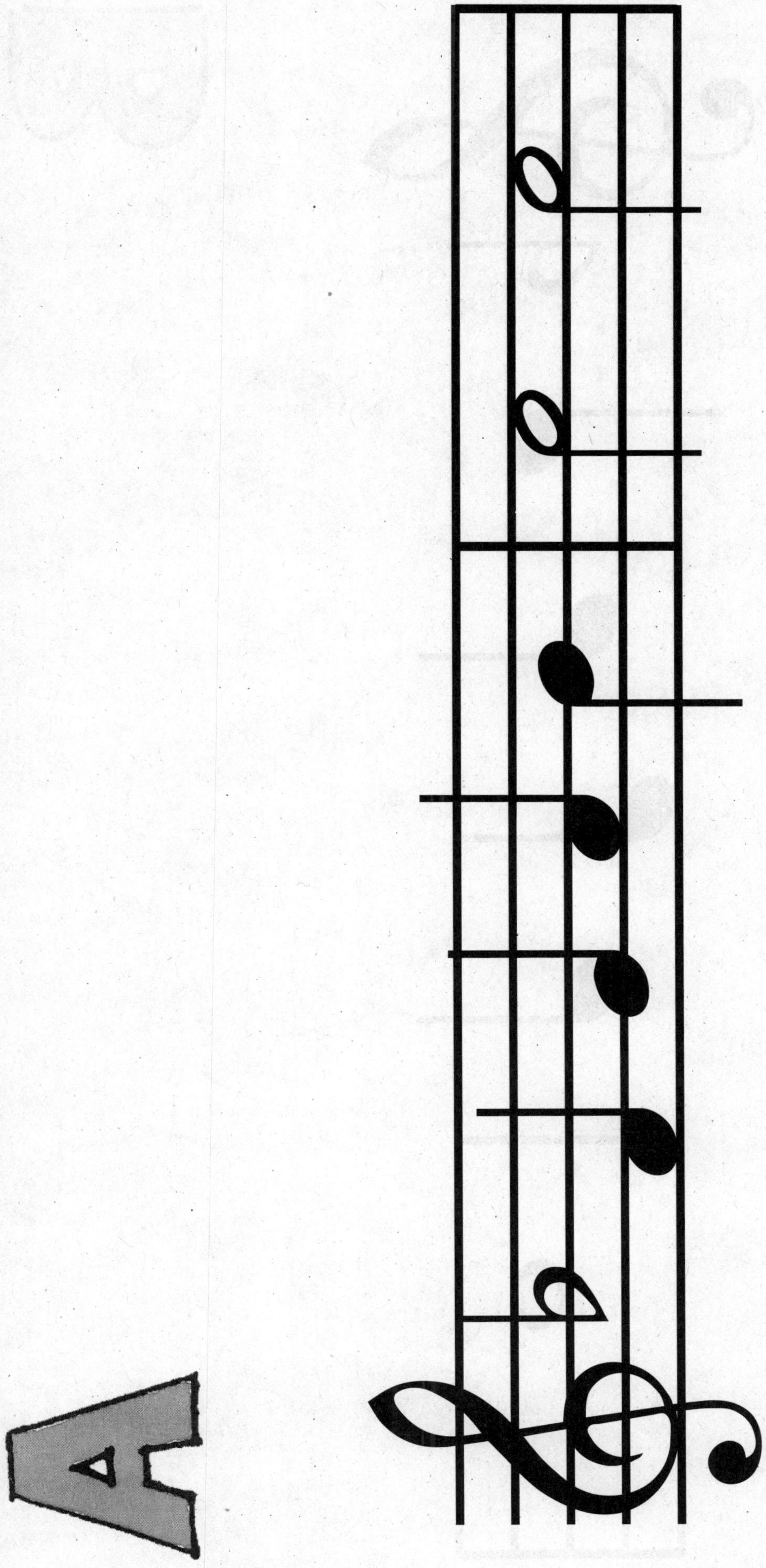
A

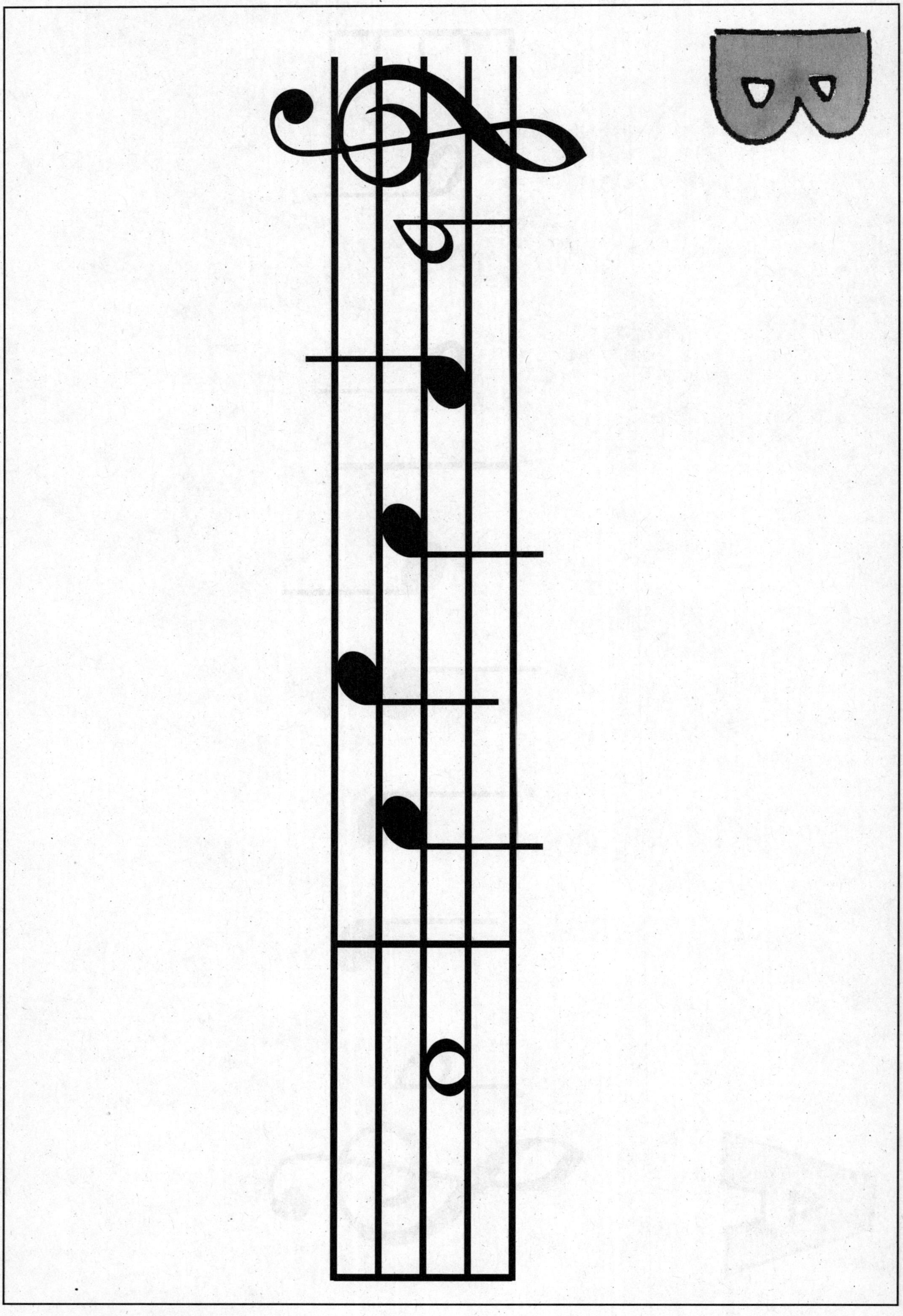

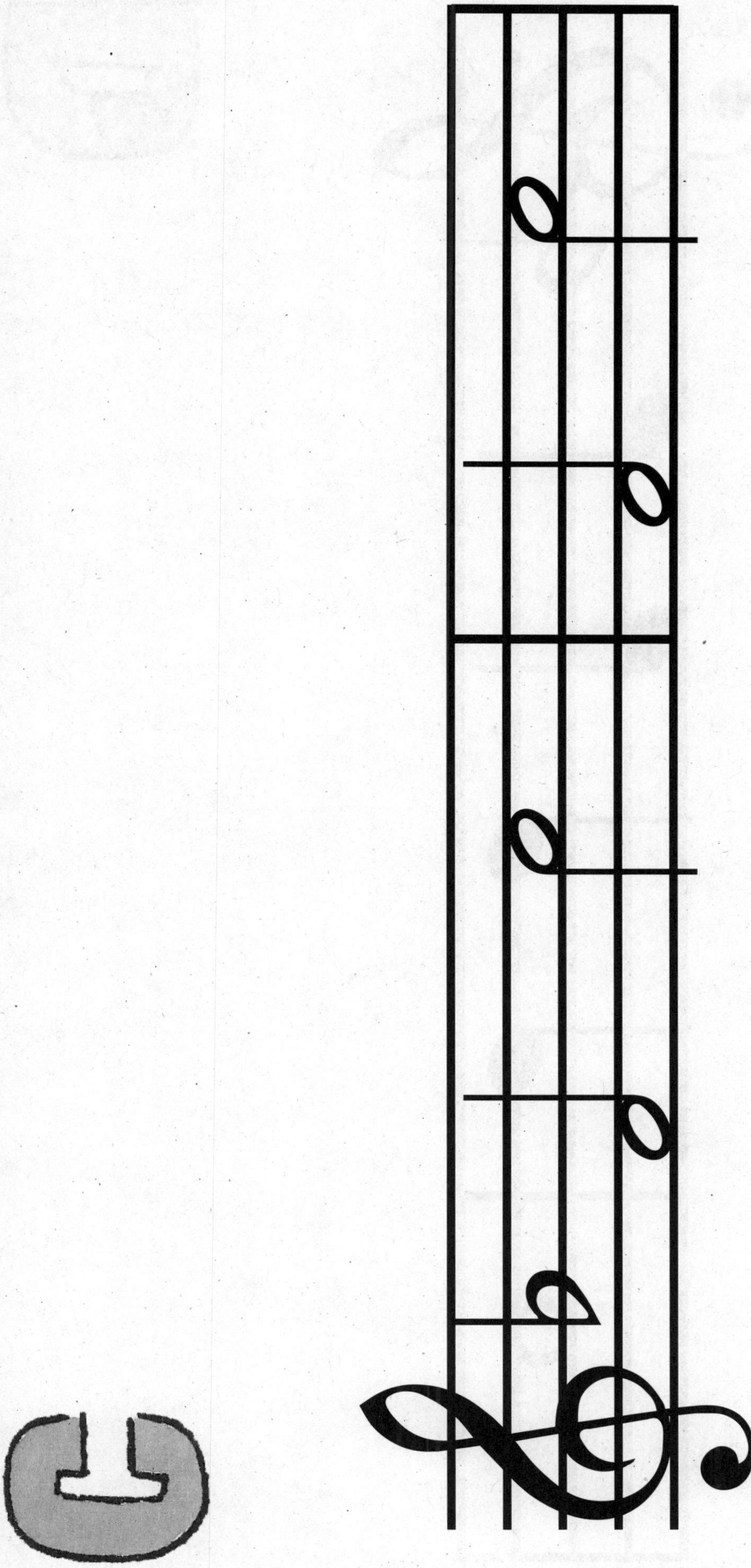

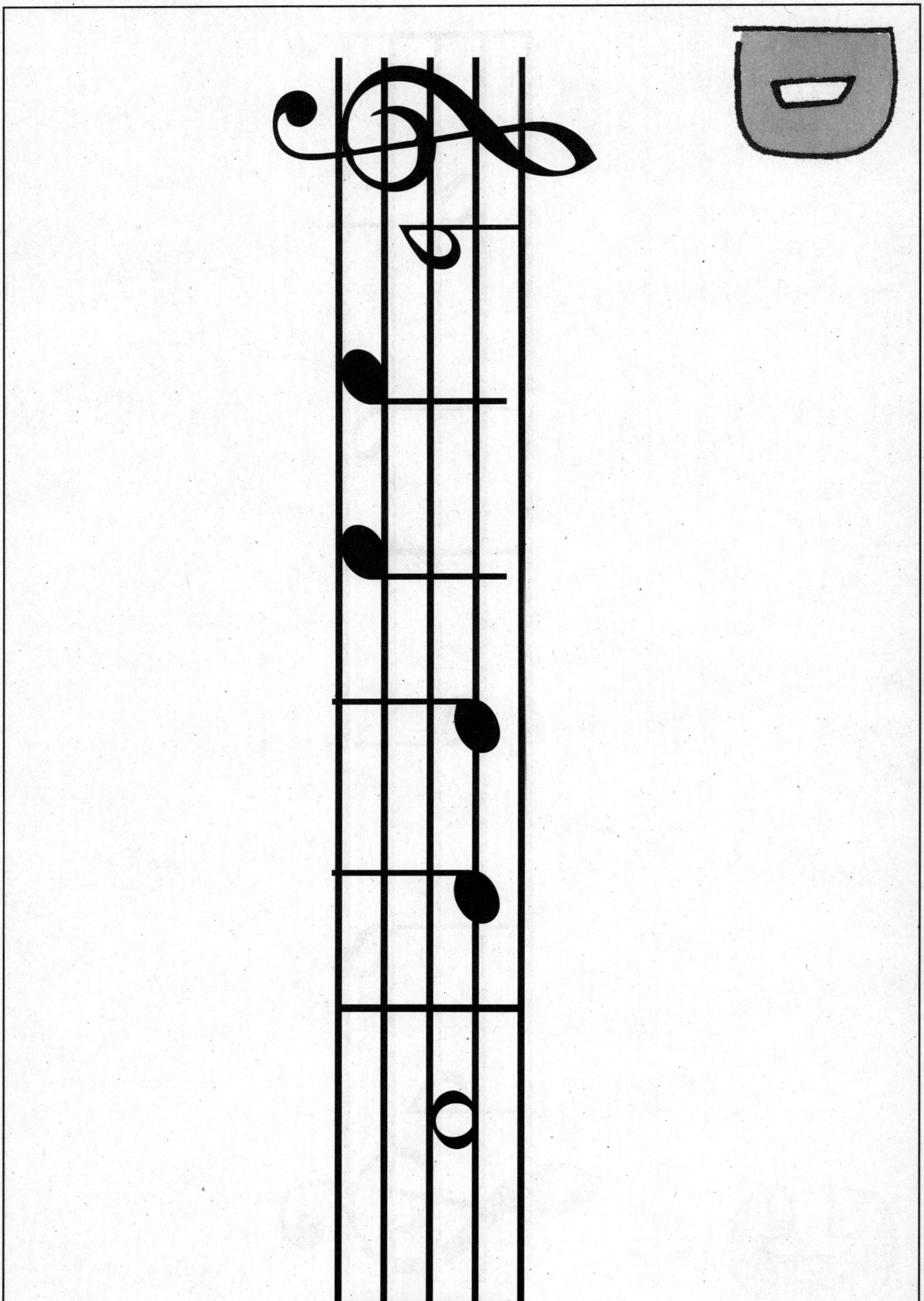

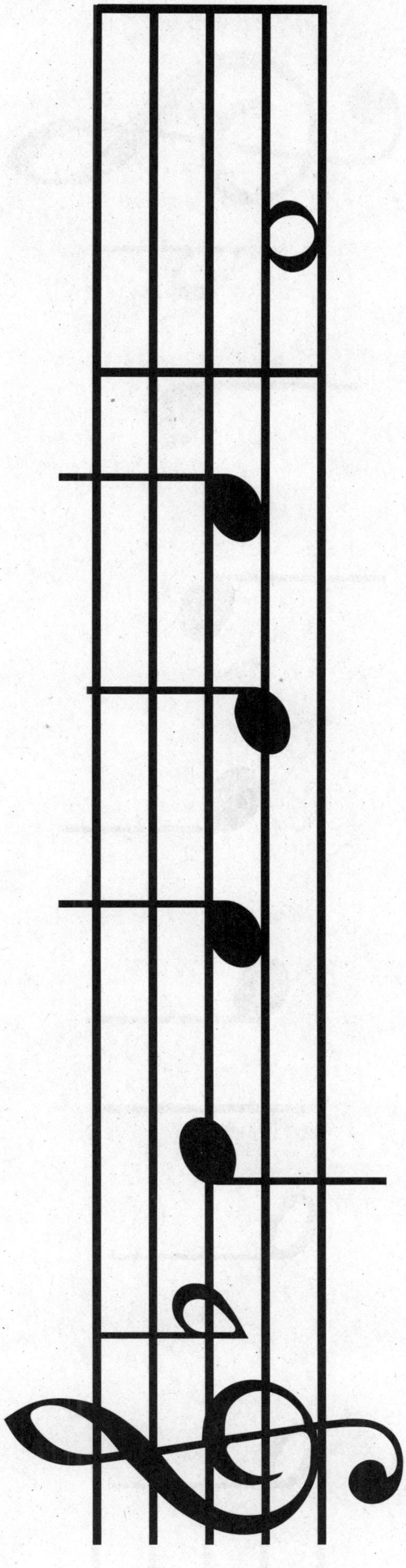

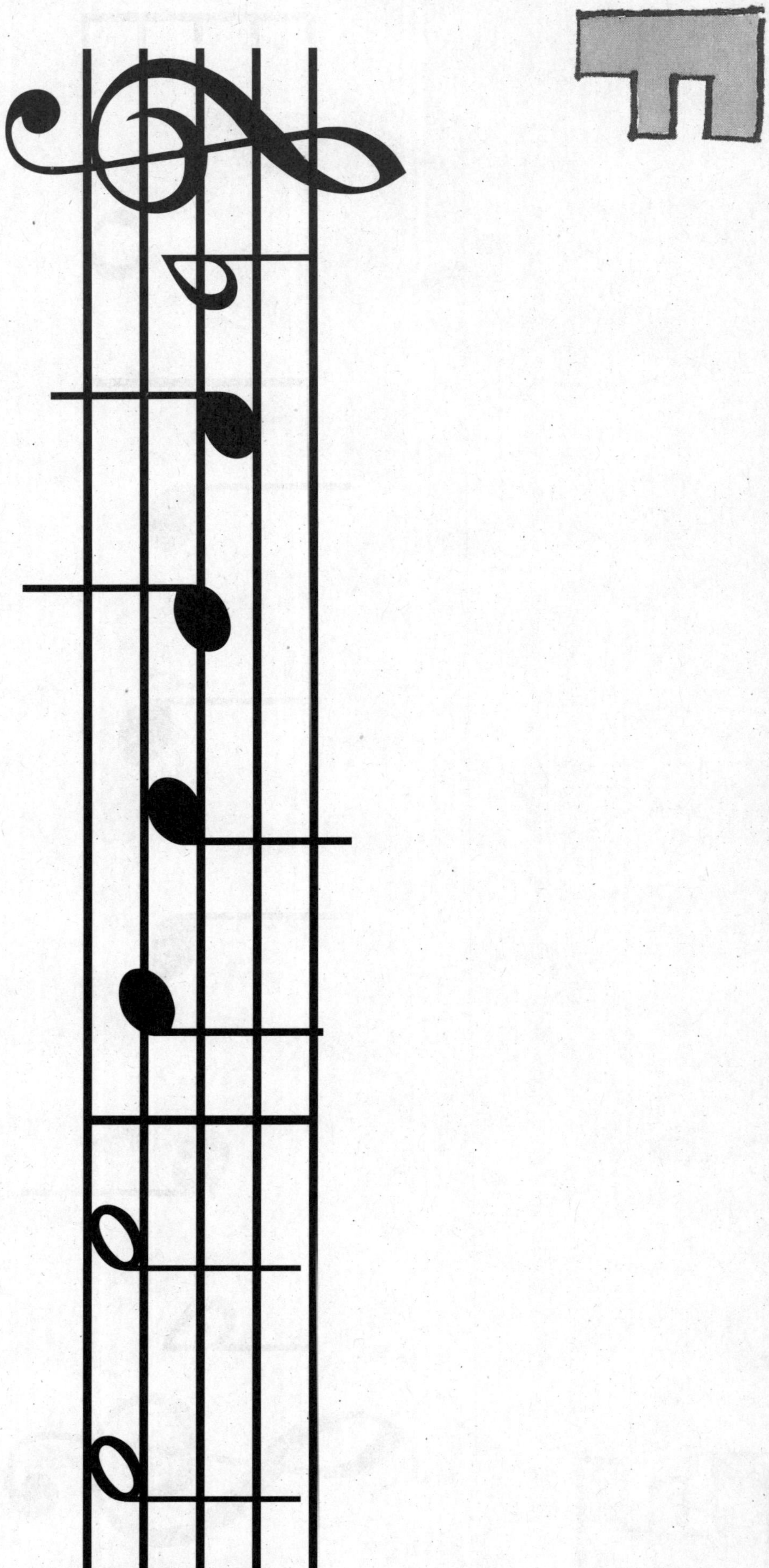

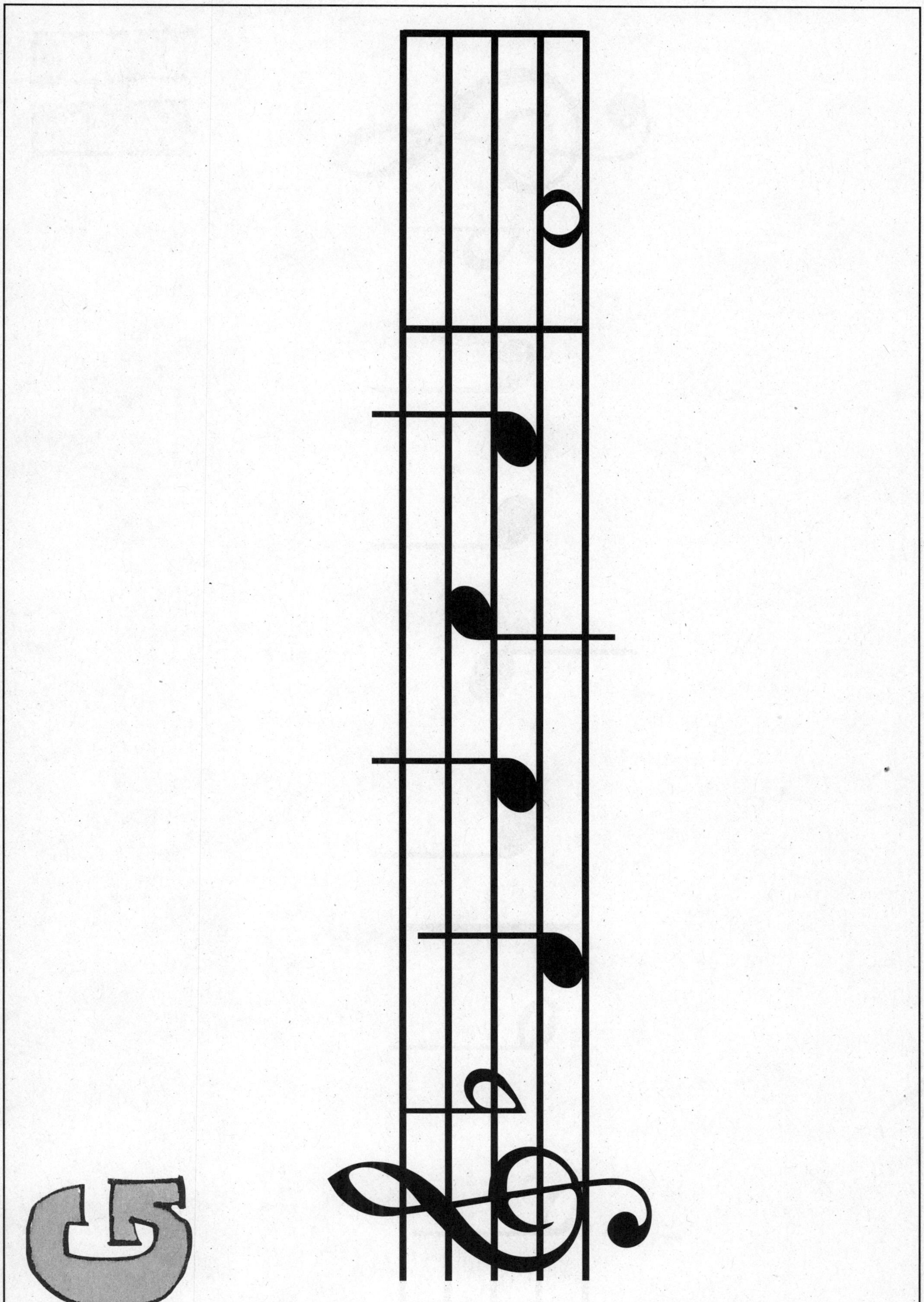

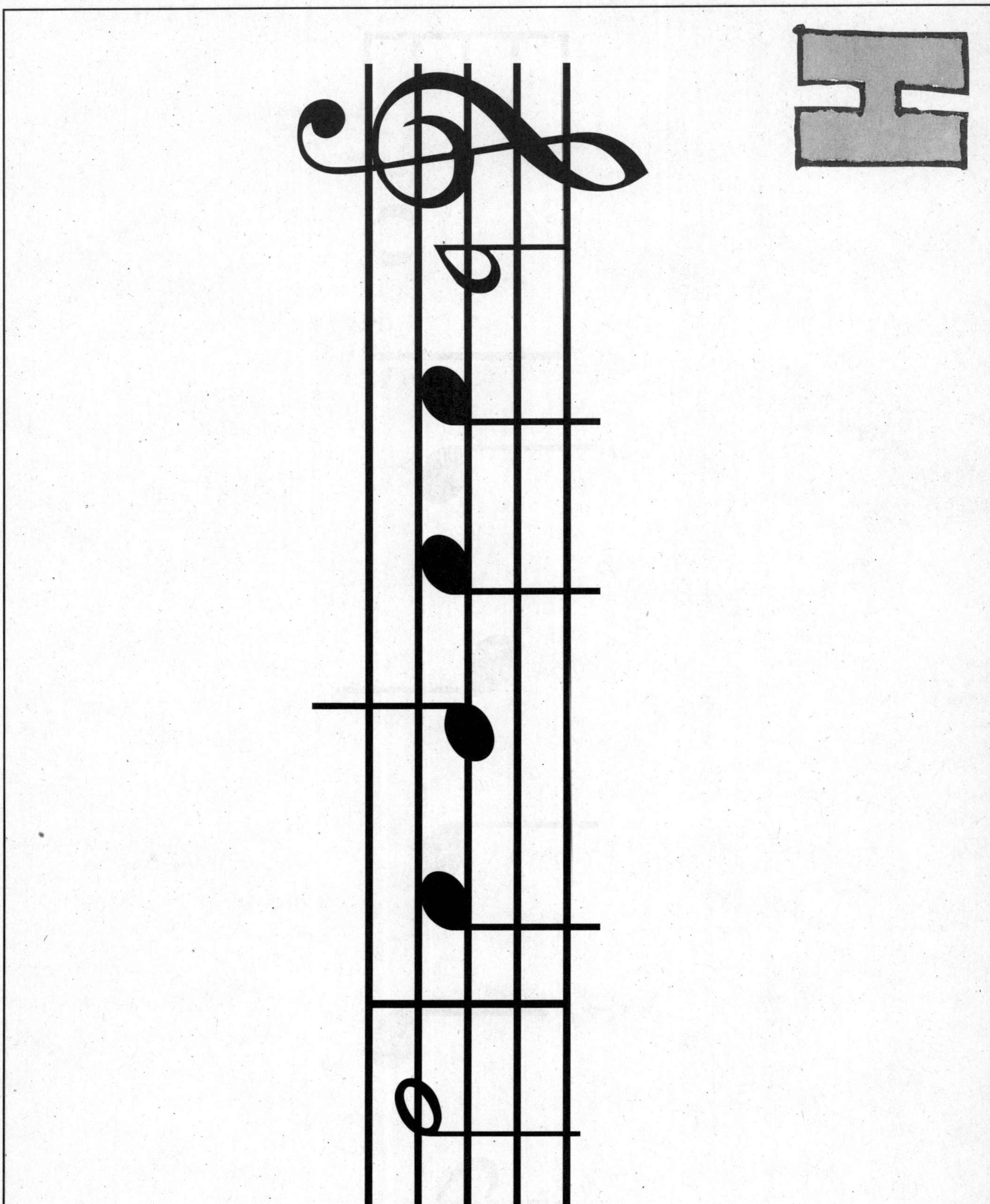

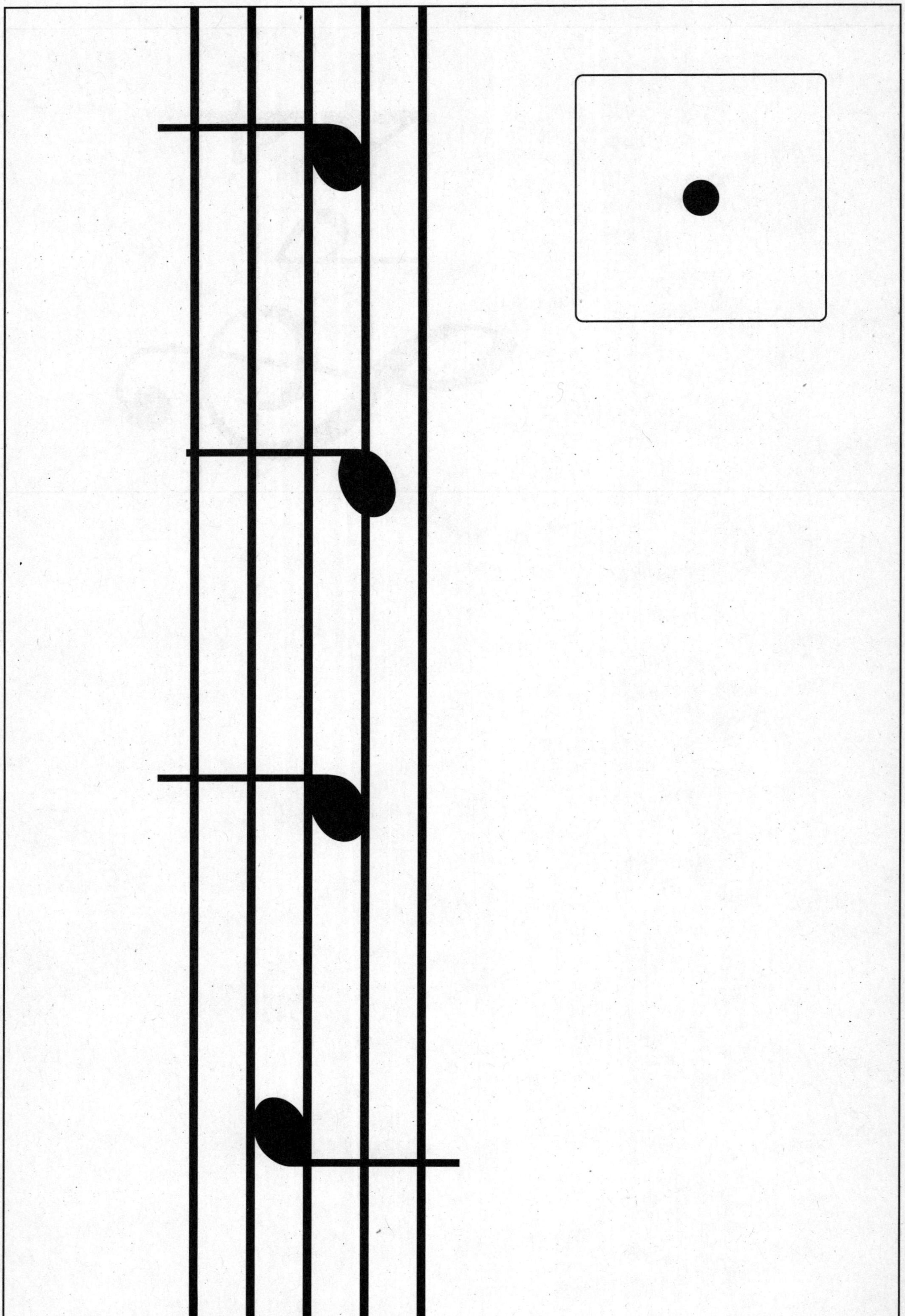

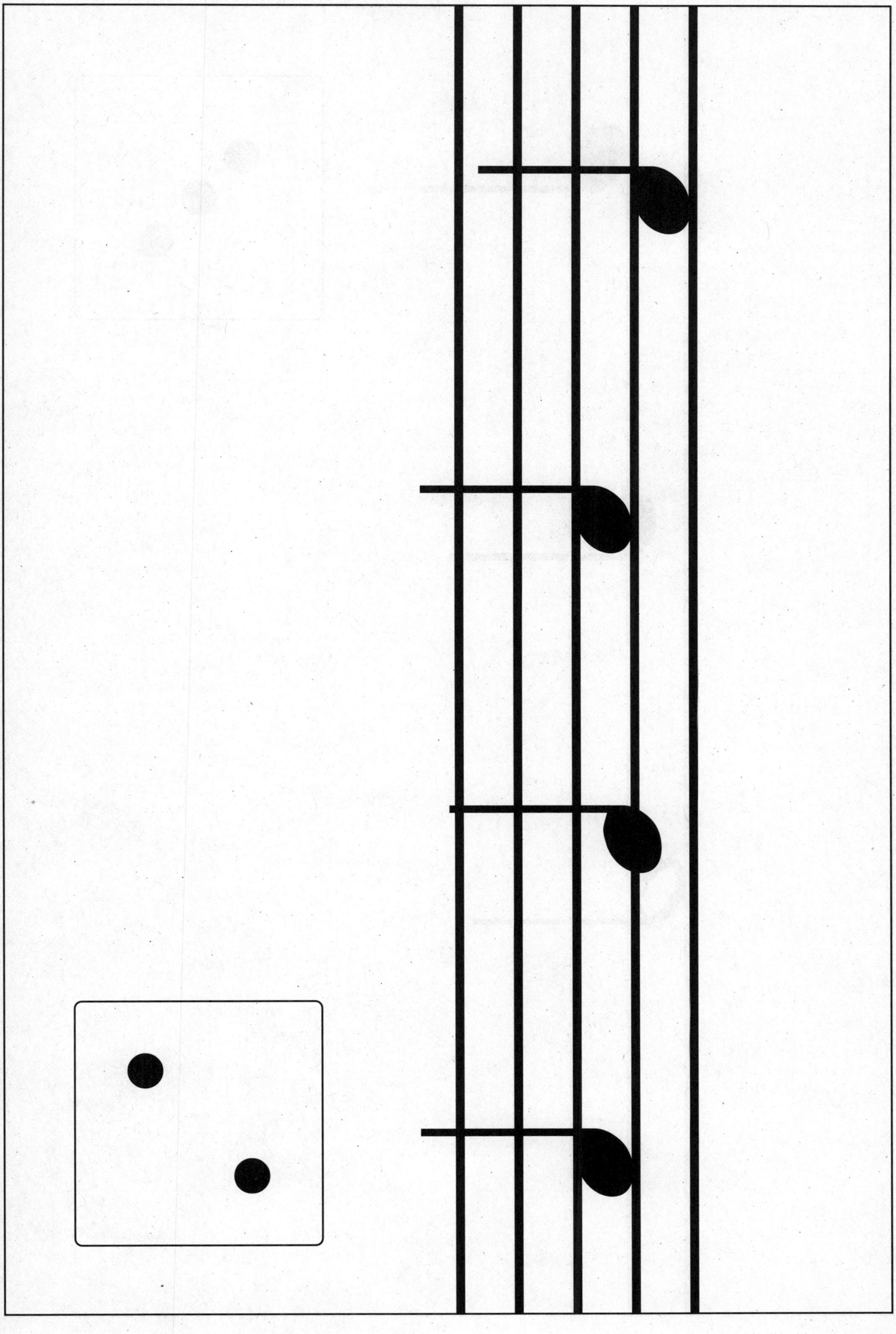

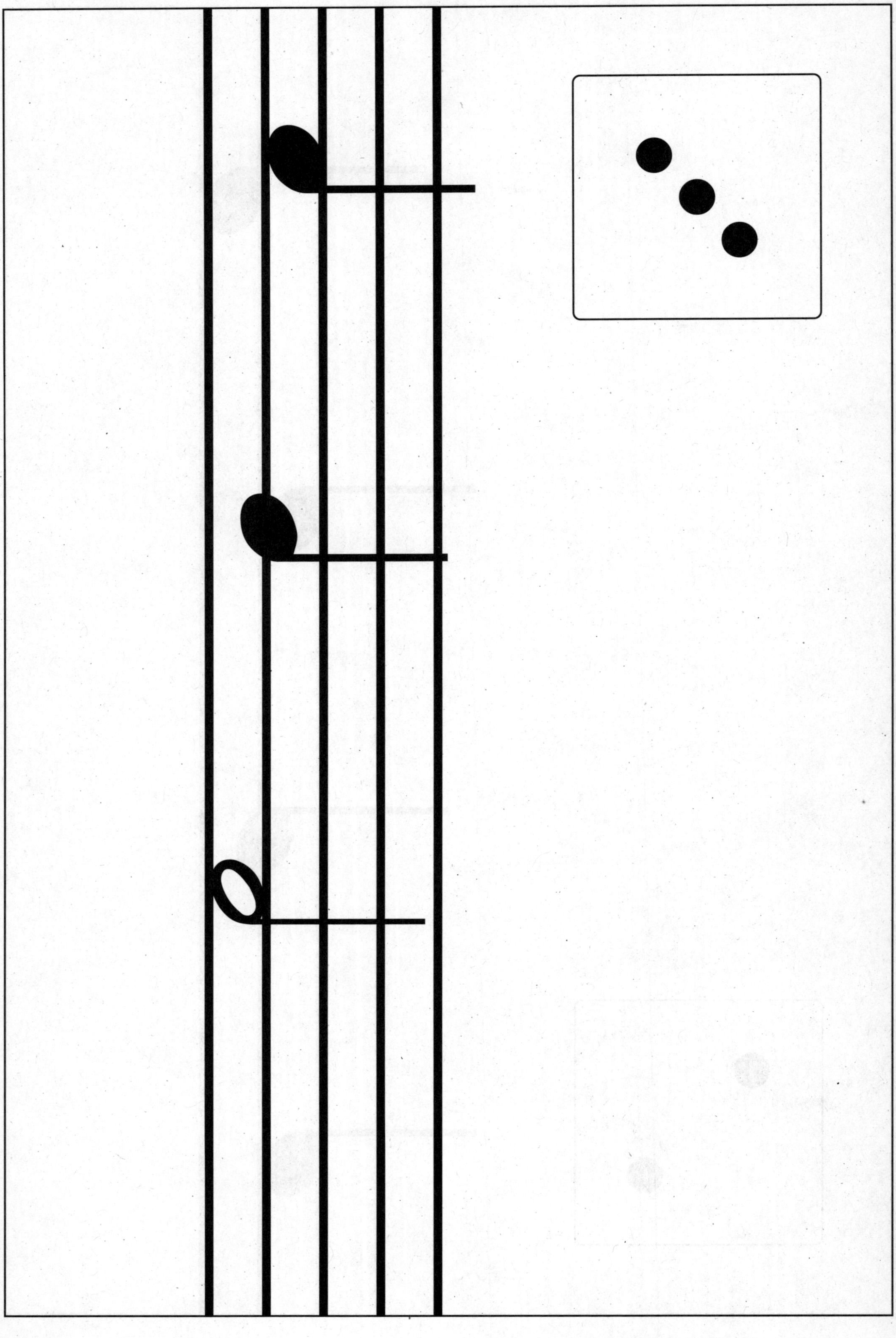

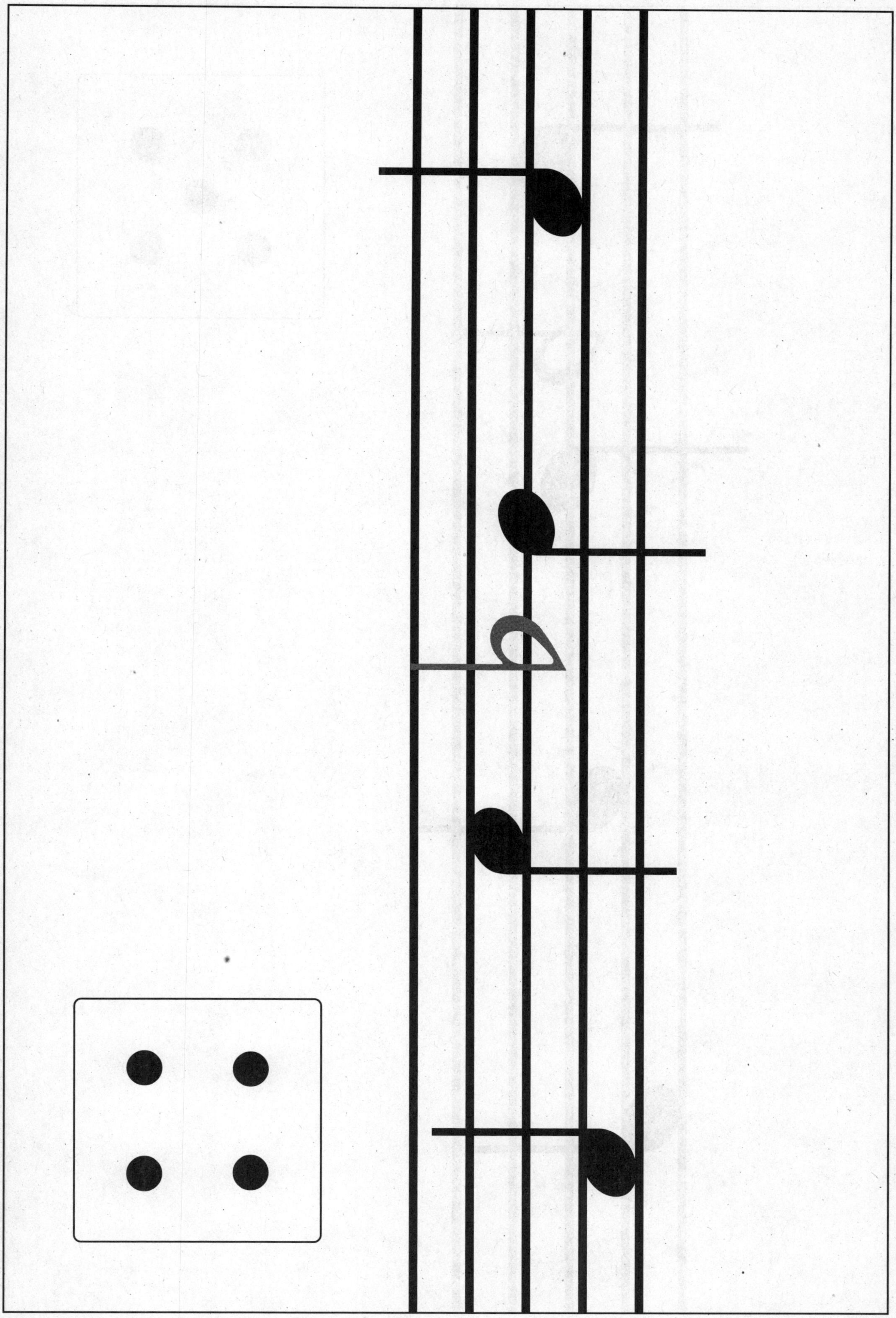

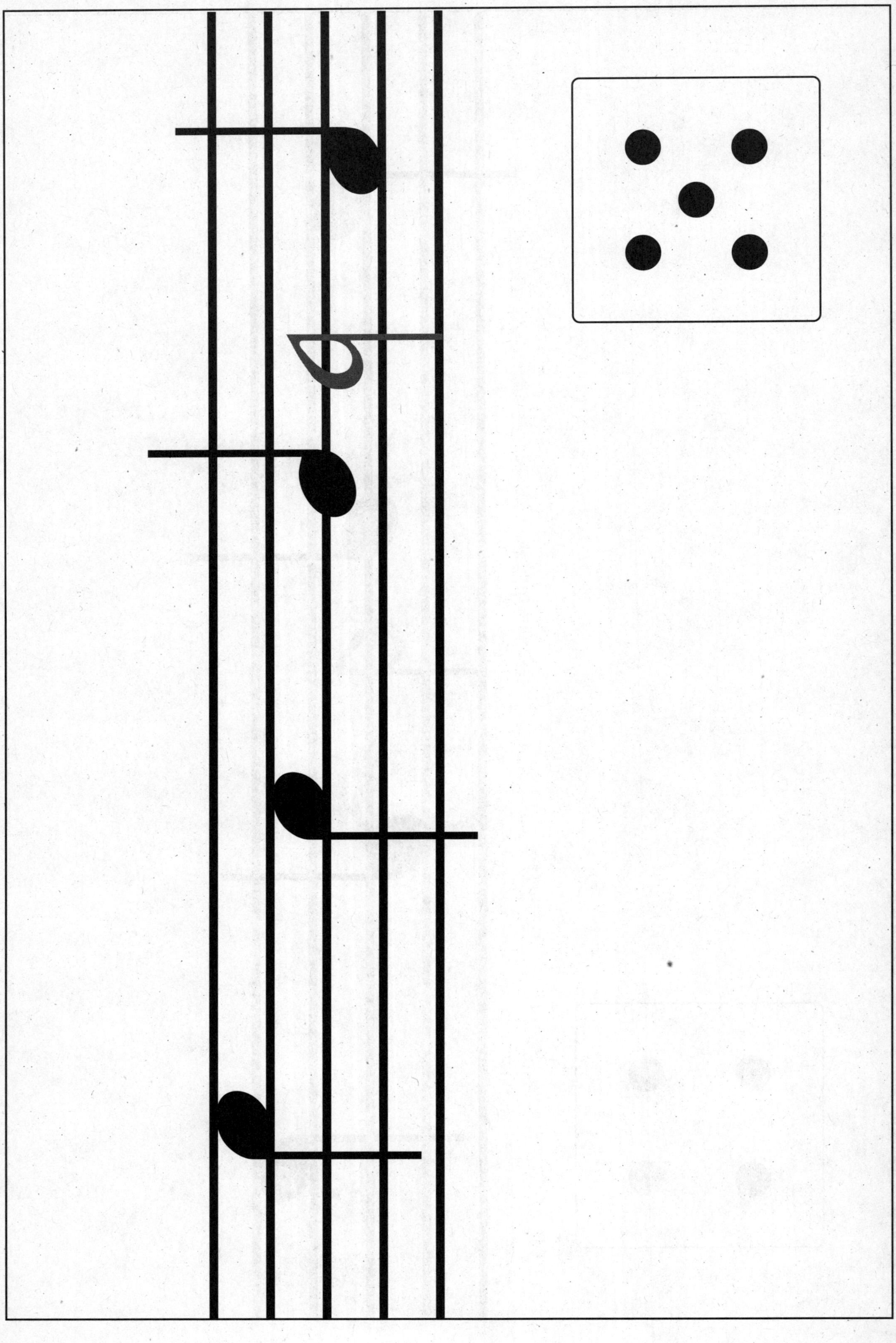

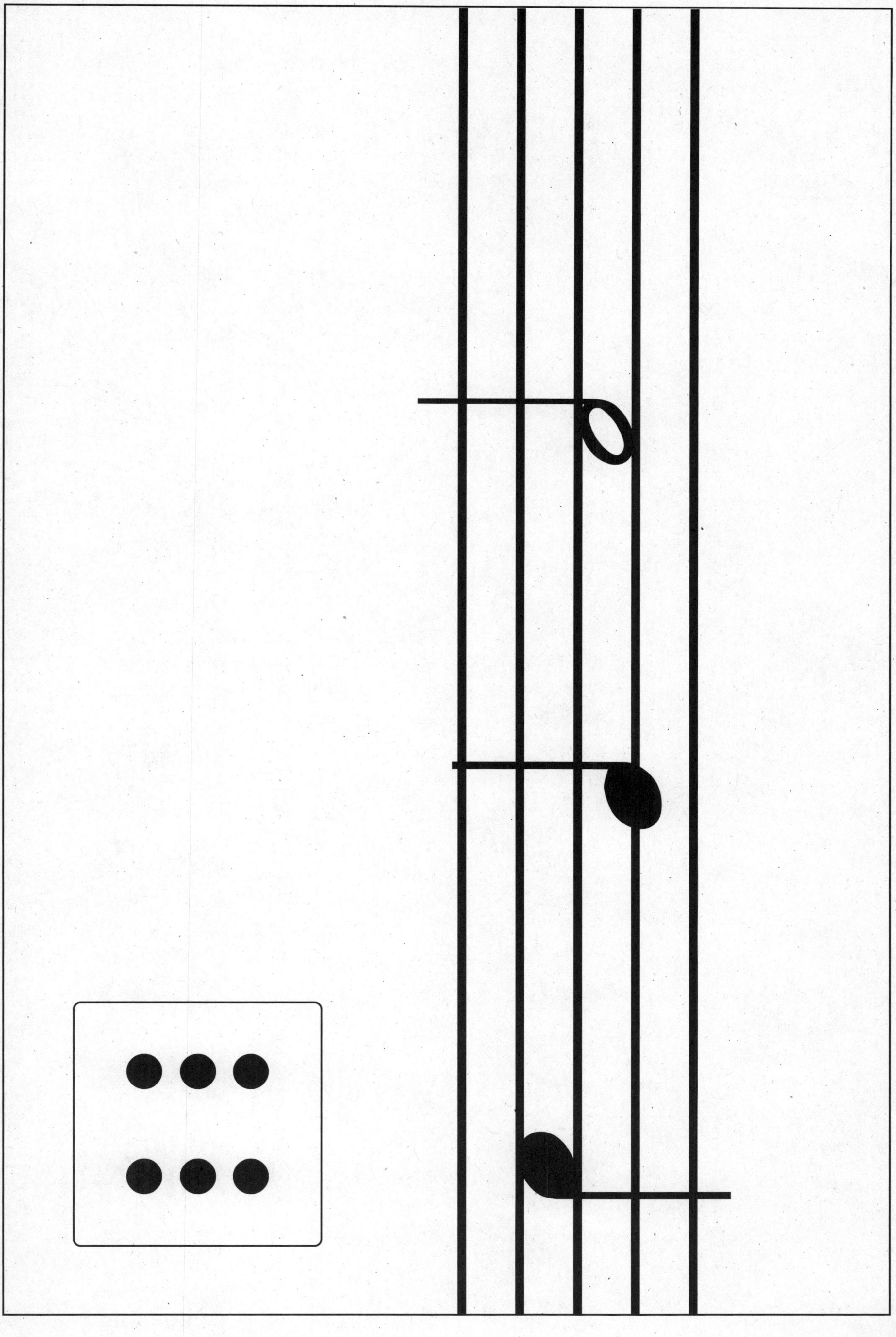

# Teil 5:
# Lösungen

Teil 5
Lösungen

# 5. Lösungen

## Hinweise zu Rondo 3 Lösungen

Die Seiten 150 bis 195 im Handbuch beinhalten die Lösungen für die Kopiervorlagen, das Arbeitsheft und die Lernkontrollen.

Da die 26 Kopiervorlagen identisch sind mit dem entsprechenden Teil der 48 Arbeitsblätter, gelten diese Lösungen jeweils für die Kopiervorlagen wie auch das Arbeitsheft (siehe z. B. Handbuch Seite 153, Kopfzeile „Rondo 3 Lösungen · Kopiervorlage 1 und Arbeitsheft Seite 6 zu Buch Seite 14, 15").

### Aufgaben mit farbigen Lösungen

Bei einigen Aufgaben sollen die Schüler mit Farben arbeiten. Es ist zweckmäßig, wenn Sie die betreffenden Lösungen zuvor farbig ausmalen. Hierdurch wird den Schülern nach der Erledigung der Arbeit die Selbstkontrolle erleichtert. Dies betrifft folgende Seiten:

- Handbuch Seite 150 (Arbeitsheft Seite 2)
- Handbuch Seite 151 (Arbeitsheft Seite 4)
- Handbuch Seite 164 (Kopiervorlage 10 und Arbeitsheft Seite 18)

### Aufgaben mit mehreren Lösungen

Bei einigen Aufgaben sind auch mehrere Lösungen möglich. Bei den nachfolgend aufgeführten Seiten sind die Lösungen nur als Beispiele zu verstehen:

- Handbuch Seite 156 (Kopiervorlage 3 und Arbeitsheft Seite 9)
- Handbuch Seite 167 (Kopiervorlage 13 und Arbeitsheft Seite 21)
- Handbuch Seite 170 (Kopiervorlage 15 und Arbeitsheft Seite 24)
- Handbuch Seite 174 (Kopiervorlage 18 und Arbeitsheft Seite 28)
- Handbuch Seite 175 (Kopiervorlage 19 und Arbeitsheft Seite 29)
- Handbuch Seite 185 (Kopiervorlage 25 und Arbeitsheft Seite 40)

### Aufgaben ohne Lösungen

Zu folgenden Aufgaben gibt es keine vorgegebene Lösung, weil hier die Schüler frei malen sollen:

- Arbeitsheft Seite 3
- Arbeitsheft Seite 13
- Arbeitsheft Seite 39

### Motivation und Selbstkontrolle

Die Kinder haben bekanntermaßen Freude daran, Arbeitsblätter auszufüllen und die gestellten Aufgaben zu erledigen. Die Erfahrung, eine Aufgabe selbstständig und richtig gelöst zu haben, motiviert sie zu weiterem Arbeiten und stärkt darüber hinaus das Selbstwertgefühl.

Eine zusätzliche Motivation ist gegeben, wenn die Schüler selbst kontrollieren dürfen, ob die Aufgaben richtig und vollständig gelöst wurden. Geben Sie deshalb Ihren Schülern die Gelegenheit zur Überprüfung ihrer Arbeiten. Hierzu können die Lösungen als Einzelblätter in mehrfacher Ausführung an vereinbarte Plätze im Klassenzimmer ausgelegt werden. Kinder, die ihre Arbeit beendet haben, können dann die Lösungen einsehen, vergleichen und falls erforderlich auch berichtigen.

### Lösungen zu den Lernkontrollen

Die Lernkontrollen können Sie nach Belieben verwenden. Sie dienen jeweils nach der Behandlung einer oder mehrerer Unterrichtseinheiten zur Sicherung und Überprüfung der Lernergebnisse. Für jede Aufgabe ist eine bestimmte Punktzahl vorgesehen. Die Lösungen erleichtern Ihnen die Korrektur der Lernkontrollen. Zur Nachbereitung und Berichtigung können die entsprechenden Lösungen ebenfalls ausgelegt werden.

1. Im Land der Blaukarierten
sind alle blau kariert.

Doch wenn ein Rotgefleckter
sich mal dorthin verliert,

dann rufen Blaukarierte:
„Der passt zu uns doch nicht!
Er soll von hier verschwinden,
der rot gefleckte Wicht!“

2. Im Land der Rotgefleckten
sind alle rot gefleckt.

Doch wird ein Grüngestreifter
in diesem Land entdeckt,

dann rufen Rotgefleckte:
„Der passt zu uns doch nicht!
Er soll von hier verschwinden,
der grün gestreifte Wicht!“

3. Im Land der Grüngestreiften
sind alle grün gestreift.

Doch wenn ein Blaukarierter
so etwas nicht begreift,

dann rufen Grüngestreifte:
„Der passt zu uns doch nicht!
Er soll von hier verschwinden,
der blau karierte Wicht!“

4. Im Land der Buntgemischten
sind alle bunt gemischt.

Und wenn ein Gelbgetupfter
das bunte Land auffrischt,

dann rufen Buntgemischte:
„Willkommen hier im Land!
hier kannst du mit uns leben,
wir reichen dir die Hand!“

Text und Melodie: Klaus W. Hoffmann

Färbe die Texte und zeichne die entsprechenden Begleitinstrumente dazu.

Blaukarierte: blau 

Rotgefleckte: rot 

Grüngestreifte: grün 

Buntgemischte: bunt 

Gelbgetupfte: gelb 

# Kanon

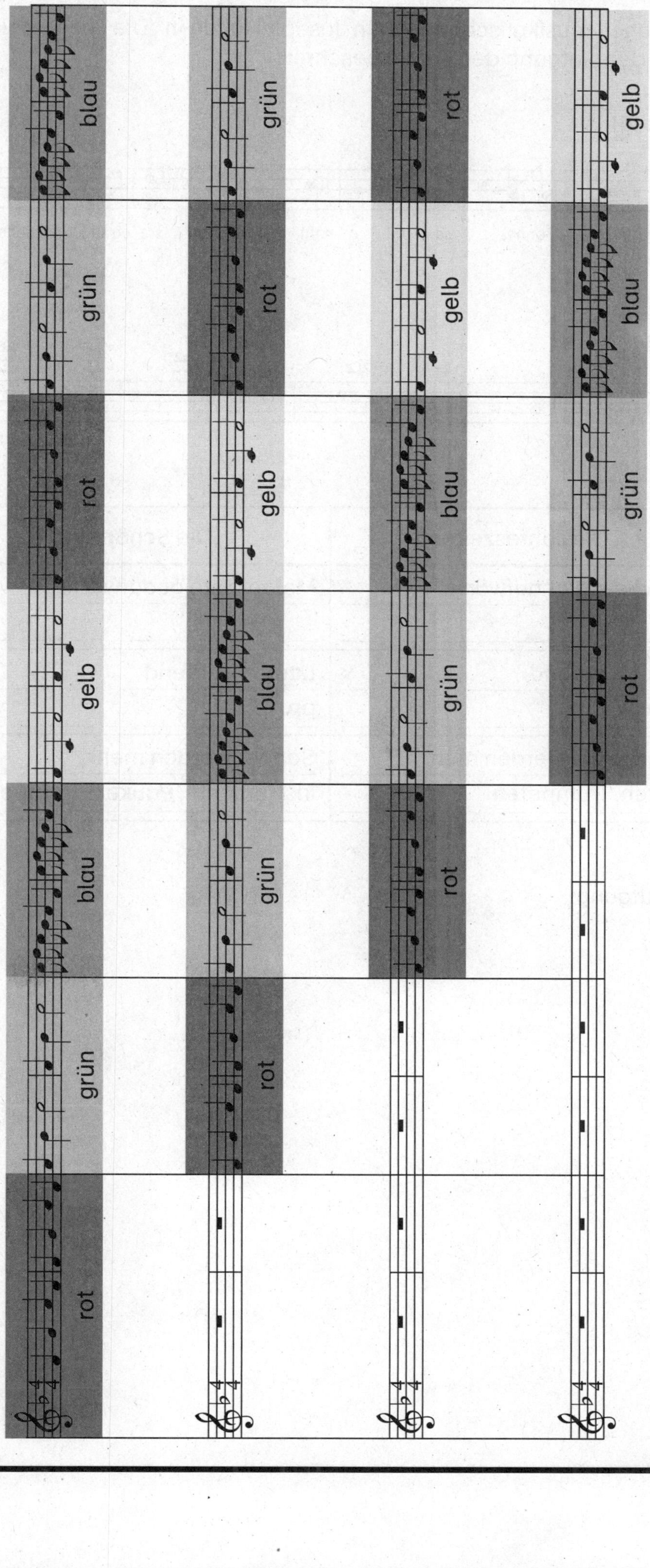


Färbe die Bausteine so:

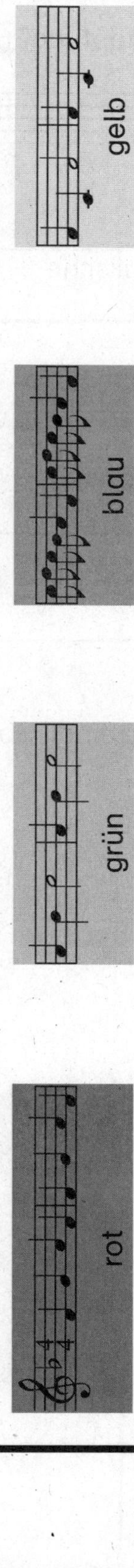

① Schreibe auf, mit welchen musikalischen Mitteln Joseph Haydn in „Die Jahreszeiten“ und „Die Schöpfung“ den Aufgang der Sonne beschreibt.

„Die Jahreszeiten“ (Gesang):

„Die Schöpfung“ (Orchester):

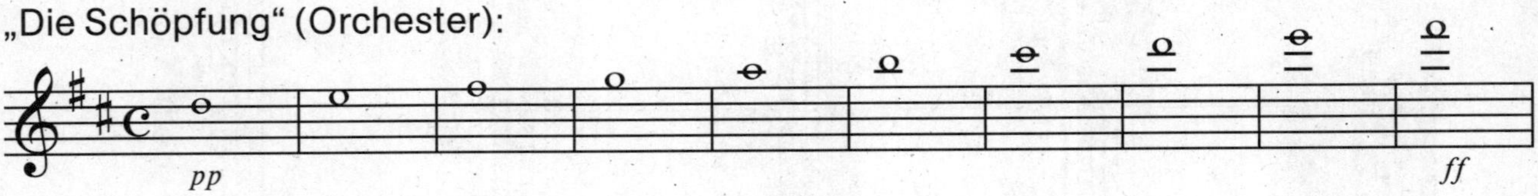


| Musikalische Mittel | „Die Jahreszeiten“ | „Die Schöpfung“ |
|---|---|---|
| Tonhöhe | Melodie steigt aufwärts | Melodie steigt aufwärts |
| Lautstärke | Lauter werdend<br>p < f | Lauter werdend<br>pp < ff |
| Besetzung | Instrumente werden mehr,<br>Pauken, Trompeten | Sänger werden mehr,<br>Instrumente, Pauken, Trompeten |

② Male einen Sonnenaufgang.

Trage die Wörter passend in die Tabelle ein.

Melodie A, Melodie B

lebhaft, ruhig

schnell, langsam

Flöte, Klarinette, Oboe, Pikkoloflöte

zupfen, streichen

| | Teil 1 | Teil 2 | Teil 3 | Teil 4 | Teil 5 |
|---|---|---|---|---|---|
| Melodie A oder B | A | B | A | B | A |
| Art der Musik | ruhig | lebhaft | ruhig | lebhaft | ruhig |
| Tempo | langsam | schnell | langsam | schnell | langsam |
| hervortretendes Instrument | Klarinette | Flöte | Oboe | Pikkoloflöte | X |
| Streicher: zupfen oder streichen | streichen | zupfen | streichen | zupfen | streichen |

Ergänze den Lückentext. Die Wörter und Zahlen findest du in Rondo 3 auf Seite 15.

Béla Bartók wurde 1881 in Ungarn geboren. Sein Vater begeisterte ihn schon sehr früh für die Musik. Leider starb der Vater, als Béla erst 8 Jahre alt war. Von seiner Mutter erhielt er den ersten Klavierunterricht. Der begabte Junge komponierte schon mit acht Jahren kleine Musikstücke. Im Alter von 18 gab er bereits sein erstes Konzert auf dem Klavier. Als Béla 18 Jahre alt war, begann er in der Hauptstadt Budapest Musik zu studieren. Viele Jahre reiste Béla Bartók durch Ungarn, Rumänien und andere Länder, um bei den Bauern Volkslieder und Tänze zu sammeln. Diese schrieb er auf oder benützte ein Aufnahmegerät. 1940 verließ Béla Bartók seine Heimat und lebte in Amerika. Dort starb er 1945 arm und verlassen in einem New Yorker Krankenhaus.

Béla Bartók hat viele Volkslieder in seinen Kompositionen verwendet. Er schrieb auch ein Klavierbuch mit dem Titel „Für Kinder". In diesem Buch sind 85 ungarische und slowakische Volkslieder enthalten. Wer kann das kleine Musikstück auf dem Klavier vorspielen? Die Melodie kann man auch auf einer Flöte spielen und mit Xylophon oder Metallophon begleiten.

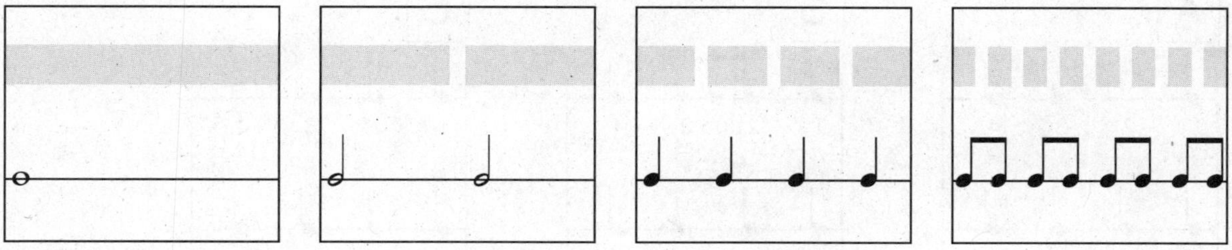

Trage die passenden Zeichen ein.

A

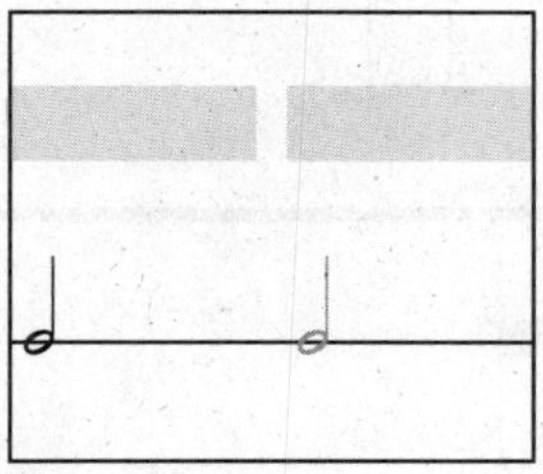

B

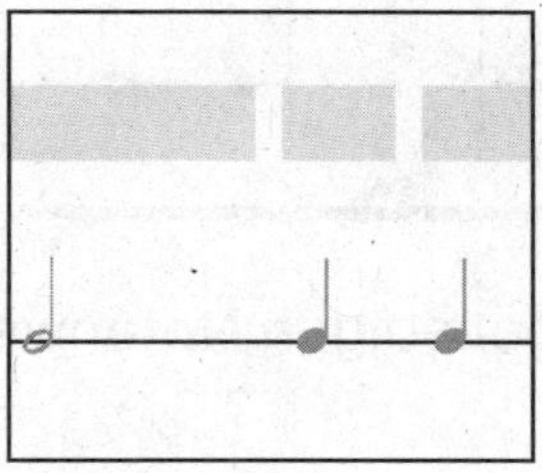

C

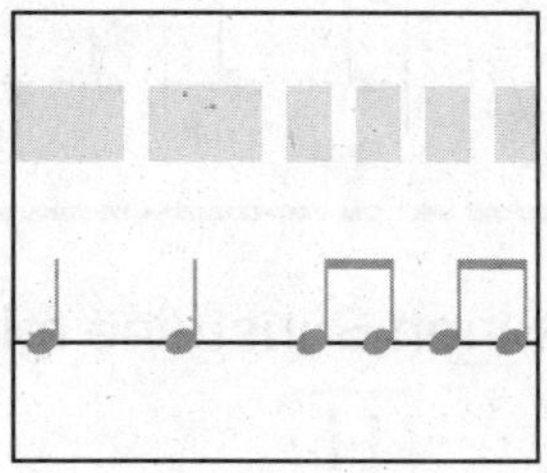

D

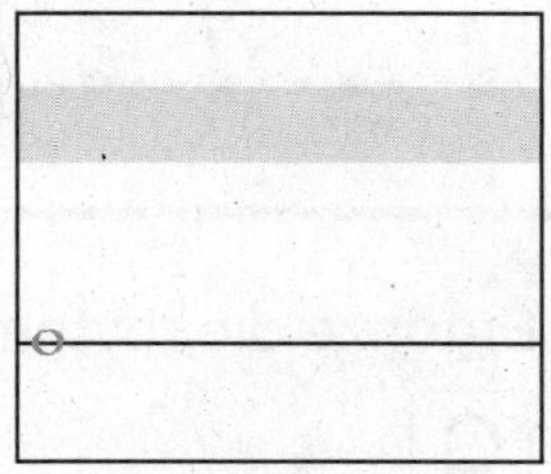

E

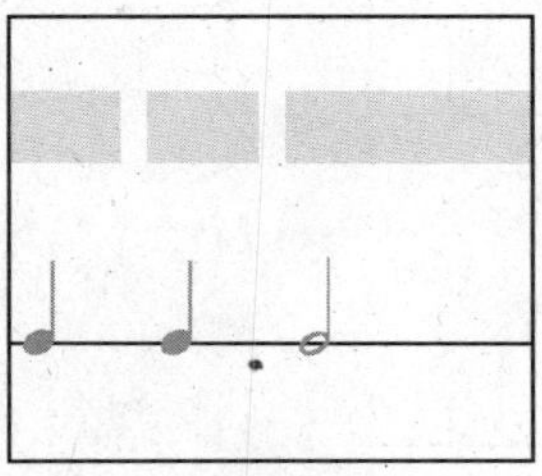

F

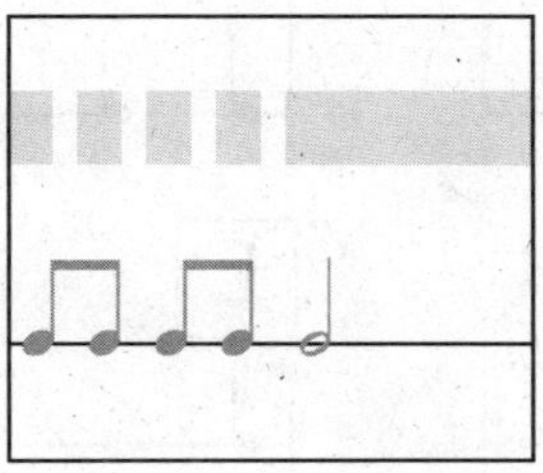

G

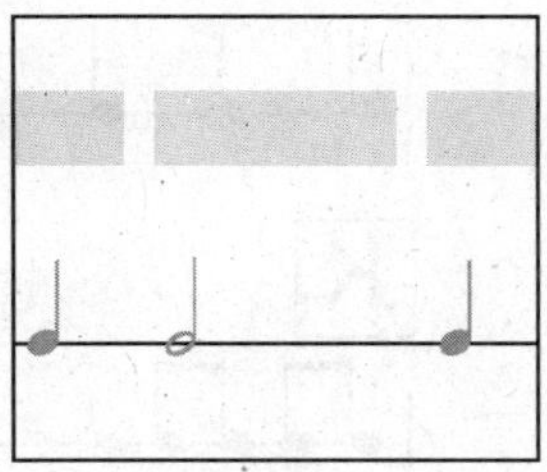

H

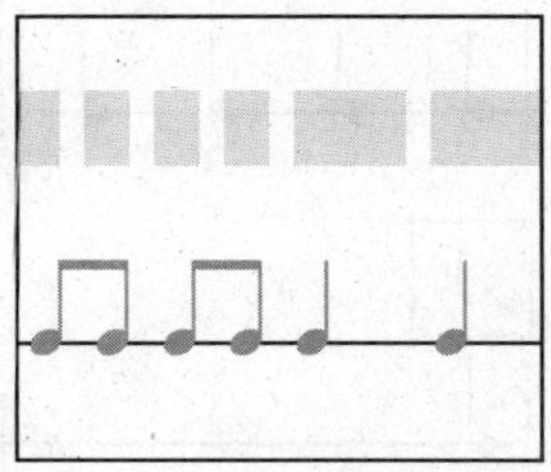

I

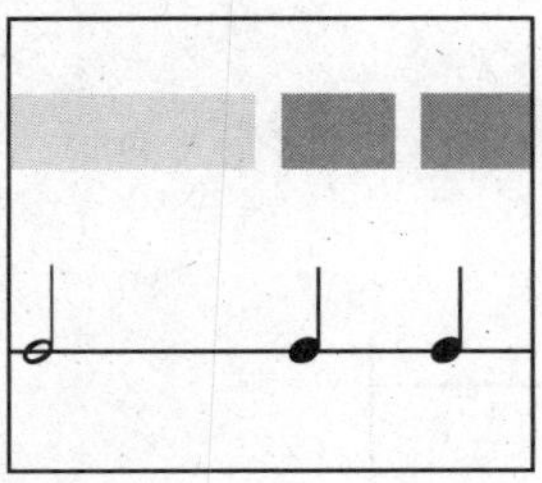

J

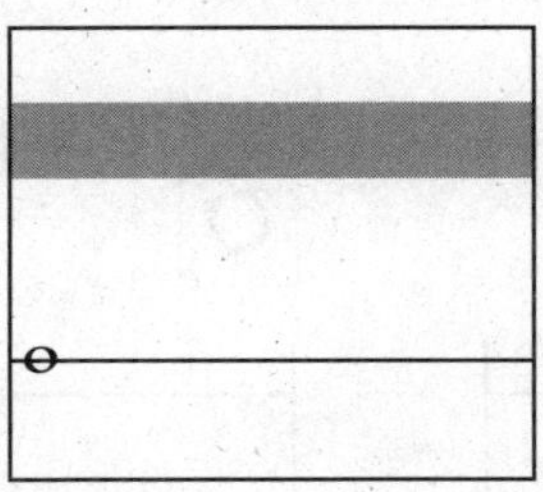

K

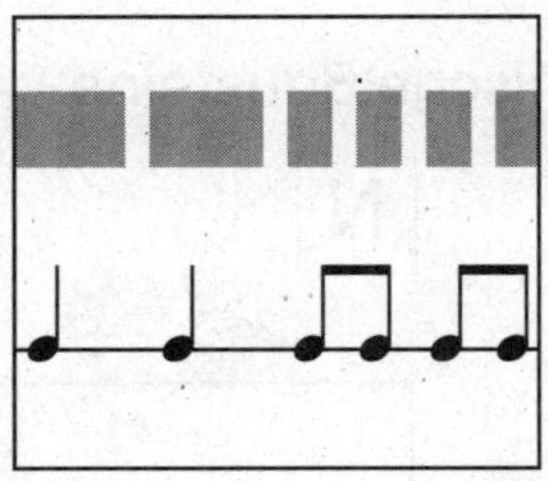

L

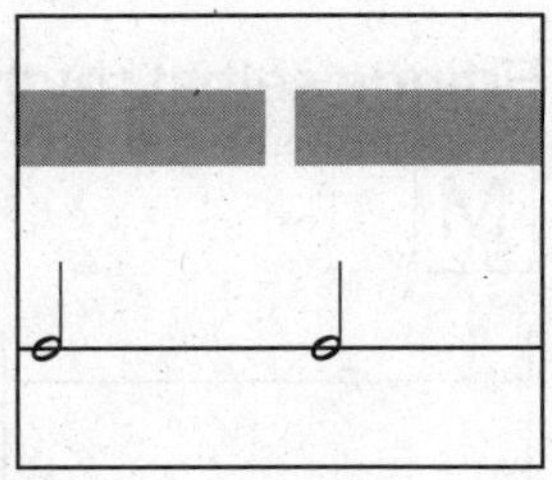

M

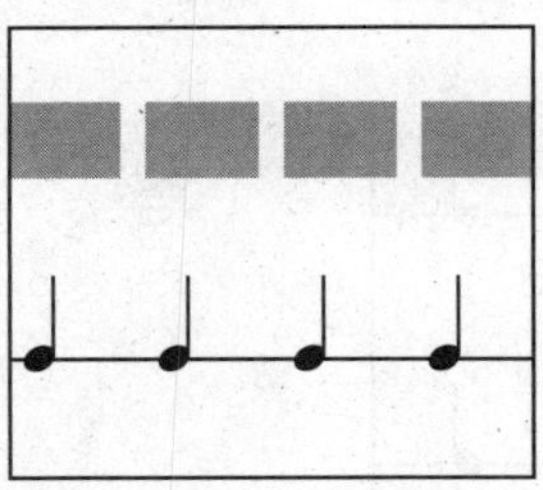

N

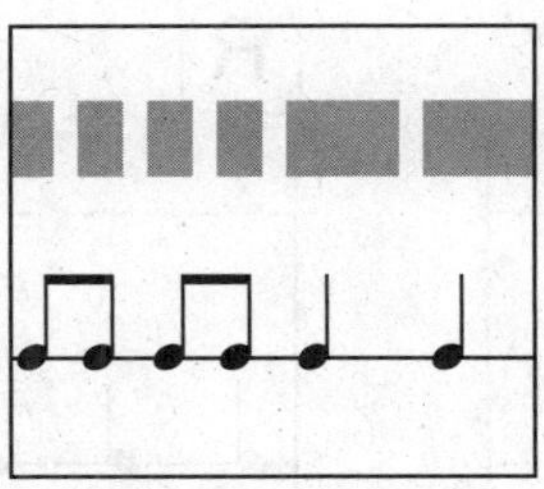

O

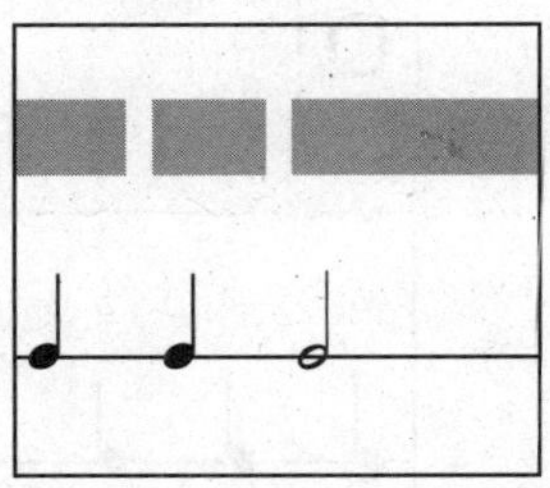

P

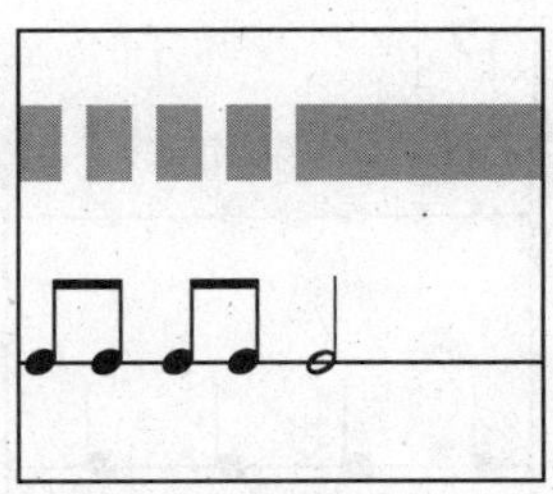

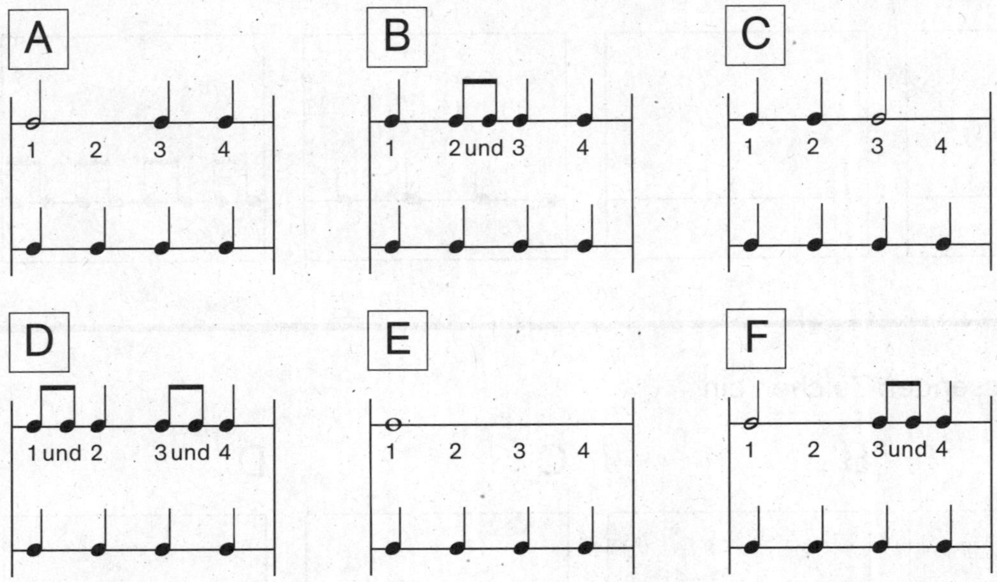


① Ergänze die rhythmischen Bausteine mit beliebigen Notenwerten.

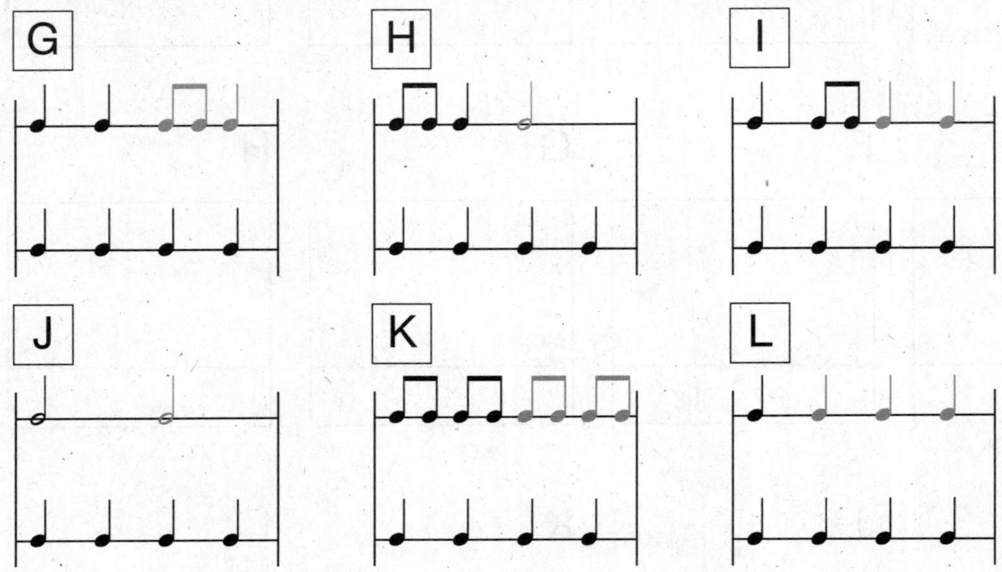


② Erfinde selbst rhythmische Bausteine.

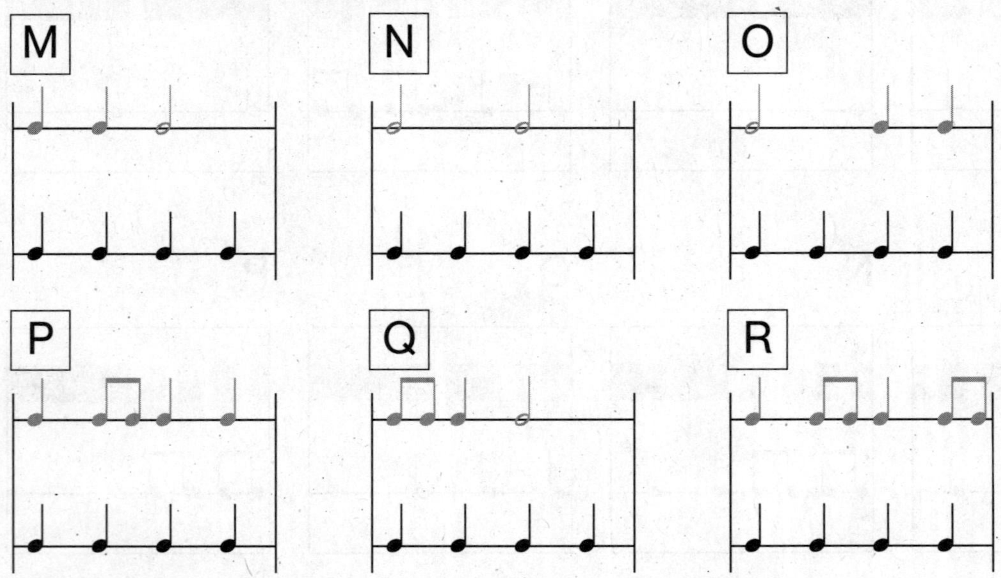




Es sind verschiedene Lösungen möglich!

① Schreibe unter die Notenwerte, wie man zählt.

A

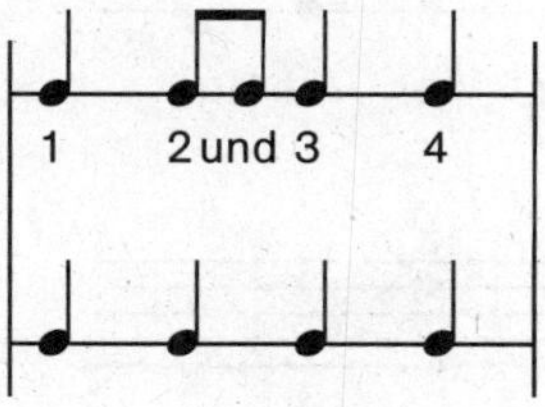


B

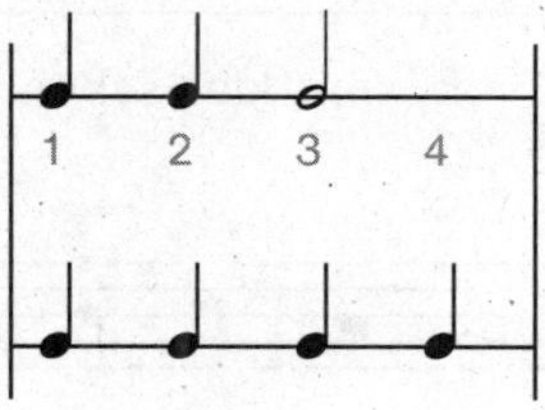


C

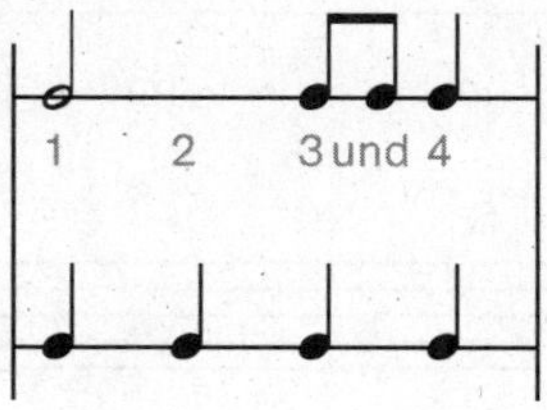


D

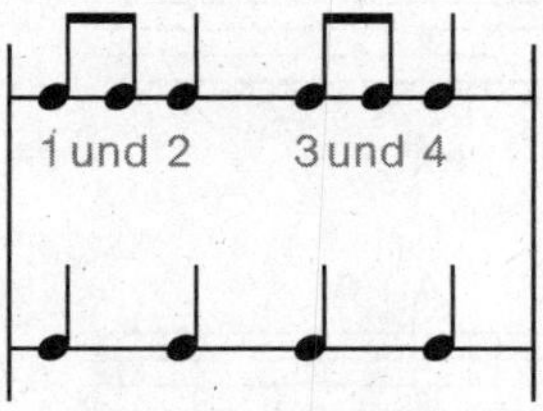


E

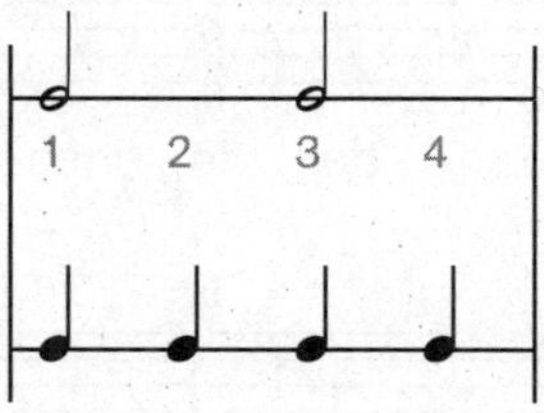


F

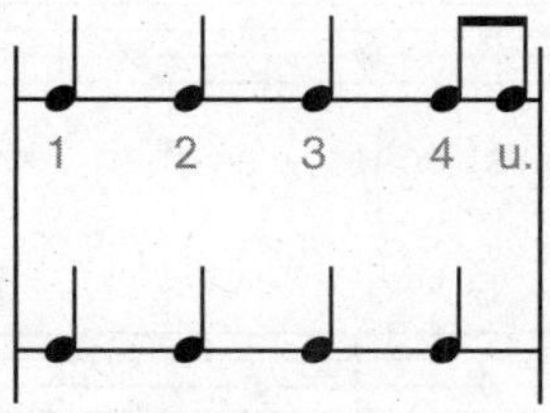


② Schreibe über die Zahlen die passenden Notenwerte.

G

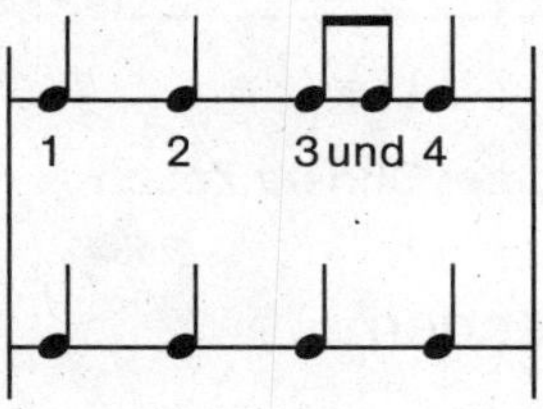


H

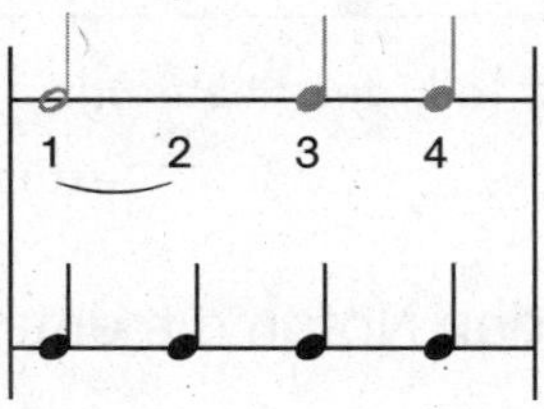


I

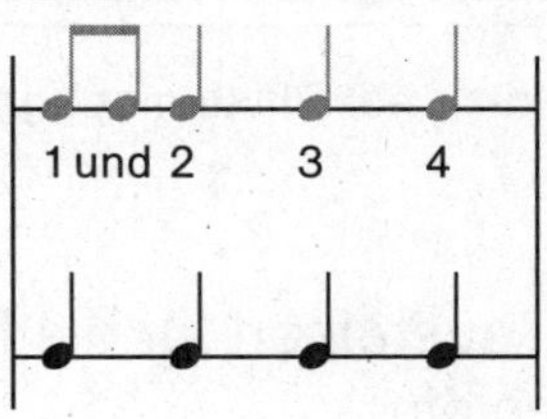


J

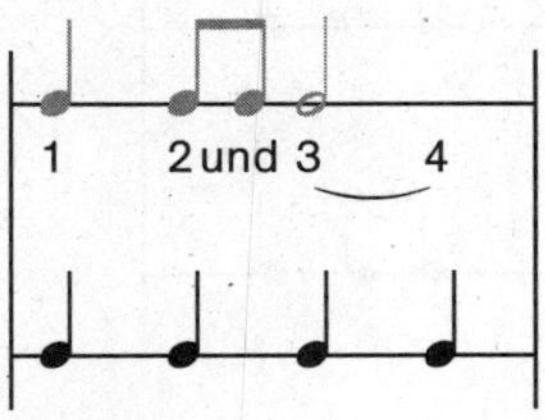


K

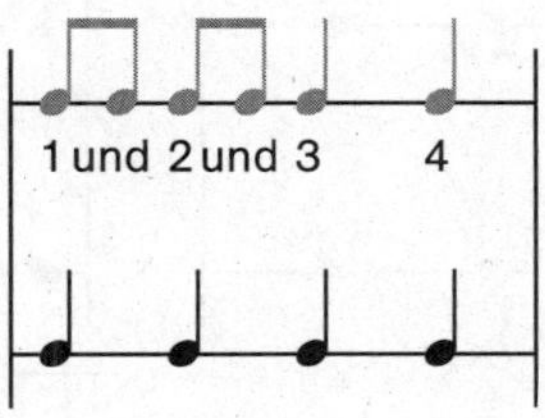


L

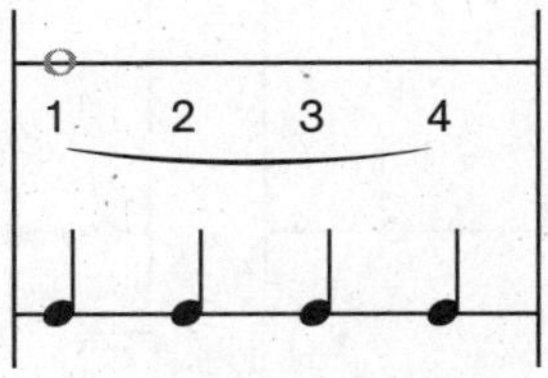


③ Du hörst rhythmische Bausteine. Schreibe sie auf.

M

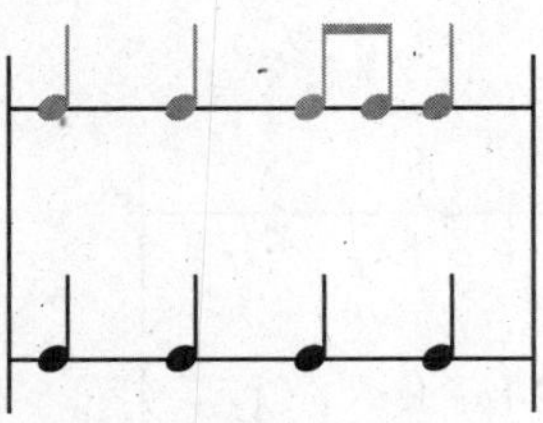

(Beispiel)

N

O

① Trage die fehlenden Pausenzeichen ein. Verwende Viertelpausen.

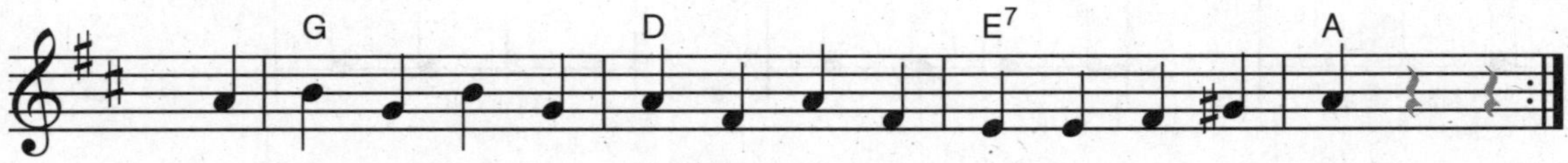


Schluss (statt der 4. Zeile)

Text und Melodie: Christa Zeuch

② Trage in den Bausteinen für die fehlenden Noten die entsprechenden Pausenzeichen ein.

A

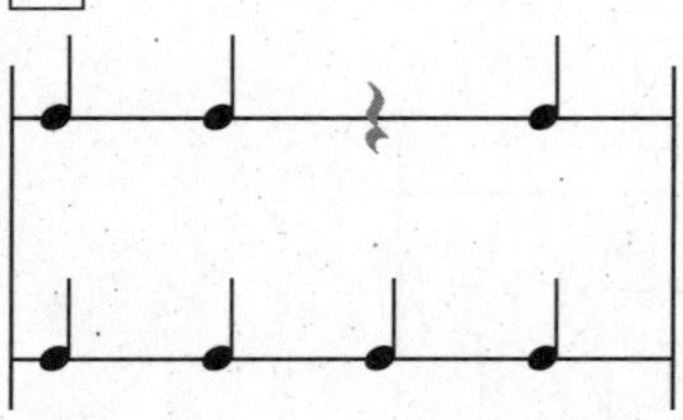

B

C

D

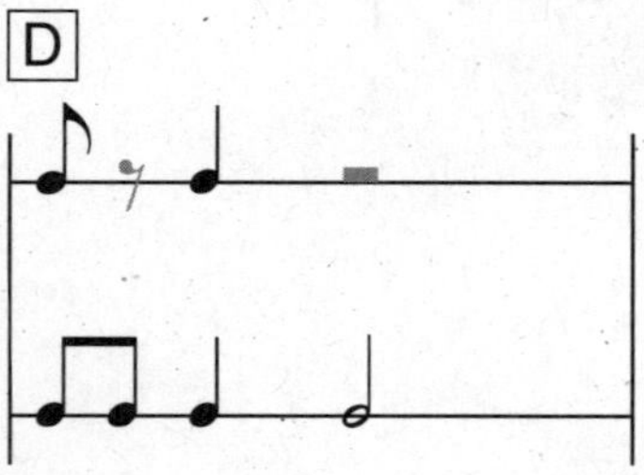

E

F

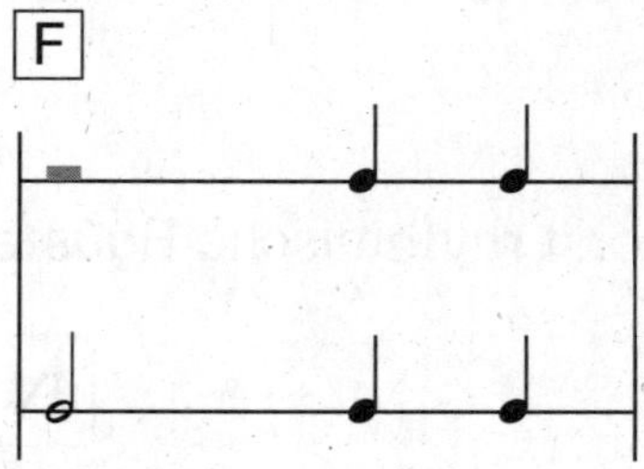

G

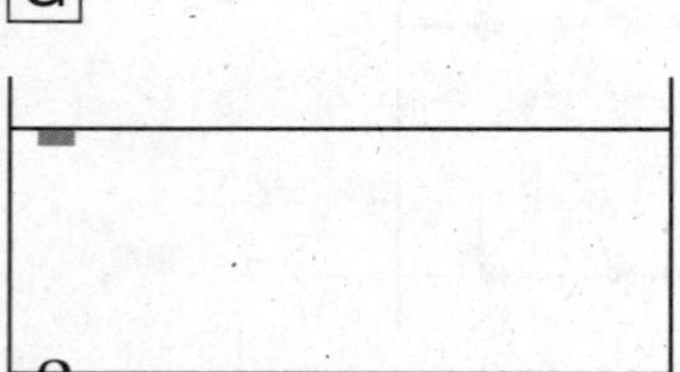

H

I

Trage die Pausenwerte und die entsprechenden Notenwerte ein.
Beginne mit der Ganzen Pause und der Ganzen Note.

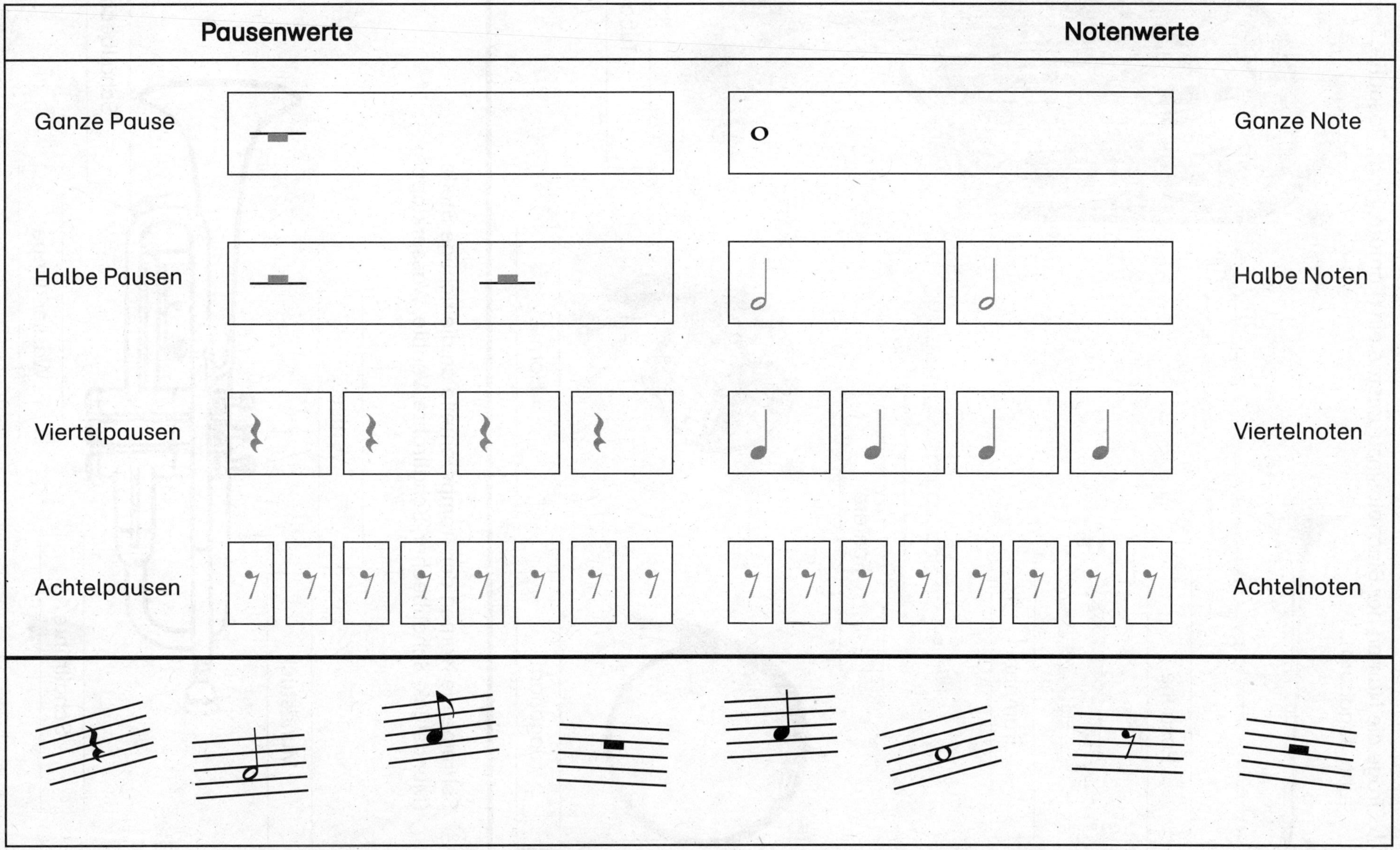

① Trage die Namen der Blechblasinstrumente ein (Fanfare, Horn, Posaune, Trompete, Tuba, Jagdhorn).

A
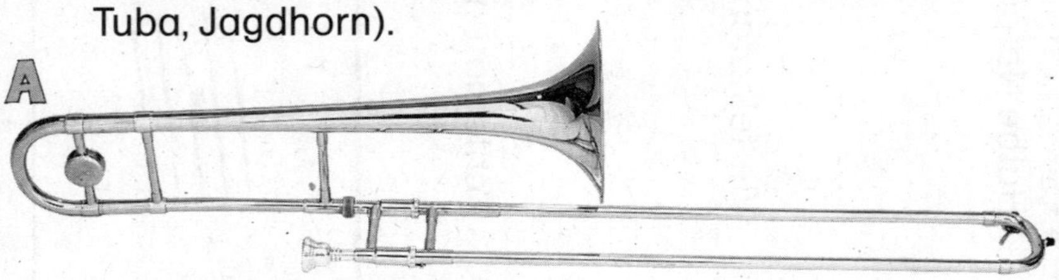
Posaune

B

Tuba

C
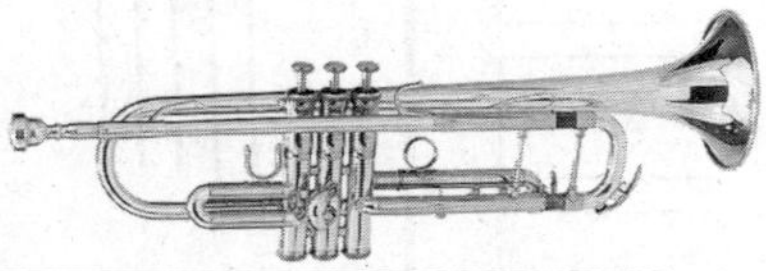
Trompete

D
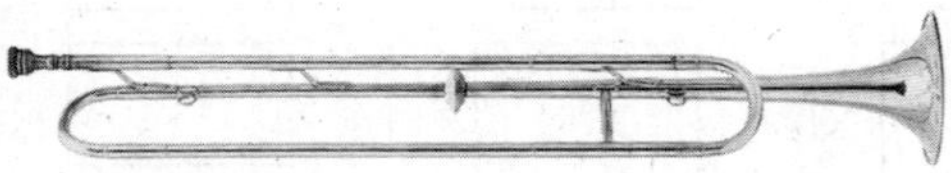
Fanfare

E
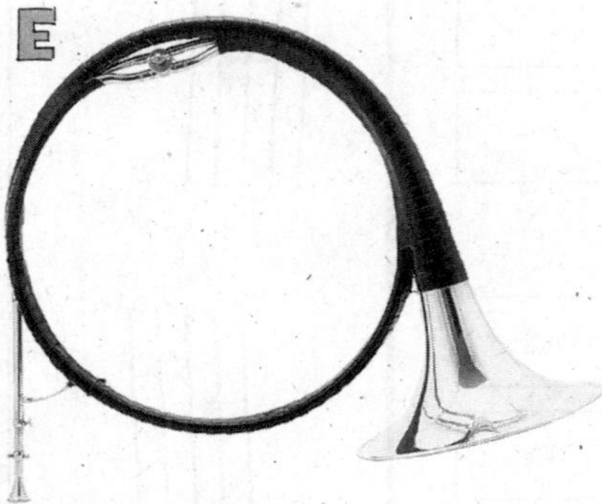
Jagdhorn

F

Horn

② Schreibe die Namen der Trompetenteile an die richtige Stelle.
(Mundstück, Schallbecher, Schallröhre, Ventile, Wasserklappe)

Ventile

Mundstück

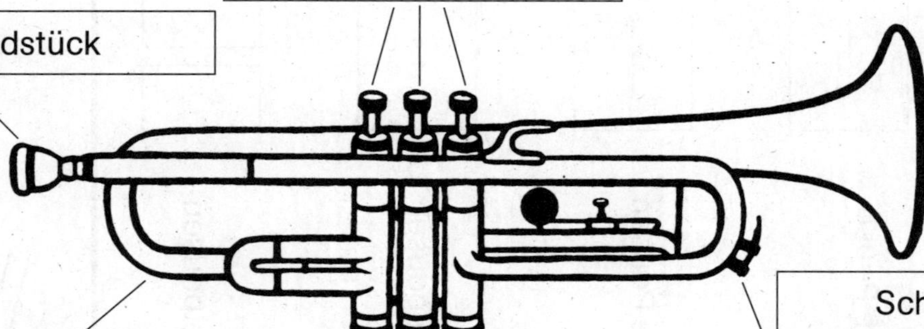

Schallbecher

Schallröhre

Wasserklappe

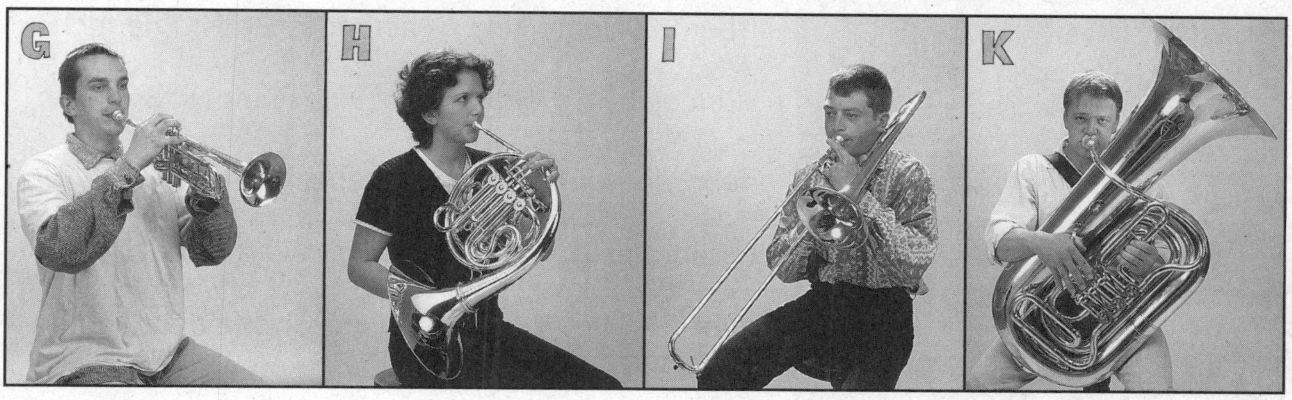


① Ergänze die Steckbriefe mit den entsprechenden Namen und Buchstaben.

Name: Horn
Foto: F Bild mit Spieler: H

- Röhre zum Teil kreisrund gewunden, etwa 3,50 m lang
- Der große Schallbecher zeigt beim Spielen nach hinten.
- 3 bis 5 Ventile
- Eine einfache Form ohne Ventile wird heute noch bei der Jagd verwendet.

Name: Trompete
Foto: C Bild mit Spieler: G

- Kleinstes Instrument
- Röhre zweimal gebogen, etwa 1,30 m lang
- Kleiner Schallbecher
- Spielt die höchsten Töne
- 3 Ventile
- Vor Erfindung der Ventile sah das Instrument wie eine Fanfare aus.

Name: Tuba
Foto: B Bild mit Spieler: K

- Größtes und schwerstes Instrument
- Röhre mehrfach gebogen, über 4 m lang
- Der große Schallbecher zeigt beim Spielen nach oben.
- Spielt die tiefsten Töne
- 3 bis 5 Ventile
- Bassinstrument in Blaskapellen

Name: Posaune
Foto: A Bild mit Spieler: I

- Langgestrecktes Instrument
- Röhre zweimal gebogen, etwa 3 m lang
- Kleiner Schallbecher
- Das Instrument hat statt der Ventile einen Zug. Durch Herausziehen oder Einschieben kann die Länge der Röhre verändert werden.

② Du hörst vier Ausschnitte aus Musikstücken.
Umfahre jeweils den Namen des Instrumentes, das du am Klang erkennen kannst.

Hörausschnitt 1: Horn – Posaune – Trompete – Tuba

Hörausschnitt 2: Horn – Posaune – Trompete – Tuba

Hörausschnitt 3: Horn – Posaune – Trompete – Tuba

Hörausschnitt 4: Horn – Posaune – Trompete – Tuba

(Beliebige Reihenfolge A 46 bis A 49)

Über 300 Jahre sind es her, dass Georg Friedrich Händel in [Halle], einer Stadt in Sachsen, geboren wurde. Schon zu Lebzeiten war er ein berühmter [Komponist]. Wäre es nach seinem [Vater] gegangen, hätte der begabte Sohn niemals Musiker werden dürfen.

Eines Tages hörte der Herzog von Sachsen-Weißenfels, bei dem der Vater als Leibarzt angestellt war, den jungen Händel auf der [Orgel] spielen. Der [achtjährige] Georg Friedrich lernte daraufhin bei dem Organisten Zachow drei Jahre lang Orgel, Cembalo, Geige und das [Komponieren]. Im Alter von [21] Jahren ging Händel nach Italien. Den größten Erfolg hatte Händel in Neapel mit einer [Oper]. Den Die meiste Zeit seines Lebens verbrachte Händel aber in [England]. Als er im Alter von [74] Jahren starb, wurde er in der Westminsterabtei in [London] inmitten englischer Könige begraben. Über [3000] Menschen nahmen an seinem Begräbnis teil und erwiesen ihm so ihre große Verehrung.

Die [Feuerwerksmusik] zählt zu Händels bekanntesten Orchesterwerken. Das berühmteste Werk von Georg Friedrich Händel ist das Oratorium [Der Messias]. Es besteht aus über [50] Teilen für Orchester, Cembalo, Orgel, [Chor] und Solostimmen. In nur [24] Tagen hat Händel dieses große Werk, dessen Aufführung zweieinhalb Stunden dauert, geschrieben. Das bekannteste Stück aus diesem Oratorium ist der [Halleluja-Chor].

Ergänze die Sätze.
Die passenden Wörter und Zahlen findest du in Rondo 3 auf Seite 30 und 31.

La paix (Der Friede)

| Teil | Instrumente | Hörauffälligkeiten |
|---|---|---|
| A | Streichinstrumente, Hörner, Cembalo | leise, mittellaut, langsam, friedlich |
| A (Wiederholung) | Streichinstrumente, Hörner, Cembalo, Trompeten | |
| B | Streichinstrumente, Hörner, Cembalo | |
| B (Wiederholung) | Streichinstrumente, Hörner, Cembalo, Trompeten | |

Streichinstrumente, Hörner, Cembalo, Trompeten

Streichinstrumente, Hörner, Cembalo

La réjouissance (Die Freude)

| Teil | Instrumente | Hörauffälligkeiten |
|---|---|---|
| **1. Durchgang** | Streichinstrumente | mittellaut, laut, schnell, schwungvoll |
| **2. Durchgang** | Blasinstrumente (Oboen, Hörner, Fagotte) | |
| **3. Durchgang** | Streich- und Blasinstrumente mit Trompeten und kleiner Trommel | |

Blasinstrumente (Oboen, Hörner, Fagott)

Streich- und Blasinstrumente mit Trompeten und kleiner Trommel

Streichinstrumente

① Vergleiche die Musikstücke „La paix“ und „La réjouissance“ miteinander.

② Trage jeweils die passenden Instrumente in die Tabellen ein.

③ Denke bei den Hörauffälligkeiten an
laut, leise, mittellaut; langsam, schnell; schwungvoll, friedlich.

① Verfolgt beim Hören die Noten der beiden Melodien A und B.
Malt zum Notenverlauf eine farbige Spur (Melodie A: rot, Melodie B: blau).

A

B

② Schneide die vier Instrumentenkärtchen vom Ausschneideblatt aus und klebe sie richtig ein.

| | Teil A | Wiederholung | | Teil A | Wiederholung | Teil B | Wiederholung | | Teil A | Wiederholung |
|---|---|---|---|---|---|---|---|---|---|---|
| Vorspiel | 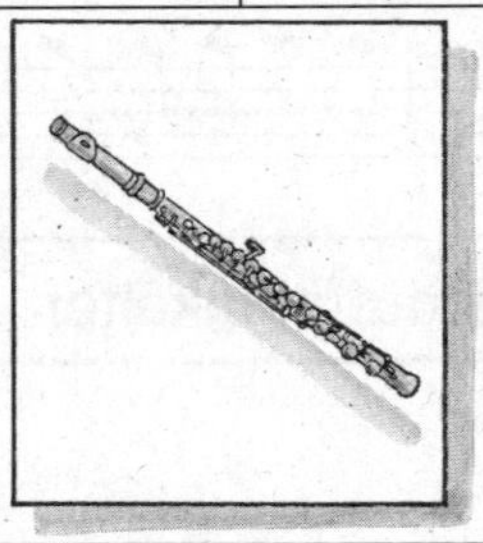 | | Zwischenspiel |  | |  | | Zwischenspiel |  | |

③ Ergänze die folgenden Sätze. Die fehlenden Wörter und Zahlen findest du in Rondo 3 auf Seite 38 und 39.

Pjotr Iljitsch Tschaikowsky wurde 1840 in **Russland** geboren. Schon mit 4 Jahren begann er **Klavier** zu spielen. Aber erst im Alter von **22** Jahren entschied er sich, die Musik zu seinem Beruf zu machen und studierte in Sankt Petersburg an der **Musikhochschule**.

Einige seiner Werke wurden **weltberühmt**. Dazu gehört auch das **Ballett** „Der Nussknacker". Auf vielen Theaterbühnen der Welt wird es besonders in der **Weihnachtszeit** aufgeführt. Zu diesem Ballett gehört auch der „Tanz der **Rohrflöten**".

① Hier siehst du die Noten der Solo-Violine und der ersten Violine zur Musik „Der Winter“ von Antonio Vivaldi.
Trage bei den Noten ein, was dir an der Musik besonders auffällt und was sie beschreibt.

Solo-Violine

Beispiele: ruhige und zarte Melodie,
bringt Wärme zum Ausdruck,
beschreibt das Drinnen im Winter

1. Violine, gezupft

Beispiele: schnelle Töne,
stellen die Regentropfen dar,
beschreibt das Draußen im Winter.

② Male zur Musik ein Bild.
Du kannst die Musik auch mit Wellenlinien und Punkten darstellen.

Beispiel:

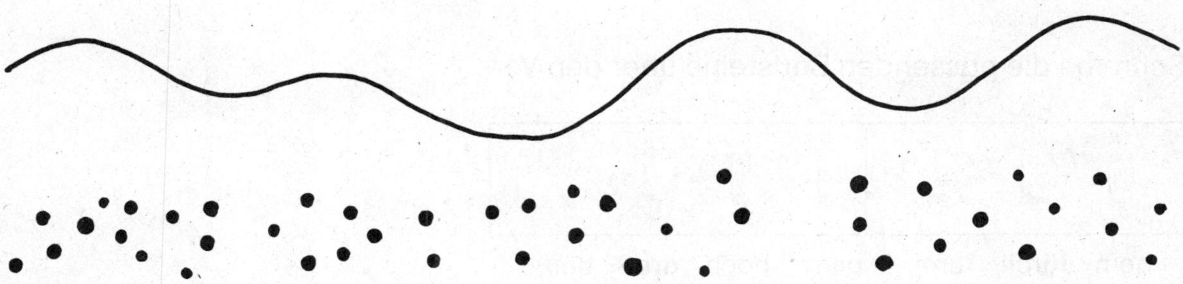

① Schreibe die rhythmischen Bausteine passend über den Abzählreim.

**E** - ne me - ne **men** - te,

**Lo**-cum to-cum **ten** - te,

**ca** - ra - bu - ti, **ca** - ra - bu - ti, **wi**tsch, watsch, **ab**.

② Schreibe die passenden Bausteine über den Vers.

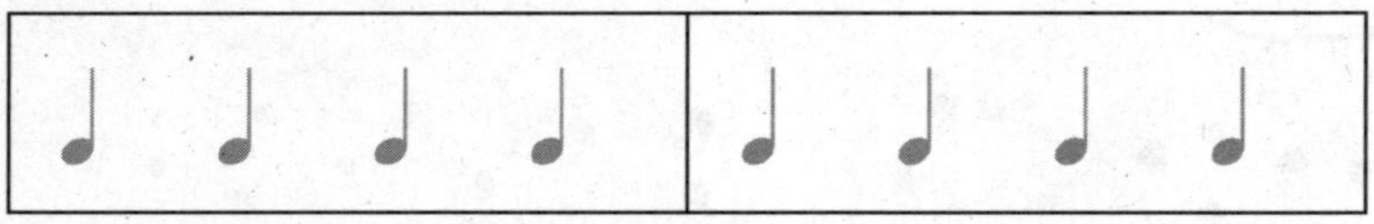

Auf dem Kirch - turm, ganz hoch dro - ben,

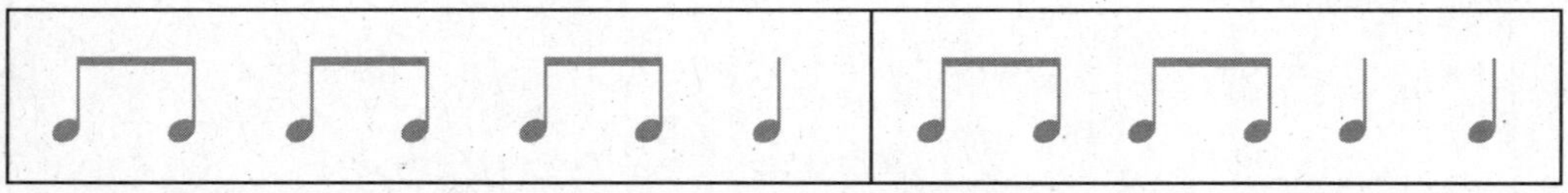

Sitzt ein klei - ner Wet - ter - hahn, sieht die Welt von o - ben.

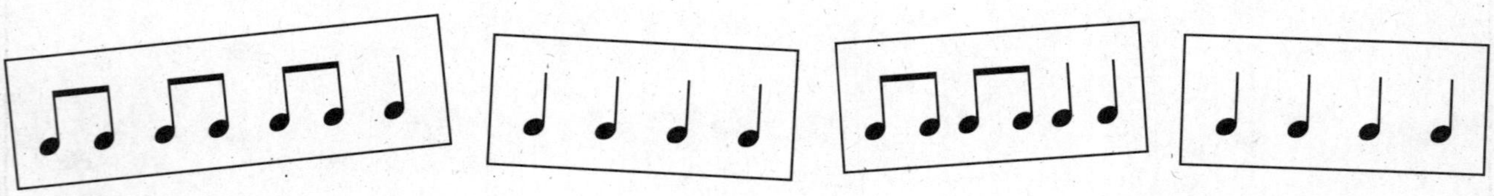

① Bilde weitere Takte mit beliebigen Notenwerten und Pausenwerten.

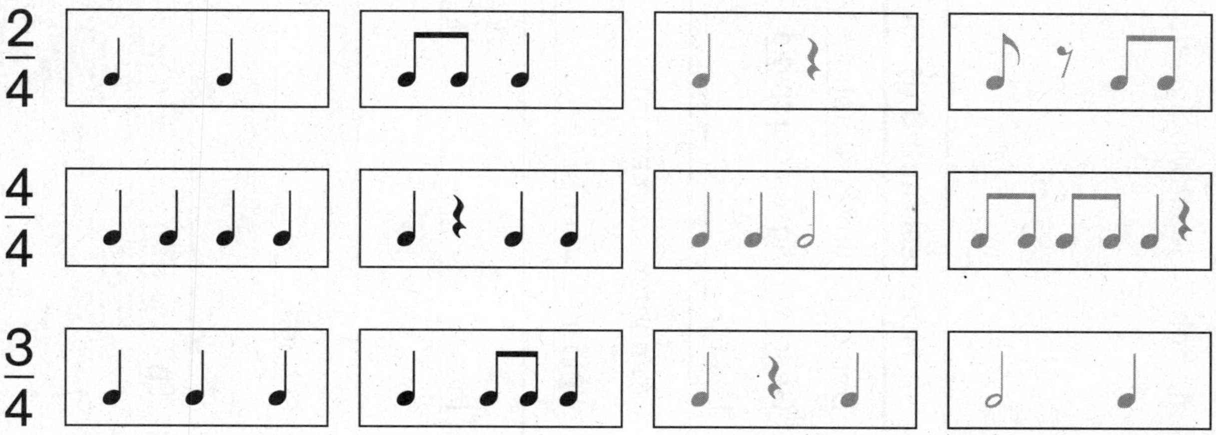

② Schreibe zu jedem Baustein die passende Taktart 2/4, 4/4 oder 3/4.

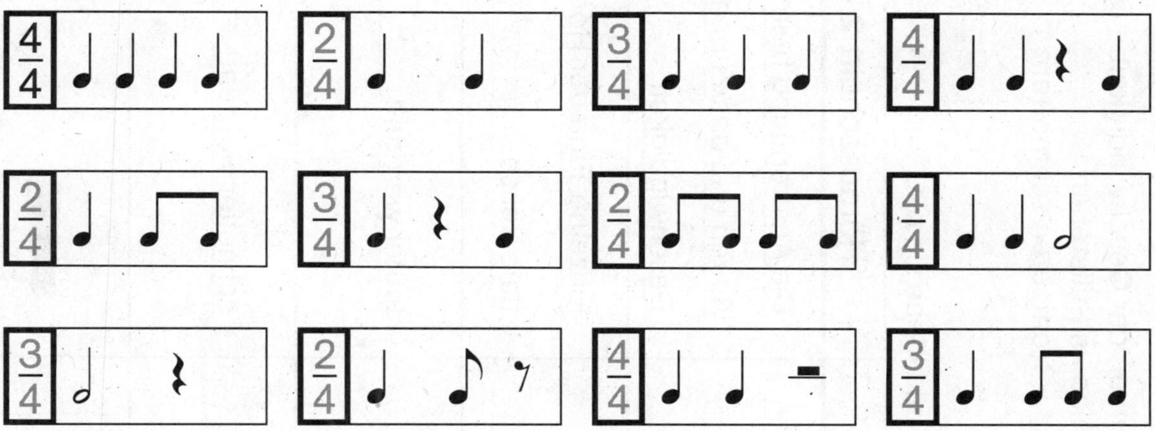

③ Setze die Taktstriche an die richtige Stelle.

Es sind verschiedene Lösungen möglich!

① Trage in die Tabelle die passenden Begriffe ein.

a) Die Anstrengung beim Anfahren und das Zunehmen der Geschwindigkeit – Der Zug stürmt mit hoher Geschwindigkeit durch die Nacht – Das ruhige Atmen der Maschine im Stillstehen
b) Einzelne Töne der Hörner – Geigen „quietschen" – Trompeten schmettern
c) Laut – leise – lauter werdend
d) Schneller werdend – langsam – schnell

② Schneide die Klangbilder (Ausschneideblatt) aus und klebe sie ein.

| | **Hörausschnitt 1** (B 15) | **Hörausschnitt 2** (B 16) | **Hörausschnitt 3** (B 16) |
|---|---|---|---|
| **Überschrift** | Das ruhige Atmen der Maschine im Stillstehen | Die Anstrengung beim Anfahren und das Zunehmen der Geschwindigkeit | Der Zug stürmt mit hoher Geschwindigkeit durch die Nacht. |
| **Instrumente** | Geigen „quietschen", tiefe Töne der Hörner | Einzelne Töne der Hörner, tiefe Bässe | Trompeten schmettern, viele Instrumente |
| **Lautstärke** | leise | lauter werdend | laut |
| **Tempo** | langsam | schneller werdend | schnell |
| **Klangbild** | 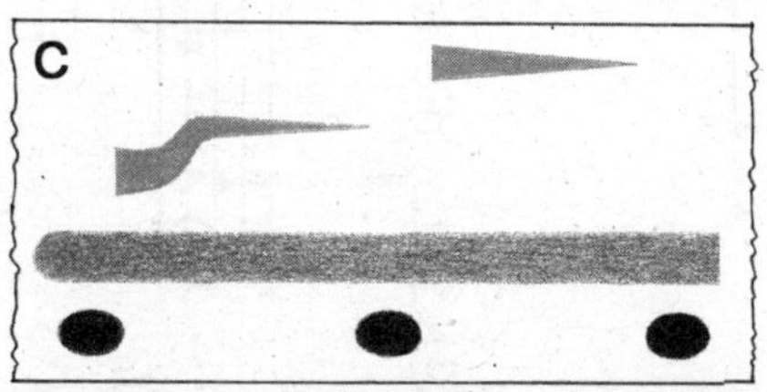  | 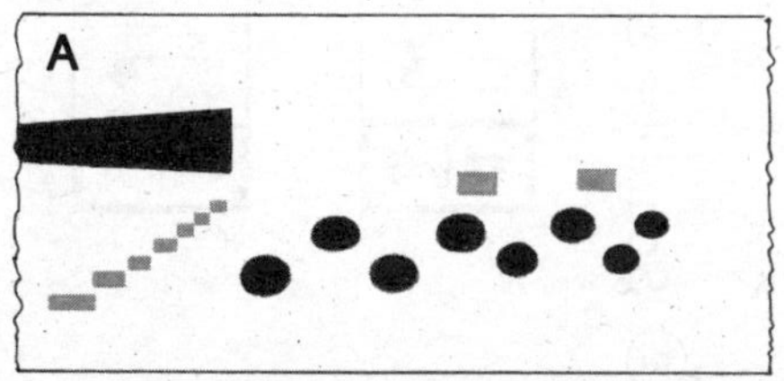  | 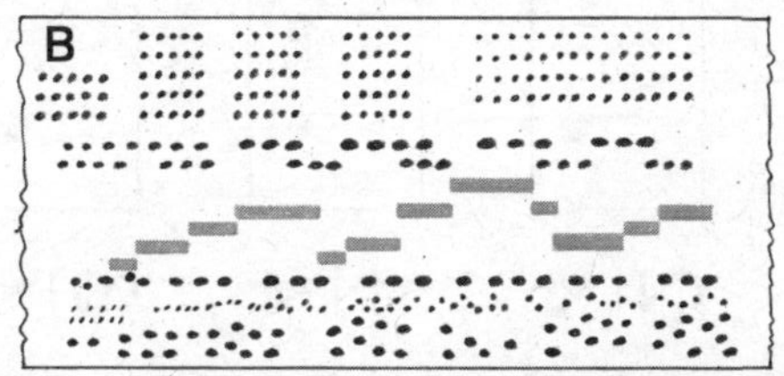  |

① Finde zu dem vierten Hörausschnitt eine Überschrift.
Zeichne dazu ein passendes Klangbild.

**Überschrift: Der Zug kommt zum Stehen**

Beispiel

Arthur Honegger wurde 1892 in Frankreich als Sohn Schweizer Eltern geboren.

Durch seine Mutter wurde er früh in Gesang und Klavier ausgebildet. Mit 17 Jahren studierte er in Zürich in der Schweiz Musik. Anschließend setzte er sein Musikstudium in Paris fort. Mit 21 Jahren ließ er sich in Paris endgültig als Musiker nieder. Dort lernte er auch viele Komponisten kennen.

Mit seinen Kompositionen erregte Arthur Honegger große Aufmerksamkeit.
Er schrieb Sinfonien, Konzertmusik und Bühnenmusik wie auch Film- und Rundfunkmusik.

Im Alter von 63 Jahren starb er an einem Herzleiden in Paris.

Arthur Honegger schrieb im Jahre 1923 ein Musikstück mit dem Namen [Pacific 231]. Honegger sagte dazu: „Ich habe immer eine leidenschaftliche Liebe für [Lokomotiven] gehabt. Für mich sind sie [lebende Wesen]".

② Ergänze den Lückentext. Du findest die Wörter in Rondo 3 auf Seite 45.

① Gestalte eine Flaschen- und Gläsermusik

② Schreibe deine Musik mit Klangzeichen auf.

Beispiel:

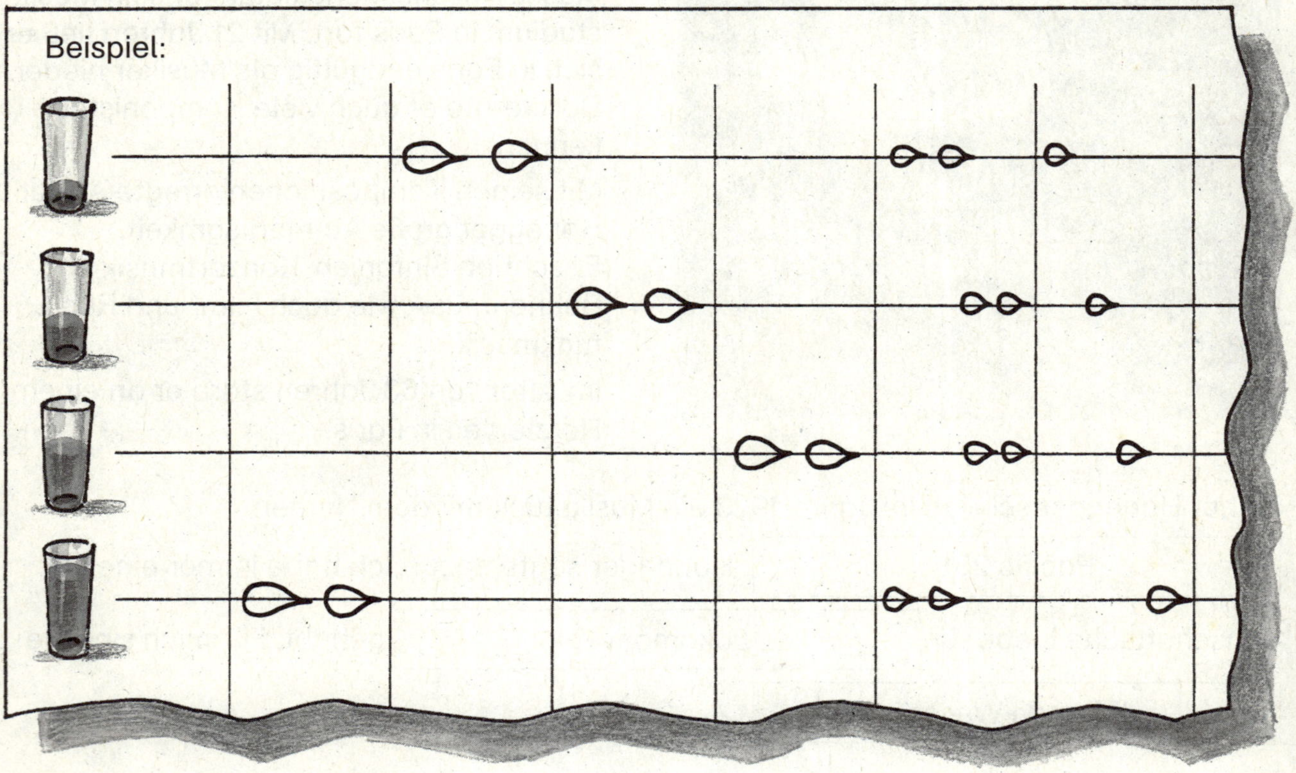



Es sind verschiedene Lösungen möglich!

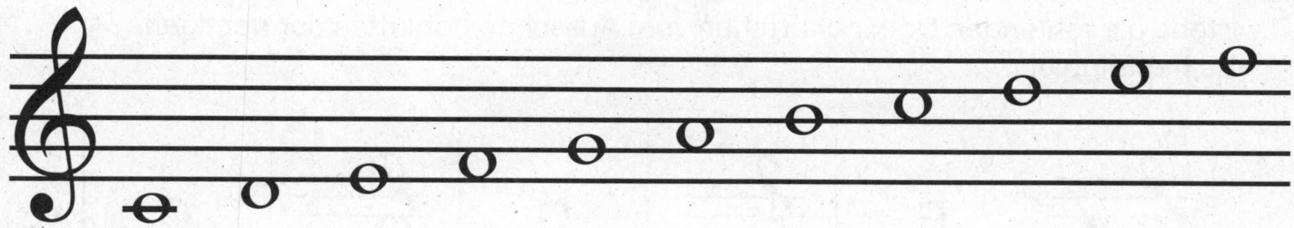

c d e f g a h c d e f

① Trage die Namen der Noten ein.

c c d d e e f f g g a a h h c c

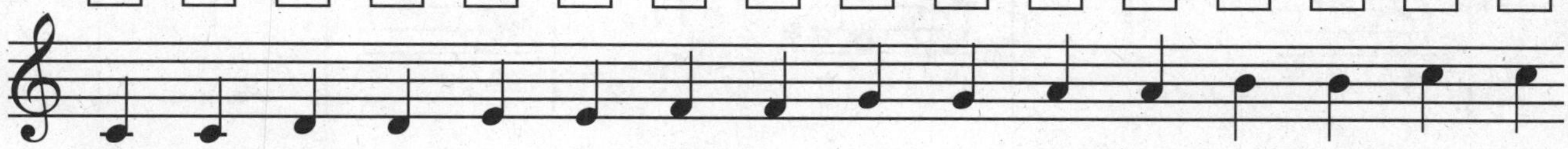

Stieg ein Mann auf ei - ne Lei - ter, im - mer hö - her, im - mer wei - ter.

c c h h a a g g f f e e d d c c

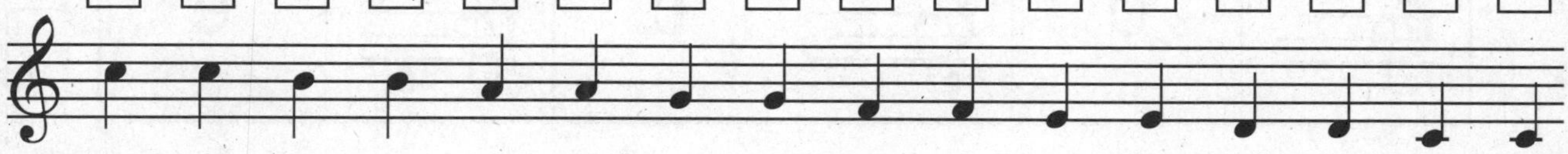

Wack - lig war die Lei - ter, und da stieg er lie - ber wie - der run - ter.

② Schreibe die Noten über die Namen.

a f d h g c e c

f d e g h a g f

③ Schreibe die Namen unter die Noten.

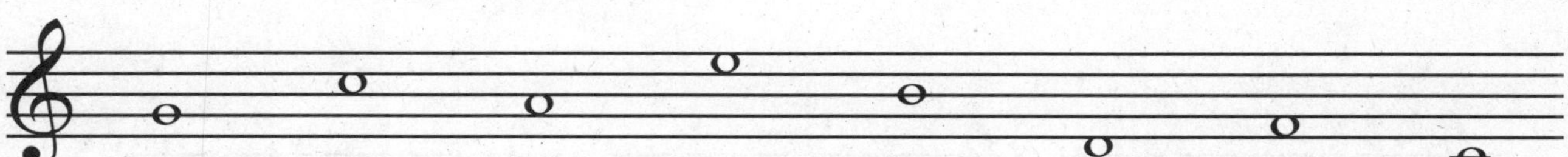

g c a e h d f c

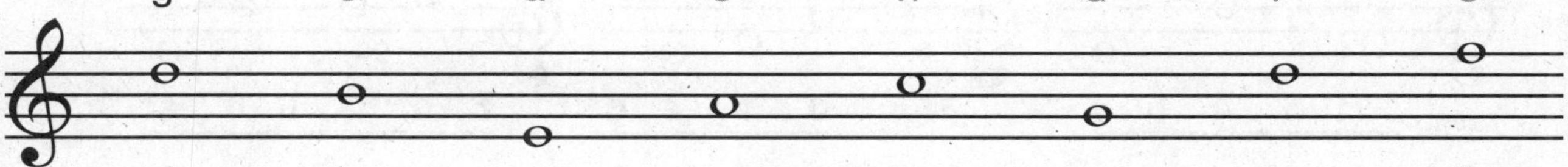

d h e a c g d f

① Klebe die fehlenden Dominokärtchen vom Ausschneideblatt in der richtigen Reihenfolge ein.

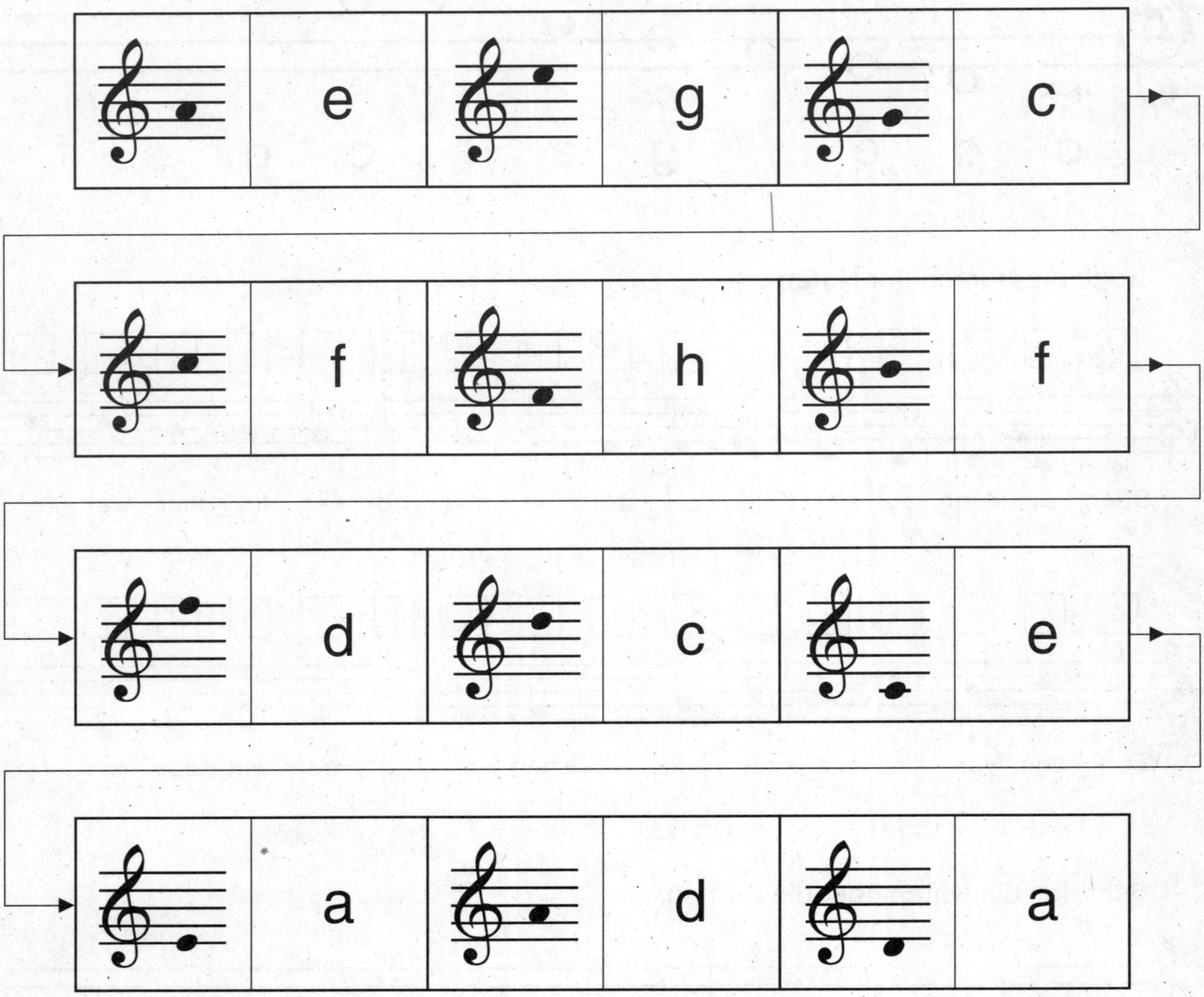


② Kannst du die Notenrätsel lösen?
In den Noten sind Wörter versteckt.

f a c h   a f f e   h e f e

f a h n e   h a f e n   S c h u h e

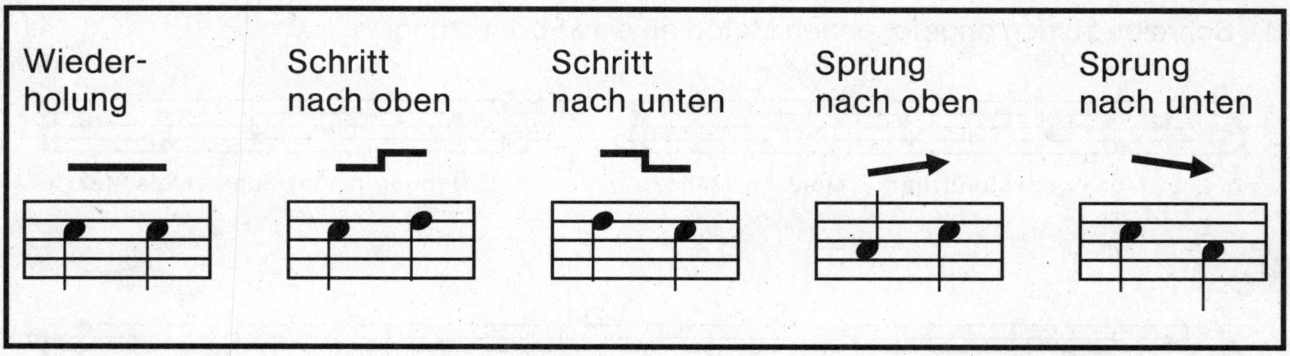


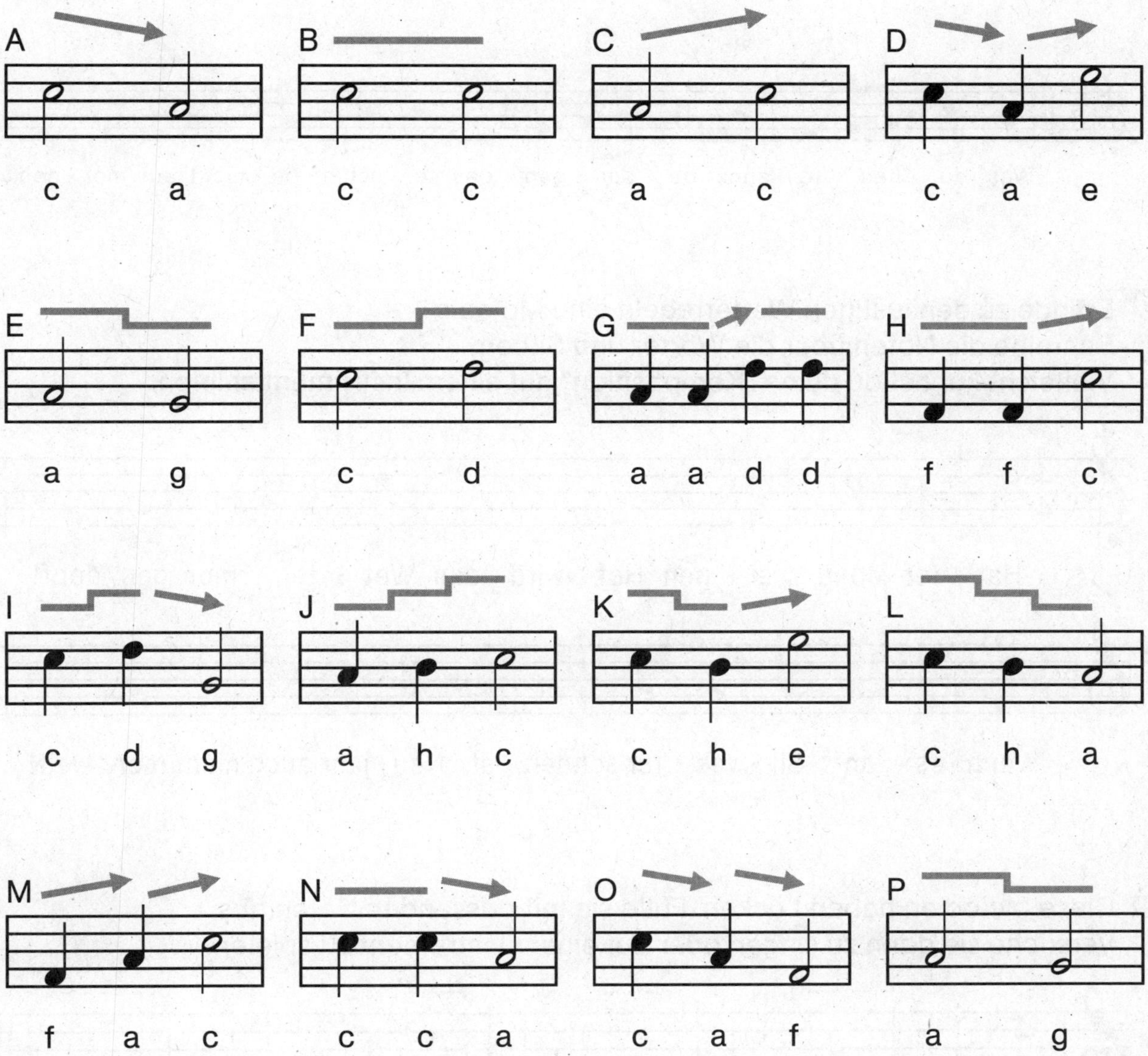


① Spielt die Bausteine auf einem Instrument.

② Versucht sie auf die Notennamen zu singen.

③ Schreibe die Zeichen für Wiederholung, Schritt und Sprung über die Noten.

① Schreibe zu den angefangenen Melodien eine Fortsetzung.

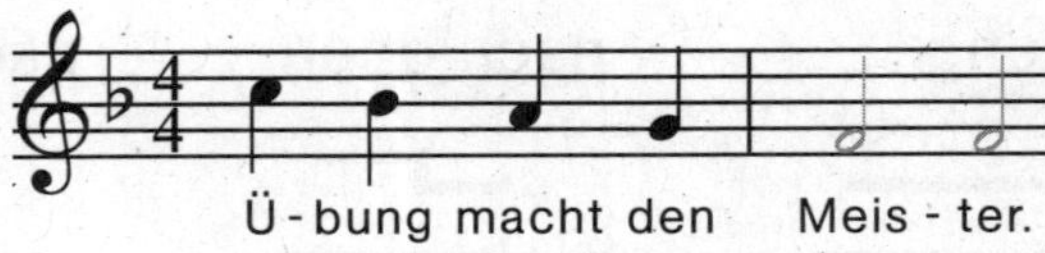

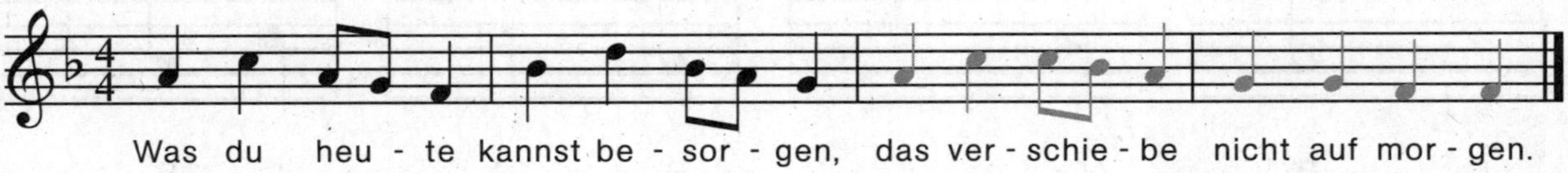


② Erfinde zu den lustigen Wetterregeln eine Melodie.
Schreibe die Noten über die Wörter und Silben.
Vielleicht kannst du deine „Komposition" auf einem Instrument spielen.

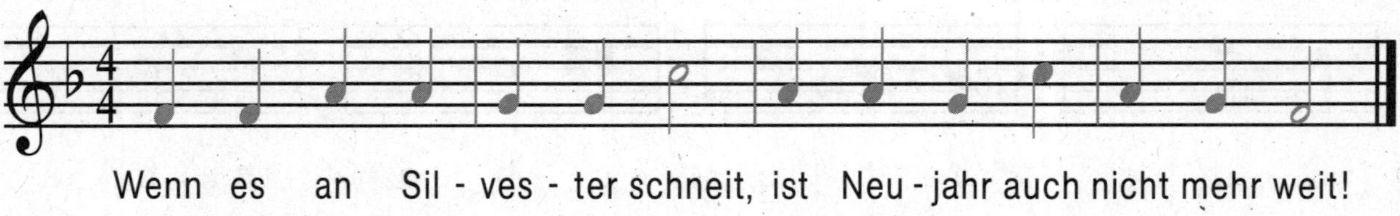


③ Diese Melodien haben Lücken. Fülle sie mit passenden Noten aus.
Versuche sie dann zu singen oder auf einem Instrument zu spielen.

Es sind verschiedene Lösungen möglich!

① Schreibe die Instrumente und Klangzeichen auf.

| Das Bächlein | Instrumente | Klangzeichen |
|---|---|---|
| Droben im Bergwald sprudelt eine kleine Quelle aus dem Boden. | Metallophon | 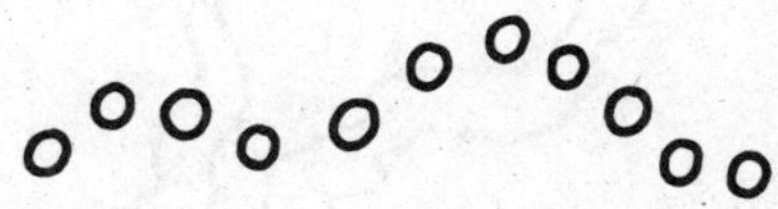 |
| Das Wasser plätschert als Rinnsal über Baumwurzeln und Steine. | Triangel<br>Klanghölzer | 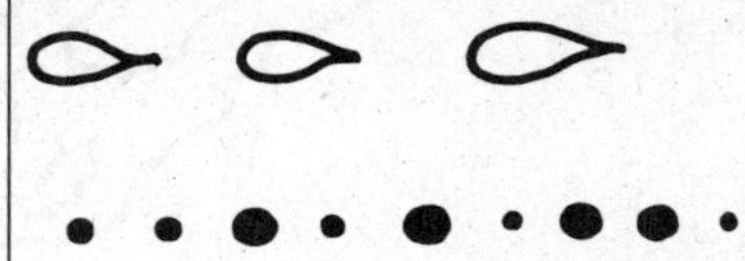 |
| Das Zwitschern der Vögel und Rascheln der Waldtiere begleiten das Bächlein hinunter in das Tal. | Flötenkopf<br>Klanghölzer |  |
| Es fließt durch eine Wiese, wo es Glockenblumen und Schmetterlinge freudig begrüßen. | Triangel<br>Metallophon | 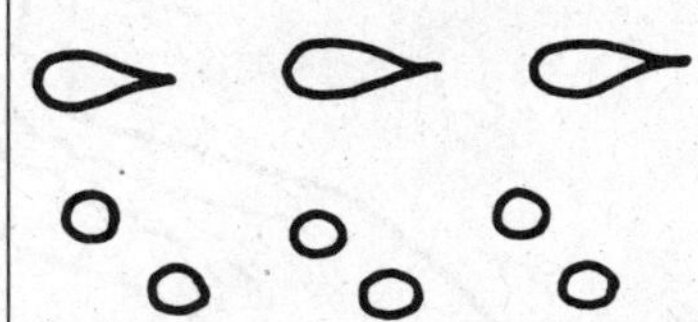 |
| In der Nacht spiegeln sich Mond und Sterne in seinem Wasser. | Trommel<br>Glockenspiel | 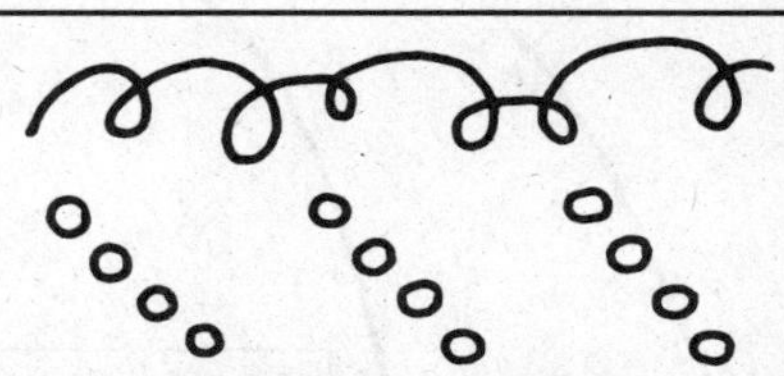 |
| Es fließt weiter durch die Ebene. In der Ferne hört man eine Kirchturmuhr schlagen. | Becken | 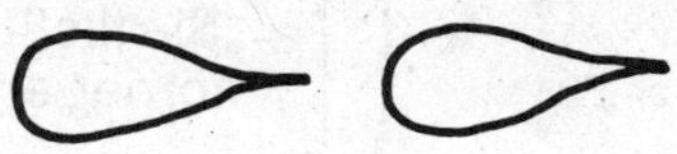 |
| Das Bächlein wird immer breiter und wächst allmählich zum Bach. | Metallophon | 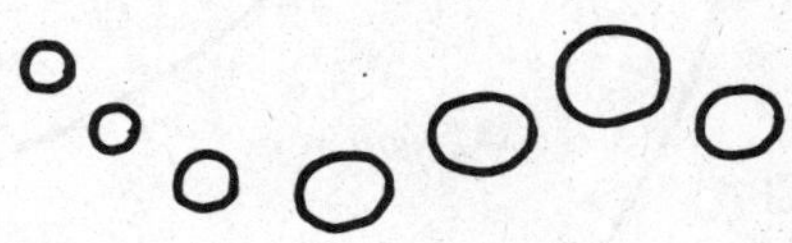 |

② Diese Melodie kann man leise zur Klanggestaltung mitspielen.

Metallophon

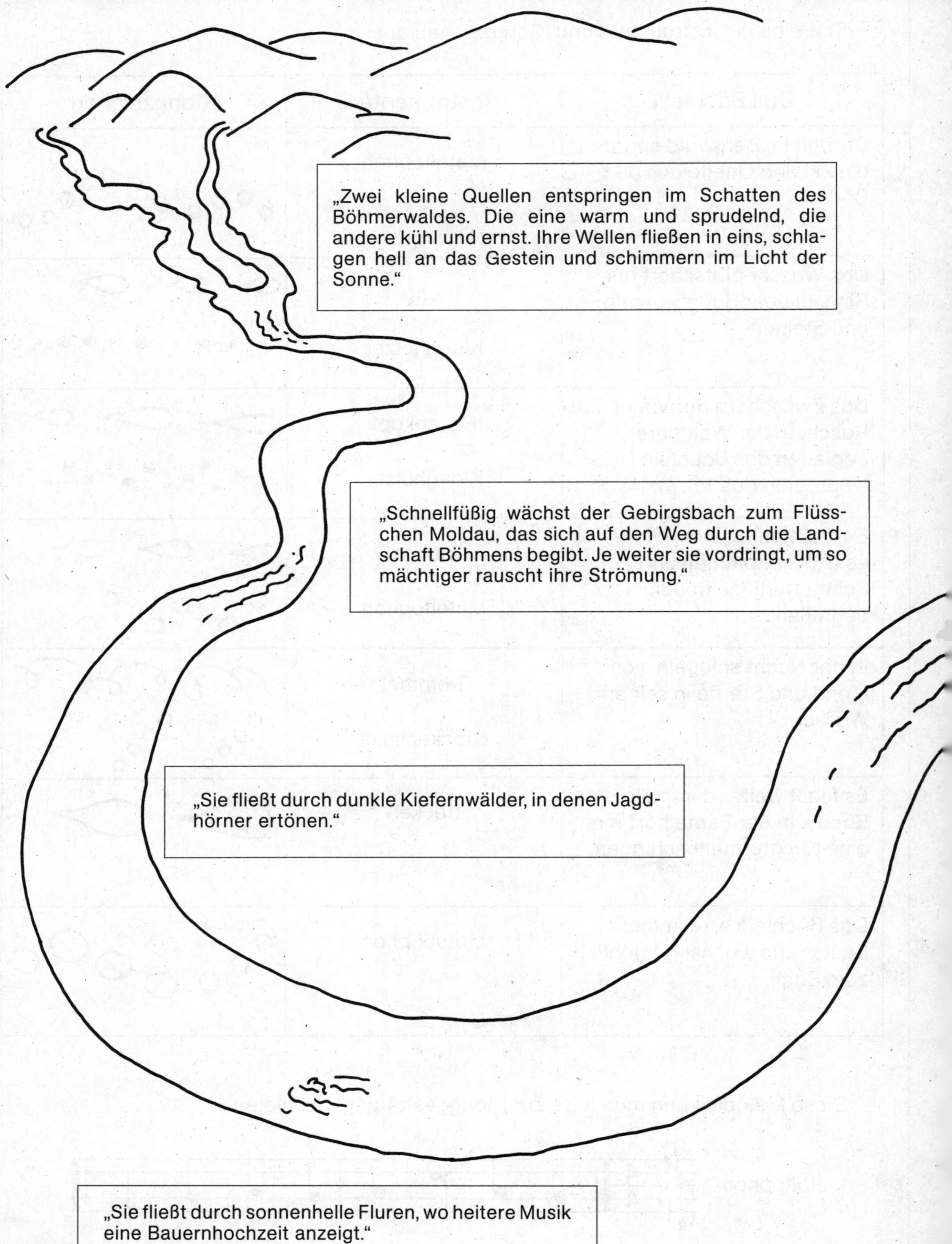
„Zwei kleine Quellen entspringen im Schatten des Böhmerwaldes. Die eine warm und sprudelnd, die andere kühl und ernst. Ihre Wellen fließen in eins, schlagen hell an das Gestein und schimmern im Licht der Sonne."
„Schnellfüßig wächst der Gebirgsbach zum Flüsschen Moldau, das sich auf den Weg durch die Landschaft Böhmens begibt. Je weiter sie vordringt, um so mächtiger rauscht ihre Strömung."
„Sie fließt durch dunkle Kiefernwälder, in denen Jagdhörner ertönen."
„Sie fließt durch sonnenhelle Fluren, wo heitere Musik eine Bauernhochzeit anzeigt."

① An den Noten kannst du die Musik erkennen.
Schreibe zu den Melodien die passende Überschrift: Die Quellen der Moldau – Die Moldaumelodie – Die Jagd im Walde – Die Bauernhochzeit.

Die Bauernhochzeit

Die Quellen der Moldau

Die Jagd im Walde

Die Moldaumelodie

② Ergänze den Text. Die fehlenden Wörter und Zahlen findest du in Rondo 3 auf Seite 59.

Bedřich Smetana wurde 1824 in Böhmen geboren. Er lernte schon früh Violine und Klavier spielen. Bereits mit 6 Jahren gab er die ersten Konzerte auf dem Klavier und im Alter von 8 Jahren komponierte er Klavierstücke. Als Bedřich 18 Jahre alt war, begann er in Prag Musik zu studieren. Im Alter von 50 Jahren wurde er taub. Mit 60 Jahren starb er in Prag.

① Schreibe zu den sechs Holzblasinstrumenten die Namen (Fagott, Flöte, Klarinette, Oboe, Pikkoloflöte, Saxophon).

A

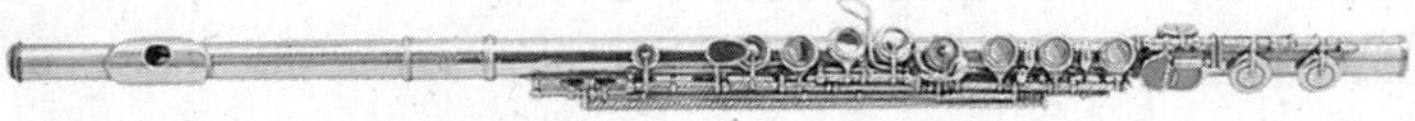

Flöte

B

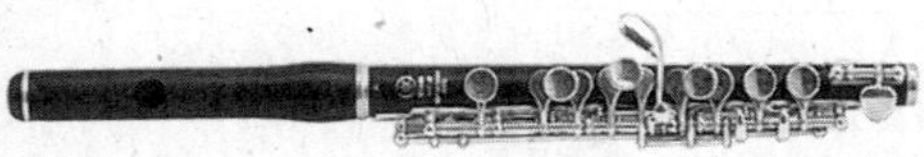

Pikkoloflöte

C

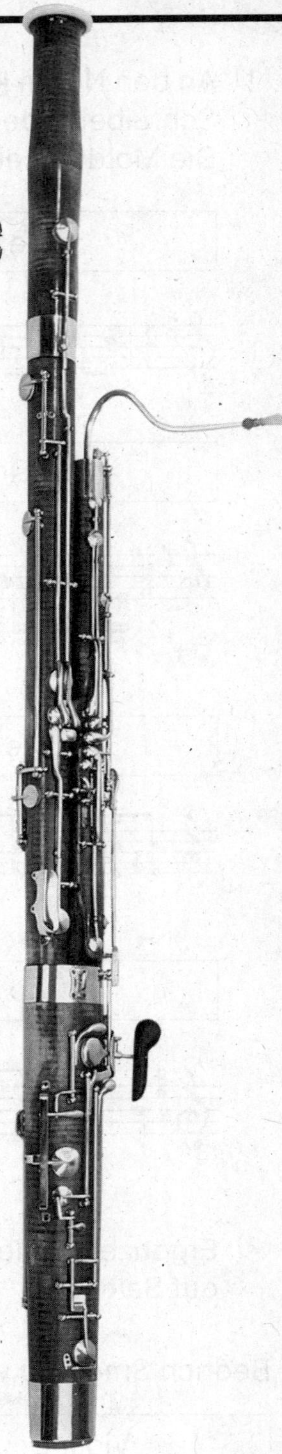

D

Saxophon

E

F

Klarinette

Oboe

Fagott

② Schreibe die Namen der einzelnen Teile einer Klarinette an die richtige Stelle (Mundstück, Schallröhre, Schalltrichter, Klappen).

Mundstück

Schallröhre

Klappen

Schalltrichter

① Trage bei den Instrumentenrätseln den Namen des Holzblasinstrumentes ein.

a) Das Instrument hat ein Mundstück mit einem Doppelrohrblatt. Der Spieler bringt dieses mit seiner Atemluft zum Schwingen und es entsteht ein etwas näselnder Ton.

Oboe

b) Es ist das Holzblasinstrument, auf dem die höchsten Töne gespielt werden können. Beim Anblasen wird ein schmaler Luftstrom gegen die Kante des Anblasloches geleitet.

Pikkoloflöte

c) Das Instrument ist aus Metall, gehört aber zu den Holzblasinstrumenten. Beim Spielen wird es quer gehalten.

Flöte

d) Es ist das Holzblasinstrument, auf dem die tiefsten Töne gespielt werden können. Damit der Spieler mit der 2,60 m langen Röhre handlicher umgehen kann, ist sie geknickt.

Fagott

e) Das Instrument ist ebenfalls aus Metall. Es hat eine gebogene Schallröhre.

Saxophon

f) Das Instrument hat ein einfaches Rohrblatt. Das Mundstück besteht aus einem festen Teil, dem Schnabel, auf dem das Rohrblatt befestigt wird.

Klarinette

② Du hörst sechs Ausschnitte von Musikstücken.
Umfahre jeweils den Namen des Instrumentes, das du am Klang erkennst.

Hörausschnitt 1: Fagott – Flöte – Klarinette – Oboe – Pikkoloflöte – Saxophon

Hörausschnitt 2: Fagott – Flöte – Klarinette – Oboe – Pikkoloflöte – Saxophon

Hörausschnitt 3: Fagott – Flöte – Klarinette – Oboe – Pikkoloflöte – Saxophon

Hörausschnitt 4: Fagott – Flöte – Klarinette – Oboe – Pikkoloflöte – Saxophon

Hörausschnitt 5: Fagott – Flöte – Klarinette – Oboe – Pikkoloflöte – Saxophon

Hörausschnitt 6: Fagott – Flöte – Klarinette – Oboe – Pikkoloflöte – Saxophon

Beliebige Reihenfolge C 11 bis 16

Klebe die Instrumentenkärtchen vom Ausschneideblatt in der Reihenfolge, wie die Musik erklingt, ein.

| | | | |
|---|---|---|---|
| Alle<br>ohne Flöte |  | Alle<br>ohne Fagott |  |
| Alle<br>ohne Klarinette |  | Alle<br>ohne Oboe |  |
| Alle<br>ohne Horn |  | Alle<br>ohne Horn |  |

Joseph Haydn wurde 1732 in dem kleinen Dorf Rohrau in [Österreich] geboren.

Wegen seiner schönen Stimme nannten ihn die Leute im Dorf „[Spatz von Rohrau]“.

Sein „[Vetter Franck]“ aus Hainburg nahm den Fünfjährigen mit an seine Schule. Dort erhielt er den ersten Unterricht im Lesen, Schreiben und Rechnen sowie in Gesang, [Violine] und [Klavier].

Im Alter von acht Jahren kam Joseph Haydn zu den Sängerknaben an den Stephansdom in [Wien]. Als bei ihm der Stimmwechsel einsetzte, meinte die Kaiserin Maria Theresia bei einem Auftritt der Sängerknaben: „[Der kräht ja wie ein Hahn]“. Nachdem er von den Sängerknaben ausgeschlossen wurde, schlug er sich als [Geiger] in kleinen Orchestern durch. Mit 27 Jahren erhielt Joseph Haydn seine erste Anstellung als [Kapellmeister] bei einem Grafen. Mit 29 Jahren fand Haydn bei dem ungarischen Fürsten [Esterházy] eine neue Anstellung. Joseph Haydn hatte für die musikalische Unterhaltung in den prunkvollen Schlössern in [Eisenstadt] und am [Neusiedler See] zu sorgen. Seine Musiker nannten ihn liebevoll „[Papa Haydn]“. Nachdem Joseph Haydn fast [30] Jahre bei dem Fürsten Esterházy tätig war, lebte und arbeitete er in Wien. Einige Zeit verbrachte er auch in [London]. Im Alter von [77] Jahren starb er in Wien.

Ergänze den Lückentext. Die fehlenden Wörter und Jahreszahlen findest du in Rondo 3 auf Seite 66 und 67.

Stephansdom in Wien

Geburtshaus von Joseph Haydn

Schloss Esterházy in Eisenstadt

Schloss Esterházy am Neusiedler See

Schreibe die passenden Bezeichnungen unter die vier Bilder: Geburtshaus in Rohrau – Schloss Esterházy in Eisenstadt – Stephansdom in Wien – Schloss Esterházy am Neusiedler See.

Hinter dem Schlossberg kroch es herauf.
Wolken – Wolken!
Wie graue Mäuse,
ein ganzes Gewusel.

Zuhauf
jagten die Wolken gegen die Stadt.
Und wurden groß
und glichen Riesen
und Elefanten
und dicken, finsteren Ungeheuern,
wie sie noch niemand gesehen hat.

„Gleich geht es los!“,
sagten im Kaufhaus Dronten
drei Tanten
und rannten heim,
so schnell sie konnten.

Da fuhr ein Blitz
mit helllichtem Schein,
zickzack,
blitzschnell
in einen Alleebaum hinein.

Und ein Donner schmetterte hinterdrein,
als würden dreißig Drachen
auf Kommando lachen,
um die Welt zu erschrecken.

Alle Katzen in der Stadt
verkrochen sich
in die allerhintersten Stubenecken.

Doch jetzt ging ein Platzregen nieder!
Die Stadt war überall
nur noch ein einziger Wasserfall.
Wildbäche waren die Gassen.

Plötzlich war alles vorüber,
die Sonne kam wieder
und blickte vergnügt
auf die Dächer, die nassen.

*Josef Guggenmos*

| Instrumente | Klangzeichen |
|---|---|
| Xylophon |  |
| Stimme | ffff ssschsch huuu ssssch uiii |
| Trommel | 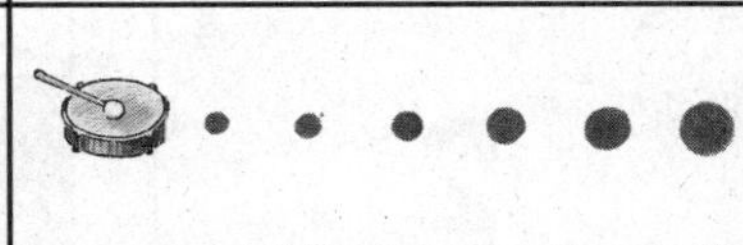 |
| Klanghölzer | 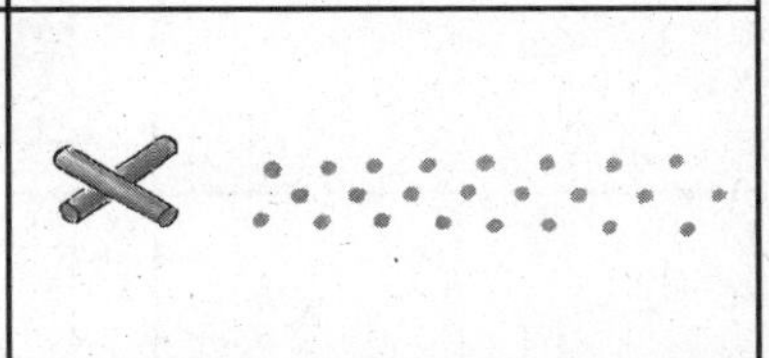 |
| Triangel, Guiro | 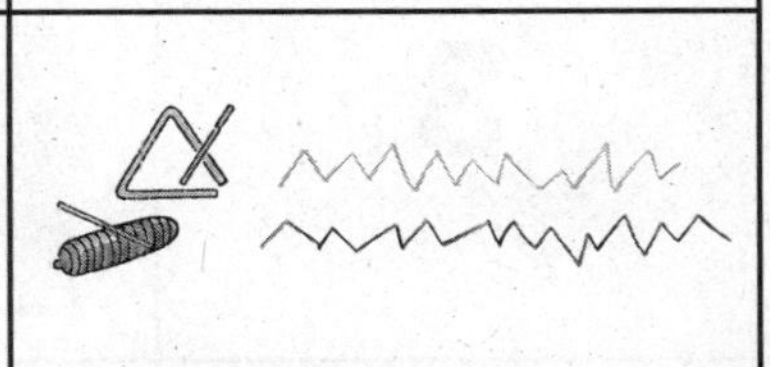 |
| Pauke | 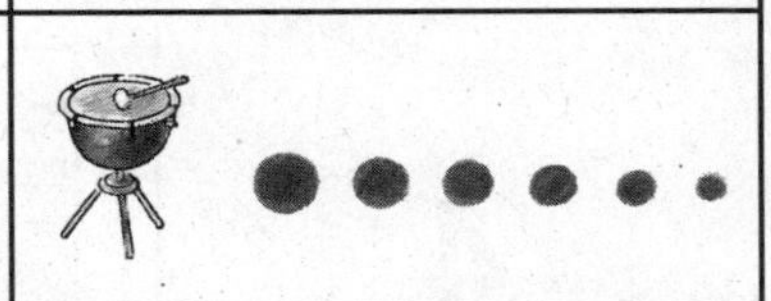 |
| Xylophon |  |
| Schütteldose, Holzblocktrommel | 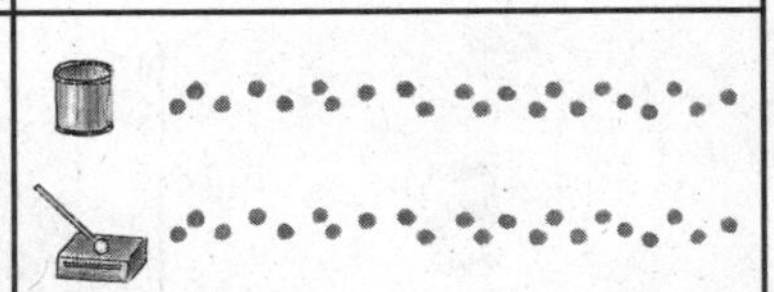 |
| Becken, Triangel | 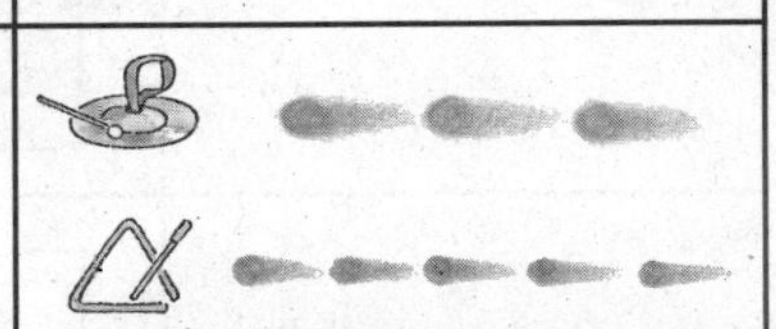 |

① Das Gedicht kann man mit der Stimme, mit Instrumenten und anderen Klangerzeugern verklanglichen.

② Trage die Instrumente und Klangzeichen ein.

Es sind verschiedene Lösungen möglich!

Klebe die Kärtchen vom Ausschneideblatt passend zu den Hörausschnitten ein.
Beginne zuerst mit den Überschriften.

| Hörausschnitt | Überschrift mit Bild | Beschreibung der Musik |
|---|---|---|
| 1 | ◯ In der Ferne zieht ein Gewitter auf.  | ◯ Tiefe Streichinstrumente spielen zweimal leise eine schnelle Tonbewegung. Danach spielt die Flöte jeweils eine kurze Tonfolge. |
| 2 | ◯ Es beginnt zu regnen. 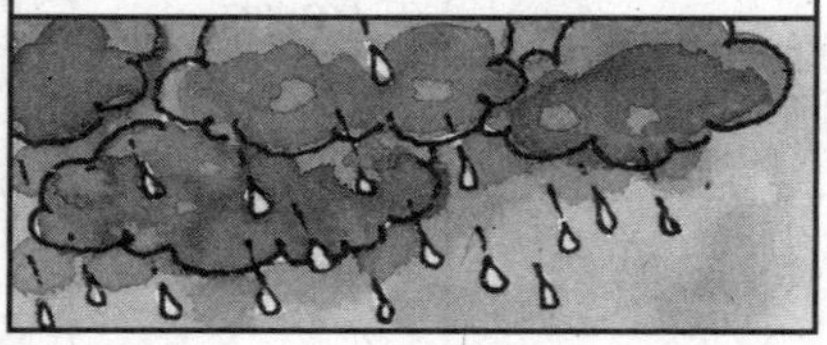 | ◯ Zuerst spielen Streichinstrumente und dann auch die Flöte kurze Töne. Danach spielen tiefe Streichinstrumente schnelle Tonbewegungen dazu. |
| 3 | ◯ Der Donner grollt. 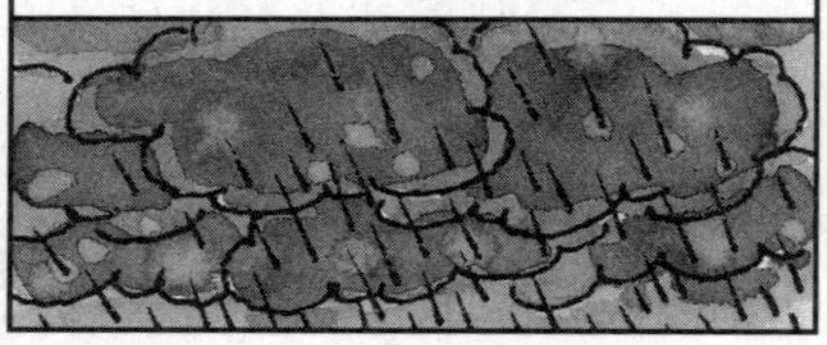 | ◯ Streichinstrumente spielen schnelle Tonfolgen. Diese wechseln mit einer Melodie der Holzblasinstrumente. |
| 4 | ◯ Das Gewitter bricht gewaltig los.  | ◯ Das Orchester mit Pikkoloflöte und Pauken spielt laut und wild. |
| 5 | ◯ Das Gewitter hat nachgelassen, es regnet noch.  | ◯ Flöte und Streichinstrumente spielen kurze Töne. Dazu spielen tiefe Streichinstrumente einen langen Ton. |
| 6 | ◯ Das Gewitter ist vorbei. 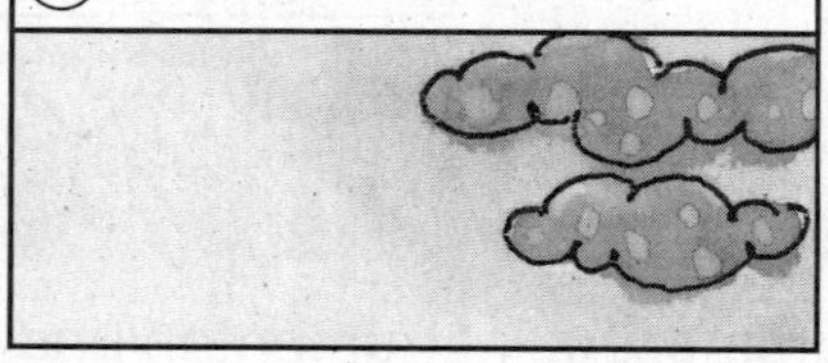 | ◯ Tiefe Streichinstrumente spielen ruhige Tonschritte aufwärts. Nach einer Pause folgt der Schlusston. |

Gioacchino Rossini wurde 1792 in Pesaro in Italien geboren. Seine Mutter war Sängerin, der Vater war Orchestermusiker. Schon als Kind fiel er wegen seiner schönen Stimme auf. Deshalb wurde er auch „Schwan von Pesaro“ genannt. Er erhielt früh eine Ausbildung für Klavier, Violine und Horn. Der Berufsalltag seiner Eltern machte ihn mit der Oper vertraut. Als er 18 Jahre alt war, wurde seine erste Oper aufgeführt. Er komponierte über 40 Opern.

Der größte Erfolg seines Lebens wurde die Oper „Der Barbier von Sevilla“. Rossini liebte das große Orchester und setzte die Instrumente wirkungsvoll ein, weshalb er auch große Erfolge und Berühmtheit erreichte. Mit 50 Jahren zog er sich angesehen und gut versorgt aus dem Musikleben zurück. Im Jahre 1868 starb er in einem Ort bei Paris in Frankreich.

Es beginnt zu regnen

In der Ferne zieht ein Gewitter auf

Der Donner grollt

① Hier siehst du drei Notenausschnitte aus der Gewittermusik von Rossini.

② Schreibe jeweils neben die Noten die passende Überschrift:
In der Ferne zieht ein Gewitter auf – Es beginnt zu regnen – Der Donner grollt

## Rondo 3 Lösungen · Lernkontrolle 1

① In dem Musikstück „Abend auf dem Lande“ treten vier Instrumente besonders hervor. Schreibe den Namen dieser Instrumente zu den Abbildungen.

Flöte

Oboe

Klarinette

Pikkoloflöte

② Bei „Abend auf dem Lande“ kannst du zwei unterschiedliche Melodien hören. Ordne diesen Melodien folgende Wörter passend zu:

schnell – ruhig – langsam – lebhaft

| | | |
|---|---|---|
| Melodie A: | ruhig | langsam |
| Melodie B: | lebhaft | schnell |

③ Ergänze folgende Sätze.

Der Komponist von „Abend auf dem Lande“ heißt Béla Bartók

Er ist in Ungarn geboren.

Im Alter von zehn Jahren gab er bereits sein erstes Konzert auf dem Klavier.

Viele Jahre sammelte er bei den Bauern Volkslieder und Tänze.

1940 verließ er seine Heimat und lebte in Amerika.

Dort starb er 1945 arm und verlassen.

① Verbinde die Notenzeichen und Pausenzeichen mit den passenden Namen.

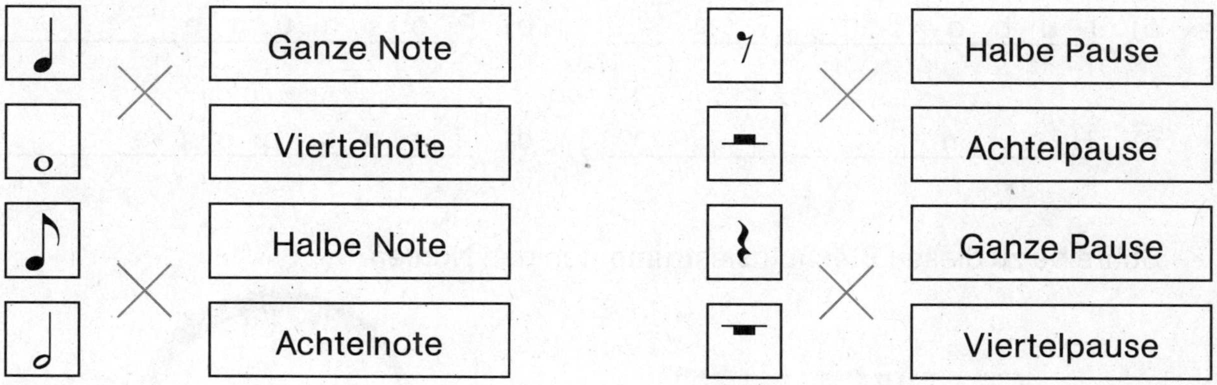


② Schreibe unter die Notenzeichen und Pausenzeichen wie man zählt.

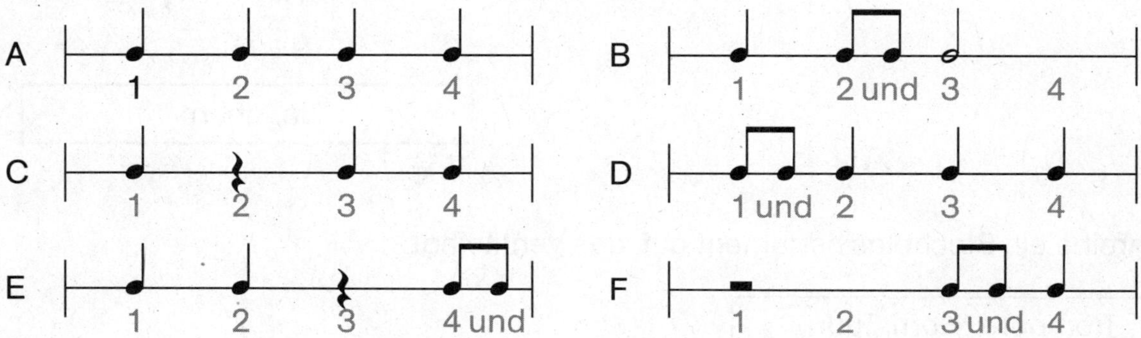


③ Ergänze die Bausteine mit beliebigen Notenwerten. (Beispiele)

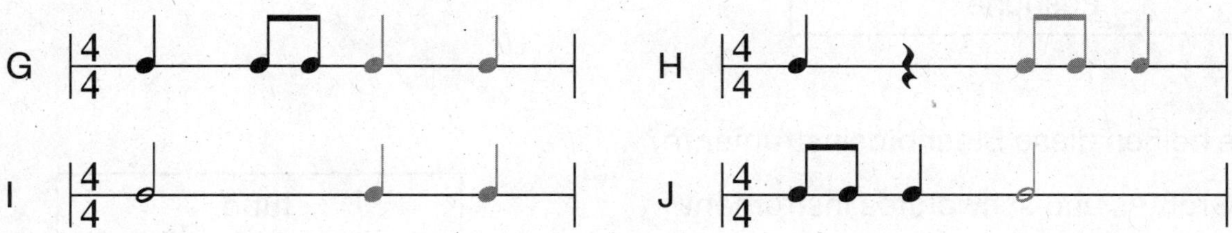


④ Du hörst zwei rhythmische Bausteine.
Schreibe sie auf.

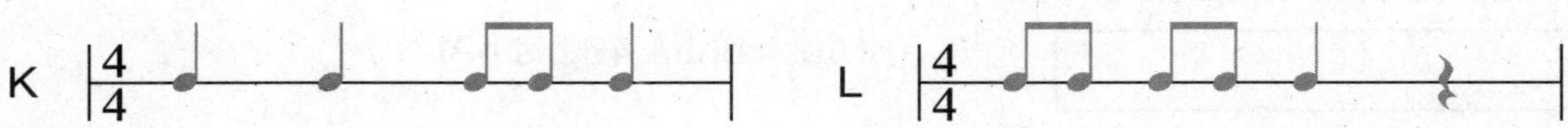

① Hier sind vier Blechblasinstrumente versteckt. Wenn du die fehlenden Buchstaben richtig einsetzt, erhälst du die Namen der Instrumente.

a) T u b a

b) P o s a u n e

c) H o r n

d) T r o m p e t e

② Schreibe zu diesen Blechblasinstrumenten den Namen.

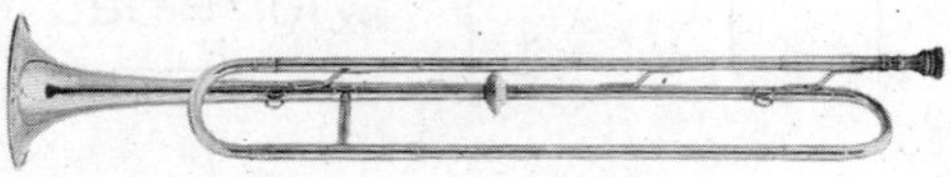

Fanfare

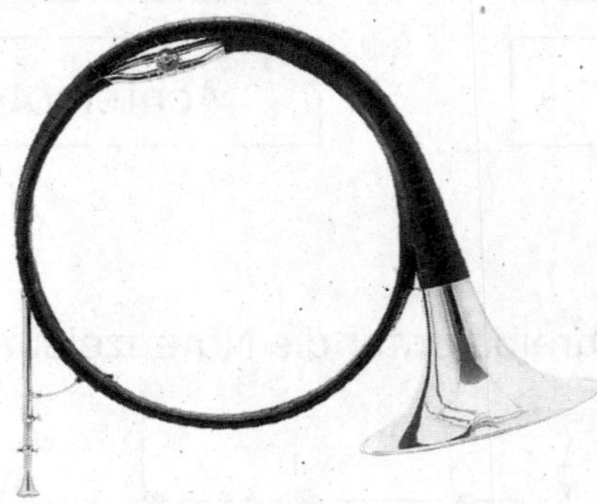

Jagdhorn

③ Schreibe ein Blechblasinstrument auf, das Ventile hat.

Trompete (Horn, Tuba)

④ Wie heißt das Blechblasinstrument, das statt der Ventile einen Zug hat?

Posaune

⑤ Wie heißen diese Blechblasinstrumente?

a) Größtes und schwerstes Instrument — Tuba

b) Auf ihm kann man die höchsten Töne spielen — Trompete

⑥ Du hörst drei Blechblasinstrumente. Schreibe jeweils den Namen des Instrumentes auf, das du am Klang erkennst.

a)

b)

c)

(Auswahl A 46 bis 49)

① Ergänze die Sätze mit den passenden Wörtern.

Könige, Italien, Feuerwerksmusik, Komponist, Messias, England, Halle, heimlich, Instrument, Orgel, Westminsterabtei, Oper, angenehmes

Georg Friedrich Händel war ein berühmter [Komponist]. Er ist in [Halle], einer Stadt in Sachsen, geboren. Sein Vater verbot ihm ein [Instrument] zu spielen. Der kleine Händel übte [heimlich] auf einem Clavichord. Der achtjährige Georg Friedrich lernte bei dem Organisten Zachow drei Jahre lang [Orgel], Cembalo, Geige und das Komponieren. Im Alter von 21 Jahren ging Händel nach [Italien]. Großen Erfolg hatte Händel in Neapel mit einer [Oper]. Die meiste Zeit seines Lebens verbrachte Händel aber in [England]. Die großen Erfolge machten es Händel möglich, ein [angenehmes] Leben zu führen. Als er im Alter von 74 Jahren starb, wurde er in der [Westminsterabtei] in London inmitten englischer [Könige] begraben.

② Wie heißt die Musik, die Georg Friedrich Händel im Auftrag des englischen Königs für ein großes Fest komponierte?

[Feuerwerksmusik]

③ Das berühmteste Werk von Georg Friedrich Händel ist ein Oratorium. Es schildert die Geburt Christi, sein Leiden und seine Auferstehung. Wie heißt es?

[Der Messias]

④ Wie heißt der bekannte Chor aus diesem Oratorium, bei dem die Zuhörer heute noch in England aufstehen, wenn er gesungen wird?

[Halleluja-Chor]

## Rondo 3 Lösungen · Lernkontrolle 5

① Schreibe zu jedem Baustein die Taktart $\frac{2}{4}$, $\frac{4}{4}$ oder $\frac{3}{4}$.

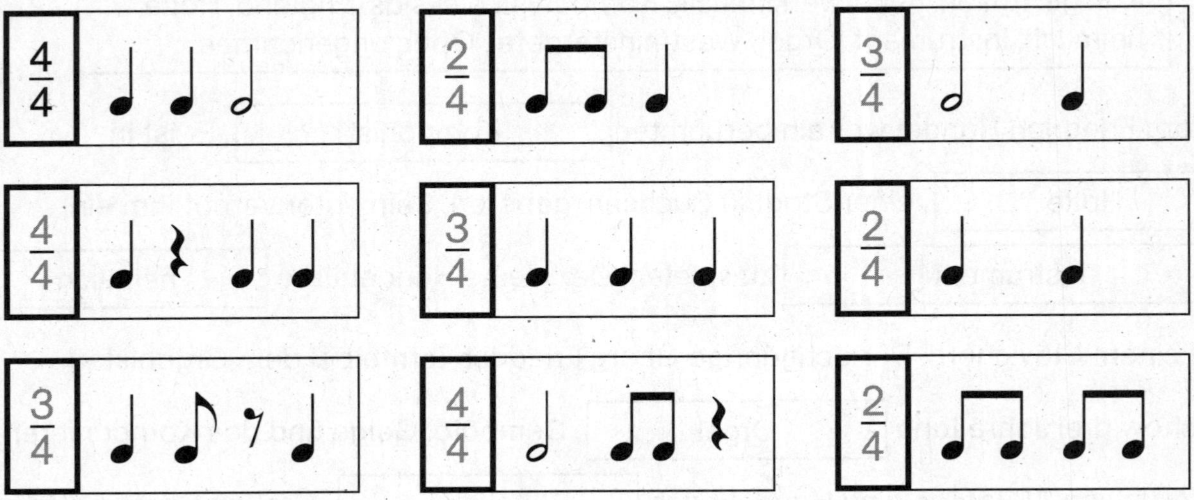


② Setze die Taktstriche an die richtige Stelle.

③ Schreibe die Notennamen unter die Noten.

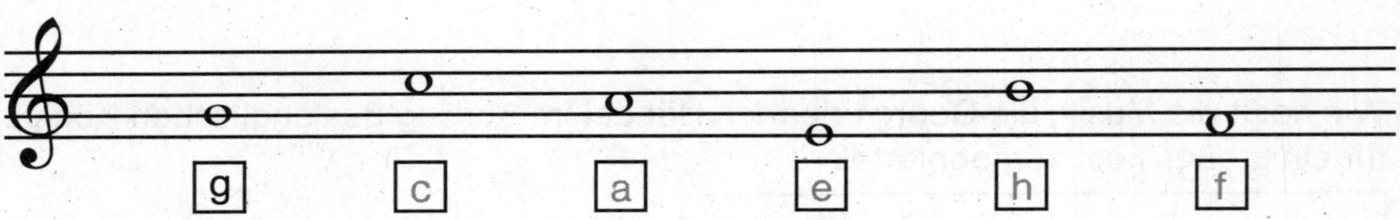


④ Schreibe die Noten über die Notennamen.

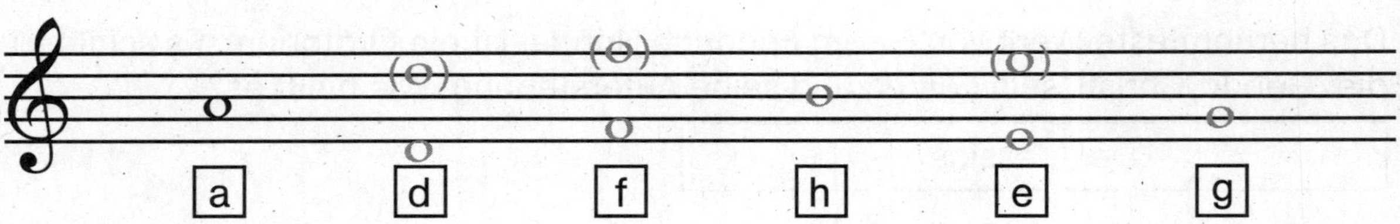


⑤ Welche Namen verstecken sich hinter diesen Noten?

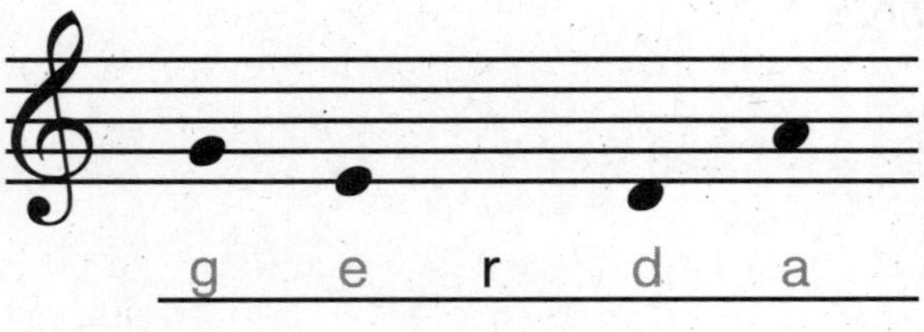


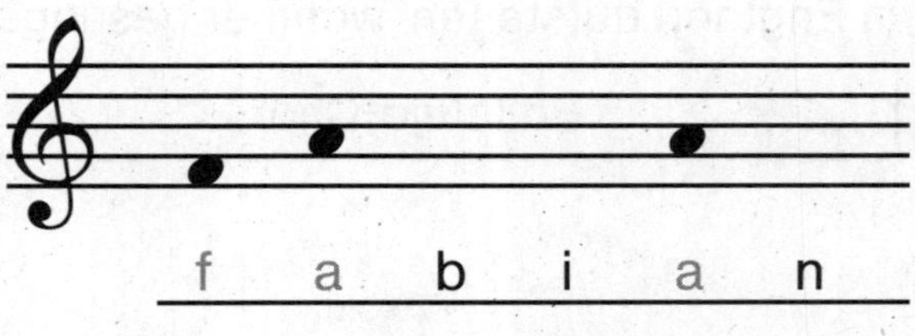

① Du hörst sieben Ausschnitte aus „Die Moldau“. Nummeriere die Ausschnitte in der Reihenfolge, wie du sie hörst.

- ◯ Die Quellen der Moldau
- ◯ Die Moldau fließt durch die Landschaft
- ◯ Die Jagd im Walde
- ◯ Die Bauernhochzeit
- ◯ Der Reigen der Wassernixen
- ◯ Die Stromschnellen
- ◯ Der Fluss entschwindet in der Ferne.

(Beliebige Reihenfolge C 2 bis 8)

② Schreibe die Namen zu den Instrumenten und ordne sie mit Pfeilen den entsprechenden Hörausschnitten zu.

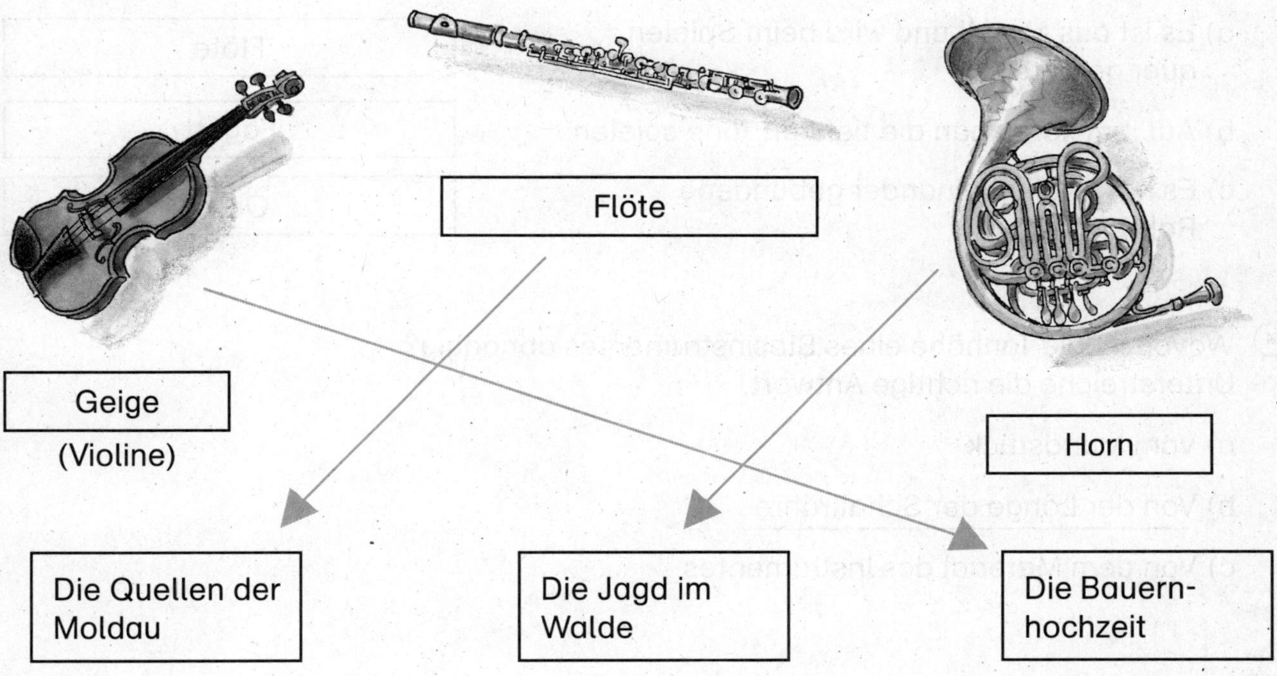

## Rondo 3 Lösungen · Lernkontrolle 7

① Schreibe die Namen von vier Holzblasinstrumenten auf.

a) Oboe

b) Klarinette

c) Fagott

d) Flöte

(Beispiele)

② Schreibe die Teile des Holzblasinstrumentes an die richtige Stelle.

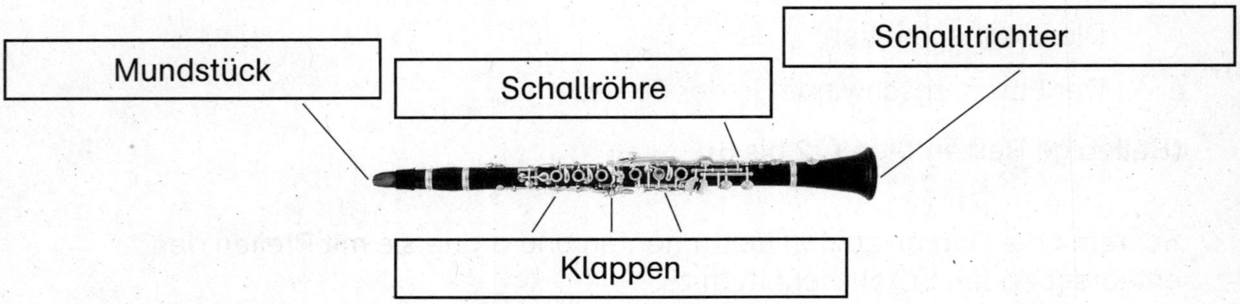


③ Wie heißen diese Holzblasinstrumente?

a) Es ist aus Metall und wird beim Spielen quer gehalten. — Flöte

b) Auf ihm kann man die tiefsten Töne spielen. — Fagott

c) Es hat zwei aufeinander gebundene Rohrblätter. — Oboe

④ Wovon ist die Tonhöhe eines Blasinstrumentes abhängig?
Unterstreiche die richtige Antwort.

a) Vom Mundstück

b) Von der Länge der Schallröhre

c) Von dem Material des Instrumentes

⑤ Du hörst drei Holzblasinstrumente. Schreibe den Namen des Instrumentes auf, das du am Klang erkennst.

a) (Auswahl C 11 bis 16)

b)

c)

① Du hörst die Melodie von drei bekannten Liedern. Schreibe den Anfang des Liedtextes auf.

a)

b)

c)

Auswahl Lieder Rondo 3

② Nenne drei bekannte Komponisten.

a)

b)

c)

Komponisten aus Rondo 3 und andere

③ Du hörst drei Musikstücke. Schreibe ihre Namen auf.

a)

b)

c)

Auswahl Hörbeispiele Rondo 3

④ Verbinde die Notenwerte durch Pfeile mit den entsprechenden Pausenwerten.

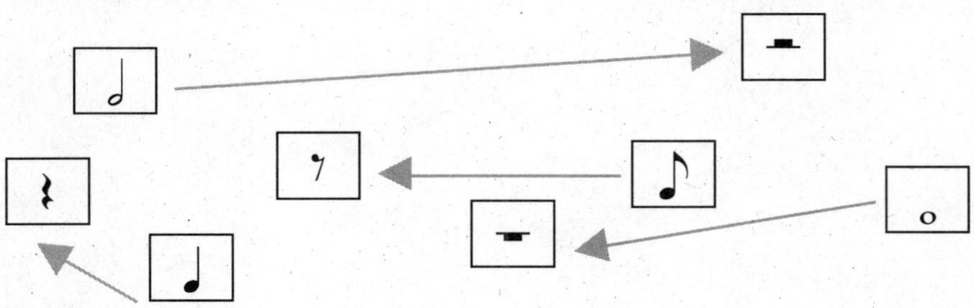

⑤ Schreibe die Taktart zu den Bausteinen.

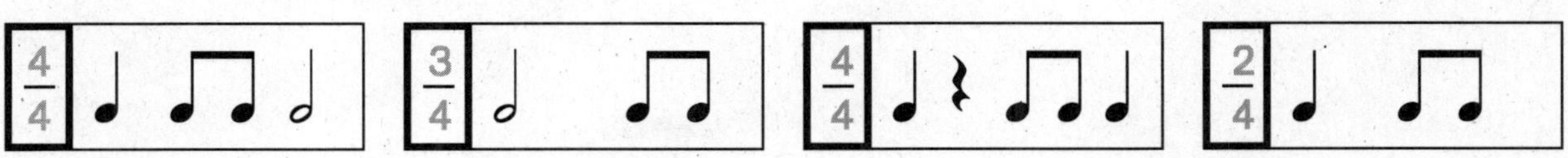


⑥ Schreibe die Namen unter die Noten.

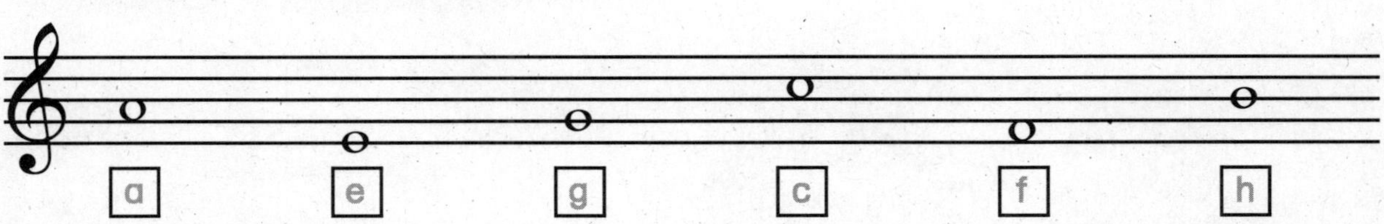